Internal Control and
Operational Risk Management

内部控制与操作风险管理

——操作实务指南

邱胜利　邱健庭 / 编　著

第二版

中国金融出版社

责任编辑：李　融　董　飞
责任校对：潘　洁
责任印制：张也男

图书在版编目（CIP）数据

内部控制与操作风险管理：操作实务指南/邱胜利，邱健庭编著．—2 版．—北京：中国金融出版社，2021.6
ISBN 978-7-5220-1200-1

Ⅰ.①内…　Ⅱ.①邱…②邱…　Ⅲ.①企业管理—风险管理—指南
Ⅳ.①F272.35-62

中国版本图书馆 CIP 数据核字（2021）第 108435 号

内部控制与操作风险管理——操作实务指南（第二版）
NEIBU KONGZHI YU CAOZUO FENGXIAN GUANLI—CAOZUO SHIWU ZHINAN
(DI-ER BAN)

出版
发行　中国金融出版社

社址　北京市丰台区益泽路 2 号
市场开发部　(010)66024766，63805472，63439533（传真）
网 上 书 店　www.cfph.cn
(010)66024766，63372837（传真）
读者服务部　(010)66070833，62568380
邮编　100071
经销　新华书店
印刷　北京市松源印刷有限公司
尺寸　185 毫米×260 毫米
印张　26.5
字数　498 千
版次　2021 年 6 月第 1 版
印次　2021 年 6 月第 1 次印刷
定价　108.00 元
ISBN 978-7-5220-1200-1

国际内部控制协会（Internal Control Institute，ICI）中国总部内部控制培训推荐教材。

ICI 中国总部

前 言

进入21世纪，美国先后爆发了安然（Enron）、世通（WorldCom）、安达信（Arthur Andersen）等公司因欺诈、会计造假而导致公司破产倒闭的丑闻，使投资大众遭受了巨大的经济损失。为了加强公司治理，重建投资者信心，2002年7月，美国国会颁布了著名的《2002年上市公司会计改革和投资者保护法案》（“Sarbanes - Oxley Act”，SOX），亦称《萨班斯—奥克斯利法案》（以下简称《萨班斯法案》），提出了建立以美国反欺诈财务报告委员会发起组织委员会（Commission of Sponsoring Organizations，简称COSO）发布的《COSO内部控制整合框架》为参照基准的内部控制框架体系，旨在强化公司和审计委员会责任，加强独立审计师的独立性，强化财务披露要求，控制企业风险，提高财务报告的可靠性，增强投资大众的信心。由于《萨班斯法案》80%的内容或措施都与内部控制有关，故也被称作内部控制法案。

《萨班斯法案》是1933年以来，美国证券立法中影响最为深远的法案。它导致美国现行证券法、公司法和会计法进行多处重大修改，新增加了许多相当严厉的法律规定。例如，延长证券欺诈诉讼的时效期限；加重了公司主要管理者的法律责任；加强了对公司高级管理层收入的监管；对公司内部的审计委员会作出法律规范；强化了对公司外部审计的监管；加强了信息披露制度和其他有关公司监管规定等。

《萨班斯法案》在强化立法管制的同时，美国司法监管机构也加大了对“白领犯罪”的处罚力度。例如，2005年7月，前世通总裁伯纳德·埃伯斯被判25年，没收个人资产4000万美元，用以补偿世通投资者的损失。2006年10月23日，经历5年调查和审讯后，美国地方法院判处安然公司前首席财务官杰弗里·斯基林有期徒刑24年零4个月，被没收

4500万美元的财产（安然公司前总裁肯尼斯·莱当时已去世）。安然公司的破产还导致了为其做假账的安达信会计师事务所破产，花旗银行、摩根大通、美国银行等也因财务欺诈，向安然破产的受害者分别支付了20亿美元、22亿美元和6900万美元的赔偿金。

2008年，肇始于美国华尔街由次贷引起的国际金融危机横扫全球，金融危机的影响正通过国际贸易蔓延到实体经济，直接导致金融机构数以十万甚至百万计人员的失业，间接引起房地产的贬值和实体经济部门裁员的逐步扩大。据报道，这次金融海啸已经使全球的财富损失了15万亿美元，但依然没有结束，随着金融海啸肆虐范围的迅速扩大，谁也不知道哪些地方和哪些机构将成为下一块倒下的骨牌。

次贷危机也警示我们：首先，金融创新不能消除风险，只能管理或者转嫁风险，政府监管部门应该加强对次贷这类衍生产品的前瞻性监管；其次，开拓国内市场，创新产品，其限度必须是市场可以承受的，为此，需要严把基础资产的质量关，做好风险控制；最后，现代的风险管理正朝着平衡风险与回报的方向发展。探讨在健全企业风险控制的同时，如何应用网络数字技术对企业实施风险防范将是一个永恒的主题。

2008年6月3日，我国财政部、证监会、审计署、银监会和保监会五部委联合印发了《企业内部控制基本规范》。这是我国第一部加强和完善企业内部控制体系建设，提高企业经营管理水平和风险防范能力，促进企业可持续发展，维护社会主义市场经济秩序和社会公众利益的重要法规文件。根据《企业内部控制基本规范》的执行要求，自2009年7月1日起在上市公司范围内施行，鼓励非上市的大、中型企业参照执行。2010年4月，财政部等五部委颁发了《企业内部控制应用指引》（18项）；2012年11月，五部委颁发了《行政事业单位内部控制规范》；2014年银监会重新修订了《商业银行内部控制指引》；2017年6月，财政部等五部委颁发了《小企业内部控制规范（试行）》；2018年12月，国家发展改革委等七部委颁发了《企业境外经营合规管理指引》；2019年，国资委印发了《关于加强中央企业内部控制体系建设与监督工作的实施意见》的通知，国资委要求中央企业加强内部控制体系建设与监督力度，监管要求上市公司要对本公司的内部控制有效性进行自我评估，披露本年度自我评价报告，并可聘用具有证券、期货业务资格的会计师事务所对内部控制的有效性进行审计。

《企业内部控制基本规范》有机地融合和借鉴了国际上主要经济体加强内部控制的成功做法和发展经验，在吸收《萨班斯法案》和《COSO内部控制整合框架》各要素标准基础上，提出了我国上市公司和大、中型企业（以及行政事业单位和小微企业）内部控制的目标和具体执行要求，强调企业内部控制的目标是在合理保证企业经营管理的合法合规、资产安全、财务报告及相关信息的真实完整的基础上提高经营效率和效果，促进企业实现发展战略。《企业内部控制基本规范》的执行实施，促使我国上市公司和大、中型企业建立健全本企业的内部控制制度和体系，运用网络数字技术加强内部控制、风险管理，建立和提升与经营管理相适应的网络信息系统，促进内部控制流程管理与信息系统的有机结合，实现对业务和事项的自动控制，减少或消除人为操纵因素，同时也提高了岗位工作环境的门槛。具体来讲，需要企业做好以下的工作步骤：

（1）组织内部控制系统知识的培训学习；

（2）建立与经营管理相适应的业务信息系统；

（3）规范内部控制体系建设；

（4）组建内部控制自我评估测试管理团队；

（5）实施内部控制自我评估；

（6）改进内部控制缺陷；

（7）披露本年度自我评估报告；

（8）接受外部审计。

目前，随着网络信息化、大数据技术的飞跃发展，银行系统已广泛采用网络信息技术实现柜面业务处理、信贷管理、国际结算、资金交易、结算清算、会计核算，核心业务系统网络化管理。随着数据映像技术和信息数据压缩存储技术的发展应用，实施大数据建设、提倡绿色数据和大数据运营，强化风险预警管理、业务流程化管理，促使企业稳健安全运营，提高经济效益。因此，开展网上信息监管、操作风险监控、业务流程管理、信息科技风险预警模式是未来企业风险防范的重要手段和有效方法。

《内部控制与操作风险管理——操作实务指南》（第二版）共分九章，全书的内容与时俱进，将国际先进的内部控制标准和我国颁布的

《企业内部控制基本规范》相互融合贯通；坚持理论（方法论）与实践案例相结合的原则；引导读者通过学习掌握建立企业内部控制体系的全过程：一是以《萨班斯法案》内部控制五要素和ICI内部控制建设方法论、《巴塞尔新资本协议》内部控制13项原则、《企业内部控制基本规范》为内部控制理论和内控制度标准；二是以银行系统操作风险管理体系建立、企业流程管理（如应用流程管理工具Microsoft Visio图形设计系统设计流程图方法实例）、操作风险管理信息系统建立、信息系统风险控制、ICI信息系统控制评估、计算机舞弊风险控制等阐述整个控制活动过程；三是详细介绍《企业内部控制基本规范》《企业内部控制应用指引》（18项）在企业内部控制体系建设中的应用实例，详细描述内控体系建立的制度标准、流程管理过程、流程图中的关键风险点（控制点）确定以及相应的风险控制矩阵各个要素的建立；从内部环境（公司层面）、流程管理（业务层面）、信息科技层面的应用实务案例建立内控体系，具体包括：

（1）企业内部控制五要素。内部环境、风险评估、控制活动、信息与沟通、内部监控。举例说明建立企业内部控制过程指标评价体系，风险级别设置、风险评估、内部控制评价、操作风险管理分析。

（2）建立基于流程管理的授权管理体系。具体包括流程梳理、流程再造、管理流程和业务流程设置、风险点识别及关键控制点筛选确定、以Microsoft Visio图形工具讲述流程管理图形化授权管理控制的应用方法和步骤。

（3）建立企业级风险管理信息系统。具体包括企业风险监测监控、风险识别、风险预警、数据仓库、大数据分析、信用风险和市场风险及操作风险管理信息系统。

（4）强化信息系统操作风险控制。具体包括信息系统风险控制、信息系统控制评估；重点阐述信息系统应用控制实例（包括信息系统控制方法论、九项控制目标、风险暴露实例、业务系统交易处理控制）；一般控制实例（包括信息系统开发规划、可行性研究、需求设计、系统设计、软件编程、系统测试（FAT功能和UAT用户测试）、上线运行维护、安全管理）；揭示计算机舞弊风险控制的方法和技巧。

（5）强化风险点识别和设置关键风险控制点。根据《企业内部控制规范》《企业内部控制应用指引（18项）》，围绕内部环境、流程管理、信息科技三大风险控制环节阐述风险点、关键风险控制点、授权管理、风险控制矩阵各要素控制方法（实务案例展示18项内容）。

附录部分收录了《企业内部控制基本规范》《企业内部控制应用指引（18项）》《关于加强中央企业内部控制体系建设与监督工作的实施意见》等重点法规制度。

综上所述，本书采用国际上的高新通用技术标准、方法论，融合我国《企业内部控制基本规范》，以金融机构为实例，由浅入深地阐述企业内部控制体系建设过程，概念新颖、内容丰富、实用性强。可以作为金融机构、大中型企业（公司）董事、监事、内部控制、审计监督、风险管理、项目经理、财务会计、审计评估、咨询业务等各部门业务骨干学习的培训教材和参考用书；也可作为相关专业在校学生的参考教材；本书也是国际内部控制协会（ICI）中国总部推荐的国际内部控制师（CICS）的辅助培训教材。基于本书注重理论联系实际，突出重点，将内控标准（内控措施）、方法论与我国内部控制应用指引（18项）实例相结合构建内控体系，所学实操课程被许多学员誉为“内控宝典”。

当前，国内开展内控咨询的公司、事务所、企业本身非常缺乏实操性的内控管理人才。因此，作者编写本书的目的：首先是帮助学员掌握内控管理技能知识，培训内控管理人才；其次，最大的愿望是为企业的业务骨干、内控管理部门建立和完善内控体系建设、完成《企业内部控制评价手册》《企业流程管理手册》《企业内部控制风险管理手册》提供实用型的参考用书。

本书第一至第六章、第九章由邱胜利修订编写，第七章、第八章、第九章部分内容由邱健庭参与修订编写。由于本书修订编写时间有限，难免出现差错，敬请读者批评指正。

邱胜利

2021年2月于北京

目　录

第一章
《萨班斯法案》及 ICI 方法论

21 世纪初，美国安然、世通、安达信等公司因欺诈、会计造假、违规操作而导致公司破产倒闭的丑闻席卷全球，华尔街信誉扫地，股票价格和养老金储蓄暴跌，产生金融危机，监管当局面对公司造假丑闻而对上市公司惯例的内部控制机制产生了疑问。美国国会为了响应民众的改革要求，增强民众的信心，于 2002 年 7 月 30 日，颁布了著名的《萨班斯法案》。《萨班斯法案》的宗旨是“遵守证券法律以提高公司信息披露的准确性和可靠性，从而保护投资者及其他利益”。

第一节 《萨班斯法案》内部控制的核心内容

一、《萨班斯法案》302、404 和 409 条款

《萨班斯法案》着重规定了公司治理、信息披露和报告的原则。《萨班斯法案》第 302 条款针对公司的财务报告、第 404 条款针对公司的内部控制、第 409 条款针对公司的信息披露的职责和原则要求。

（一）《萨班斯法案》第 302 条款（公司的财务报告）

《萨班斯法案》第 302 条款里规定，在依照《1934 年证券交易法案》第 13（a）或第 15（d）条款的规定定期编制财务报告的公司，其首席执行官和首席财务官在按要求提交报告的时候，还要提交一份如下的证明文件，即第 302 条款的规定要求：

证券交易委员会要求必须依照《1934 年证券交易法案》第 13（a）或第 15（d）条款定期编制报告的公司，其首席执行官和首席财务官在提交的每份年度报告或季度报告中应作出如下六项证明：

（1）主管签字并已审阅过该报告。

（2）根据该官员所知，报告没有包含任何有实质性问题的不实声明，没有隐瞒

任何应披露的事实，不具有误导性。

（3）根据该官员所知，报告中的财务报表及其他财务信息在所有实质方面都公允地反映了公司在报告期内的财务状况和营运结果。

（4）主管签字。

- 有责任建立并维持内部控制。
- 设计了内部控制，以确保自己能获得与公司及其并表子公司有关的所有实质性信息，尤其是在编制该报告期间。
- 在编制财务报告的90天以前，评估了公司内部控制的有效性。
- 在报告中披露了上述的评估结果。

（5）签字官员已向公司的审计师和董事会下属的审计委员会（或履行相同职责的人员）披露了如下内容：

- 所有可能对公司记录、处理、汇总和报告财务数据能力产生负面影响的内部控制设计和运行方面的显著缺陷。
- 涉及在内部控制方面起重要作用的管理人员或其他雇员的所有欺诈行为。

（6）签字官员应在报告中表明，在他们对内部控制进行了评估以后，内部控制或可能对内部控制产生重要影响的因素是否发生了重大变化，包括针对内部控制显著缺陷或实质性漏洞采取的更正措施。

- 公司注册地或办公地点迁到国外不影响本法案的效力。即使公司重新注册或其他交易而将其注册地或办公地点迁至美国之外，也不会影响本条款规定的法律效力。
- 最终期限。本条款（a）款的规定将在本法案颁布后30日内生效。[①]

《萨班斯法案》第302条款项下有六个比较明确的证明要点，即：

（1）签字的主管领导已经审核过财务报告，主管领导需要对财务报告内容的准确性、完整性负责。

（2）根据主管领导所知，财务报告没有包含任何虚假数据，没有隐瞒任何应该披露的事实，没有误导性。

（3）根据主管领导所知，财务报表及其他财务信息在所有事实方面都公允地反映了公司在报告期内的财务状况和营运结果。

（4）主管领导签字。

- 负责建立并坚持内部控制制度；
- 已经设计了公司的内部控制制度，主管领导确保知道本公司及其子公司所有

---

① 安妮·M. 马凯蒂. 萨班斯法案执行指导［M］. 郑洪涛审，张翼、林小驰译，北京：经济科学出版社，2007.

重大实质性信息，尤其是在编制财务报告期间；

- 在编制财务报告的90天内，评估了本公司内部控制的有效性；
- 报告中已经披露了经过评估的本公司内部控制的有效性结论。

（5）签字主管领导已向公司的审计师和董事会下属的审计委员会（或履行相同职责的人员）披露了如下内容：

- 对公司记录、处理、汇总和报告财务数据能够产生负面影响的内部控制设计和运行方面存在的显著缺陷；
- 在公司内部控制方面担负着重要作用的管理人员或其他职员的所有欺诈行为。

（6）签字主管应在报告中说明：

- 在对公司的内部控制进行评估以后，内部控制或可能对内部控制产生重要影响的因素是否发生了变化，包括针对内部控制显著缺陷或实质性漏洞采取的有效措施；
- 如果公司注册地或办公地点迁到国外也不影响本法案的效力。

（二）《萨班斯法案》第404条款（内部控制评估）

《萨班斯法案》第404条款重点强调的是公司管理层在依照《1934年证券交易法案》第13（a）或第15（d）条款编制的年度报告中都要包括一份公司的内部控制评估报告，报告的具体内容如以下第404条款的内容：

1. 要求

证券交易委员会应要求所有依照《1934年证券交易法案》第13（a）或第15（d）条款编制的年度报告中都包含一份内部控制报告，这份内部控制报告应：

（1）表明公司管理层有建立和维持内部控制系统及相关控制程序的充分有效的职责。

（2）包含管理层在最近一个财政年度的年底对财务报告内部控制系统及程序有效性进行评估的结果。

2. 内部控制的评估与报告

对公司财务报告进行审核评估的注册公共会计公司应对公司管理层内部控制评估进行鉴证，并出具鉴证报告。鉴证应遵循上市公司会计监督委员会发布或认可的准则。这种鉴证不应成为一项单独的任务。①《萨班斯法案》第404条款项下有两点明确规定，即：

（1）建立内部控制系统及评估。

- 公司管理层要表明已经建立本公司的内部控制系统（体系）以及规范运行内

① 安妮·M. 马凯蒂. 萨班斯法案执行指导［M］. 郑洪涛审，张翼、林小驰译. 北京：经济科学出版社，2007.

部控制系统的组织机构或者有关内部控制系统有效运行的流程（程序）和职责。

- 公司管理层在最近一个财政年度的年底对财务报告的内部控制系统及程序有效性进行评估并报告评估结果。

（2）内部控制评估与报告。

承担对公司财务报告进行审计评估的注册会计公司（事务所）应对公司管理层的内部控制评估进行签证，并出具签证报告。签证应遵循上市公司会计监督委员会发布的《审计准则》（第2号）或认可的规定准则。

（三）《萨班斯法案》第409条款（信息披露）

本条款是对《1934年证券交易法案》第13条款的修订，即在该条款最后加上了以下内容：

“信息披露。依据《1934年证券交易法案》第13（a）或第15（d）条款提交报告的公司应更及时地向公众披露与财务状况和营运实质性变化有关的额外信息，以及有用的趋势、定性信息和图示，以保护投资者和公众的利益。”①

《萨班斯法案》第409条款重点强调信息披露，要求上市公司及时地披露本公司所有重要的事件信息，即“依据《1934年证券交易法案》第13（a）或第15（d）条款提交报告的公司应更及时地向公众披露与财务状况或营运的重大变动等额外信息，以及有用的趋势、定性信息和图示，以保护投资者和公众的利益。”

美国著名的《萨班斯法案》的出台，从根本上修正了1933年和1934年的《证券交易法案》。自从《证券交易法案》颁布以来，《萨班斯法案》是影响会计业最重大的一部法律。该法案的出台涉及了美国上市公司和它们的审计制度有关的一系列法律问题，包括：

审计师的监督职能和独立性问题；

公司对财务报告的责任问题；

公司管理层对内部控制的评估和修改的财务信息披露问题。

我们着重从《萨班斯法案》所关注的核心问题为出发点，分步骤讲述以下各项重点内容及关系：

（1）上市公司会计监督委员会（Public Company Accounting Oversight Board）。《萨班斯法案》把会计监督委员会设立为一个独立的非营利性公司，其经费来源是上市公司所支付的会计支持年费。会计监督委员会的职责包括：建立和出具审计报告、质量控制、内部控制过程的评估报告、道德和独立性准则，监督那些已经注册上市的会计公司以及强化公司自觉遵守《萨班斯法案》的各项条款的意识。

---

① 安妮·M. 马凯蒂. 萨班斯法案执行指导［M］. 郑洪涛审，张翼、林小驰译. 北京：经济科学出版社，2007.

（2）审计师的独立性。该项规定在于防止注册会计师通过提供非审计类服务提出公开上市公司财务报表的审计报告。非审计类服务包括承担设计财务信息管理系统及内部控制过程的评估、外包内部审计职能以及某个项目的业务管理职能。所有审计和非审计类服务都必须得到公开上市公司审计委员会的提前批准。

（3）公司职责。该项条款授予证券交易委员会指导国内证券交易所和国内证券协会的权力，以禁止那些不遵守《萨班斯法案》规定的上市公司挂牌交易任何证券。这些规定包括：

◆ 审计委员会接受已注册上市会计公司的监督；

◆ 保持董事会和审计委员会的独立性；

◆ 审计委员会接受会计或审计事务的有关投诉；

◆ 审计委员会有权雇用独立的顾问和其他建议者；

◆ 制定为支付已上市会计公司和审计委员会雇用的人员提供酬劳资金的规定。

要求首席执行官和首席财务官出具财务报表的证明；规定了对首席执行官和董事实质性违反《萨班斯法案》的惩罚办法。

（4）修正的财务披露。要求确保财务报表和财务披露的准确性。要求保证财务信息的真实性和完整性，其报告的财务状况和营运结果要相互一致。公司不能向管理人员发放个人贷款。审计委员会中必须要有一位本法案界定的财务专家。包括管理者评估内部控制和适时披露财务状况的实质性变化方面的有关规定。

（5）分析师利益冲突。要求国内证券交易委员会实行有助于“提高公众对证券研究信心和保护证券分析师客观与独立性的原则……”（法案第 501 条款）。

（6）委员会的职权。证券交易委员会有权审批动用不超过 9800 万美元的资金；还有权雇用 200 名专业人员，用于改进联邦政府证券法规所要求的、对审计师和审计服务的监督。

（7）研究与报告。授权总会计署（General Accounting Office）和证券交易委员会就上市会计公司的合并情况、证券市场信用评级机构的作用、上市公司真实的财务状况等问题展开研究并发布相关的研究结果报告。

（8）公司与刑事欺诈责任。该项内容称为《2002 年公司与刑事欺诈责任法案》，它详细规定了对联邦调查和破产进程中破坏公司审计记录以及蓄意破坏、变更和伪造记录行为的惩罚办法，并要求公司至少将审计或审查文件保留 5 年，并对检举人提供保护。

（9）严惩白领犯罪。该项内容被称为《2002 年严惩白领犯罪法案》，是对《联邦判刑原则》的修改，提高了对白领犯罪的量刑标准。更重要的是：“要求首席执行官和首席财务官对财务报表的真实性与准确性进行确认，规定了确认有误和蓄意确认不实财务报告的惩罚办法。取决于犯罪情节的严重程度，被处以 100 万～500 万美元的罚款，或不长于 20 年的监禁。”

（10）公司纳税申报表。该项内容规定公司的联邦所得税申报表应由首席执行官签署（法案第 1001 条款）。

（11）公司欺诈责任。该项内容称为《2002 年公司欺诈责任法案》，它规定了对通过欺诈手法更改、破坏文件或妨碍公务的个人额外罚款和惩罚办法。

二、《COSO 内部控制整合框架》初始遵循的六步法

《萨班斯法案》充分应用了《COSO 内部控制整合框架》，并赋予了上市公司在设计、实施和保持有效的内部控制系统的重要职责，以确保提交给证券交易委员会和投资者的财务报告是最可靠和准确的。《萨班斯法案》第 404 条款要求对公司的内部控制进行鉴证。《萨班斯法案》的各项规定和要求比较复杂，主要是为了便于理解该法案的执行效果，便于掌握公司管理层、执行主管、审计委员会、独立审计师、各岗位职责之间的各种关联，更好地执行内部控制制度。《COSO 内部控制整合框架》整合了内部控制框架中的控制目标和控制要素（见表 1－1）。

在具体实施检查测试公司内部控制时，需要初始遵循的六步法。

表 1－1　《COSO 内部控制整合框架》初始遵循的六步法

步骤	内容	说明
第一步	计划	
	建立项目指导委员会	
	成立项目组，制定项目章程	
	检查点：外部审计师方面的考虑	
第二步	审查	
	控制审查与评估	
	创建文件	
	分析漏洞	
	检查点：文件标准化	
第三步	改善	
	建立或改变某个流程	
	检查点：寻找提高效率的机会	
	弥补漏洞，加强内部控制	
	检查点：持续控制评估	
第四步	测试	
	培训财务和运营部门的员工	
	分配遵循职责	

续表

步骤	内容	说明
	检查点：注册上市会计公司鉴证业务	
	准备证明文件	
第五步	证明	
	审计测试	
	检查点：披露证明报告草稿	
	管理层证明	
	审计师鉴证	
第六步	监控	
	实施持续监控程序	
	检查点：提交审计委员会的内部控制现状报告	
	持续遵循第302和404条款	
	达到遵循要求	

资料来源：安妮·M. 马凯蒂. 萨班斯法案执行指导［M］. 郑洪涛审，张翼、林小驰译，北京：经济科学出版社，2007。

三、《审计准则》（第2号）的八项条款

上市公司在具体实施《萨班斯法案》的内部控制所初始遵循的六步法以前，公司必须理解和掌握财务报告的内部控制审查的内容。《审计准则》（第2号）要求公开上市的公司根据专家机构遵循正当程序建立的、经过验证的合适控制框架，对其财务报告内部控制的有效性进行评估。上市公司会计监督委员会制定的《审计准则》（第2号）是专门为外部审计师提供的审计公司财务报表内部控制的法律依据，同时也是公司作为自我审查评估的制度基础。参加内部控制审计的项目组人员必须熟悉和掌握《审计准则》（第2号）的各项条款，即财务报告内部控制、控制缺陷、显著缺陷、实质性漏洞、实质性、重要账户、相关证明和重要流程等概念。

1. 财务报告内部控制

上市公司会计监督委员会制定的《审计准则》（第2号）把财务报告内部控制定义为公司的一种业务流程，并保证财务报告的可靠性和财务报告编制流程的完整性。内部控制是公司高层管理者包括董事会成员的一项职责。

《审计准则》（第2号）要求公司实施内部控制方面的政策和流程是：

◆ 公司必须准确保留、公允地反映公司交易和资产处置的记录资料，并能被公司用于支持和证明被外部审计师使用的财务报表所含信息准确性的交易记录。准确保留财务记录并要保证：

（1）完整的财务包括细节的记录和文件；

（2）完整的数据备份；

（3）规范的灾难恢复流程；

（4）有正式的记录保留流程。

◆ 提供合理的证明，确保财务报表的每一项记录都是按照一般公认会计准则编制的；公司的每一项收支都有管理层和董事会的授权（建立业务交易的授权管理体系）；所有交易必须合理记录，从而保证相关部门准确地编制财务报表。

◆ 提供合理的证明，以防范或及时发现未经授权进行采购、擅自使用和处置可能对公司财务报表产生重大影响的行为。换言之，为了防范对财务报表产生重大影响，财务报告的内部控制必须包括合理防范和发现欺诈行为的具体控制措施。

2. 控制缺陷

《审计准则》（第 2 号）把控制缺陷定义为：公司管理层或岗位职员在正常履行其岗位职责的过程中，控制的设计和运行流程使他们无法及时地防止和发现财务报表中的错误。《审计准则》（第 2 号）把控制缺陷分为“设计缺陷”和“运行缺陷”两种类型。在业务流程中有控制设计不到位或缺少必要的控制，说明存在“设计缺陷”。当岗位职员没有合规地实施控制或者未能按照合规的控制方式运行时，说明存在“运行缺陷”。

3. 显著缺陷

《审计准则》（第 2 号）把显著缺陷定义为：一个至多个控制缺陷的组合，对公司依照一般公认的会计原则发起、授权、记录、处理或报告外部财务数据的能力有负面影响，从而导致公司不能防止或发现报告中重要误报的可能性比较大。

4. 实质性漏洞

《审计准则》（第 2 号）把实质性漏洞定义为：一个至多个控制缺陷的组合，导致公司年度或中期财务报表中的误报未被防止或发现的可能性比较大。

5. 实质性

《审计准则》（第 2 号）把实质性定义为：如果财务报告漏报或者误报的某个项目非常重要，以至于一个理性的人依据报告作出的判断将因该项目的重大影响而改变，那么这个项目的漏报或者误报就是实质性的。

6. 重要账户

《审计准则》（第 2 号）把重要账户定义为：在财务报告中包含了一个或多个误报，可能对财务报告产生实质性影响的那些账户称为重要账户（重要账户的误报风险还可以包括报高、报低和漏报，或者定量和定性等因素）。

7. 相关证明

财务报告一般包括了管理层的证明。特别是在审查重要账户时，管理层的证明被认为是相关的。《第31号会计准则》将管理层的证明分为以下5种类型：（1）存在或发生；（2）完整性；（3）评价或分配；（4）权利和义务；（5）公布和披露。

相关证明对财务报告的准确性有着直接的影响，为了确定财务报告流程的完整性，重要账户列表中应包含管理层对每个相关账户具体证明的附注。

8. 重要流程

重要账户的确定是重要流程确定的基础，因为这些流程是会计交易被记入具体账户的基础。在涉及重要流程时，必须确定每个重要账户的主要交易类型。

◆ 常规交易类型：指一般会计业务流程中记录反映的、重复发生的财务交易，如销售、采购、现金收支和计算工资等。

◆ 非常规交易类型：指阶段性发生的会计业务交易，如折旧费用计算和外汇的调整等。

◆ 估计交易类型：指在缺少精确度量方法情况下，管理人员在进行账户余额计算过程中以自我判断和假设的交易。如在决定呆坏账准备金补贴和资产评估减损等情况。

在确定重要账户和相关的交易类型以后，就比较容易确定对重要账户的交易实施控制的业务流程。如常见的重要业务流程包含：采购与付款、存款管理、资产管理、金库与资本市场、财务报告与总分类账簿、税收、权益和信息技术等。[①]

第二节 《萨班斯法案》内部控制五要素

《萨班斯法案》的各项条款是上市公司必须遵守的，同时强调公司的财务管理人员的职责：遵循直接关联的第302条款（公司的财务职责）、第404条款（管理层对内部控制的评估）和第409条款（信息披露）。财务管理人员每季度必须遵循与内部审计部门和注册公共审计师的接触、内部控制流程、内部控制测试、软件考虑（第70号审计准则声明书）等各项重点问题。

《萨班斯法案》第404条款是管理层对内部控制的评估，这一条款给财务管理人员提出了巨大的挑战和艰巨的任务。它要求证券交易委员会制定相应的规定，要求所有依照《1934年证券交易法案》第13（a）和15（d）条款编制的年报中，管理层对“会计年度末的内部控制结构和财务报告流程的有效性”进行评估。这也是《萨班斯法案》要求管理层有责任建立和维持充分的财务报告内部控

---

① 美国上市公司会计监督委员会：《审计准则》（第2号）的八项条款，2005。

制结构和流程（程序），并在当前报告的财政年度的年底对“财务报告内部控制结构和流程的有效性”进行评估的法律规定。第404条款的要求多于第302条款，因为第404条款要求公开上市公司的注册上市会计公司对管理层所作的评估进行鉴证，这种鉴证业务也是年度财务报表审计业务的一部分。美国许多大公司都表示，为了确保财务报告的可靠性，今后都将加强本公司的内部控制。

20世纪90年代初期，美国反虚假财务报告委员会发起组织委员会提出了《内部控制整合框架》（《COSO内部控制整合框架》），该框架为美国反虚假财务报告委员会下设的内部控制问题研究会——组织委员会的建议融入到审计流程。组织委员会的目的是帮助公司建立一套内部控制系统（不仅限于财务或财务报告控制）的内部控制法框架。这个框架使控制目标及保持公司流程和职能内部控制的有效性所需要的控制系统各要素都达到了平衡。COSO内部控制整合框架如图1－1所示。

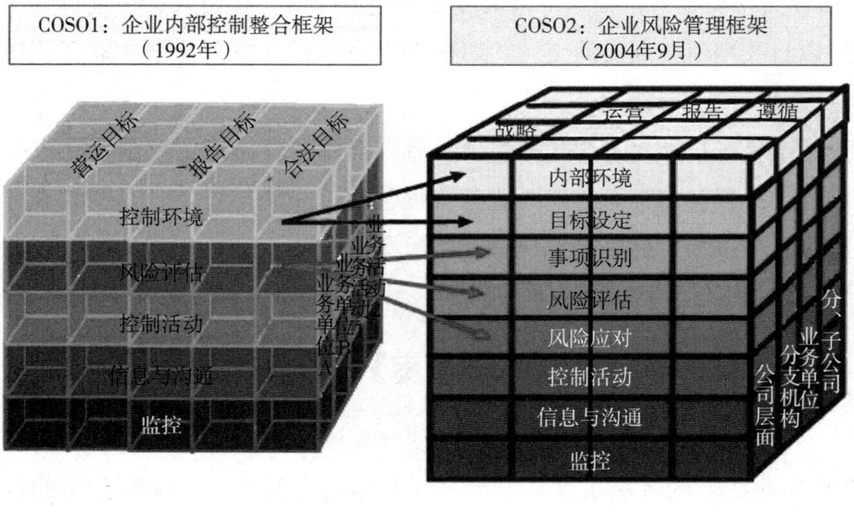

图1－1　COSO两个整合框架各个要素的相应融合

《COSO内部控制整合框架》旨在为内部控制定义为由一个企业的董事会、管理层以及其他职员所实现的过程，并为以下所实现的内部控制目标提供一个合理的保证：（1）准确而可靠的财务报告；（2）有效和高效的运营；（3）遵守法律法规。

《COSO内部控制整合框架》把内部控制划分为五个相互关联的要素，它们分别是：（1）控制环境；（2）风险评估；（3）控制活动；（4）信息与沟通；（5）监控。

2004年9月，美国COSO委员会根据《萨班斯法案》的相关要求，正式颁布了《企业风险管理整合框架（COSO－ERM）》。《企业风险管理整合框架（COSO－ERM）》在《COSO内部控制整合框架》所述五个要素的基础上将其增加到了八个：（1）内部环境；（2）目标设定；（3）事项识别；（4）风险评估；（5）风险应对；（6）控制活动；（7）信息与沟通；（8）监控。

《COSO 内部控制整合框架》与《COSO 风险管理整合框架（COSO – ERM）》对应关系的特点是：内部环境（五要素）——内部环境和目标设定（八要素），风险评估（五要素）——事项识别、风险分析、风险应对（八要素），而控制活动、信息与沟通、监控两者基本相同，不同的主要是内部环境和风险评估。

COSO 两个框架融合的内在关系体现在：在保持《内部控制整合框架》五个组成部分的基础上：第一，可以将 ERM 框架的“内部环境、目标设定”这两个要素归纳为 ICI① 框架“控制环境”，与企业的战略目标或各职能部门的经营目标相连接；第二，将 ERM 框架“事项识别”“风险分析”“风险应对”作为 ICI 框架“风险评估”的目标应对措施；第三，其余的三个组成部分“控制活动、信息与沟通、监控”保持不变。

关于如何融合 COSO 两个框架，我们可以从 COSO 委员会主席瑞腾伯格博士（Larry E. Rittenberg）的观点中得到启示。关于内部控制的要素，瑞腾伯格博士提出了六要素的观点，即目标设定、风险评估、控制环境、信息与沟通、控制活动、监控。

企业设计内部控制体系，无论是在公司层面，还是在业务层面，首先都要设定目标，因此，根据 COSO 委员会主席的观点，在首先明确了“目标设定”的问题之后，仍然是五要素。这是因为美国证券交易委员会要求上市公司和会计师事务所审计企业内部控制所依据的框架仍然是 1992 年的 COSO 内部控制五要素框架。当然这一观点应当是融合了更新的风险管理理念的六要素框架（在风险评估要素中内含事项识别、风险评估和风险应对的 3 个要素）。COSO 内部控制与风险管理融合的逻辑框架如图 1 – 2 所示。

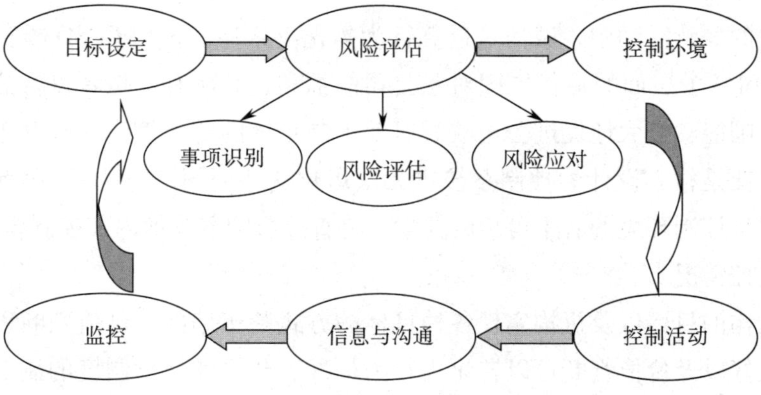

图 1 – 2 ICI 的 COSO 内部控制逻辑框架

① ICI 是位于美国佛罗里达奥兰多的国际内部控制协会（the Internal Control Institute，ICI），是 2002 年美国《萨班斯法案》出台后成立的全球专门致力于内部控制和公司治理的教育组织和智囊机构。国际内部控制协会作为一个职业团体成为国际内部控制领域的代表。

ICI 的 COSO 内部控制逻辑框架始于目标设定，终于监控要素，以促进和检验目标实现并不断循环往复的内部控制逻辑框架，较好地解决了为什么要控制、如何控制、怎样才能实现控制的问题。这一逻辑框架将控制环境放在风险评估之后是非常明智的，控制环境主要涉及企业的组织架构与制度建设和员工素质与胜任能力，只有明确了风险事项和高风险领域，才能有针对性地设计出科学合理的组织架构，培养高素质的员工，为有效地执行各项控制活动奠定基础。COSO 的这一逻辑框架也比较符合中国人的思维习惯，值得借鉴。

综上所述，三种内部控制框架中，COSO 虽然颁布了内部控制整合框架，但是它并没有对如何衡量相关内部控制的有效性提供指南。例如，COSO 委员会认为诚信和道德价值观是企业控制环境的重要部分，但是，COSO 的报告中没有描述如何衡量或评价道德环境是否“有效”。因此，企业需要依据 COSO 框架，结合本企业的实际情况，建立良好的控制环境，梳理业务流程，找出主要关键风险点，设置好相应的关键控制措施，形成本企业行之有效的内部控制体系，而不是生搬硬套别的企业的做法。

《COSO 内部控制整合框架》的五个控制要素的具体内容如下。

一、控制环境

控制环境是其他所有内部控制要素的基础，控制环境决定了组织机构人员的控制观念。控制环境因素包括组织机构人员的诚信、道德价值观以及胜任工作的能力；管理的理念以及经营风格；高级管理层对权力的控制能力和责任等。

（一）诚信与道德价值观

在企业的经营活动中，诚信是道德行为的先决条件。正如 COSO 委员会报告指出的：“公司各个层面的道德氛围对于公司的福利、其所有支持者以及公众非常重要。这种氛围能够极大地促进公司政策以及控制系统的有效性，并有助于影响公司的行为，即便是精心设计的控制系统也无法影响这些公司的行为。”因此，诚信与道德价值观是控制环境的必不可少的要素，将直接影响着其他内部控制要素的设计、管理以及监控情况。

组织机构的目标以及机构实现各种目标的方式基于偏好、价值判断以及管理风格。这些偏好以及价值判断可以转化为行为标准、政策和规章制度的制定施行，影响着管理当局的诚信以及他们对道德价值观的承诺。管理当局的诚信问题也属于公司文化的范畴，公司文化包括道德规范与行为标准。CEO 等高层管理者在确定公司文化方面起着至关重要且无法替代的作用。

（二）董事会与审计委员会

控制环境直接与“高层基调”对于组织机构的董事会与审计委员会有着重大的

影响。影响的程度取决于董事会与审计委员会的成员独立于管理人员本身的工作经历和身份、他们参与审查各项活动的程度和影响力度，表明了管理人员的独立性非常重要。董事会与首席财务官以及会计主管，审计委员会同内部审计师和外部审计师的相互影响，是控制环境的另外一个重要影响因素。向董事会或者审计委员会成员提供充分的信息和恰当时机，以便于监管当局确定工作目标和长期战略、机构的财务状况和经营结果，以及重要的协议条款。

鉴于董事会与审计委员会的重要性，一个能真正起作用的董事会、审计委员会对于有效的内部控制非常关键，其成员拥有的管理职能、技术以及其专家的身份，都能够肩负并履行必要的公司治理、指导和监督职责。

（三）组织架构

银行的组织架构提供了诸如战略规划、工作计划、计划实施，以及控制整个机构实现其目标的一切活动的组织框架。建立完善的组织架构的重要性在于：明确其管理权力与自己的管理职责的关系，并建立起一个畅通的上情下达的报告制度。

（四）权限划分

权限划分包括针对各项营运业务的权力与相应的职责，以及建立起完善的授权管理制度。权限管理制度的建立目的是要把权限管理职责落实到具体岗位人员。

控制环境在很大程度上受到在岗人员的岗位职责的影响，并始终受到关键人物如机构CEO的影响，他们对组织机构的各项活动如内部控制系统等始终要承担最终的责任。

（五）人力资源政策

人力资源的工作首先要对员工进行培训，内容包括有关诚信、道德行为、能力素质水平等人们所关心的期望信息。人力资源政策涉及人员的聘用、新员工职业道德与业务培训、评价、个人咨询、员工报酬等一系列问题。如聘用人才的合格标准：会强调个人的教育背景、以前的工作经验、以往的学术成就、诚信和道德行为方面的依据，以及聘用机构向受聘人阐明胜任的、可信赖人员的承诺等。另外，人员的不断教育和培训是企业长远规划的一个持续目标，要不断跟进时代发展的步伐，掌握最新的技术知识。这些教育和培训方式会不断增强机构的技术素质和激励员工的创新能力。

二、风险评估

每个机构都要面临来自企业外部与内部需要评估的各种风险。风险评估的前提条件是要建立各项目标，并在企业内部保持一致性。风险评估要确认和分析相关风险，从而实现各项目标，为确定如何管理好风险形成依据。换言之，不管企业机构的规模大小、结构和其所处行业如何，都会遇到不同层面的风险。企业风险的存在将影响着每个企业的发展能力、竞争能力、公众形象能力以及企业的产品特性、人员服务和整体质量的能力。因此，目标设定虽然不是内部控制的组成要素，但是，它是内部控制和风险评估的先决条件。

（一）内部控制目标类型

内部控制目标的类型差异比较大，但是，简要分为以下几种：

一是营运目标：营运目标关系到组织机构营运的效率和效果，包括绩效目标、盈利目标、安全保障目标。

二是财务报告目标：财务报告目标关系到需要编制可以发布和可靠的财务报告信息，尤其是要防止欺诈性的财务报告。

三是合规性目标：合规性目标关系到组织机构对法律法规的正常遵循，它们主要依靠外部监管机构等外部因素确定。

1. 营运目标

营运目标与机构要实现的总体规划和它的最终使命关系重大，这也是机构生存的基本理由。营运目标包括相应的分目标，这些分目标也强化了企业实现最终目标的效益和效果。营运目标也关系到机构发展的特定业务、在行业的发展前景以及周围的经济环境。如企业的产品开发、生产、投入市场、技术变革、再发展的循环周期时间等。作为企业的管理层，必须掌握和密切关注市场经济对本企业产品的发展情况而确定需求，以准确的企业绩效管理标准来衡量和测评数据来表示产品营运的好坏程度。

2. 财务报告目标

财务报告目标所关注的是可以公开发布的财务信息的编制情况，包括期中和简要财务报表以及能从这里摘编的财务信息数据。根据监管要求，组织机构需要实现财务报告目标已满足对外界披露财务信息的义务。众所周知，企业可靠的财务信息披露是投资者所关心的事情，也是债权资本的先决条件，同样对某些供应商也至关重要。这些贷款人、投资者、客户、供应商们经常依赖这些财务报表来评估企业管理层的工作绩效，并且会与同业以及可选择的投资项目进行比较。

财务报表目标的可靠性涉及编制的财务报表能够公开披露、公允表达，并能够符合公认的会计准则，符合监管要求。所谓公允表达可以简单定义为：一是选择运用公认的会计准则；二是财务报表能够如实反映、理解和解析各种事件信息；三是表达的财务报表信息能够便于分类和汇总并保证信息的完整性；四是财务报表能够反映基本的交易信息、可接受的财务状况、经营结果和现金流。

3. 合规性目标

组织机构在开展正常的业务时，应遵循适用的财务法律法规和规章制度。法律法规的遵循有助于企业在正常经营范围内开展业务。这些法律法规制定了最低的行为标准，组织机构要将遵循这些法律法规标准都融入合规性目标之中。企业能够严格地遵循法律法规，可以为企业的发展提供便利，便于沟通方案、场所检查以及培训业务；而且记录组织机构在遵循法律法规方面的行为也非常重要，不管这些记录是肯定的还是否定的，对企业而言都将影响其社会声誉。

（二）风险确认与风险分析

风险本身包含了风险确认和风险分析两个方面，而且是一个反复周期性持续变化的过程，它也是有效的内部控制系统的关键因素。组织机构各种内部和外部的因素，使得日常的工作经常处于风险之中。风险不同程度地影响着组织机构的既定目标，而且风险会随着工作的不同差别而相应增减。首先我们将会遇到的是风险确认。

1. 风险确认

在组织机构里的风险确认是一个重复的过程，人们通常习惯把风险确认整合在计划的过程之中。机构层面存在着各种内部或外部的原因，使得组织机构的工作经常处于内部或外部因素造成的风险之中，所以，风险确认应考虑到外部因素和内部因素两方面的风险。

（1）机构层面的外部因素。一是机构组织的技术革新和业务发展会影响研究与开发的特性和时间的安排，需要高新的技术替代原来的设备与技术，所以会引起新的采购业务的变化。二是不断变化的客户要求会影响产品的开发、生产过程、客户服务、定价和担保。新的法规会促使组织机构的运营政策与策略发生变化。三是不可遇的灾害会发生运营或信息系统的变化，随之强调应急计划的实施。四是市场经济的变化也会对企业的融资、资本运作、资金支出以及发展决策产生影响。

（2）机构层面的内部因素。一是企业数据中心的信息系统数据处理中断会对组织机构产生不利的影响。二是组织机构各岗位职责的授权管理体系的变动会影响机构的控制水平。三是组织机构的资产管理控制不严，会产生对资源滥用的情况。四是企业董事会或审计委员会的管理和监管不力，将导致出现犯罪行为。

对于许多从事技术开发的业务可以确认风险。大多数技术（特别是由那些内部与外部审计师开发出的用于确定其活动范围的技术）都涉及定性和定量方法，用于对风险活动进行优先排列和确认。风险确认有助于机构层面对风险的外部因素与内部因素的发现，对于有效的风险评估非常重要。一旦发现诱发风险的主要因素，管理层就会根据它的重要性，将风险因素与业务活动紧密地联系起来。

（3）活动层面的内部因素。除了确认前面提出的机构层面的风险因素以外，还要确定活动层面的风险。在这个层面上应考虑到企业的产品销售、生产、营销、技术开发、技术研究与开发等主要业务或职能的风险评估。成功的评估活动层面的风险有助于在机构层面将风险保持在可控制的水平。

2. 风险分析

在确认出机构层面以及活动层面的风险以后，就要进行风险分析。由于风险的表现形式多种多样，所以，风险分析的方法也有各种各样。一般来讲，比较正规的风险分析过程通常有以下类型：

（1）评估风险的重要性，这是比较共识的问题；

（2）评估风险发生的可能性，这与风险存在的机构层面和活动层面紧密相关；

（3）如何管理控制风险，也就是采取哪些措施来评估风险。

如果评估了风险的重要性和可能性，管理层就要着重考虑采用哪种方法来控制风险的问题。这就会关系到有关风险假设依据的判断，以及合理分析与降低风险程度有关的成本。这样，就能采取措施降低风险发生的可能性和严重程度。这里需要注意的是，属于内部控制要素的风险评估与管理人员的风险评估是有差别的，由管理人员认定采取的必要的相应计划、方案和其他措施直接针对有关风险。这种由管理人员认定并采取措施降低风险的行动是管理过程的关键，而不是属于内部控制系统的要素。

三、控制活动

控制活动是指按照一系列法律法规、规章制度及规定的流程确保管理指令的执行过程。它们是专门针对风险问题而采取的必要行动，以确保实现组织机构的目标。控制活动贯穿于组织机构的各个层面以及各个业务活动之中，如每个业务活动的审批、职能的授权、业务的审查核对、经营业务的核准、安全管理等。控制活动是组织机构为实现目标而执行一系列政策、规章制度和流程的行为，其目的是促使岗位职责人员确保安全而执行确定的管理指令。控制活动根据组织机构的实现目标的特性一般可以分为三种类型，分别是与企业营运目标、财务报告目标、合规性目标相应的三种类别，即营运控制、财务报告控制和合规性控制。

（一）控制活动的分类

控制活动的类型一般有多种，如管理层控制、岗位职责管理控制、信息处理控制、实物控制、职责分离控制等。

（1）管理层控制。管理层可以控制企业的预算、预测、实际业绩。

（2）岗位职责管理控制。企业在营运中对岗位职责授权和活动范围实施管理控制。

（3）信息处理控制。信息处理控制涉及的开支范围由数据输入与数据输出的控制、数据复核性控制，以及检查信息处理的完整性和可靠性、信息处理的授权。

（4）实物控制。诸如企业的各种设备、存货、现金、证券以及资产等的实物控制。

（5）职责分离控制。职责分离控制是对不同岗位人员实行的职责分离控制，此类控制可降低因多岗位兼职可能出现的风险。

（二）信息系统控制

企业随着对信息系统的普遍依赖，必须对应用中的各种信息系统（如财务信息系统、清算结算信息系统、信贷管理信息系统、资金交易信息系统等）实行控制。在实际控制活动中，信息系统控制涉及一般控制和应用控制。

1. 一般控制

一般控制包括数据中心操作控制、软件系统控制、软件系统开发控制等。

（1）数据中心操作控制。数据中心操作控制包括中心设备运行、调度管理、操作人员操作制度、数据的备份和数据恢复、灾备和恢复计划。

（2）软件系统控制。软件系统控制包括对计算机操作系统、数据库管理系统、业务应用软件系统、安全管理系统的控制，同时还涉及软件系统的采购、运行、测试和应用维护的控制，软件系统授权管理、系统日志管理控制、风险预警控制等。

（3）软件系统开发控制。软件系统开发控制主要涉及业务流程、业务需求、系统总体设计、系统详细设计、系统项目管理、系统功能测试、系统用户测试、系统上线、系统运行、系统功能变更等系统开发周期循环控制。

2. 应用控制

应用控制包括软件系统程序的应用设计、软件系统的操作应用，强调的是软件系统操作应用数据的正确性、可靠性、安全性和有效性，还涉及系统应用的授权管理、数据代码的标准化（数据接口）、数据信息的共享等一系列系统软件应用课题。

控制活动需要针对管理层的管理指令的预定范围进行评价，要设定好对某项业务进行评价的事项和深度，确定所评价事项的风险程度。对企业的控制活动包括对信息系统的一般控制和应用控制，评价人员不但要考虑既定的控制内容，关键是要确认被评价的内容是否与风险评价过程有关，并确认风险的深度。

四、信息与沟通

每一个企业机构都不能缺少信息和沟通，都要按照一定的方式进行信息的获取、信息的确定、信息的沟通，以便于整个机构组织将信息服务于各岗位人员履行其职责。信息的集合会构成信息系统，而信息系统能够产生各种业务报表，包括营运报表、业务管理报表、财务报表以及合规性报表，这些报表将为企业管理层进行营运管理和企业监督控制提供方便。管理部门对各种信息的有效沟通（机构内部的上下沟通和横向沟通）有助于各级管理层和广大员工获得开展业务所需要的信息，也便于本身获得承担控制责任的各种信息。

（一）信息

企业的各层级都需要各种业务信息、公用信息及规章制度方面的信息，以便实现企业的业务营运、财务报告和合规性目标。企业的营运管理信息除了满足企业本身的决策和业务开展的需要以外，更直接的有关信息如财务报表信息将为企业投资者、股东以及外界提供。当企业机构将应用信息集成到一定规模时，需要将信息进行分类、存储及提供咨询，总之为信息数据的应用提供快捷、便利的手段。这样，信息系统的概念就应运而生，企业更多的是借用高新技术建设一个信息管理系统。信息管理系统存储和管理包括业务信息在内的所有可用的信息。

企业为了业务发展和日常工作的需要，可以将信息系统分为各种类型，如：一是银行业的信息管理系统。财务信息管理系统、费用管理系统、信贷管理系统、资金交易系统、清算结算系统、业务流程管理系统、柜台业务处理系统等。二是银行数据分析类（BI）系统。综合分析系统、财务报表分析管理系统、管理会计系统、贷款分类分析系统、客户管理分析系统、资金头寸分析系统、内部控制分析系统等。

信息生成为管理信息系统以后，更重要的是要考虑信息的质量问题，重点在于信息的应用。现代建设的管理信息系统需要不断更新信息、维护信息、应用信息，所以，信息质量和信息适用的控制非常重要，包括以下各个重要方面：信息的真实性，即所需信息是否存在；信息的可用性，即提供的信息可用程度；信息的及时性，即是否及时提供信息；信息的准确性，即数据信息是否准确；信息的流通性，即是否取得了最新信息。

（二）沟通

信息的本身就是沟通的一种方式，信息系统必须向企业的各层级管理人员、各岗位职责人员提供信息，以便于管理层和各岗位人员能够履行本职工作范围的业务营运、财务报告和合规性职责。沟通信息可以分为内部沟通和外部沟通。

1. 内部沟通

企业负责重要营运业务的管理人员，需要从高层管理那里获得内部控制职责的明确信息，尤其是从高级管理当局和董事会以及委员那里获得信息，掌握和了解诸如企业的经营业绩、企业发展方向、企业存在的业务风险、企业的重要创新业绩以及其他一系列有关的信息，需要掌握本企业的经营管理的信息。

2. 外部沟通

组织机构内部不仅需要进行不断的沟通，组织机构外部也需要进行沟通。在与外部进行信息沟通时，重点是掌握对企业发展有实用价值的信息，诸如向外部审计师了解企业组织机构有关的业务问题和内部控制情况，为管理当局和董事会提供重要的内部控制信息。

外部沟通包括与企业的股东、监管机构、外部审计师、财务分析师以及其他外部机构与专业人员进行沟通，提供他们关心的有关信息，并为他们提供必要的企业经营状况和及时的风险信息。当然，这些信息的提供要符合规定的法律法令和有关规章制度、监管机构的要求。

信息沟通的方式是多种多样的，对上市公司而言，可以通过网络、报刊、会议等信息沟通渠道进行沟通。

五、监控

企业的内部控制系统需要监控，监管机构的监控是随着时间的推移来评价内部控制系统的质量的过程。监控的方式有持续监控、单独评价（动态监控）和综合监控等方式。持续监控是指企业在营运过程中的监控，包括日常的业务管理和监督行为，岗位职责人员为履行其业务职责所进行的工作。动态监控的频率和范围主要取决于风险的评估和持续监控的效果。监控中发现的问题必须定期向上级主管部门逐级上报，比较严重的风险事项必须向高级管理层和董事会报告。

（一）持续监控

在企业开展的日常业务中，对内部控制的方法虽然多种多样，但是，对经营业务的持续监控是比较常用的一种方法，监控的内容涉及企业的日常管理和监管活动。习惯的持续监控活动包含以下内容：

（1）监控财务报告系统。通常对财务报告系统进行持续监控，采取的方法是以定期的方式进行。当经营管理层在履行其日常的管理活动时，监管部门会采集到内部控制系统持续运行的证据资料。

（2）逐笔业务的审核监控（检查合规性错误和操作风险）。对比较关键或重大的某笔业务可以进行检查核对，将经营活动的某笔业务与对方客户（外部当事方）进行核对，客户可以证实其支付票据的账单数据，反映出销售交易处理中的系统缺陷。在审核监控中，可以发现经营业务的合规性（是否合规，是否超出法律制度规定的范围）或者准确性（检查每笔业务的操作风险，在操作业务数据的输入/输出中是否出现差错）。

（3）实物监控。将信息系统记录的数据信息与实物进行核对检查比较，如定期盘点存货，检查实物与账面记录的数据信息是否一致，并对实物监控中的差异情况进行分析。

（4）采纳内外部审计师日常提出的有关内部控制的审计报告和建议，并强化进行改正。企业在内部控制过程中，审计师会高度重视内部控制设计的评价内容并关注测试内部控制的效果。这样，就能检查出企业在内部控制中的薄弱环节。

（5）监控岗位职责人员的授权管理制度。定期监控岗位职责人员是否明确自己的岗位职责，有无超越自己岗位职责的行为，是否遵循职业行为道德，经营管理和财务人员是否定期开展复核控制程序、核对具体数据账目，检查内部审计人员是否对经营管理和财务人员进行验证。最后需要做的程序是将持续监控所发现的问题进行反馈和改正。

综上所述，持续监控需要完成的活动事项是：

◆ 证明内部控制系统是否持续对岗位职责人员进行监控；

◆ 与外部审计师（机构）沟通证实内部机构生成的信息和问题；

◆ 定期核实会计系统的账面数据与实物资产是否一致；

◆ 采纳内外部审计师有关强化内部控制方式的建议；

◆ 召开问题研讨会，直接向管理层反馈内部控制系统有效运行机制；

◆ 定期要求岗位职责人员开展内部控制活动、遵守行为准则。

（二）单独评价动态监控

在内部控制过程中采取持续监控程序的方法，贯穿于重点经营业务的全部过程，对于防范风险起到关键性的作用。但是，单独评价（动态监控）也是直接关注内部控制系统的非常有用的方法，它的作用在于弥补持续监控无法完成的一种监控方法。动态监控的方法侧重于数据充分、分析细致、预测趋势、效果明显的分析过程。动态监控对内部控制的评价在范围和次数上各有不同，这取决于所在控制的风险的重要性以及用于降低风险的控制措施的重要程度而定。

从惯例上来讲，针对那些重要的高风险且至关重要的控制事项会进行更多的评价。评价整体的内部控制可以由以下各种因素组成：企业的重大并购或分立、企业的重大管理变动、企业的经营以及财务核算方法发生重大变化等。对企业机构的整体内部控制系统进行评价时，关注的是每个控制要素与所有重大活动的关系。评价范围还取决于营运目标、财务报告目标和合规性目标。

单独评价要考虑评价主体、评价过程和评价方法。

评价主体：评价可以采用自我评估的方式进行，对特定的系统单元或者职能管理人员确定其活动的效果进行评估。

评价过程：我们采用的内部控制系统，本身就是一个评价过程。尽管所采取的评价方法或评价技术各有不同，但是，评价的过程要求规范，需要遵循基本的规定和原则进行。

评价方法：评价的方法和采用的技术工具是多种多样的，目前，更多的是借助信息技术工具辅助评价分析，编制分析软件系统辅助内部控制过程的评价，如应用实物检查账务清单、问卷调查和流程图技术，以及采用数理统计的工程数学方法，对经营管理业务进行排序、比较分析、财务复核分析。常用的分析方法还有业务的同比分析、差异分析、趋势分析、比较分析、概率或方差分析等各种类型和方法。

（三）报告缺陷

组织机构的内部控制系统存在的缺陷来自多个方面，需要对内部控制系统的缺陷进行报告，包括企业的持续监控程序、内部控制系统和外部的单独评价。对于内部控制系统的缺陷是可以察觉和可识别的。我们需要经常对控制缺陷的信息来源进行识别和确定。

信息来源：内部控制系统本身就是最佳的信息来源。企业在实施持续监控过程、管理活动及对岗位职责人员的日常监督过程中，直接参加该活动的人员都会形成看法，这些看法即时形成并可发现缺陷。另外，发现和确认缺陷的办法是对内部控制系统进行的单独评价。

报告内容：报告内容在不同的人员编制过程中是不一样的，但是，有些内容是客观存在并相对固定且起着决定性的因素。我们可以设想，对那些影响企业实现目标的内部控制缺陷，都是报告中必须列出的内容，但在编制报告和文字描述上有所不同而已。另外，在向哪个部门、向谁报告的问题上需要达成一个共识：反映内部控制系统缺陷的报告，一般都要逐级向上面的主管部门报告；视内部控制缺陷的程度，可以有侧重地向监管部门沟通，甚至可以直接向企业的董事会、高层管理部门呈交报告。

［注］：《巴塞尔新资本协议》是巴塞尔委员会于 1999 年 6 月发布的新资本充足率框架的提议，以替换 1988 年的《巴塞尔资本协议》。该提议收到了良好的效果，因此，2001 年 1 月又发布了内容更加广泛的征求意见稿。新提议包括了三个方面的内容：最低资本要求；对机构资本充足率以及内部评估程序的监管审查；有效发挥市场的约束作用，加强披露和鼓励安全和稳健银行操作的杠杆。巴塞尔委员会认为：以上三个方面的工作可以成为有效资本框架的基本组成部分。要求《巴塞尔新资本协议》改进反映潜在风险的监管资本要求的方式，并妥善处理好近年来所出现的金融创新问题（如资产证券化结构）。《巴塞尔新资本协议》的正式实施时间为 2004 年。①

① 中国人民银行．巴塞尔银行监管委员会文献汇编［M］．北京：中国金融出版社，2001.

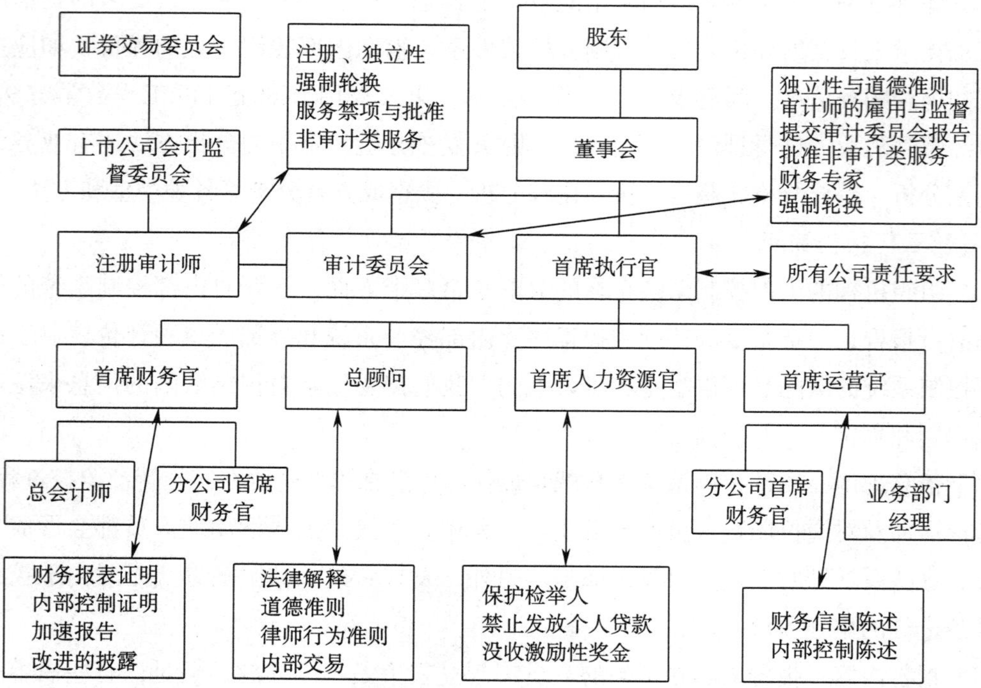

图1－3　《COSO内部控制框架》的内部控制图解①

（资料来源：安妮·M. 马凯蒂. 萨班斯法案执行指导［M］. 郑洪涛审，张翼、林小驰译. 北京：经济科学出版社，2007）

第三节　ICI内部控制体系建设方法论

一、国际内部控制协会（ICI）内部控制评估方案框架

（一）国际内部控制通用知识与八大技能

目前，国际内部控制协会已经开发研制出以《萨班斯法案》和COSO内部控制框架为基础的世界一流水平的内部控制和公司治理指南以及专业评估技术和解决方案。ICI是全世界范围内唯一能够提供内部控制和公司治理领域量化评估工具的组织。ICI提供的内部控制主要产品如下：

◆ 控制设计和文档管理方法；

◆ 基于COSO框架的内部控制量化评估工具；

① 美国上市公司会计监督委员会：《审计准则》（第2号）的八项条款，2005。

◆ 为董事会服务的量化评估指南；

◆ 企业全方位的控制教育流程；

◆ 国际注册内部控制师资格认证。

ICI 提供的国际注册内部控制师资格证书属于国际公认的职业资格证书。该资格认证项目设立了积极的教育和培训规划，按工商领域内部控制原理与实践来测试职业人员的胜任能力水平。这些原理与实务由 ICI 认证委员会定义为通用知识与技能体系（CBOK）。ICI 认证委员会将定期对通用知识与技能体系进行更新，以反映内部控制环境方面的变化。

由于企业内部控制渗透于整个组织的一系列活动中，内部控制系统建设涉及公司治理、风险管理、质量管理、信息系统、审计监督、企业文化建设等领域，涵盖的知识面广，业务流程复杂，各种技能要求全面，测评方法和测评工具复杂细致，需要整合企业管理、财务会计、信息系统和监控流程等知识和技能。ICI 通过定义与内部控制职责相关的任务，收集和整合各种相关知识、法规和信息技术及评估工具，形成了考核和评估国际注册内部控制师的通用知识与技能体系。通过系统化和规范化的培训，使原来掌握某一领域知识技能的审计师、会计师、评估师、经济师、工程师和企业管理人员能够系统全面地掌握内部控制设计、执行和保障以及流程管理与评估报告所需的知识与技能。

目前，ICI 国际注册内部控制师资格证书分为两个等级：A 级：高级国际注册内部控制师（Certified Internal Control Professional，CICP）；B 级：国际注册内部控制师（Certified Internal Control Specialist，CICS）。CBOK 是国际注册内部控制师（CICS）的考试辅导用书。

国际内部控制协会的中国唯一合作伙伴——中经安信息科技（北京）有限公司在 2009 年初就启动了向人力资源和社会保障部职业技能鉴定中心申报引进国际注册内部控制师职业资格认证的审核注册程序，并已被正式受理，开始逐步纳入国家职业技能认证体系。通过提供适用的培训教材和完善的培训体系，为培养我国与国际标准接轨的注册内部控制师职业人才作出应有的贡献。

《国际注册内部控制师通用知识与技能指南》中译本见图 1－4，该指南是由中经安信息科技（北京）有限公司引进并组织翻译的原版技能指南。该指南包括了企业内部控制通用知识与八大技能的内容，是国际跨国企业内部控制体系建设必须掌握的操作指南。该指南的通用知识与八大技能的概要题目是：

（1）内部控制原理、定义和概念；

（2）内部控制环境；

（3）风险管理；

（4）评估应用控制；

（5）业务系统控制评估；

（6）风险评估；

（7）内部控制衡量与报告；

（8）公司治理实务。

图1-4 国际注册内部控制师通用知识与技能指南

（二）ICI内部控制评估方案框架

篇幅所限，我们仅在此简要介绍其中技能之四：评估应用控制，ICI所采用的内部控制评估方案框架。建议内部控制专业人员购买此书学习和了解其余的内容。

内部控制评估方案框架是由ICI根据可获得的企业最佳实务设计的，该评估方案框架如图1-5所示，旨在帮助企业内部控制评价人员回答以下问题：

（1）组织的企业风险管理方案遵照COSO企业风险管理框架吗？

（2）正在被评价的活动遵照COSO内部控制框架吗？

（3）正在被评价的活动遵从适用的法律法规吗？

（4）正在被评价的完成其使命和业务目标的活动是以高效率和有效果的方式完成的吗？

该评估方案框架确认了评估方案的6个要素，分别是：

（1）评价企业风险管理计划；

（2）评估环境控制；

（3）实施业务评估方案（评估和测试应用控制措施）；

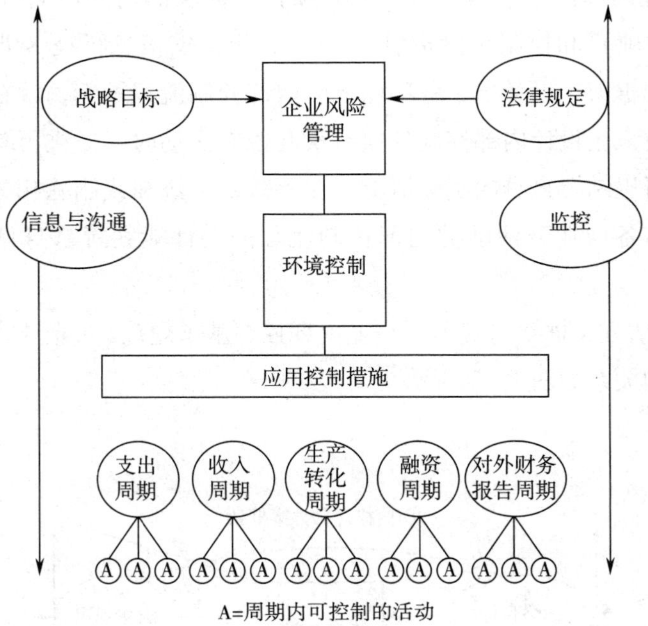

图1-5 ICI内部控制评估方案框架

（4）评价与正在被评估的活动相关的信息和沟通；

（5）评价与正在被评估的活动相关的监控；

（6）评价与业务周期内相关活动的衔接状况。

ICI内控评估方案框架与COSO内控与风险管理融合框架有着异曲同工之妙，都包含6个要素，两者的对应关系如图1-6所示。

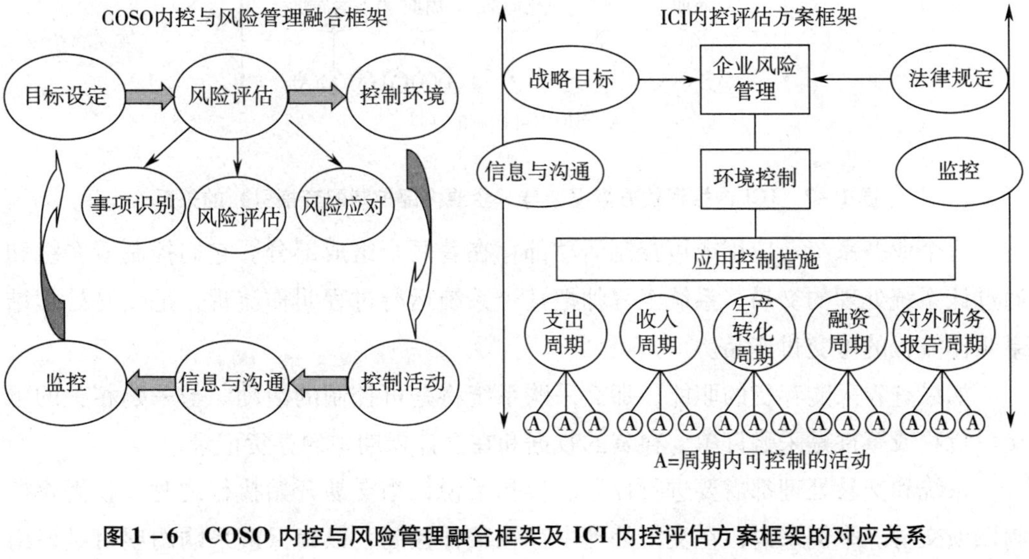

图1-6 COSO内控与风险管理融合框架及ICI内控评估方案框架的对应关系

针对《企业内部控制应用指引》（18 项）所涉及的内部环境指引（5 项）、业务活动指引（9 项）和控制手段指引（4 项），中经安信息科技（北京）有限公司均采用上述两个框架，设计出了各项业务的内部控制流程示例，旨在为企业内部控制师和相关专业人士设计内部控制各项要素与控制活动时，提供可参考借鉴的程序与方法。企业可以结合自身的实际情况，在此基础上添加或删除相关内容，进而使企业公司层面和各项业务活动的内部控制流程的设计能朝着量身订制的方向逐步完善。

ICI 内控评估方案框架与我国《企业内部控制基本规范》《企业内部控制配套指引》（18 项）的关系如图 1－7 所示。

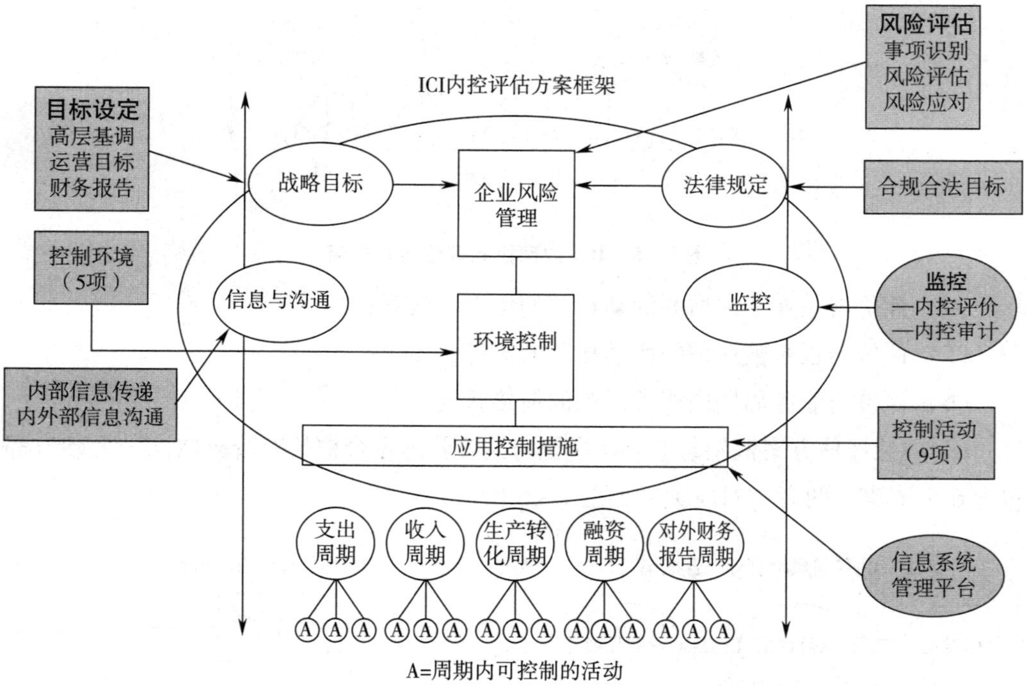

图 1－7　ICI 内控评估方案框架与《企业内部控制配套指引》的关系

每个业务系统、应用或可控制活动都存在着两个组成部分。它们控制着系统和通过该系统处理的交易。系统工程师把某个系统运行过程叫作流程，把交易处理结果叫作流程的可交付产品。

如果查看采购存货的职能，那么采购系统将是可控制的活动。与采购相关的可交付货物或事件是采购订单、存货的收据和在会计周期中的存货记录。

系统和交易处理都需要进行控制。换句话说，当交易开始执行之时，就需要控制该项交易。举例来说，在交易处理中存在某种控制，以确保被采购的项目是该组织通常购买的项目。根据以往的采购订单上包含的所有必要信息，可以知道该核准的数额是合理的。

与此同时，该流程系统需要加以控制。这种流程控制措施可能包括将实际收到的产品与采购订单进行比较，将订购的数量与实际收到的数量进行比较。

在最简单的术语中，交易或可交付的控制具有保证被处理的每一项交易都遵从该系统的规则。该系统或流程控制的重点是放在规则的强制执行方面。举例来说，如果某个未经授权的人申请一份采购订单，该系统会拒绝这个人获取采购订单号码。

二、系统和交易处理控制的类型

我们在系统控制与交易处理控制中已经讨论过一些概念。已经提及标准的概念，但还没有进行讨论，标准是被衡量所参照的。例如，如果你购买一磅糖，磅就是一个标准。糖被对照标准过秤并确定是否符合标准。经营标准也意味着超过 40 个工作小时的工作时间应按照 1.5 倍的正常工资支付加班费。

（一）标准、合规性与强制实施的关系

控制的目标在于发现与规定标准或标准的意图不相符的情况。控制应当确定可交付的物品是否符合标准，实施，换句话说，就是对不符合的情况采取行动的责任。管理层决定不符合标准的可交付的物品是否可以递送到下一个工作步骤或客户手中，或可交付的物品是否在递送到下一个环节前必须修改使之与标准相一致。

内部控制制度再完美，终究需要人的控制。企业内部控制制度是否发挥作用，是否能高效运行，关键在于从董事长、总经理到经营层的各级高管能否带头遵守内部控制制度（标准）。

从某种意义上来讲，领导的态度决定一切，企业内部控制体系建设的最后控制人就是企业的最高决策者，企业要做好内部控制和风险管理，必须让领导者做足从心理到知识的储备，真正把加强内部控制和风险防范意识变成一种企业文化意识。

我们在建设企业业务系统、内控系统、内控体系的过程中，遵循标准、合规性、强制实施的方法论，如图 1－8 所示。

（1）标准

对于企业业务系统、内控系统、内控体系建设，管理层首先需要制定标准（内部控制制度、业务法规制度），也称控制措施，这是管理层的职责。

（2）合规性

企业业务部门根据管理层制定的标准实施经营管理控制，保证内控系统要做正确的事项。

（3）强制实施

企业内部监督审计部门、内控管理部门根据管理层制定的标准即法规制度，严

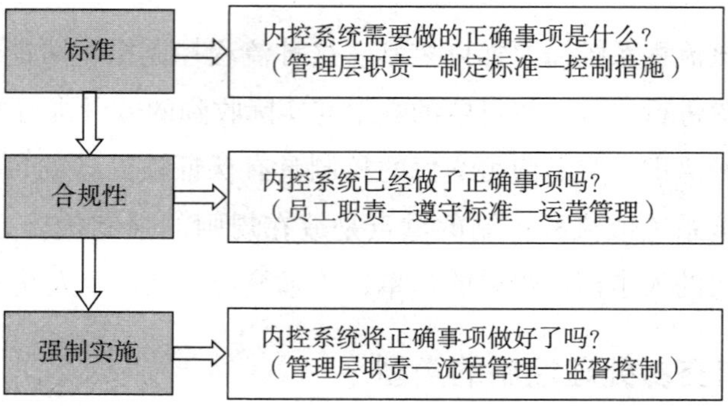

图1－8　内控系统的标准、合规性与强制实施的关系

格监督业务部门实施标准的计划实施的程度，根据存在的问题进行报告、整改，强制监督业务部门能够全面、准确、严格实施管理层制定的各项标准。

我国财政部、证监会、审计署、原银监会、原保监会联合制定颁发了《企业内部控制基本规范》，就为我国企业防范经营风险制定了一套规范的内部控制体系建设标准。同时，又制定了《企业内部控制评价指引》监督控制企业强制实施内部控制标准。这就是我们重点强调循环实现的企业内部控制体系建设（标准—合规性—强制实施）的方法论，如图1－9所示。

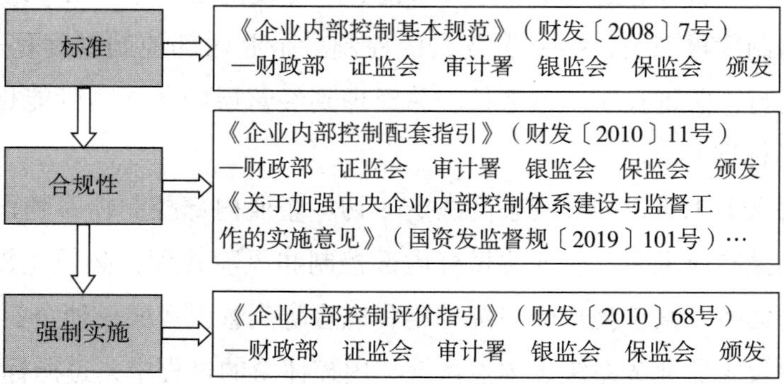

图1－9　实例中内控系统标准、合规性与强制实施的关系

确定可交付的物品是否符合通用标准是员工的职责。在许多组织中，对合规性的检查是通过在计算机化系统中嵌入的自动化常规程序来执行的。它应当是建造该可交付产品的工人或者小组的责任。强制实施是管理层的责任。然而，管理层可以作出强制实施的预先的决定，将实施职责委派给员工。例如，在检验的流程中，管理层可以规定在缺陷被纠正之前，任何可交付的物品不能发送到下一个工作环节。

（二）系统控制和交易处理控制类型的控制结构

在讨论标准、合规性和实施的基础上，我们将审查系统和交易处理控制之间的差异。我们首先要关注控制设计者需要区分活动控制措施类型的重要理由。

1. 控制区域与控制措施的关系

职责分工：职责分工的原则是，任何一个人不应该能够执行一个事件并隐瞒它。由于交易处理执行事件，你不希望负责交易处理的系统或个人有能力来隐瞒一个存在的事件。因此，我们使用交易处理来执行该事件和系统的控制措施，以确保事件不被隐瞒。例如，某个人也许有可能改变一个员工的工资标准，这是交易处理的一部分。然而，如果系统控制措施能区分什么是应当支付的和什么是实际支付的，它可以发现这样一起篡改的事件。

非常规交易：自动化信息系统通常被设计成处理日常的交易。管理日常交易处理的控制措施通常是精心设计的。非常规的交易需要特殊的控制措施。举例来说，采购系统可能包括所有的例行采购活动，但是，购置土地或建筑物这样的非常规活动应当在系统层面，而不是在交易处理层面解决。

我们从标准、遵从和实施的角度来看控制活动中会发生什么？

交易处理控制措施：交易处理控制措施主要强调的是符合标准，并确定交易处理是按照标准执行的。举例来说，如果有一个标准规定，顾客不能购买超过其信用卡额度的货物，交易处理系统应当针对这个标准检查交易处理情况。这里的标准就是信用额度。交易处理应当识别不符合的情况并记录它。如果管理层已经委派代表对交易进行处理，对于不符合标准的实施，交易处理控制措施将包括那些实施情况。例如，如果前面提到的采购会造成采购人员超过信用额度，就会拒绝信用卡采购。如果管理层没有对交易处理委托代表实施，那么，不符合规定的情况报告应当被汇报到上级。

系统控制措施：系统控制措施主要关注哪些不符合标准的实施还没有被委托给交易处理区域。实施很容易理解，因为它涉及管理层的行动。采取行动的管理层通常是职能领域管理层，他们的活动正在被信息系统处理。但是，如果高级管理层还没有授权职能管理层采取行动，那么，该行动必须向上报告。

当在遵从范围内检查系统控制措施的时候，合规性必须从最广泛的范围加以检查。它不仅是遵从标准，而且要确保事件不被隐瞒。被隐瞒可以是有意或无意的。例如，一份船运单据可能被遗失，从而没有向该顾客开账单；或有人故意破坏船运单据，因此某个受照顾的顾客就不用付费。

确保事件不被隐藏的控制措施通常包括对账程序。例如，在支付工资时，如果在最后的付款期有一百名员工，一人被解聘，两人被聘用，那么当前付款期应当有一百零一名员工。保证有一百零一张薪金支票是系统控制措施的一部分。

以下列出控制措施的类型（通常被包含在交易处理控制措施中）：

◆ 输入数据验证程序；

◆ 处理的合理性检查；

◆ 对不遵从标准情况的自动措施；

◆ 审核交易的适当授权；

◆ 拒绝不符合系统规则的交易；

◆ 编写和提交不遵从情况的报告。

通常与系统控制相关的控制措施类型包括：

◆ 制定在处理交易中应遵循的程序；

◆ 制定交易处理标准；

◆ 识别和代办还不符合系统标准的交易，需要符合组织的意向；

◆ 制定和操作对账程序；

◆ 识别和创建表明系统正确运行的关键指标。

综上所述，这里详细讨论了系统控制和交易处理控制的类型，它涉及系统控制的区域、系统控制的类型以及所采取相应的控制措施——暨系统控制结构，如图1－10所示。

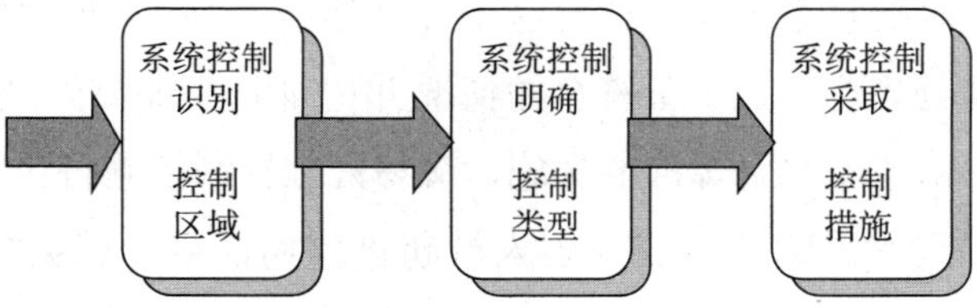

图1－10　系统控制区域和控制类型对应控制措施的控制结构

所有系统的复杂程度都不相同，也没有交易处理的定义。我们可以看到各种不同类型的处理、可交付产品（即交易处理结果），以及不同系统所需的控制类型。

2. 掌握内部控制的“循环系统”

当理解内部控制系统时，我们首先需要了解建立、运行和改进业务系统的循环，用于解释内部控制体系建设监督控制的“循环系统”。这一点的最好示例是：计划—执行—检查—整改（PDCA——著名戴明博士倡议）循环。PDCA 循环如图1－11所示，从企业执行任何一项“计划”开始，然后按照计划“执行”工作任务是否取得成效，就需要监督“检查”这些工作任务，如果存在与计划定义的标准不符的差异情况，则必须采取行动来纠正这些差异暨“整改”，及时控制企业的管理风险。

PDCA 循环的概念是当问题被识别之后，需调整计划或改进系统，使那些差异情况或者问题不再出现。然后，执行新系统，并检查是否存在差异或问题。基于这些行动，计划或系统不断得到改进。

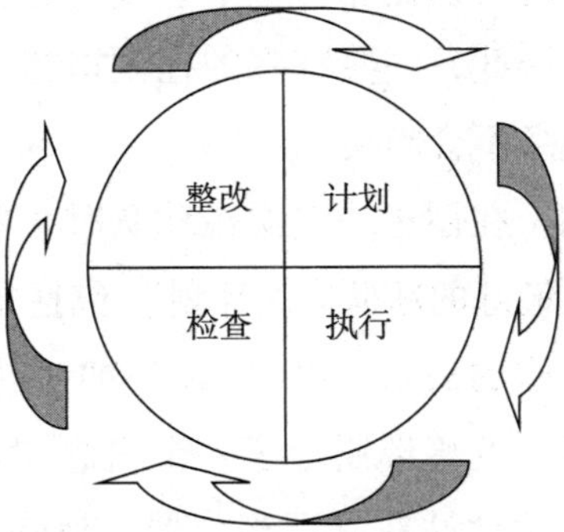

图 1－11 PDCA 循环图示

（资料来源：国际内部控制协会（ICI）编著，张玉编译．内部控制管理技能［M］．北京：企业管理出版社，2017）

控制系统是单独控制的一个集成系统，必须评估整个系统的功能。单独控制，虽然在某一个点有效，但不能对整个控制流程提供必要的保证。例如，收支票可以在收发室进行控制，但如果没有一个完整的控制系统来控制支票从收发室到存入银行整个过程，组织将无法保证现金收入处在控制之中。因此，重要的是控制整个系统，而不是单独控制。

PDCA 循环图将典型的业务工作任务显示为一个流程。它从输入开始并以输出结束。在现金收入的示例中，输入是支票，由向企业签发支票的客户执行，并且现金收入被存放在银行作为系统输出的结果之一。

图 1－12 同样表明了第二个流程，即内部控制的系统。内部控制系统是管理业务流程的总体控制措施。当业务流程开始时，这些控制措施启动，例如，收发室收到支票，交给出纳存入银行，不到业务流程结束是不会停止控制的，业务流程结束点可能是银行对账单的合并调整。因此，控制系统支配着业务流程人工和自动化组成部分。

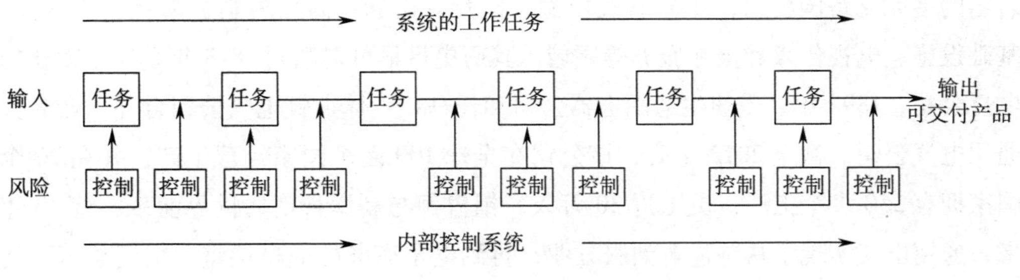

图 1－12 控制措施的概念

重要的是要认识到，内部控制系统中的全部控制措施决定了业务流程是否得到充分控制。这种内部控制系统可以比作由链节组成的链。该链节，尤如内部控制系统，将在最弱的环节断裂。因此，一些特强的控制措施，如一些超强的链节，并不能提供足够的保障使整个链条不会断裂。

◆ PDCA 循环——比如，在创建一支橄榄球队时，要制订计划、严格执行、检查过程控制，努力整改成为最好的球队。“计划”包括招募球员，训练球员各自的位置，制定在比赛进攻中实施的战术。PDCA 循环的“执行”部分对球队来说就是举行这次比赛。例如，汤姆・兰德瑞制定了一个概念“质量控制教练”，质量控制教练从看台观察球员是否正确地站在其适当位置。换句话说，“检查”差异情况。如果质量控制教练觉得球员没有正确站在其适当位置上，或者球员出现受伤的情况，他就会采取“整改”行动并换人。在橄榄球比赛期间，PDCA 循环将不断重复，因为教练更换队员，随着比赛的进行而改变和改进竞赛状况，如图 1－11 所示。

◆ 内部控制系统——当卢・霍兹作为圣母玛利亚橄榄球队教练时，他经常讲述如何向他的进攻球员解释团队合作的重要性（即单一系统）。卢・霍兹将 7 名球员放在进攻组负责对抗防守组的 7 名球员。如果 7 名进攻球员作为一个团队工作，四分卫将有时间执行其计划。为了证明团队合作的重要性，卢・霍兹会定期从进攻线上撤去一名球员。当这种情况发生时，一名防守球员将调换位置穿过对抗线来挡住四分卫。换言之，在其控制或保护四分卫的系统中他仍然有 6 个控制点，但是当他再撤去其中一个控制点，整个控制流程就无效了。

这些相同的概念证明了整个控制系统的重要性。系统设计者不能仅依靠一两个控制点，他必须考虑整体控制的效果，确保它们有效地协同工作，并且总体控制的工作将实现目标，同时始终最大限度降低风险的损失。

三、美国通用电气公司（GE）内部控制案例①

美国通用电气公司（General Electric，GE，以下简称通用电气）是世界上最大、著名的多元化跨国公司，业务遍及能源、医疗、交通、高新材料、消费及工业品、基础设施、电视传媒和金融服务等领域。其历史最早可追溯到 1878 年爱迪生创建的电灯公司，1892 年，爱迪生通用电器公司和托马斯—休斯顿电气公司合并，命名为通用电气公司。截至 2012 年底，该公司在全球 100 多个国家经营生产，并在 26 个国家拥有 250 多个工厂，员工近 30 万人，销售额与利润长期居世界前茅。近 20 年来，通用电气实现了从制造业到服务业，再到电子商务的战略调整，生产总值始终保持 10% 以上的高速增长，股票市值达到了 5000 多亿美元，位居世界 500 强前列，

---

① 刘华．内部控制案例研究［M］．上海：上海财经大学出版社，2012.

在《财富》杂志推出的 10 名美国最受赞赏的公司中，通用电气位居榜首。

作为一家久负盛名的百年老店，它是道琼斯工业指数自 1896 年设立以来唯一至今仍在榜上的公司，并连续多年被著名的财经日报《金融时报》评为全球最受尊敬的公司。通用电气常胜不衰的密钥何在？从美国通用电气公司发展的历程中，可以看到良好的内部控制环境起着重要作用。

下面从内部控制的视角，利用 COSO 五要素（控制环境、风险评估、控制活动、信息与沟通、监控）框架对通用电气的内部控制作出剖析。

（一）控制环境

1. 高层基调

随着企业外部环境日益变化，高层基调等“软”控制对企业的快速发展具有深远的影响和重要意义。高层基调包括道德文化、管理哲学、经营理念和控制环境等内容。通用电气认为，卓越和竞争力与诚实和清白是可以完全相容的。通用电气的管理哲学是，“不允许业绩与诚信发生矛盾”，一旦出现矛盾的萌芽，便会毫不留情地把它从组织中铲除。通用电气的每位职员都有一张“价值观”卡：痛恨官僚主义、开明、讲究速度、自信、高瞻远瞩、精力充沛、果敢地设定目标、将变化视为机遇，以及适应全球化。这些价值观是通用电气对员工进行培养的主题，也是决定公司职员晋升的最重要的评价标准。

1981—2001 年，该公司首席执行官杰克 · 韦尔奇（Jack Welch）指出，“你无法将对清白的监督建立在制度上，要通过坚持不懈、强有力的领导，不容许放纵部属、曲解法令或走旁门左道，以此来改变文化”。杰克 · 韦尔奇坚持认为，“卓越和竞争力与诚实和清白是可以完全相容的；一个全球化的企业，不靠贿赂也能获胜……不论在任何情况下，只要同时拥有质量、价格和技术优势，便能赢得胜利”。为此，通用电气的每名职员都要坚持诚实和清白的内部控制原则，都要接受所谓的清白测试，每天面对镜子反省自己的所作所为。

2. 战略目标与人才

多元化经营、做大做强乃至全球化是众多企业的战略梦想。但作为多元化和全球化经营最为成功的企业，通用电气并不是盲目多元化，也不是盲目做大。

通用电气采用现代的服务导向，取代了传统的产品导向。公司的首要任务从提供产品并辅之以提供服务，转变为提供以客户为中心、以信息技术为基础、旨在提高生产率的各种高价值的解决方案。由此可见，通用电气不仅是一个销售高质量产品的公司，更是一个提供高价值服务的公司。

然而，即使公司有世界上最好的战略，但是如果没有合适的人去发展、实现它，这些战略恐怕也是“只开花，不结果”。通用电气认为，“让合适的人做合适的事，远比开发一项新战略更重要”，并因此只接受高素质的职员。每次公司领导人的换届更迭，公司付出的努力不亚于做一次几十亿美元的并购重组。之所以如此重视领导人的人选问题，最大的原因是，通用电气认为领导人承载和传承着“GE 成功密码”，这个密码是凝聚企业文化、气质、理念的“舍利子”，选错了人，所有的完美制度都将变成鸡肋，“成功密码”也就失去了功效。号称“全球第一 CEO”的杰克·韦尔奇，就是通用电气花了 9 年的时间挑选出来的，可以说是企业管理史上继承策划的典范。

通用电气充分发挥了学校的教育作用，每年向克罗顿维尔（Crotonville）学校（也是美国历史最悠久的公司大学）拨款约 10 亿美元，培训高级干部和新任经理多达 1 万人。据统计，世界 500 强公司中有 168 家公司的 CEO 曾在通用电气工作过，通用电气因此也被誉为盛产 CEO 的摇篮。通用电气还坚持认为，在全球的每一个企业都应该重用本地人才，而本地人才也要有足够的才能胜任在全球工作，为此，通用电气为全球化设计了“全球本土化和本土全球化”的人才条件，并配以公司大学的教育和文化价值观的整合要求（如清白测试和“GE 化”）。通用电气的职员可能来自不同的国家，分属不同业务部门，或服务于不同分支机构，但都会被一视同仁，得到相同级别的培训与发展机会，而 85% 的管理人员是从内部提拔上去的。

（二）风险评估

1. 策略性的思考

通用电气认为，风险评估必须具有灵活性和预见性，进行策略性思考：

（1）你了解你的企业和你的竞争对手在全球的详细地位（包括市场占有率、生产的能力、当今在区域内的地位）吗？

（2）在过去的两三年里，你的部分对手采取了哪些行动以改变竞争局面？

（3）你又在这两年里做了什么来改变这个局面？

（4）在未来的两年，你最害怕你的竞争对手采取何种措施来改变竞争态势？

（5）你在今后的两年里将会采取何种防范措施来避开他们的策略？

经过长期验证，通用电气还总结出两条关于如何应对竞争的真谛：

（1）如果你的竞争对手占据了比你更有利的位置，或是他们的行动有充分的策略性理论基础，你就要扪心自问哪个地方出了错，而他们没有出错？

（2）试图了解每一项新的产品计划，同时认真考虑最精明的竞争对手将如何胜过我们。

2. 庞大多元的痼疾

随着大规模收购，有批评家指出，“通用电气曾经是本世纪最光彩夺目的技术类公司，现在正在变成大杂烩、变成一个杂牌公司了”。更致命的是，金字塔式的官僚体制积重难返，成为妨碍公司进一步发展的阻力。

例如，当杰克·韦尔奇接手通用电气时，每个业务部门有九至十一层组织机构，大多数企业的负责人要向一个“群部”负责人汇报工作，“群部”负责人又向高一级部门负责人汇报，直至公司最高负责人，而每一级都有自己的一套班子，负责财务、推销计划以及检查每一个企业的情况。管理结构显得异常臃肿，似乎公司的每一个人或多或少都有个头衔，公司大约有25000位经理、500位高级经理以及130位副总裁以上职位的人员。在过度官僚的气氛中，管理层次多又缺乏规范性，容易造成交流困难，严重背离精干、灵活和赢得更强竞争实力等公司经营的基本目标。

（三）控制活动

通用电气作为一个遍及世界各地的超大型跨国企业，其控制活动的关键是要找到一个既符合现代企业管理精神又切实可行的办法，统一多样化、扁平化和网络化就是三大控制手段。按照通用电气的逻辑，企业经营可以多元化，但必须统一规范管理，同样具有专业化的品牌优势；企业规模可以是商业触角遍及全球，但必须做到组织精简，同样具有小企业的灵活和效率；企业归宿可以是传统产业，但必须充分利用现代科学技术，同样分享朝阳产业的市场机遇。

1. 市场原则与统一多样化

为了整顿和治理组织机构庞大多元的痼疾，实现可持续发展和保持核心竞争力，通用电气为多元化确立了“数一数二”的市场原则，即任何事业部门存在的条件，是在市场上“数一数二”，否则就要被砍掉——整顿、关闭或出售，将最优秀的员工和最丰富的资源集中在最有优势的领域。换句话说，企业应该明白真正的附加值在何处，“不要去办一个食堂，让一个食品公司去做吧；也不要开一个打印车间，让一家打印公司去做吧”。这样做非但没有导致公司营业额的下降，反而使专注于核心业务的通用电气竞争力更加强大，具有远高于一般水准的投资报酬率，与专业化经营的效果相比也毫不逊色。

通用电气总部建立了统一的财务管理、投资管理、人力资源管理、流程及质量管理、风险控制管理、运营系统等管理政策及其体系，形成了一个统一多样化管理体系。更为重要的是，通用电气公司从价值观、理念、行为准则、企业文化等一些软性方面作出了统一规范管理，并通过正式的企业运营系统和非正式交流方式渗透到企业的每个角落。

在每兼并一家企业之初，通用电气会考虑两家企业是不是很匹配，特别是在文化上是否能契合。而每一家被并入的企业，都必须更多地向通用电气的价值观和文化靠拢，这种文化整合也称为“GE化”。20世纪90年代末期，通用电气在加州放弃了对许多高科技企业的收购，原因就是为了保持自身的文化。

2. 组织精简与扁平化

通用电气是个规模庞大的企业，而市场要求组织必须简洁。要想既拥有大型企业的力量与资源，同时又具备小型公司的效率和灵活性，进而克服规模和效率的矛盾，必须进行体制创新。

20 世纪 80 年代前，通用电气采用的是职能管理制，从公司、区域部、事业部、事业分部到工厂，最起码有 5 个管理层次。按照组织精简的原则，最终形成公司—产业集团—工厂三级管理体系，分别按照投资中心、利润中心和成本中心来运作，从而减少了大量的行政管理人员，提高了组织效率。

通用电气倡导扁平化管理，拿出开“杂货店”的心态来经营公司，做到顾客第一，没有架子，没那么多繁文缛节。在此思想指导下，通用电气压缩会议、裁减分支机构领导，使会议务实、领导班子高效，大大提高了公司的决策、运营能力。管理层次的减少使得企业负责人与业务最高负责人办公室之间没有任何阻隔，可以直接沟通。杰克·韦尔奇有一个形象的比喻：“一栋建筑物有墙壁和地板；墙壁分开了职务，地板则区分了层级，而我要将所有的人全都聚在一个打通的大房间里。”

3. 质量成本控制与网络化

六西格玛（6δ）本是一种将犯错误的概率降到最低的统计学概念，即在 100 万个造成缺陷的机会中，实际只有不到 3.4 个缺陷。但在通用电气，它从一种统计学工具变成一门管理艺术，被广泛应用于公司经营的一切活动，如债务记账、信用卡处理系统、卫星时间租赁、法律合同设计等。每一种新产品和新服务项目，也都将是按 6δ 设计的，以客户需要和工序为标准，努力做到使偏差降低为零。6δ 质量标准给通用电气在全球的每一个层次和每一种经营，都深深地打上质量意识和工序意识的印记。

对于通用电气而言，网络化的机会可分成采购、制造和销售三块。

第一，把集团采购变为网上拍卖，通过接触更多的供货商，大大降低成本（常占利润的 5% ~10%）。

第二，把网络化运用于“制造”，免去在巨大的车间工作、生产成堆的纸张等此类粗活以及其他单调乏味的工作，这也是通用电气的“秘密宝藏”。例如 2001 年，通用电气网络化投入 6 亿美元，而从网络化“制造”部分所得到的节支金额达到了 10 亿美元。

第三，在销售方面，网络化帮助通用电气为客户提供更好的服务，新老客户无须多次打电话就可以收到所订的货物，发货人从此不必再欺瞒客户说货物已经在路上了。

通用电气建立的网络系统把分布在 49 个州的 65 个销售部门、分布在 11 个州的

18个产品仓库，以及分布在21个州的40个制造部门（共53个制造厂）统统连接起来。在顾客打电话来订货时，销售人员输入数据，网络系统自动查询顾客的信用状况，以及就近的仓库有无存货，办理接受订货、开发票、登记仓库账目（如果必要，同时向工厂发出补充仓库存货的生产调度命令），通知销售人员顾客所需的货物已经发货，全部过程在不到15秒种的时间内即可完成。除了大大提升工作效率以外，这个网络系统实际上已把销售、存货管理和生产调度等不同的职能结合在一起了。

（四）信息与沟通

如何确保职员与管理层之间的纵向沟通，以及部门、职员之间的横向沟通，保证信息的畅通传递，对企业的管理者来说是一个很大的挑战。沟通可以消除管理中的阻力，以及由于信息不对称所造成的误解和抵制，达到资源共享、优势互补的功效。无边界的横向沟通、门户开放的纵向沟通和群策群力的平行沟通，都是通用电气信息与沟通方面的杰作。

1. 无边界的横向沟通

通用电气提出21世纪的企业特色在于不分界限，目的就是拆毁所有阻碍沟通和找出好想法的“高墙”。在“无边界理念”下，通用电气打破业务集团间的界限，广泛地进行横向交流，不但不会和有序的组织管理发生冲突，反而创造了一种自由、轻松、平等的沟通环境。

除了人力资源、公共关系、销售、市场、财务等不同职能部门，通用电气有许多松散的组织、协会，如人力资源协会等。这种职能上的协会经常横跨13大业务集团开展相关的沟通活动，比如就激励方法等经验或问题进行畅谈，对价值观的感受进行交流。

2. 门户开放的纵向沟通

通用电气是奉行“门户开放”政策最坚决、最彻底的公司，提倡“服务与客户”的概念，淡化“谁是谁的上司”的观念，坚决“扫除”那些在办公室里“表演”出“经理”架势的人。通用电气认为，“总部大楼不可能制造出任何热销的产品”，扎根基层才是了解实情的最有效途径。杰克·韦尔奇经常“微服私访”，甚至可能直接给全球34万名员工中的任何一位写信或打电话，他每年至少花1/3的时间和下属企业员工在一起。

3. 群策群力的平行沟通

通用电气采用群策群力的做法创建了一种能够面对面平等交流与沟通的文化，开放、坦诚、建设性冲突、不分彼此是唯一的管理规则。它的宗旨是反对盲目服从，每位职员都能全身心投入到工作中来，有表达反对意见的自由和自信，从而寻求集体智慧的最大化。通用电气善于接受每个人提供的最好的想法，让每个人都能感受到不断扩大的一种开放精神，然后在整个机构中交流传播这些想法，使这些想法和建议不断得到改进和完善并付诸实施。

（五）监控

如果没有审计监督和绩效考评对完美的不懈追求，内部控制的效果恐怕难以持续坚持。通用电气的内部审计在传统审计的基础上，注重提供旨在增加价值和改善组织运营的高质量的咨询活动。

1. 审计监督

如果没有审计监督，内部控制的效果恐怕难以持续坚持。通用电气内部审计在传统审计的基础上，注重提供旨在增加价值和改善组织运营的高质量的咨询活动。内部审计部门在检查和改善下属单位的经营状况，保证投资效果符合公司总体战略目标，以及培养企业管理人才等方面开创了极为成功的范例。审计部门平均每3个月便会接受一项新使命，每次都是不同的审计对象，不同的组成人员，不同类型的业务问题，因此也能最快地了解公司的财务状况和运营情况。

值得赞许的是，内部审计人员不仅仅是单纯查账，而是花费更多的时间和精力去研究可能有问题的业务，包括业务流程和有关策略、措施，意在从中发现经营效果、内部资源的开发利用、产品质量和服务等各个方面有无可改进之处，即开展绩效审计，帮助决策层和管理层制订战略、改进营销、提高工作效率，最终提升公司的整体盈利能力。通用电气的内部审计部已成为“管理人员的摇篮”，包括副总裁在内的各级管理干部中，有相当数量的人有内部审计的工作经历；中级以上财会管理人员中，有60%～70%由内部审计部门输送。

2. 绩效考评

通用电气采用了一种极具达尔文进化论思想的激励机制，将“优胜劣汰、适者生存”的自然界法则和ABC分类管理原则体现得淋漓尽致。以业绩作纵轴、公司价值观作横轴构建了一个坐标轴，依次将每名职员归入相应的象限：

◆ 第一象限　两方面都好，为应奖励的对象；

◆ 第二象限　业绩不好但符合公司价值观，有待帮助和考验；

◆ 第三象限　两方面都不符合规则，即应被淘汰的职员；

◆ 第四象限　业绩好但价值观不符，为最值得注意的“害群之马”，需要及时改正或开除。

从人员考评来看，任何公司或部门都被划分为20%的优秀职员、70%的中等职员和10%的落后职员，分别进行奖励和提升、帮助和培养，或者淘汰和开除。为了满足职员自我发展和自我提高的需要，通用电气还采用了360度考核。进行考核评价的是上级、下级、同事和客户，由被考核者自己在这些人中各选择几个人来对其进行评价，考核的结果由第三方专业机构来分析，从而保证结果的客观性与科学性。

“任何事物都不可能是完美无缺的，我们的使命就是去改善它们，我们追求完美”，这就是通用电气不懈追求完美的座右铭。

第二章
《巴塞尔新资本协议》内部控制六要素

1999年6月，巴塞尔委员会发布了《巴塞尔新资本协议》，《巴塞尔新资本协议》是巴塞尔委员会发布的新资本充足率框架的提议，以替换1988年的《巴塞尔资本协议》。该提议在实践过程中收到了良好的效果。因此，2001年1月，巴塞尔委员会又发布了内容更加广泛的征求意见稿。《巴塞尔新资本协议》包括了三个方面的内容：最低资本要求；对机构资本充足率以及内部评估程序的监管审查；有效发挥市场的约束作用，加强披露和鼓励安全和稳健银行操作的杠杆。巴塞尔委员会认为以上三个方面的工作可以成为有效资本框架的基本组成部分。《巴塞尔新资本协议》改进了反映潜在风险的监管资本要求的方式，并妥善处理好近年来所出现的金融创新问题（如资产证券化结构）。2004年正式开始实施《巴塞尔新资本协议》①。

《巴塞尔新资本协议》除了规定资本标准的内容之外，还对专门的银行监管问题进行了研究，其中包括对银行外汇头寸的监管、银行国际贷款的管理、银行表外业务风险的管理、防止犯罪分子利用银行系统洗钱、大额风险的监管、衍生产品的风险管理指引以及利率风险管理。

2002年发布的文件主要针对信用风险管理、信用风险披露的原则以及现行信用风险模型的做法和适用性。2003年研究资本以外的三个议题：内部审计、监管机构与外部审计机构的关系以及客户尽职调查。因此，《巴塞尔新资本协议》提出了具有国际性比较规范的控制市场风险、信用风险和操作风险管理措施和标准。

巴塞尔委员会是银行监管领域最主要的国际组织，是制定银行监管标准的权威机构。它由十国集团的中央银行行长，在国际货币与银行市场刚刚经历了剧烈的动荡之后，于1974年年底组成的。该委员会现有13个成员国，秘书处设在国际清算银行，每年定期召开2～3次会议，起初的名称为银行法规与监管事务委员会。委员会成员由比利时、加拿大、法国、德国、日本、意大利、卢森堡、荷兰、西班牙、瑞典、瑞士、英国和美国组成。各国的中央银行为代表机构。

---

① 中国人民银行．巴塞尔银行监管委员会文献汇编［M］．北京：中国金融出版社，2001.

巴塞尔委员会为其成员国在银行监管方面的日常合作提供一个论坛，其目标是促进对监管工作的认识，并在世界范围内提高银行监管工作的质量，旨在促进和建立全球范围内稳健的监管标准。实现全球监管标准主要有三种方式：一是交换各国在监管工作方面的信息，二是促进国际银行业务监管技术的有效性，三是建立各个领域所能认同的最低监管标准。巴塞尔委员会向全球发布关于各种金融监管问题的政策性文件，是巴塞尔委员会发挥作用的最重要的工作方式之一，《巴塞尔银行监管委员会文献汇编》是其工作的重要成果，这也是巴塞尔委员会“最全面的、统一的当前银行监管政策说明”。巴塞尔委员会在不强求成员国监管技术细节一致性的基础上，鼓励成员国能够趋同于共同的方法和标准。巴塞尔委员会在 1997 年制定了一套《有效银行监管的核心原则》，为有效监管体系提供了比较完备的蓝图。为了对某一个国家实施《有效银行监管的核心原则》的状况进行评价，巴塞尔委员会在 1999 年 9 月制定了《核心原则的评价办法》。

第一节　内部控制机制的 13 项原则

巴塞尔委员会在银行监管方面组织了大量的培训班，秘书处每年为来自世界各国有前途的银行监管人员举办监管研讨会；其目的在于协助全世界的银行监管机构加强监管措施，改善监管效果，促进银行稳健经营。

一、巴塞尔委员会发布的监管要求

巴塞尔委员会在银行监管方面组织了大量的专家学者，开展了银行监管方面的研究和举办了监管研讨班。截至 2001 年 3 月，巴塞尔委员会发布了：（1）基本监管方法（资本充足率监管、信用风险管理、核心银行风险管理、透明度与会计）；（2）高级监管方法（衍生产品和表外风险管理、资本充足率）；（3）国际监管问题（巴塞尔协定和最低标准、与其他金融市场监管者的关系、其他国际监管问题）等三个方面的一系列的监管文件，如表 2－1 所示。

表 2－1　　截至 2001 年 3 月巴塞尔委员会所发布的文件列表①

序号	类型	监管文件内容
	1. 基本监管方法	
1	资本充足率监管	巴塞尔委员会的历史发展过程（2001 年 3 月）

① 中国人民银行．巴塞尔银行监管委员会文献汇编［M］．北京：中国金融出版社，2001.

续表

序号	类型	监管文件内容
2		有效银行监管的核心原则（1997 年 9 月）
3		核心原则的评价方法（1999 年 10 月）；该评价办法是核心原则的详细指南
4		统一资本计量与资本标准的国际协议（1988 年 7 月，1998 年 4 月修订）。这是 1988 年 7 月《巴塞尔资本协议》的修订版
5		对银行国际业务的并表监管（1979 年 3 月）
6		将普通储备金/普通贷款损失准备金纳入资本的建议（1991 年 2 月）
7	信用风险管理	大额信用风险的计量与管理（1991 年 1 月）
8		银行国际信贷的管理（国家风险的分析和国家风险的计量与控制）（1982 年 3 月）
9		银行与高杠杆机构交易的稳健做法（1999 年 1 月）
10		资产转让与证券化（1992 年 9 月）
11		信用风险管理原则（2000 年 9 月）
12	核心银行风险管理	银行机构的内部控制制度框架（1998 年 9 月）。规定了基本内控机制的 13 项原则，指导监管当局评估银行建立内部控制程序的过程
13		银行外汇头寸的监管（1980 年 8 月）
14		利率风险管理原则（1997 年 9 月）
15		银行表外风险管理（1986 年 3 月）
16		计算机和电信系统中的风险（1989 年 7 月）
17		防止犯罪分子利用银行系统从事洗钱活动（1988 年 12 月）
18		健全银行的公司治理（1999 年 9 月）
19		银行机构流动性管理的稳健做法（2000 年 2 月）
20		信用风险披露的最佳做法（2000 年 2 月）
21		外汇交易结算风险管理监管指引（2000 年 9 月）
22	透明度与会计	增强银行透明度（1998 年 9 月）
23		贷款会计与披露的稳健做法（1999 年 7 月）
	2. 高级监管方法	
24	衍生产品和表外风险管理	衍生产品风险管理指引（1994 年 7 月），旨在加强对银行衍生产品活动的内部风险管理
25		衍生产品及交易活动的监管信息框架（1998 年 9 月）
26		银行和证券公司交易及衍生业务公开披露建议（1999 年 10 月）
27		银行和证券公司交易及衍生业务披露（1999 年 12 月）
28		电子银行和电子货币业务的风险管理（1998 年 3 月）
29	资本充足率	《巴塞尔资本协议》关于市场风险的修订案概述（1996 年 1 月，1998 年 4 月修改）

续表

序号	类型	监管文件内容
30		《巴塞尔资本协议》关于市场风险的修订案（1996 年 1 月，1998 年 4 月修改）
31		关于使用“事后检验”法检验计算市场风险资本要求的内部模型法的监管框架（1996 年 1 月）
32		关于市场风险资本要求的内部模型法（1995 年 4 月）
33		《巴塞尔资本协议》中关于远期外汇交易多边净额结算的解释（1996 年 4 月）
	3. 国际监管问题	
34	巴塞尔协定和最低标准	对银行国外机构的审批程序（1983 年 3 月）
35		对国外机构的监管原则（《巴塞尔资本协议》）（1983 年 5 月）
36		银行监管当局之间的信息交流（巴塞尔补充协议）（1990 年 4 月）
37		对国际银行集团及其境外机构的最低监管标准（1992 年 7 月）
38		跨境银行监管（1996 年 10 月）
39	与其他金融市场监管者的关系	银行业与证券业之间的信息交流（1990 年 4 月）
40		巴塞尔委员会和证监会国际组织在里昂高峰会议上的联合声明（1996 年 5 月）
41		金融混业集团联合论坛（1998 年 9 月）
42	其他国际监管问题	银行监管者与外部审计师之间的关系——关于审计的国际宣言（1989 年 7 月）
43		巴塞尔委员会成员国的存款保护体系（1998 年 6 月）
44		跨国银行的破产清算（1992 年 12 月）

二、内部控制机制的 13 项原则

1998 年 9 月，巴塞尔委员会发布的《银行机构的内部控制制度框架》中，详细规定了基本内部控制机制的 13 项原则（内部控制的六要素）：

（1）管理层监督与控制文化；

（2）风险认定与评估；

（3）控制行为与职责分离；

（4）信息与交流；

（5）监控与改正缺陷；

（6）监管当局对内部控制制度的评估。

另外，包括外部审计的作用与责任等，均指导着银行监管层评估本国银行建立内部控制程序的全过程。

巴塞尔委员会发布的内部控制机制的13项评估原则（内部控制的六要素）如表2－2所示。

表2－2　　巴塞尔委员会内部控制制度的13项评估原则

序号	类型	评估原则内容
1	1. 管理层监督与控制文化	原则1 董事会负责审批银行的整体经营战略和重大政策，并定期进行检查；董事会应当了解银行的主要风险，确定可以接受的风险水平并保证高级管理层采取必要措施认定、计量、监督并控制风险；董事会负责审批组织结构；保证高级管理部门对内部控制制度的有效性进行监督。董事会最终负责保证银行已经建立并实施了充分而有效的内部控制制度
2		原则2 高级管理部门负责执行董事会批准的各项战略与政策，负责建立认定、计量、监督及控制银行风险的程序；负责建立责任清晰、授权明确、具有清楚的报告关系的组织结构；确保各项职责得到有效履行；负责制定适当的内部控制政策；并对内部控制制度的充分性与有效性进行监督
3		原则3 董事会与高级管理部门有责任提高银行的职业道德水平及诚信标准，同时应在机构内部创造一种文化，向各层次工作人员强调并说明内部控制制度的重要性。银行机构的所有工作人员都须了解自己在内部控制过程中的作用，并充分参与这一过程
4	2. 风险认定与评估	原则4 一个有效的内部控制制度要求能够认定影响银行实现其目标的重大风险，并对其持续进行监控。风险评估须覆盖银行及银行集团面临的所有风险（包括信用风险、国家及转移风险、市场风险、利率风险、流动性风险、操作风险、法律风险以及信誉风险）。有时也需要修改内部控制制度以合理解决新的风险或以前未能控制的风险
5	3. 控制行为与职责分离	原则5 控制行为应当是银行日常经营活动中不可分割的一部分。一个有效的内部控制制度要求建立有效的控制结构，明确定义对每一业务层次上的控制措施，包括：高层检查；对不同部门或处室实施适当的行为监控；实物控制；对是否遵循了风险暴露进行检查，否则将进行跟踪检查；建立审批与授权制度；以及检验与核查制度
6		原则6 有效的内部控制制度要求实行适当的职责分离，各自人员不应被授予相互冲突的责任。应当认定潜在的利益冲突并使之最小化，并须对其进行仔细而独立的监督
7	4. 信息与交流	原则7 有效的内部控制制度要求具备充分而全面的内部财务、经营与合规性数据，以及与决策相关的外部市场信息。信息应当具有可靠性、及时性和可获得性，并须以一致的格式提交

续表

序号	类型	评估原则内容
8		原则 8 有效的内部控制制度要求具备可靠的信息系统，以覆盖银行所有的重大业务活动。这些系统，包括以电子形式持有并使用数据的系统，必须具有安全性、受到独立监控，并得到足够的应急安排的支持
9		原则 9 有效的内部控制制度要求具有有效的沟通渠道，以保持所有的工作人员都充分理解其工作职责与责任，能够坚持执行对其职责有影响的政策与程序，并保证其他相关信息能够传递给适当的工作人员
10	5. 监督活动与修正缺陷	原则 10 应当对银行内部控制制度的总体有效性进行持续的监督。对关键环节的监督应当是银行日常活动的一部分，也是根据业务范围和内部审计定期进行评估的一部分
11		原则 11 应当由独立的、受过良好训练的、具有合格工作能力的工作人员对内部控制制度进行有效而全面的内部审计，作为内部控制制度监控的一部分，内部审计部门应直接向董事会及其审计委员会和高级管理层报告
12		原则 12 内部控制缺陷，不管是由业务活动发现的，还是由内部审计或其他控制人员发现的，都须及时向适当的管理层报告，并迅速解决。内部控制的重大缺陷须向高级管理层和董事会报告
13	6. 监管当局对内部控制制度的评估	原则 13 监管当局应当要求所有的银行，不管规模大小，都应根据表内与表外业务的性质、复杂性与风险程度建立有效的内部控制制度，该制度须根据银行经营环境与经营情况的变动作出相应的反应。当监管当局认为某银行的内部控制制度难以充分、有效地控制银行的特定风险（如未能覆盖提出的所有原则）时，它们应该采取适当的行动

三、银行内部控制制度不健全的主要表现

银行存在内部控制制度不健全的主要问题表现在以下五个方面：

（1）银行管理层监管力度不够，没有形成一定的内部控制文化。银行大量出现监管问题，其根本原因是管理层重视不够，高层之间分工职责不清，监管不力，没有规范的监管办法，同时也缺乏行之有效的激励机制，在银行系统内没有形成强有力的风险管理内部控制文化。

（2）没有充分认定和评估银行的业务风险。银行系统由于新产品的不断涌现，银行领导层忽视了对新业务产品的认定与风险评估，没有根据本银行经营业务或经

营环境的变化而改变风险的评估方法，没有一套严格而有效的风险控制措施。

（3）没有建立关键性的内部控制结构和控制措施。银行系统没有建立如岗位职责分离、业务审批以及经营业绩的验证、检查和复核制度等。

（4）没有建立起各级管理层之间的信息沟通渠道。银行系统各级管理层之间应该建立起畅通而充分的信息沟通机制，促使各级岗位人员都能了解和执行银行董事会或高级管理层的各项业务信息和政策信息。

（5）审计规划和监督行为不到位。银行系统在多数情况下，审计制度不够严格，难以审查出银行系统的内部风险控制弱点。有时即使审计报告指出了问题，也没有建立起一个确保管理层沟通修正缺陷的良好机制。

金融系统的内部控制制度框架是以国际大银行、证券公司、非金融企业及其审计人员常用的做法为基础的。这一评估框架也是与银行系统监管当局日益重视对银行风险管理与内部控制过程进行审查的做法相一致。确保银行系统实施充分的内部控制，并创造出能够使每一个工作人员充分理解且能够履行其职责的工作环境，这是银行董事会与高级管理层的责任。这一点对银行系统的监管来说非常重要。

第二节　内部控制过程的六要素

内部控制须经银行董事会、高级管理层和相关工作人员共同努力才能达到效果。董事会和高级管理层负责创造一个有利于进行内部控制的文化，并负责对内部控制的有效性进行日常监督，银行机构的每一个工作人员都必须参与这一过程。①

内部控制过程的主要目标是：

（1）效率与有效性（业绩目标）；

（2）财务与管理信息的可靠性、完整性和及时性（信息目标）；

（3）遵守法律及管理条例（合规性目标）。

内部控制的业绩目标是指银行在资产运用、其他资源方面以及保护银行免受损失方面的效率与效益。内部控制过程力求确保银行的所有工作人员能高效、诚实地为实现业绩目标而工作。

内部控制信息目标是要求编制及时、可靠、与银行决策机构相关的报表，同时也满足股东、监管当局和其他外部团体对可靠的年度报表、其他财务报表及信息披

---

① 中国人民银行．巴塞尔银行监管委员会文献汇编［M］．北京：中国金融出版社，2001.

露的需要。

内部控制合规性目标是要确保银行所有的业务能够遵循相关的法律与管理条例、符合监管当局的监管要求并遵守银行的相关政策与程序，保护银行的权利与名誉。

目前，内部控制过程不仅是一种减少欺诈、滥用职权与失误的机制，更广泛的范围是防范和控制银行机构所面临的各种风险。

内部控制过程六个相互关联的重要因素是：

（1）管理层监督与控制文化；

（2）风险认定与评估；

（3）控制措施与职责分离；

（4）信息与交流；

（5）监控活动与修正缺陷；

（6）监管当局对内部控制制度的评估。

一、管理层监督与控制文化

原则1（董事会）：

董事会负责审批银行的整体经营战略和重大政策，并定期进行检查；董事会应当了解银行面临的主要风险，确定可以接受的风险水平并保证高级管理层采取必要措施认定、计量、监督并控制风险；董事会负责审批组织结构；保证高级管理部门对内部控制制度的有效性进行监督。董事会最终负责保证银行已经建立并实施了充分而有效的内部控制制度。

1. 董事会负责制定高级管理层的治理结构、指导原则并对其进行监管。它负责审批和检查机构的总体经营战略、重大政策及组织结构。董事会负有确保建立并实施充分而有效的内部控制制度的最终责任。董事会成员应是客观公正、有能力、有银行业务及风险管理或专业技能的专家。董事会是一个高效、强有力的融合信息上报渠道和有效的财务、法律及内部审计职能于一体，可以创造并确保修正内部控制制度缺陷的主要机制。

2. 董事会的职责。包括：（1）定期与管理层讨论内部控制制度的有效性；（2）及时审查管理层、内部审计和外部审计对内部控制制度的评估；（3）定期检查管理层是否及时听取审计部门与监管当局有关内部控制弱点的建议意见；（4）定期检查银行经营战略与风险限额的合适程度。

3. 建立独立的审计委员会履行董事会的职责。审计委员会负责监督财务报告过程和内部控制制度。审计委员会成员是银行内部业务的直接联系人，也是外部审计的主要联系人。

原则 2（高级管理层）：

高级管理部门负责执行董事会批准的各项战略与政策，负责建立认定、计量、监督及控制银行风险的程序；负责建立责任清晰、授权明确、具有清楚的报告关系的组织结构；确保各项职责得到有效履行；负责制定适当的内部控制政策；并对内部控制制度的充分性与有效性进行监督。

4. 高级管理层负责执行董事会指令，包括执行相关战略与政策并建立有效的内部控制制度。高级管理层的成员一般都将设计建立内部控制政策和程序的职权交付给专职经营管理部门的管理人员。

5. 高级管理层能否遵守现有的内部控制制度在很大程度上取决于是否具有高效记录和交流的组织机构。职责分工明确，并保证对银行各级机构和业务流程都实施有效的管理控制。

6. 高级管理层应采取有效措施保证有经验与技能的合格内部控制工作人员来承担。控制部门的人员应具有高于一般管理层的权限和合理的报酬，应对其进行定期培训并使其不断提高工作技能。

原则 3（控制文化）：

董事会与高级管理部门有责任提高银行的职业道德水平及诚信标准，同时应在机构内部创造一种文化，向各层次工作人员强调并说明内部控制制度的重要性。银行机构的所有工作人员都须了解自己在内部控制过程中的作用，并充分参与这一过程。

7. 有效的内部控制制度的一个基本因素就是建立强有力的控制文化。董事会和高级管理层有责任在不同场合强调内部控制的重要性。董事会和高级管理层的言行将直接影响银行的诚信标准、职业道德和控制文化等方面。

8. 内部控制是银行每一个工作人员的职责。银行强有力的内部控制制度的基本因素是所有的工作人员都必须认识到，人人应高效履行其职责，在发现经营活动与法规制度不一致时，应向相应的管理层报告。银行的所有工作人员都应了解内部控制的重要性，并积极参加内部控制活动。

9. 强化职业道德，银行机构应力求避免由于政策制定与实际工作的疏忽而鼓励或诱发不适当行为。如：过分强调业绩目标或经营结果而忽略长期风险；报酬计划过于依赖短期业绩；职责分离或其他控制措施无效而掩盖较差的业绩；对不适当行为处以过轻或过重的处罚。

10. 尽管具有强有力的内部控制文化也许不能完全保证机构实现其目标，但缺乏这种内部控制文化将会增大业务失误和出现不当行为的可能性。

二、风险认定与评估

原则 4：

一个有效的内部控制制度要求能够认定影响银行实现其目标的重大风险，并对其持续进行监控。风险评估须覆盖银行及银行集团面临的所有风险（包括信用风险、国家及转移风险、市场风险、利率风险、流动性风险、操作风险、法律风险以及信誉风险）。有时也需要修改内部控制制度以合理解决新的风险或以前未能控制的风险。

11. 银行从事的业务是承担风险的业务。因此，作为内部控制制度的一部分，迫切需要认定这些风险并进行持续监控。内部控制过程须覆盖银行所面临的所有风险，并须在银行各部门进行。

12. 有效的风险评估明确并考虑了内部（如组织结构的复杂程度、银行业务性质、人员素质、组织变革及人员流动等）与外部（如经济形势波动、行业变革和技术革新等）因素，这些因素可能对银行实现其目标具有不利的影响。有效的风险评估须针对风险的可计量性与不可计量性两方面进行，须权衡控制的成本与收益。

13. 风险评估过程必须包括对风险的评价，掌握银行能够控制什么风险，不能控制什么风险。银行必须确定是否接受这些风险，以及通过控制程序减少风险。

14. 为有效进行风险评估须建立有效的内部控制制度，高级管理层有必要持续评估有可能影响其实现目标的风险，并对不断的银行业务变革环境与情况作出反应。

三、控制行为与职责分离

原则 5：

控制行为应当是银行日常经营活动中不可分割的一部分。一个有效的内部控制制度要求建立有效的控制结构，明确定义对每一业务层次上的控制措施，包括：高层检查；对不同部门或处室实施适当的行为监控；实物控制；对是否遵循了风险暴露进行检查，否则将进行跟踪检查；建立审批与授权制度；以及检验与核查制度。

15. 内部控制旨在解决银行风险评估过程中所发现的各种风险。分两个步骤：（1）建立内部控制制度与程序；（2）检查内部控制制度与程序是否得到了遵守。银行的内部控制行为包括：

◆ 高层检查。董事会与高级管理层要求下级部门作业绩报告，以检查银行在实现其目标方面的进展情况。

◆ 行为控制。部门或处室管理层每天、每周或者每月都要审查标准的业绩报告和特别情况的报告。

◆ 实物控制。控制一般集中于限制获取有形资产的渠道，包括获取现金和证券的渠道。

◆ 遵循风险暴露限制的情况。审慎限制风险暴露是风险管理的一个重要措施。

◆ 审批与授权。银行要求对一定限额的交易进行审批和授权，这有利于各级管理层了解经营情况并建立起相应的责任制。

◆ 验证与核实。对交易细节、银行业务以及银行所采取的风险管理模型结果进行验证是银行重要的内部控制措施。

16. 内部控制是银行不可缺少的日常工作。管理层和工作人员都应认识到内部控制是银行日常工作不可分割的一部分。这也是银行创造适当的内部控制文化的一部分工作。

原则 6：

有效的内部控制制度要求实行适当的职责分离，各自人员不应被授予相互冲突的责任。应当认定潜在的利益冲突并使之最小化，并须对其进行仔细而独立的监督。

17. 明确职责分离制度。不能赋予同一个人相互矛盾的责任（如同时担任前台与后台职能），这个人不能同时具有掌握贵重资产的渠道或出于个人利益的目的操纵财务数据或掩盖银行亏损的能力。

18. 职责分离控制风险。若缺乏足够的控制措施将产生以下风险问题：

◆ 同时负责审批资金的拨付和实际拨付；

◆ 同时负责客户账户与业主账户；

◆ 同时负责银行账户和交易账户中的交易；

◆ 为客户做市场营销时又非正式地向客户提供其资金头寸信息；

◆ 既负责评审贷款文件充分性，又负责贷款发放的监督贷款人。

四、信息与交流

原则 7：

有效的内部控制制度要求具备充分而全面的内部财务、经营与合规性数据，以及与决策相关的外部市场信息。信息应当具有可靠性、及时性和可获得性，并须以一致的格式提交。

19. 完整有效的信息与交流是内部控制制度有效运作的基本要素。银行系统的信息必须具有完整性、可靠性、相关性、及时性、可获得性和标准性。银行系统的信息包括财务数据、管理数据、信贷和交易数据、操作数据和合规性标准，以及外部信息。

原则 8：

有效的内部控制制度要求具备可靠的信息系统，以覆盖银行所有的重大业务活动。这些系统，包括以电子形式持有并使用数据的系统，必须具有安全性、受到独立监控，并得到足够的应急安排的支持。

20. 银行系统最重要的核心工作是要建立和实施覆盖银行全部业务的管理信息系统。管理信息系统要符合内部控制的要求，保留有审计信息标记的重要性；要保证数据的完整性和数据的标准接口，实现数据的最大共享。

21. 管理信息系统广泛应用信息技术本身就具有一定的风险，银行系统必须要建立严格的内部控制制度，避免损失。银行系统的广泛和复杂的业务信息必须采用信息技术处理数据，对信息系统和信息技术的控制应当包括一般性控制和应用性控制。

一般性控制是对计算机系统的控制（如计算机、服务器、网络系统的控制）。一般性控制还包括数据的备份和恢复过程，软件系统开发和维护程序，数据访问程序等。

应用性控制则是指软件系统的应用程序、操作程序中控制交易处理和业务活动的计算机信息系统处理程序。应用性控制还包括编辑检查和对某一业务系统的特别逻辑访问控制。

原则 9：

有效的内部控制制度要求具有有效的沟通渠道，以保持所有的工作人员都充分理解其工作职责与责任，能够坚持执行对其职责有影响的政策与程序，并保证其他相关信息能够传递给适当的工作人员。

22. 信息缺乏有效的交流就失去了信息的重要意义。银行高级管理层必须建立行之有效的信息交流渠道，将每一项信息都送达到每一个岗位的职责人员，使之被广泛地应用。

23. 银行的组织机构应当有利于信息的广泛流动，包括信息的上报、信息的下达以及银行内部各业务局之间的横向流动。董事会和高级管理层能够及时、方便地知道银行的营运业绩和存在的风险。这种信息交流的机制非常重要，它可以促使全行职工提高工作热情并努力完成既定的目标。

五、监督活动与修正缺陷

原则 10：

应当对银行内部控制制度的总体有效性进行持续的监督。对关键环节的监督应当是银行日常活动的一部分，也是根据业务范围和内部审计定期进行评估的一部分。

24. 银行的产品业务是动态和快速发展的，所以，银行系统必须根据变化的内部和外部环境持续监督和评估其内部控制制度。必要时要改进内部控制制度以保持其有效性。

25. 银行可以由不同部门的人员来监督内部控制制度的有效性，不同部门包括财务控制和内部审计。并以日常监督的形式来实施和改正内部控制制度的有关问题；当内部控制制度成为操作环境的一部分并形成定期报告制度，日常监督才最为有效。

26. 银行独立的评估一般在事后发现问题（称为事后监督）；它可以对银行的内部控制制度的有效性，尤其是监督活动的有效性有崭新和全面的看法。这种评估的实施来自不同部门，包括业务领域、财务控制领域和内部控制领域。内部控制制度的独立性评估方式一般采取自我评估的方式进行，由某一特定职能的管理人员确定其业务控制的有效性，高级管理层负责审查相关文件及评估结果。

原则 11：

应当由独立的、受过良好训练的、具有合格工作能力的工作人员对内部控制制度进行有效而全面的内部审计，作为内部控制制度监控的一部分，内部审计部门应直接向董事会及其审计委员会和高级管理层报告。

27. 内部审计是内部控制制度的持续监控的一个重要部门，它对银行现有政策与程序担负着独立评估职责。内部审计部门独立于银行的日常运营，并能获得银行的所有业务信息，包括各分行及分支机构的业务信息。

28. 内部审计部门将直接向董事会、审计委员会和高级管理层汇报，并公正、公开地提供有关业务职责的信息。董事会可以获得不被管理层歪曲的报表信息，从而保证了公司治理结构的正常运行。董事会应加强内部审计师的独立性，审计师必须受过良好的职业训练；董事会或高级管理层决定审计人员的工资和预算。

原则 12：

内部控制缺陷，不管是由业务活动发现的，还是由内部审计或其他控制人员发现的，都须及时向适当的管理层报告，并迅速解决。内部控制的重大缺陷须向高级管理层和董事会报告。

29. 内部控制缺陷或者有难以有效控制的风险，一旦被发现就应快速地向董事会或高级管理层报告。高级管理层可以及时进行纠正或控制风险。内部审计部门应不断跟踪审查控制缺陷，或采取适当措施予以监督，并及时向高级管理层和董事会报告未能纠正的控制缺陷。为了保证及时解决所有的问题，各级管理层应有责任建立某种监督制度，记录内部控制的缺陷和制定相应的纠正措施。

30. 董事会和高级管理层应定期收到归结控制缺陷的总结报告。在单独审查某一控制程序时，对一些无关紧要的问题要及时予以解决，防止该问题与其他问题联系起来可能演变成为重大缺陷。

六、监管当局对内部控制制度的评估

原则 13（监管当局）：

监管当局应当要求所有的银行，不管规模大小，都应根据表内与表外业务的性质、复杂性与风险程度建立有效的内部控制制度，该制度须根据银行经营环境与经营情况的变动作出相应的反应。当监管当局认为某银行的内部控制制度难以充分、有效地控制银行的特定风险（如未能覆盖提出的所有原则）时，它们应该采取适当的行动。

31. 监管当局应将监管各银行的内部控制制度作为一项日常监管业务的一部分。还应确定各银行管理层是否注意到本银行内部控制过程中所发现的问题（略）。

七、外部审计的作用与责任

32. 外部审计机构并非银行机构的一部分，但是，外部审计的活动对于银行内部控制质量有着重大的影响，包括与管理层的讨论和提出如何改进内部控制制度的建议。外部审计提供了有关内部控制制度有效性的重要反馈信息。有的监管当局要求外部审计提供有关银行内部控制制度范围、充分性和有效性的特别评估报告，包括对内部审计制度的评估。

第三章
构建银行系统操作风险管理体系

进入21世纪，美国先后爆发了安然（Enron）、世通（WorldCom）、安达信（Arthur Andersen）等公司因欺诈、会计造假而导致公司破产倒闭的丑闻。为增强民众信心，保护投资者利益，2002年7月，美国国会颁布了著名的《萨班斯法案》（SOX），确立了以美国反欺诈财务报告委员会发起组织委员会（Commission of Sponsoring Organizations，COSO）提出的以《COSO内部控制框架》404条款为基准的内部控制框架体系，防范企业风险。

目前，我国银行业在市场经济条件下，新的经营产品不断增加，银行业广泛应用信息技术（IT）提高工作效率，控制营运风险，借鉴国际先进银行的经验，构建银行核心业务系统，建设数据中心、灾备中心、大数据。银行系统营运业务数据处理中心是银行系统的核心部门、是银行系统的“心脏”，也是营运业务操作风险管理和控制的核心。为有效防范银行在运用信息系统进行业务处理、经营管理和内部控制过程中产生的操作风险，促进我国银行业安全、持续、稳健运行，原中国银行业监督管理委员会（以下简称银监会）先后颁布了《商业银行内部控制评价试行办法》（银监会令〔2004〕第9号）、《银行业金融机构信息系统风险管理指引》（银监发〔2006〕63号）、《商业银行操作风险管理指引》（银监发〔2007〕42号）。2008年6月，财政部、证监会、审计署、银监会、保监会等五部委联合印发了《企业内部控制基本规范》（财会〔2008〕7号），2009年7月1日（目前延至2010年1月1日）起，该文件首先正式要求在上市公司里开始实施，鼓励非上市的大中型企业执行，将我国大中型企业防范经营风险、强化内部控制与操作风险管理水平提升到了一个崭新的阶段。

第一节　银行系统信息化建设发展规划

在银行系统，原银监会将企业内部控制和操作风险管理措施提到了风险控制的议事日程，借鉴国际上的风险控制理念，已出台《商业银行内部控制评价试行办法》《商业银行操作风险管理指引》等各种风险管理规章制度。该指引的第五条、第十八条监管要求指出："商业银行应当按照本指引要求，建立与本行的业务性质、规模和复杂程度相适应的操作风险管理体系，有效地识别、评估、监测和控制/缓释操作风险……为有效地识别、评估、监测、控制和报告操作风险，商业银行应当建立并逐步完善操作风险管理信息系统。"所以，银行业必须贯彻落实原银监会的监管要求，逐步建立和完善本银行系统的操作风险管理信息系统，构建银行系统营运业务操作风险管理体系，控制金融风险。

一、构建操作风险管理体系的重要性

20 世纪 90 年代以来，国际上许多国家发生了严重的金融危机，尤其是 1997 年爆发的东南亚金融危机，促使世界各国都把防范和化解金融风险放在了首要位置。2001 年 1 月，巴塞尔委员会公布了《巴塞尔新资本协议》，其核心内容是提高资本的风险敏感度，更加强调对信用风险、市场风险和操作风险的监测与控制，全面推行风险管理理念。信息技术的迅速发展，推动了全球进入知识经济时代，这个时代的显著特征之一是把计算机网络通信技术融入金融业务创新领域，把计算机信息技术广泛应用于储蓄业务、信贷管理、会计核算、财务管理、资金管理、国际结算等全部的业务系统，实现营运业务的信息化管理，银行业已逐步走上营运业务信息化建设发展的轨道。

国务院办公厅《关于利用计算机信息系统开展审计工作有关问题的通知》（国办发〔2001〕）提出："为了适应我国国民经济信息化的发展，并将高新技术运用于审计工作之中，更有效地对财政收支、财务收支进行审计监督……审计机关有权检查被审计单位运用计算机管理财政收支、财务收支的信息系统（简称计算机信息系统）。"《商业银行操作风险管理指引》（银监发〔2007〕42 号）更明确地提出了监管要求，银行业将如何把信息技术与风险管理理念相结合，如何以科学发展观为指导，实施操作风险管理创新，建立信息化的操作风险管理监测测控平台、构建银行业营运业务操作风险管理体系，防范金融风险的问题已提到了议事日程。

二、银行系统信息化建设发展规划

银行系统营运业务操作风险管理体系建设，要以科学发展观为指导，应用信息化技术，构建银行系统营运业务操作风险管理体系。所以，系统建设，规划先行，首先要制定银行业营运业务操作风险管理信息化建设发展规划。信息化建设发展规划的目的在于使银行系统营运业务操作风险管理信息化建设适应业务发展规划战略。

操作风险管理信息化建设规划的实现，应从营运业务、IT、网络建设、安全管理、风险管理、信息整合、业务流程再造、能力建设等方面提出方案，建议分三个阶段完成：第一阶段是信息化建设现状分析；第二阶段是信息化建设远景规划设计；第三阶段是制定信息化建设实施规划。

（一）客观分析银行系统营运业务操作风险管理信息化建设发展现状，明确存在的问题

由于各银行系统所经营的业务产品和经营理念存在差异，其组织架构、业务流程在很大程度上的不同导致营运业务操作风险管理信息化建设的发展程度也不尽相同。所以，银行系统营运业务操作风险管理信息化建设的现状分析至关重要，要找出与国际先进银行存在的差距是第一阶段必须要完成的重要任务；分析本银行系统营运业务操作风险管理信息化建设在目前国内外同行中处于何等水平，发展所面临的主要问题，是机制、能力、认识问题，还是其他管理机制的问题，需要统一认识，找准问题所在，在银行系统营运业务的操作风险管理信息化建设发展的重大问题上达成共识。

（二）明确银行系统营运业务操作风险管理信息化建设的发展目标，并提出远景规划

银行系统的营运业务一般统称为银行系统的后台业务，目前，银行系统比较普遍的情况是将前台、中台、后台业务的数据流归集到总行建立的数据中心（有的银行在全国范围内建立一到两个或多个数据中心），形成数据大集中模式。数据流的业务信息来源主要包括：柜台业务、本/外币结算、国际结算、信贷管理、资金交易、账务及会计核算、核心业务系统等内部信息系统；金融服务基础设施；IT 管理平台在内的营运业务信息化建设的三大目标内容。

如何实现营运业务操作风险管理信息化建设发展规划的三大目标内容，将是建立银行系统营运业务操作风险管理体系的实质所在。所以，要以科学发展观为指导，运用金融理论，从银行系统营运业务发展战略和 IT 技术对营运业务的全覆盖分析入手，明确银行内部信息系统与金融服务基础设施平台之间的关系，提出营运业务操作风险管理信息化建设的远景规划，并对金融服务基础设施平台的目标、内容进行综合分析和设计。

（三）建立银行系统营运业务操作风险管理体系实施规划方案

规划实施的第三阶段工作主要包括两部分内容：一是根据第二阶段的远景规划，编制项目预算，综合考虑操作风险管理体系的重要性、创新性、可行性、操作风险、技术实现等诸多方面因素，并规划出 3 ~5 年的滚动实施计划；二是针对所存在的实际问题，提出保证规划能够顺利实施的 IT 机制建议，包括 IT 治理、业务流程再造、

组织管理、流程管理和按计划滚动的实施方案。

银行系统营运业务操作风险管理信息化建设规划实现的三个阶段，是以建立银行系统营运业务操作风险管理体系发展规划为根本目的的。为此，需要进一步梳理分析营运业务流程，明确银行营运业务对操作风险管理体系的信息化的具体要求，制定实现目标和原则，并依据此原则提出银行系统营运业务操作风险管理体系的 IT 远景规划。

第二节 银行系统信息化代码标准

银行系统营运业务信息化建设标准的建立，是银行系统营运业务操作风险管理体系的必要条件，它包括两方面的内容：一是建立营运业务的信息化标准；二是建立标准的数据仓库。

一、建立营运业务信息化代码标准

银行业金融机构的信息化建设标准是以国家信息化标准为基准依据，根据本银行的具体情况而制定建立的信息化代码标准。标准数据元是银行信息化建设标准体系的一部分，是构建信息的最小单元，是银行信息化建设标准文件、数据信息处理、业务应用系统和数据库构建的基础，也是实现银行系统数据集成和信息共享的前提。因此，统一的银行系统信息化建设标准数据元也是构建银行各业务系统信息交流共享的基础。

银行系统信息化建设标准代码是以银行系统信息化建设标准数据元中的代码型数据元为对象制定建立的，是银行各业务系统普遍使用的中间代码。有的银行在初始建立业务系统时，由于没有跟上建立银行信息化建设标准代码工作的步伐，各业务系统的数据接口都是按照各自系统的需要而建立，因而就造成各业务系统之间没有标准的数据代码接口而出现信息无法共享的困境。因此，为了推动银行系统营运业务操作风险管理体系建设，保证数据的完整性、准确性和安全性，需要建立标准的营运业务信息化数据代码、统一的数据代码标准平台、各应用系统的基础数据流的相互标准接口，实现最大程度的数据共享。

为此，中国人民银行发布了《中国人民银行信息化代码标准》。作为参考例子，现引用已发布的银行信息化代码标准中有关的金融机构代码、银行机构代码，以使读者了解银行系统信息化代码建立的概况。①

二、建立银行系统营运业务操作风险管理数据仓库

银行系统营运业务操作风险管理数据仓库（data warehouse）是西方商业银行在实践应用中产生的数据标准化的存储形式。数据仓库是面向主题、集成化、稳定的和随时间变化的数据集合，用于银行系统营运业务信息化的分析处理和决策过程。银行系统营运业务操作风险管理数据仓库是从银行全部经营业务信息中提取的各种基础数据的集合，并通过事先建立的数学模型，采用数据挖掘（data mining）技术快捷地分析各种基础数据，为业务经营、风险管理、领导决策提供参考依据。操作风险管理数据仓库的组成是把银行系统存储各种业务信息的基础数据库、有关决策管理数据库集合起来所形成的智能化的信息存储集成库，它包括了基础数据库、主题数据仓库、知识库与方法库等。

国际金融系统十分重视数据仓库建设及其技术的发展，通过数据仓库和数据挖掘技术建立起银行系统营运业务操作风险管理体系，防范和化解金融风险。如前所述，要建立银行系统营运业务操作风险管理体系，关键是要建立包括数据仓库在内的操作风险管理信息系统。该系统与各业务系统的数据流建立标准的数据接口，进行物理连接。数据接口的建立必须符合本银行系统信息化建设标准（或行业标准）。银行业营运业务操作风险管理信息系统将以数据代码标准接口通过数据统一平台自动采集前台、中台、后台诸如储蓄业务、信贷管理、资金交易、国际结算、会计核算等核心业务系统的信息，重新整合处理，建立起标准的数据仓库。数据仓库的信息存储应适应银行业营运业务操作风险管理信息系统的数据格式并自动完成综合分析及展现操作风险管理、统计分析图表、风险预警等各种信息。

第三节　银行系统业务流程管理

银行系统的业务流程管理成功与否，关键是银行系统随着新产品的不断出现而进行的业务流程再造。它直接关系到银行业信息化建设和操作风险管理体系的建立。因此，我们首先要进行银行系统的业务流程梳理和再造，这是随着银行系统的新业务产品的不断增长、服务客户意识的增强、机构的整合、风险管理级别的提升、大量高新信息技术的应用，进行信息化数据处理、业务创新等所必需的。现在国际上

---

① 邱胜利．网上审计［M］．北京：中国金融出版社，2003.

银行业常用的一种数据处理模式就是进行数据大集中，有的在同城或异地建立几个数据中心。但是，数据的高度集中必然带来高度风险，在数据大集中的情况下如何优化业务流程，加强内部控制，控制操作风险将是摆在我们面前的一项艰巨的任务。

按照《商业银行操作风险管理指引》的监管要求，“为有效地识别、评估、监测、控制和报告操作风险，商业银行应当建立并逐步完善操作风险管理信息系统”。银行业实施业务处理信息化，需要建立各种业务产品的应用系统，同时，为了加强风险管理，银行也要建立与其业务性质、规模和复杂程度相适应的操作风险管理体系，有效地识别、评估、监测、控制和报告操作风险。

一、业务流程梳理和流程再造

前面已经提出，银行系统在建立业务应用系统和操作风险管理信息系统项目时，首先要建立起银行系统的信息化建设发展规划，制定银行信息化数据代码标准，然后就要梳理和再造银行系统的业务流程。这样，才能够实现信息化项目建设的标准化、规范化，提高安全性、效益性，实现数据共享。

银行系统需首要解决业务流程梳理和流程再造的问题，如果这个问题处理不好，不但直接影响到银行系统信息化建设问题，也直接影响到操作风险管理体系的建设。因为，首先，信息化建设更新换代的步伐很快，几乎每三年、最长五年时间企业原有的应用系统软件就会随着国际通用软件系统（尤其是操作系统、专用软件系统）、软件工具的升级换代而被淘汰；其次，是单位机构改革、部门业务变化等诸多因素的影响；最后，银行系统与国际接轨，使银行业务产品不断增加，新产品不断出现，银行系统需要不断进行业务创新，直接影响着银行的业务流程。所以，银行业务流程的梳理和再造，将直接影响到银行的信息化建设。因此，我们在建设操作风险管理信息系统时，首先要建设和梳理好业务流程。

根据《巴塞尔新资本协议》中有关市场风险、信用风险、操作风险的规定，操作风险控制主要控制风险的四要素，即人员素质、系统因素、流程因素和外部事件。在四个要素方面和国际上比较接轨。所以，我们讲人的因素，就是人为的欺诈犯罪行为，还有人员素质的差异，造成操作上的出错，这也是大家比较公认并理解的。流程上的因素，国际上的银行规范化的处理问题，我们很多都采用手工，不是按照规范处理，引进了一些新的系统，有一些还是手工和新的方法相结合，这样也产生大量的操作风险问题。

可以说，我们在操作中遇到的情况，在流程上出现的问题比较大的就是机构重叠。比如说资金交易的部门，有的叫资金交易中心，有的叫资金交易部。部门的业务处理最后在下属层面存在着重复。每个业务关口的内容不一样，流程也不一样，审批也不同，这样产生的流程管理差异就比较明显，给风险控制造成一些隐患。

二、营运业务的操作风险控制

银行的应用信息系统主要是业务部门的信息系统。银行有很多业务信息系统都是分系统建设的，不同的业务系统（如不同部门）建立不同的分系统，最后把数据汇集在一起。数据源的不唯一性，造成统计数据的差异性甚至错误。所以，我们要强调的是，银行每建设完成一个应用信息系统，或者更大的信息系统，如核心业务系统，都首先要控制操作风险，内部控制的四个风险因素：人员素质、流程因素、系统因素、外部事件等都要考虑进去。在数据源的采集上，我们要强调一个标准，就是数据源的唯一性标准，不能多头采集数据源。如果多头采集数据源，各业务部门的应用系统处理数据就会出差错，无法实现数据共享。

例如，数据采集风险，如果从不同的应用系统的操作端口上采集输入数据源而形成一个会计分录，最后形成账目，有些是手工完成的。由于核心业务系统的会计分录是自动形成的，所以如果当某组初始采集的数字输入出错的话，后面的会计分录就会出错，进而导致数据就出错了。所以，数据源出错的问题很多，而且是多方面的，有很多会计业务不是手工完成的，这就会形成操作风险。因此，一个应用系统的运行安全，首先要做到数据源采集的唯一性、安全性、可靠性，这是控制操作风险所要求的一个重要方面。银行系统所面临的四大风险因素，就是既要解决好风险的定义和风险的计量问题，还要解决如何进行风险控制的问题。如图 3－1 所示[①]，银行的各业务信息系统在基于流程管理中进行操作风险控制。

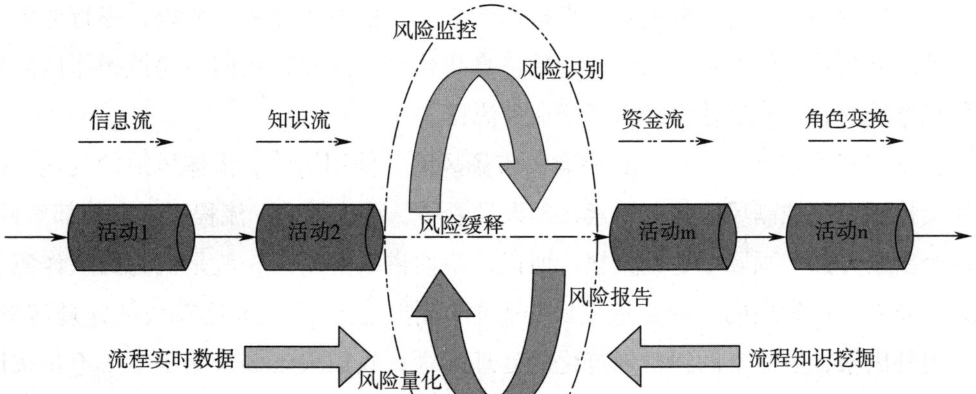

图 3－1 基于流程管理的操作风险控制

① 《NIMBUS 中国－Control 系统》，北京悬创科技有限公司，2008.

三、建立基于流程管理的授权控制体系

建立基于流程管理的授权控制体系是一个崭新的课题。基于流程管理的授权控制体系，关键是把流程管理和授权管理两种模式进行有效结合，利用网络信息技术形成一种新的风险控制模式，把原来两种静态的控制方式创新成动态的网络化、可视化的基于流程管理的授权控制体系模式。

例如，每个银行都有资金交易中心，信贷管理、账务核算、国际结算等整体营运业务的信息处理，都有一套相对标准的管理流程。但是，每个银行的业务品种不一样，业务流程就不一样，工作流程也不一样。这样，最后不管是主管行长、局长或者部门总经理（处长）、部门经理、每一个岗位职员，他们都有一套业务管理流程。尽管有些手工和信息化业务结合在一起，这个业务流程不管是简单的，还是很复杂的，都要按照预先设置的业务流程进行操作。

但是，银行系统的每一个业务部门，其业务操作都要有一套规范、简洁、高效、岗位清晰、操作简单的业务流程。风险控制部门通过对每个岗位的业务流程进行风险跟踪、透明管理，将风险控制在每一个岗位的风险点上，这就是银行系统的风险监管部门首要完成的工作（见图3－2）。

银行系统要建立流程管理环境下的授权控制体系，也就是说要对每个职能部门、每个岗位员工、每一笔业务处理都要有明确的界定。所以，上到行长授权，下至主管行长、部门总经理、部门经理、每一个岗位职责都有一个转授权的问题。在行政管理机构上，局长转授权下属多个分局长（或分部门经理），分局长又转授权下属的几个处室，处长转授权本处室的每一个职责岗位，层层往下严格业务流程控制，形成一个完整的树形业务结构体系。所以说，每一个部门的授权管理的职责必须明确，而且流程管理必须非常明了清晰（就如同一棵大树主干、枝杈与树叶的关系）。这样，操作风险控制通过业务流程、网络系统可视化地控制住每一个岗位所存在的风险（目前，正如新闻报道，有些银行的上亿元资金被诈骗、偷盗，是由于内部控制缺陷造成的）。

反过来讲，流程管理不到位，授权管理体系就建立不起来。如果每一层的业务部门的流程管理建立规范，授权控制严格清晰，就不会出问题。如果有的环节没有经过审批，有的将不同职能的两个岗位由一个岗位人员独自代理，就有可能出现问题。如果银行系统能够把流程管理与授权管理这两种业务很好地结合，在资金筹集、流动、发放、回收等整个循环过程中，就可以实现资金和安全运转并且达到利润的最大化。因此，以网络信息化技术，把流程管理、授权管理进行良好的结合，形成基于流程管理的授权控制体系，控制业务操作风险。该控制体系是银行系统营运业

务操作风险管理形成规范化的控制过程，可以定期完成月报、季报形式的《××银行××季度营运业务操作风险管理分析报告》，及时向银行领导层、各业务部门、监管部门提供业务的风险点和风险预警信息，全行业务实施全方位的风险控制，如图3－2所示①。

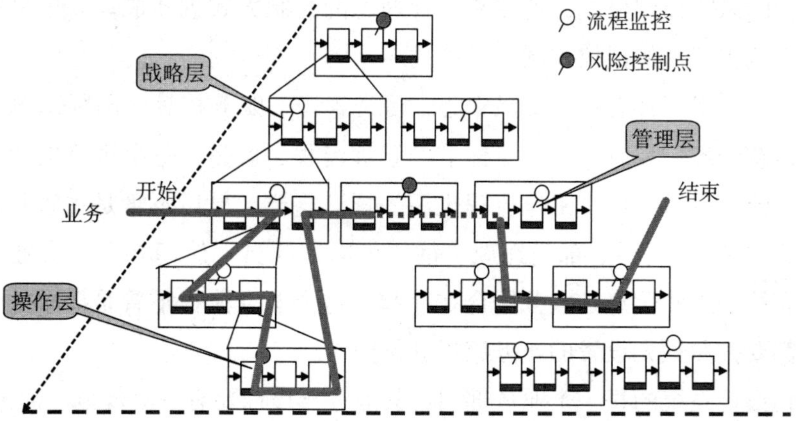

图3－2 基于流程管理的风险点控制

在图3－2中我们可以看出，整个业务流程从最高层到中层、低层各个层面构成一个完整的业务循环的架构图（假设空心圈为流程监控点）。我们要确定业务的风险点（假设实心圈表示风险控制点）及在哪个业务部门的业务点上控制风险点，风险点是银行系统监管部门控制的风险目标。银行系统整个网络化流程管理与授权管理控制体系的业务流程、风险控制点描绘如图3－3所示。

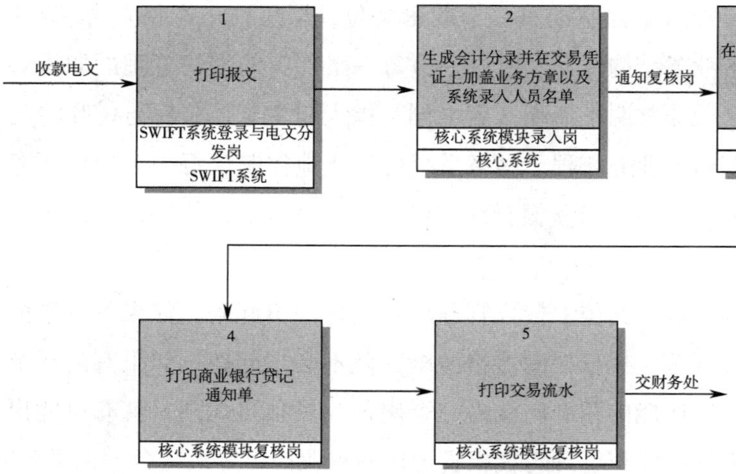

图3－3 银行业务流程管理中标识风险点

① 邱胜利. 内部控制与操作风险管理——操作实务指南［M］. 北京：中国金融出版社，2009.

例如，银行系统操作某笔付款业务。我们用专用的流程管理工具，进行流程跟踪、风险控制（用 NIMBUS - Control 系统工具），对此笔业务进行核对，最后打印输出。该风险控制系统在业务流程上，如可以清晰地标识出风险控制点和设定阀值、存放同业对账单核对流程、资金交易业务受理流程等，可以用表格列出风险预警信息并与流程管理风险点控制相对应，显示出风险预警是哪个部门、哪个岗位、哪笔业务出错，一目了然①。

第四节　银行系统营运业务操作风险管理体系

众所周知，1997 年爆发的东南亚金融危机，使世界受到震惊。金融风险使日本大和银行被逐出美国市场；具有 200 多年历史的英国巴林银行倒闭就是一个典型的例子（1995 年，英国经营了 200 多年的巴林银行，由于缺乏严格的内部控制制度，该银行驻新加坡业务员里森违规操作，经营期货失败，亏损 10 亿英镑而致使巴林银行倒闭）。国际金融危机为各国商业银行及银行监管当局敲响了警钟，各国都把防范和化解金融风险放在了首要的位置，因此，防范金融风险在国际金融界已成为一个永恒的话题。

目前，美国、英国、法国、德国、日本等发达国家，银行业金融机构的营运业务操作风险管理已经全面实施信息化处理。我国银行业一年一度的现场稽核监督手段也已远远不能适应信息化时代发展的需要。要以科学发展观为指导，与时俱进，构建银行系统营运业务操作风险管理体系，（1）借鉴国际发达国家银行业的先进经验，应用信息化技术，建立营运业务操作风险管理信息系统；（2）建立严格的内部控制制度，实现对总分、分行的柜面业务、信贷管理、资金管理、国际结算、财务管理等核心业务系统业务流程的内部控制，建立全方位、全过程、动态、实时的操作风险管理体系，全面控制操作风险。

一、建立规范的内部控制制度

建立规范的内部控制制度，控制操作风险。

（一）建立和完善内部控制制度

为了保证国家法规和银行系统风险管理制度的贯彻执行，保证银行系统营运业务目标的全面实现，保证营运业务记录、信息系统、财务数据的及时、真实、完整，

① 《NIMBUS 中国 - Control 系统》，北京悬创科技有限公司，2008.

保证营运业务操作风险管理体系的有效性、适用性和安全性，遵照《商业银行操作风险管理指引》的监管要求，要制度先行，首先对营运业务制定严格的内部控制，建立和完善内部控制制度。

（二）信息代码集中控制管理

全行归集到总行的营运业务信息，包括营运业务的全部信息化标准代码，会计科目、利率、汇率等共用信息和各项公共参数代码，营运业务的各岗位职责授权管理代码，现场及非现场稽核监督、预警指标信息代码。各种信息化业务和技术的数据代码的安全至关重要，因此，需要建立集中控管的各种信息数据代码的职责岗位，建立信息代码数据库，配置专门的系统管理员，规范操作、及时修改和补充完善各种信息代码参数，实现数据代码管理流程的规范化和标准化。

（三）授权管理控制

授权管理控制是指行长对营运业务管理部门的主管直接授权、转授权的基础上，通过副主管（副总经理），对各业务处室的处长、副处长、各岗位员工岗位的转授权实现风险控制。

1. 对系统操作使用的控制。如每日第一次进入、中途离开、最后一次退出业务系统都需要上网签到、签退和日终处理控制。

2. 业务授权管理控制。业务授权管理控制包括上级机构对下级机构的授权管理控制，总行对分行的各种营运业务、业务操作、查询权限的授权控制。

3. 对系统管理和数据维护的授权控制（对标准数据的维护、系统维护管理、数据库管理维护和运行日志的审核授权监控等都需要专人负责）。

4. 对终端的授权管理。即对计算机终端可以根据不同授权，不同的查询内容和管理权限的范围对计算机终端使用岗位人员进行授权控制管理。

5. 构建操作风险管理信息系统。该系统的实现，依靠现代网络和信息化技术，运用基于流程管理的授权控制机制，把流程管理和每个岗位职责结合起来，实现操作风险控制和风险预警的网络化、可视化、信息化和标准化。

（四）数据处理控制

数据处理控制包括：

1. 对标准数据的控制和管理。标准数据的维护要留有记录，授权专人维护管理；标准数据要有校验码，防止篡改。

2. 数据的备份和恢复。营运业务系统应定期备份信息数据，需要专人异地保管。业务数据备份必须按规定每半月或者 30 天备份一次（视数据量确定采用光盘或者专用备份设备）；具备恢复数据的功能，数据恢复时必须向主管人员申请，详细记录原因、时间、操作人员和主管人员。

（五）网络安全控制

网络安全控制包括：

1. 对计算机硬件设备、电源设备和网络系统采取双备份，以保证业务系统运行的安全和稳定。

2. 生产主机或网点不能安装业务系统的开发环境和源程序代码，需要时源程序代码必须经过编译或加密处理。

3. 建立日常操作日志。日常操作日志是主机系统的操作日志，记录日常的操作和事务处理情况。

4. 营运业务系统软件必须设置操作 ID 码和口令，口令必须由专人管理（系统操作管理员），用户可以定期更改口令。

5. 业务网络系统与公共网络系统的物理隔离。按照规定，银行日常操作的业务网络系统必须与公共网络系统（互联网）进行物理隔离，控制信息泄露和违法、违规访问信息系统。

二、建立内部控制过程指标评价体系

要遵照《商业银行内部控制评价办法》《银行业信息系统风险管理指引》的监管要求，参照《巴塞尔新资本协议》有关操作风险、《COSO 内部控制框架》等国际标准，建立银行系统内部控制指标评价体系模型。该内部控制指标评价体系模型也参考了内部控制过程的四大因素：人员素质、流程因素、系统因素、外部事件。如表 3－1 至表 3－4 所示[①]。

表 3－1　　操作风险分类及其指标——人员素质

<table>
<tr><th>类别</th><th>定性指标</th><th>定量指标</th></tr>
<tr><td rowspan="3">1. 操作失误</td><td>（1）专业技能水平低
（2）工作态度不认真
（3）性格缺陷</td><td>①近一个月的客户投诉次数
②近一个月的操作失误次数</td></tr>
<tr><td>（4）丢失文件的程度</td><td>③文件丢失件数</td></tr>
<tr><td>（5）操作准确率</td><td>④本外币收付款准确率
⑤结算准确率
⑥本外币会计核算准确率</td></tr>
<tr><td rowspan="3">2. 违法违规</td><td>（1）不良业余爱好
（2）岗位设置与分工不合理</td><td>①关键岗位轮换的时间间隔或关键岗位的年轮换次数
②近一周某岗位员工越权操作的次数</td></tr>
<tr><td>（3）泄露客户信息</td><td>③泄露信息涉及的客户数量</td></tr>
<tr><td>（4）接到举报涉及的人员及其职位</td><td>④接到举报的次数及涉及金额</td></tr>
</table>

① 邱胜利．内部控制与操作风险管理——操作实务指南［M］．北京：中国金融出版社，2009.

续表

类别	定性指标	定量指标
3. 劳动纠纷	职员劳动诉讼较多	①近一年职员劳动诉讼次数 ②近一年职员劳动诉讼的涉案金额
4. 人员流失	人员流失过快	①近一个月关键岗位人员流失数 ②近三个月人员流失率

表 3-2　　操作风险分类及其指标——流程因素

类别	定性指标	定量指标
1. 业务流程设计存在缺陷	（1）业务线营业额增幅降低或业绩下滑	①某业务线营业额增幅降低百分比或业绩下滑金额
	（2）与客户间的诉讼	②最近一个月起诉客户的次数与被客户起诉的次数 ③最近一个月起诉客户的涉案金额与被客户起诉的涉案金额
2. 业务流程执行不合理	（1）新业务客户反馈意见不佳	①最近一个月某产品或业务线的客户投诉次数
	（2）业务执行失误与中断	②近一个月业务执行失误次数 ③近一个月业务执行中断次数

表 3-3　　操作风险分类及其指标——系统因素

类别	定性指标	定量指标
1. 系统失灵	（1）系统运行故障	①最近一次信息系统失灵的时间长度
	（2）系统瘫痪	②最近一次信息系统瘫痪的时间长度
2. 系统完备性	（1）硬件处理技术不能满足业务量增长的要求	①近一个月服务器的点击次数与服务器最大点击承受能力之比 ②最近一个月服务器数据吞吐量与服务器最大数据吞吐量之比
	（2）系统老化不能适应新业务需求	③系统使用年限与设计使用寿命之比 ④系统的可持续升级次数
	（3）系统问题	⑤系统性差错次数 ⑥其他问题次数

续表

类别	定性指标	定量指标
3. 系统安全性	(1) 程序存在安全漏洞	①最近一周信息系统遭受黑客攻击次数 ②最近一周信息系统病毒发作次数 ③信息系统遭受病毒与黑客攻击导致的损失金额
	(2) 重要数据没有备份	④信息系统遭受黑客攻击与病毒发作丢失数据造成的损失金额
	(3) 信息泄露严重程度	⑤信息系统遭受黑客攻击与病毒发作泄露的客户信息数量
	(4) 国家计算机病毒应急中心发布的病毒警告	⑥国家计算机病毒应急中心发布警告的病毒发作时间与次数
	(5) 客户不当操作导致信息泄密	⑦近一个月未经授权外部交易导致的财务损失
4. 通信系统	通信中断	①最近一次内部与外部通信中断的时间长度 ②近一年内部与外部通信中断的次数

表 3－4　　操作风险分类及其指标——外部事件

类别	定性指标	定量指标
1. 外部欺诈	(1) 成功堵截外部诈骗	①最近一个月成功堵截外部诈骗的次数
	(2) 员工的反诈骗技巧掌握不够	②相关岗位员工的反诈骗技巧培训时间
2. 突发不可抗力事件	(1) 地震、台风、水灾等自然灾害	①地震、台风级别
	(2) 恐怖袭击	②安全报警设施运行失灵次数
	(3) 火灾	③消防报警设施运行失灵次数 ④电力设施的老化程度
	(4) 电力供应中断	⑤最近一次电力供应中断的时间长度 ⑥最近一年电力供应中断的次数 ⑦电力设施已使用年限与最长使用寿命之比
3. 经营环境变化	(1) 政治事件	①政治动荡导致的停业天数与损失
	(2) 监管	②被行政警告与处罚的次数及罚款金额
	(3) 不利的宏观经济政策	③预期由于不利的宏观经济政策产生的不良资产数额
	(4) 法律	④违反法律规定被罚款的次数与金额
	(5) 洗黑钱	⑤可疑支付交易额度 ⑥外汇大额及可疑支付交易额度
4. 服务供应商风险	服务供应商不提供预期服务	服务供应商不提供预期服务导致系统与数据的可靠性缺陷的潜在损失

假设以××银行系统为例，其内部控制过程指标体系评价包括：

1. 评价范围

（1）业务部门：本币清算、外币清算、资金交易、国际结算、账务核算、经费管理、业务系统等各部门。

（2）IT（信息技术）部门：信息化规划中心、软件开发中心、系统运维中心、网络中心、外包部门等。

2. 评价内容

评价内容包括内部环境、风险识别、信息与沟通、内控活动、内部监督。

3. 内部控制评价指标

内部控制评价指标体系的建立，遵照《商业银行内部控制评价试行办法》，参照企业内部控制过程的四大因素，即人员素质、流程因素、系统因素、外部事件设定内部控制过程评价指标体系。

4. 风险级别（五级风险度）

一级风险度（低风险），二级风险度（较低风险），三级风险度（中度风险），四级风险度（较高风险），五级风险度（高风险）。

5. 操作风险分析报告

银行营运业务监管部门将根据内部控制过程指标评价体系，定期开展月度、季度、年度对银行系统营运业务的各个部门开展内部控制过程指标评价，并向银行系统高层领导及监管部门、各业务部门提供银行操作风险管理分析报告，控制营运风险。

三、建立营运业务操作风险管理信息系统

目前，我国银行业在借鉴国际先进银行经验的同时，也对国内银行系统实施了一系列的金融体制改革措施，改革的基本思想是树立市场经济观念和风险意识。前面已经提出，按照原银监会的监管要求，银行系统需要建立和完善内部控制制度、内部控制过程指标评价体系、操作风险管理信息系统。从银行系统营运业务的实务性的风险控制出发，需要建立对每笔业务的审核、监测监控，控制操作风险，建立银行系统营运业务操作风险管理信息系统，完善银行系统操作风险管理体系。

（一）监测监控与风险预警的系统架构

《商业银行操作风险管理指引》的监管要求：“商业银行应当按照本指引要求，建立与本行的业务性质、规模和复杂程度相适应的操作风险管理体系，有效地识别、评估、监测和控制/缓释操作风险。”“为有效地识别、评估、监测、控制和报告操作风险，商业银行应当建立并逐步完善操作风险管理信息系统。”所以，银行业必

须贯彻落实原银监会的监管要求，逐步构建和完善银行系统营运业务操作风险管理体系，防范金融风险。

构建银行系统营运业务操作风险管理体系，应以科学发展观为指导，借鉴国际发达国家银行业的先进经验，对照分析我国银行业在营运业务操作风险管理上所存在的实际问题，全面地防范操作风险。应借鉴国际发达国家先进银行的经验，采用信息化先进技术，建立银行营运业务操作风险管理信息系统（见图3-4）。全方位、全过程、动态、实时地识别、分析、监测、监控、预警和报告操作风险，是银行系统营运业务操作风险管理体系的核心组成部分。

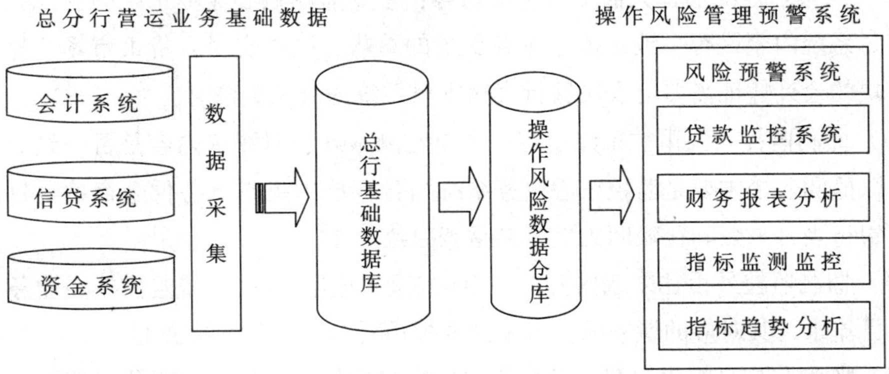

图3-4　银行业务操作风险管理信息系统架构

监测监控与风险预警的系统架构，主要涉及信息数据的采集来源、建立数据仓库、监测监控与风险预警等内容。

（二）监测监控营运业务的方法

前面已经指出，建立操作风险管理信息系统，数据的采集只有保证其唯一性，才能保证数据源的安全性、完整性、可靠性。采集的数据要来自于统一数据平台、统一数据代码，实现数据共享，控制操作风险。

例如，监测监控××银行营运业务的操作风险，监测每个岗位职责的业务操作是否正确，需要采用将相关的两个业务系统的每一笔业务数据进行自动比对，并对出错的某笔业务进行预警。假设两个相关的业务系统分别为核心业务系统和SWIFT报文系统，则需对这两个业务系统的业务进行监测监控、评估、风险预警、数据存储等各种信息化处理。

1. 监测监控的业务范围

监测监控营运业务的范围一般包括：营运业务的清算、结算、会计核算；凭证、账务、报表业务，即核心业务系统如货币市场、衍生产品、国际结算、总账、外汇买卖、债券、贷款、外汇汇划和国内支付等业务。

2. 监测监控的步骤方法

监测监控营运业务，为提高信息化和高效率，一般采用自动核对数据的方式实现。如将核心业务系统的基本账簿、凭证、单据等业务的输入/输出操作业务数据，与 SWIFT 报文数据、大额支付数据、系统操作参数等相关的内容进行比较核对分析，以判断其每笔业务的准确性、完整性和安全性，并预警其风险信息。例如：

（1）某银行监测监控 SWIFT 系统内容：主要监测核心业务系统的会计凭证与 SWIFT 系统操作内容输出是否正确、一致。采用实时监测监控外汇汇划、外汇买卖、总账、国际结算和货币市场等模块的会计凭证与 SWIFT 系统对应的报文核对。

（2）某银行监测监控大额支付系统内容：主要监测核心业务系统的会计凭证与大额支付系统内容是否一致，核心业务系统的总账、国内支付、货币市场、外汇买卖等模块的会计凭证需要与人民银行大额支付系统的对账单核对。

（3）监测监控人民币往来账内容：主要监测本外币对账单内容是否一致。人民币往来账监测监控主要是监控核心业务系统当日存放中央银行备付金存款科目流水与人民银行当日来账和往账明细发生额是否一致。

（4）监测监控外币往来账内容：外币往来账的监测监控，需监控核心业务系统当日科目流水与其对应的境外账户行发送的外币对账单等两种报文的内容。

（5）监测监控日报表内容：日报表监控借与贷是否一致。主要是审核银行试算平衡表（日报）当日各科目期初余额是否与昨日各科目期末余额相一致，借方余额、发生额是否与贷方余额、发生额相等，表内外各科目借方余额合计数是否与贷方合计数相等。

例如：某银行的核心业务系统与 SWIFT 报文系统的内容核对。比如说，我们要监控核心业务系统的会计凭证与 SWIFT 系统的是否一致，首先就会把总账、外汇买卖、未结算的凭单和 SWIFT 系统相对应的报表核对。其次是会计凭证和大额支付系统的内容监控是否一致。最后是本外币对账单监控其内容是否一致。在实际的工作环境中，银行业务大量的监测监控工作是人民币业务。

第四章
企业内部控制制度的规范性

2008 年 6 月 3 日，财政部、证监会、审计署、银监会、保监会等五部委联合印发了《企业内部控制基本规范》（以下简称《企业规范》）。《企业规范》是继美国《萨班斯法案》在 2002 年发布以后，我国在吸收国际同业监管新理念的背景下所颁布的一部崭新的企业内部控制法规。《企业规范》于 2009 年 7 月 1 日（目前延至 2010 年 1 月 1 日）起正式开始执行，旨在加强和规范企业的深化改革，加强和完善企业内部控制体系，提高企业经营管理水平和风险防范能力，实现企业的稳健经营，促进企业可持续发展。

《企业规范》提出了构建企业内部控制框架体系的五要素，它们分别为：（1）内部环境；（2）风险评估；（3）控制活动；（4）信息与沟通；（5）内部监督。《企业规范》首先也在上市公司范围内正式启用，也鼓励非上市大中型企业逐步执行。此外，还提出了以我国大中型企业为主体，政府监管推进，中介会计审计机构实施的内部控制机制，它标志着中国会计审计领域的又一重大改革举措。同时与《企业规范》发布的还有配套的三个“指引”，它们分别是《企业内部控制评价指引》《企业内部控制应用指引》和《企业内部控制鉴证指引》。

我国《企业规范》的正式推出，有机地融合和借鉴了国际主要经济体有关加强内部控制的做法和经验，在吸收了《巴塞尔新资本协议》《萨班斯法案》和《COSO 内部控制框架》的有关标准基础上，提出了我国大中型企业建立有效内部控制和具体执行要求的五要素。《企业规范》重点强调了我国企业内部控制的目标，旨在合理保证企业经营管理的合法合规、财务报告及相关信息的真实性和完整性、营运资产安全，提高经营效率和效益，促进企业实现可持续发展战略。根据《企业规范》，首先执行《企业规范》的上市公司，应定期对本公司的内部控制的有效性进行自我评价，披露年度自我评价报告，并可聘请具有会计审计资质的中介机构对其内部控制的有效性进行审计。根据《企业规范》的执行要求，为了加强大中型企业的内部控制，同时考虑到进行内部控制测试的规范性和复杂性，对于大中型企业应尽早做好启动的准备工作：（1）组建内部控制测试团队；（2）制定内部控制测试计划；（3）组织内部控制培训学习；（4）开展内部控制测试工作。

第一节 内部控制失败的典型案例分析

一、巴林银行倒闭案例分析

英国巴林银行是国际上最古老的商业银行之一。从 1993 年起，该银行交易员里森在担任巴林银行驻新加坡期货交易部经理期间，利用同时控制交易和后台业务的机会，私自从事股指期权的投机交易，并将其所得和损失都计入一个他伪造的比较隐蔽的账户中。巴林银行由于长期缺乏严格的内部控制，到了 1995 年 2 月，里森的违规操作，在金融衍生产品市场上的投机行为直接造成 14 亿美元的损失，导致巴林银行宣告破产。巴林银行因破产而无奈被德意志银行以一英镑的价格收购，成为国际上由于内部控制失败而宣告破产的典型。巴林银行的内部控制失败是直接导致银行破产的根本原因：

（1）巴林银行进行金融衍生产品交易，缺乏内部控制机制。里森在任期货部经理时，一个人控制着交易和后台业务，使他能够在一年多的时间里进行私自交易并将其隐瞒，导致产生风险。

（2）巴林银行没有建立起对风险管理持续监控机制。在里森从事投机交易的相当长的时间里，巴林银行没有对银行风险建立集中控制的机构，1994 年 8 月银行才成立资产管理部对风险进行集中管理，但是到当年年底才知道里森对银行已造成了损失。直到 1995 年年初，有关部门还错误地认为里森尚在盈利之中。①

（3）巴林银行缺乏严格有效的高层监督和审批制度。里森的上级主管部门未能在他尚未造成损失前予以制止，说明他的上级管理部门缺乏起码的内部控制制度。此外，里森也没有获得过交易资格认证。巴林银行没有专门内部控制人员对其交易进行监督，也没有主管或部门对其交易策略进行审批。

（4）巴林银行缺乏明确的报告流程和制度。虽然里森所任职的巴林银行新加坡期货部存在两条报告途径：自营交易业务向伦敦总部汇报，代客交易业务向巴林银行在东京的机构汇报，但没有建立起明确的报告流程和制度。这种情况造成了里森的私自交易不能被及时觉察和制止。

---

① 车迎新，阎庆民．商业银行内部控制评价办法实施指南［M］．北京：中国金融出版社，2006.

二、法国兴业银行巨额损失案例分析

2008年1月24日，法国兴业银行（Societe Generale）宣布，该银行在巴黎的一名交易员2007年和2008年期间进行虚假交易的欺诈行为，导致法国兴业银行损失49亿欧元（约合71.4亿美元或558亿港元）。法国兴业银行的这次欺诈事件是全球银行史上由一名交易员所造成损失数额最大的事件。该事件震惊了全球的金融界，再次引发全球对银行内部控制制度、操作风险管理问题的高度关注。①

根据法国兴业银行的披露，该银行31岁的期货交易员Jerome Kerviel，曾在银行的投资部工作了5年，所以他对该银行的后台操作、内部控制及操作风险流程等方面极为熟悉。2005年，他转至产品组从事套利交易。根据法国兴业银行的授权，Kerviel在购买一种股指期货产品的同时，卖出一个设计相近的股指期货产品，实现套利或对冲目的。由于这是一种短线交易，而且相似金融工具的价值相差无几，所以这种交易名义金额巨大，但是风险较小。

分析认为，从2006年后期起，Kerviel采用真买假卖的手法，买入一种金融产品后，同期虚假卖出。在银行风险经理看来，买入金融产品的风险已经通过卖出得到对冲，但实际上那些交易的头寸成了长期投机。起初虚拟交易的规模相对较小，但是后来交易变得越来越频繁，规模也越来越大。2008年1月，Kerviel在欧洲各大股市股指期货上的头寸已达到了500亿欧元。这一数字远超银行现有的359亿欧元的市值，接近斯洛伐克、卡塔尔或利比亚等国一年的国内生产总值。

由于Kerviel熟悉银行监控交易的流程，所以，使用多种手段逃过监管部门的监控，掩盖了以上所述的违规交易。2008年1月18日，由于一封银行客户的电子邮件，最终导致Kerviel违规操作事件的东窗事发。起初，由于Kerviel只是银行中台的低级交易员，故其所为银行不可能不知道。2007年以后，由于Kerviel的交易为银行带来盈利，故银行有关部门的管理较为松懈。2008年以后，由于巨额交易出错，该银行在1月18日发现后分三次清仓，才发现已造成49亿欧元的巨额损失。

三、农业银行北京分行“1·13”案件分析

2016年初，多家银行被曝票据大案，涉案资金多达数亿元甚至数十亿元。

规模最大的案子发生在农业银行，涉案金额高达39亿元，被称为“1·13”案件。公安部立案侦查后同原银监会一起将此案上报国务院。2017年9月18日，北

① 中国银行（香港）有限公司，2008。

京银监局作出《行政处罚决定书》（京银监罚决字［2017］19号），以员工管理不当等为由罚没农行北京分行1950万元，并对相关责任人和9名有领导责任的管理人员作出行政处罚。农业银行北京分行投融部主要负责人龙某，于2012年11月至2015年8月期间，审批通过了涉案39笔票据业务中的33笔。票据大案暴露了银行内部管理方面的不足以及风控管理意识的淡薄。

2017年，北京银保监局在行政处罚书中指出，农行北京分行存在的问题有：（1）员工管理不当；（2）部门分离缺失，人员岗位混用、前中后台串岗；（3）关键岗位人员长期不轮岗；（4）票据保管安全层级低、出库审批层级低导致票据包频繁提前出库；（5）票据审验流于形式、虚假审验或不审验；（6）资金划款环节把控不严、资金票据同时悬空；（7）印章管理使用混乱等七大问题，被责令改正，并处以1950万元罚款。行政处罚书亦对主要涉案人员和负有领导责任的高管进行了处罚。立案调查组综合认定龙某对上述问题和农行北京分行“1·13”案件负有主要管理责任，属于直接责任人员。因此，对龙某给予禁止10年内从事银行业工作、取消终身的董事、高级管理人员任职资格的行政处罚。

四、山西“7·28”金融诈骗的案例分析

2004年7月28日，××银行山西省分行发现涉嫌巨额诈骗案。8月3日、8月5日、8月11日，山西省太原市其他三家商业银行分支机构和一家城市商业银行相继发现涉嫌诈骗案件。①

山西省几家商业银行分支机构发生的涉嫌诈骗案件，其作案手法雷同，先是犯罪分子给付一定比例的费用，要求出资企业将资金存入其指定银行，然后与银行内部人员相互勾结，以假印鉴等方式诈骗银行资金，该案件以及后来发现的一系列同类型的案件统称为“7·28”金融大案。该案是新中国成立以来山西省最大的金融诈骗案，涉及5家商业银行共17个分支机构，涉案金额达10多亿元。其特点是：

（1）银行业没有建立起规范的内部控制制度。银行在信用风险方面比较重视，但忽视了对银行操作风险的识别和控制。对于内部审计中发现的有章不循、违规操作、弄虚作假等违规行为查处不到位。对内部控制薄弱环节和违规违法疑点未能有效识别并给予持续关注。

（2）内部控制意识缺乏，风险意识淡薄，监督不力。涉案的银行普遍缺乏内部控制意识及风险意识，长期忽视对从业人员的教育，不懂法，不知法，盲从领导。

① 车迎新，阎庆民．商业银行内部控制评价办法实施指南［M］．北京：中国金融出版社，2006.

高级管理人员和主要岗位人员权力过大，缺乏监督，在人员的使用上只重业绩，不重品质；只重能力，不重道德；只重使用，不重管理。

（3）内控手段落后，对利用计算机诈骗案件无法及时得到控制。“7·28”金融大案也暴露出了银行机构内部控制技术手段无法满足形势发展的需要：一是金融电子化程度严重滞后，各银行之间电子数据信息交流不畅通，数据信息不能共享，对银行资金流向难以有效掌控；二是对金融票证、印章及其他凭证缺乏现代化防伪技术手段，非常容易伪造、变造，银行工作人员缺乏对防伪技术的识别手段（如防伪设备、鉴别伪造、变造资料等）；三是对大额资金和异常支付监测鉴别能力薄弱，无法及时采集和整理分析。银行账户管理系统与同城票据交换系统、支付系统缺乏联系，支付结算管理系统的安全系数较低。

（4）没有建立规范的“防风险”与“业务发展”的考核机制。金融大案涉嫌的金融机构普遍存在盲目追求发展规模和速度、忽视风险防范和发展质量的问题。为了追求短暂的高收益，过分注重业务规模的扩展和利润增长点，高成本揽存客户、抢市场，在业务发展的同时，也积累了巨大的风险。

综上所述，加强和完善银行业的内部控制，是适应我国银行业监管环境的客观需要，也是提高我国银行业防控能力和经营管理水平的内在要求。与国际发达国家相比，我国银行业内部控制建设起步较晚，但是随着金融法规体系的建立和不断完善，银行业的内部控制也推出了较为全面、系统的举措。近年来，国家各部委和行业系统的监管部门相继推出了一系列的监管措施，如：原银监会印发了《银行业金融机构信息系统操作风险管理指引》（银监发〔2006〕63号）、《商业银行操作风险管理指引》（银监发〔2007〕42号）；财政部、证监会、审计署、原银监会、原保监会等五部委联合印发了《企业内部控制基本规范》（财会〔2008〕7号）。大中型企业，尤其是银行业需要建立和不断完善内部控制体系、操作风险管理体系、银行业授权管理体系等一系列的风险防范措施。因此，加强内部控制建设是全面提高我国企业，尤其是银行业经营管理水平和风险控制能力的重要保障。

第二节　企业内部控制制度的规范性

一、内部控制各要素的特点

国际、国内在内部控制的研究和施行方面都有一个由浅至深的发展历程。美国是对现代内部控制的研究比较有成效的国家之一，自1958年10月，美国会计师协会（AIA）在《审计程序公告》（第29号）中，将内部控制划分为会计控制和管理控制等“两要素”。①

1988年，美国注册会计师协会（AICPA）在《审计准则公告》（第55号）中，用“内部控制结构”代替了原先的“内部控制”提法。该公告将内部控制结构划分为控制环境、会计制度、控制程序等“三要素”。

1992年美国COSO委员会在《COSO：内部控制框架》中将内部控制划分为控制环境、风险评估、控制活动、信息与沟通、监督等“五要素”。

2004年美国COSO委员会对内部控制的定义更加宽广，将内部控制扩展到风险管理领域，在《COSO风险管理框架》中将内部控制扩展为：内部环境、目标制定、事项识别、风险评估、风险反应、控制活动、信息与沟通、监控等“八要素”。

2006年7月15日，中国财政部、国资委、证监会、审计署、银监会、保监会联合发起成立企业内部控制标准委员会。2008年6月3日，由财政部、证监会、审计署、银监会、保监会联合印发了《企业内部控制基本规范》，把内部控制划分为：内部环境、风险评估、控制活动、信息与沟通、内部监督等“五要素”。

通过对近几年国际、国内的内部控制研究发展历程分析，以及其内部控制各要素比较可以看出，财政部、证监会、审计署、原银监会、原保监会等五部委联合印发的《企业内部控制基本规范》，基本上参照了美国COSO委员会的内部控制框架，而在内容上跟1992年的美国COSO委员会的内部控制“五要素”基本相近（见表4-1）。

表4-1　COSO委员会与中国原银监会、五部委内控各要素对照表

类型	1992年COSO	2004年COSO	原银监会内控评价	五部委企业规范
要素	（五要素）	（八要素）	（五要素）	（五要素）
1	控制环境	内部环境	内部控制环境	内部环境
2	风险评估	目标制定	风险识别与评估	风险评估
3	控制活动	事项识别	内部控制措施	控制活动
4	信息与沟通	风险评估	监督评价与纠正	信息与沟通
5	监督	风险反应	信息交流与反馈	内部监督

① 胡玄能，刘沛丽，黄锐．企业内部控制规范解读［M］．北京：新华出版社，2008.

续表

类型	1992 年 COSO	2004 年 COSO	原银监会内控评价	五部委企业规范
要素	（五要素）	（八要素）	（五要素）	（五要素）
6		控制活动		
7		信息与沟通		
8		监控		

注：

（1）1992 年 COSO 委员会在《内部控制框架》中将内部控制分为五个要素：控制环境、风险评估、控制活动、信息与沟通、监督。

（2）2004 年 COSO 委员会对内部控制的定义更为广泛，将内部控制扩展到风险管理领域，在《企业风险管理框架》中将内部控制要素扩展为八个要素：内部环境、目标制定、事项识别、风险评估、风险反应、控制活动、信息与沟通、监控。

（3）2004 年 12 月 25 日，中国银行业监督管理委员会令，2005 年 2 月 1 日起施行的《商业银行内部控制评价试行办法》，定义内部控制评价内容的五要素：内部控制环境、风险识别与评估、内部控制措施、监督评价与纠正、信息交流与反馈。

（4）2006 年 7 月 15 日，财政部、国资委、证监会、审计署、银监会、保监会联合发起成立企业内部控制标准委员会；2008 年 6 月 3 日，由财政部、审计署、证监会、银监会、保监会联合印发了《企业内部控制基本规范》，其内部控制五要素为：内部环境、风险评估、控制活动、信息与沟通、内部监督。

综上所述，内部控制过程的评价要点，围绕《企业规范》的五个核心要素展开。为了结合我国银行业的实际应用，其参考用例将借鉴采用《商业银行内部控制评价试行办法》，综合《企业规范》五要素特点进行分析和应用说明；具体应用方法可以根据本单位的特点灵活掌握。以下结合银行系统的参考实例，对《企业规范》的内部控制五要素探讨性地分别作介绍。

二、内部环境

企业的内部环境需要完善规范的公司治理、管理层责任、内控政策、组织机构和人力资源等各要素，见表 4－2 至表 4－4，表中说明栏目是指××银行系统或股份有限公司与《企业规范》中相对应的参考条款。①

表 4－2　　公司治理（第 11～19 条）

序号	内容	说明
1	银行股份有限公司是否建立股东大会、董事会、监事会、高级管理层为主体的公司治理组织架构	
2	银行股份有限公司是否设立风险管理委员会、人事薪酬委员会、审计委员会、关联交易控制委员会	

① 车迎新，阎庆民．商业银行内部控制评价办法实施指南［M］．北京：中国金融出版社，2006.

续表

序号	内 容	说明
3	银行股份有限公司是否建立定期股东大会或临时会议汇报制度，是否建立内容完备的股东大会议事规则、决定，并由股东大会审议通过	
4	监事会是否建立议事规则和决策程序，是否建立完备的议事规则，是否定期召开例会或临时会议，会议记录及签署决定	
5	是否建立独立董事和外部监事制度，是否设立独立董事和外部监事（设立2名以上）	
6	审计委员会负责人是否由独立董事担任，是否定期报送内部审计报告及评价报告，独立董事是否对董事会讨论有关内部控制事项发表客观、公正独立意见，是否对董事会决议中违反法律、法规或章程的条款提出反对意见	
7	审计委员会负责人是否由外部监事担任，外部监事是否根据监事会决议组织开展银行内部控制相关审计工作，是否及时向外部监管部门报告监督检查中发现的问题	
8	如何确保银行根据内部审计、外部审计和外部监管部门改进内部控制的意见和建议实施有效的整改	

表4-3　管理层责任（第11~19条）

序号	内 容	说明
1	董事会是否审批银行整体经营战略和重大政策，并定期检查、评价执行情况	
2	董事会是否设定了银行可接受风险度，审批管理层制定的风险防范措施及额度设置，是否确保银行充分了解资本充足度、风险集中度、关联交易、不良资产管控和处理规定，并指导和监督具体政策、程序的产生和实施	
3	董事会是否及时审查银行内部审计机构和外部监管部门对银行内部控制的评价报告，并督促管理层和外部监管部门对银行内部控制评价报告，并督促管理层落实整改措施	
4	监事会是否组织对银行内部控制的相关检查和监督，是否对董事会和董事、管理层及高级管理人员履行内部控制职责检查和纠正	
5	高级管理人员是否明确其在内控体系方面的职责，各项管理任务是否制定了相应明确的内部控制政策	
6	是否定期评审内部控制状况的充分性和有效性，是否及时审查、听取外部监管部门、内部和外部审计部门对内控体系的评价报告，以及缺失的建议意见，并部署采取纠正整改措施	
7	董事会、高级管理层是否及时了解银行的业务风险和业绩，银行内部的信息是否畅通（上传下达），内部控制政策是否及时传达到每一个相关人员	
8	是否建立了授权管理和责任明确的、报告关系清晰的组织结构，是否组织管理人员和全体员工参与到内部控制活动中，以保证内部控制的各项职责得到有效履行	

表 4-4　　内控政策（第 14~18 条）

序号	内 容	说明
	内控政策：	14~19
1	是否制定规范可行的政策，包括人力资源、财务管理、信贷管理、资金交易、流动性风险、市场风险、信用风险、信息交流和操作风险等项政策	
2	政策内容是否包括了：（1）制定评审框架；（2）与银行的宗旨和战略目标相一致；（3）符合法律法规和监管要求；（4）指导员工实施风险控制；（5）体现持续改进内控体系的要求	
3	政策是否为全体员工所掌握，是否已经公开，同时寻求互利合作	
4	各项政策是否定期评审，是否及时更新	
	内控目标：	14
5	银行是否建立了内控目标，是否形成文件	
6	各个目标是否可测量并分解为指标，是否实施到每一位员工	
7	内控体系的目标是否确保与法律、法规、监管要求相一致，是否确保银行的发展战略和经营目标的全面实施与实现，确保风险监控的有效性，确保业务记录、财务信息和其他信息的及时、真实和完整	
8	在建立和评审内控目标时，是否选择了可供选择的技术方案、财务、运作和经营要求、风险相关的要求	
9	内控目标是否符合内控政策，如何体现对持续改进的承诺	
	组织结构：	14、15
10	银行的组织结构状况如何，包括部门的分工是否合理、职责明确程度	
11	银行是否考虑岗位职责分离、是否相互监督制约	
12	涉及资产、负债、财务和重要人事变动的事项是否经过组织决定	
13	是否建立重要岗位轮换和强制休假制度	
14	是否建立统一授权管理体系	
15	是否建立了全行系统垂直管理、具有充分独立性的内部审计部门	
16	内部审计部门是否配备了具有相应资质和能力的审计人员	
17	是否建立内部审计风险评价体系，是否根据每年审计风险确定审计的频率，以及对机构和业务的审计覆盖率	
18	内部审计部门是否有权获得银行的所有经营信息和管理信息	
19	内部审计报告是否及时报告董事会和董事会审计委员会	
20	董事会和高级管理层是否采取有效措施保证审计报告中指出的内部控制的缺失得到及时的纠正整改	

续表

序号	内容	说明
21	总行内部审计负责人的聘任和解聘是否经董事会或监事会同意	
	企业文化：	18
22	银行是否建立了健康的企业文化，现有的企业文化如何为内部控制提供适宜的环境	
23	如何创立和完善企业文化的环境，促使全行员工树立企业价值观、企业精神和经营理念	
24	是否把企业核心价值观、内部控制原则、风险意识、风险控制、风险防范，以及出现险情或损失的对策等作为对员工的教育内容	
25	是否制定了员工行为准则或规范，并传达到员工	
26	员工是否熟悉银行职业道德规范、职业道德标准和违规行为界限及后果	
27	是否建立针对员工违规行为的补救处罚应急机制，是否严厉批评和处理	
28	管理人员的道德水平是否高尚，是否以身作则	
	人力资源：	16
29	是否确定与风险和内部控制有关的人员所必要的能力和资质要求	
30	是否建立健全激励机制、员工绩效考评体系，是否充分体现风险管理和内控体系要求，是否对高管人员及影响风险和内控人员等重要岗位的招聘、培训、考核、出国、离岗和离行进行控制	
31	是否明确了对员工的招聘、培训、考核、奖励、处罚、晋升等方面合理的政策和程序，并得到有效的执行	
32	是否收集员工的工作业绩、工作效率及工作胜任程序等相关信息	
33	是否确保员工得到了充分的非技术性能力的培训	
34	是否确保每个员工明确所在行及其所在部门的工作目标	

三、风险评估

企业的风险评估需要规范执行经营与管理活动的评估、法律法规和监管要求、内部控制方案等要素。

表 4－5　　　　经营与管理活动的评估（第 20～22 条）

序号	内容	说明
1	是否识别常规和非常规的业务和管理活动，并识别这些活动的风险	
2	对新识别的风险是否分析其产生的根源、路径及对银行的影响范围，是否识别本部门的运作过程和运用计算机系统所带来的风险	
3	对已识别的本部门的风险是否建立清单，是否确定风险点的风险级别及风险可接受程度	
4	是否对产生的风险进行评估，是否将这些风险信息作为建立内控体系中各项决策的基础和依据，并作为改进内控绩效提供衡量的基准	

表 4－6　　法律法规和监管要求（第 23～25 条）

序号	内 容	说明
1	是否建立相应的程序，以确保银行能够及时识别和获取使用的法律法规、监管要求和其他规章制度，包括明确获取信息的渠道、职责等	
2	是否及时更新法律法规、监管要求和其他规章制度信息，并将这些信息传达到相关员工和其他风险相关部门	
3	是否在已经制定的银行规章制度体系中充分体现出应遵循的所有法律法规要求	
4	是否采取有效措施行使反洗钱工作	

表 4－7　　内部控制方案（第 26～27 条）

序号	内 容	说明
1	是否为内部控制目标制订内部控制方案，内部控制方案如何应用风险评估结果的信息，确定了哪些控制要点和控制措施	
2	内控方案是否包括了各项任务的职责权限和相应的控制策略、方法、资源和时限要求，并形成了文件	
3	内控方案是否考虑了由于方案本身带来的风险，方案是否涉及业务流程、管理活动等重大变化	

四、控制活动

企业的控制活动需要规范执行控制活动的运行控制、计算机信息系统控制、应急控制等要素。

表 4－8　　运行控制（第 28～37 条）

序号	内 容	说明
1	董事会和高级管理层是否及时检查银行在实现内部控制目标方面的进展，是否根据检查情况提出内部控制缺失并督促职能管理部门改进	
2	各级职能管理部门是否审查收到经营管理情况和特别情况专项报表或报告，是否提出问题并纠正整改措施	
3	对实物控制是否进行实物限制、双重保管和定期盘存	
4	是否审查遵循风险限制方面的合规性，并在不合规的情况下继续跟踪检查	
5	是否根据若干限制条件对各项业务、管理活动进行审批与授权，明确各级管理责任	
6	是否验证各项业务、管理活动以及所采用的风险管理模型结果，是否及时将发现的问题向职能管理部门汇报	
7	是否实行不兼容岗位的适当分离	

续表

序号	内容	说明
8	是否针对已经识别的风险和需采取的控制措施，确定其运作过程和活动	
9	对已经实施的过程和活动如何实行控制	
10	对缺乏程序可能导致偏离内控政策和目标运行的情况，建立和保持了哪些程序条件，在程序中是否规定了操作方法和标准	
11	在实施和运行中按照程序规定如何实施持续记录和监督检查	
12	运用计算机采取了哪些内控措施	
13	对购置的设施、设备、系统和服务中已识别的风险是否建立并保持控制程序实施有效控制，并以什么方式将要求通报供应方，使其符合控制要求	
14	为了从根本上控制风险，针对产品和业务、运行程序和工作组织设计及对人员适任能力要求建立了哪些控制程序	
15	是否建立了有效的校对、监控程序，对重要业务是否实行双签制度及监控授权、授信执行情况	
16	是否建立完整的会计、统计和业务档案	

表 4－9　　计算机信息系统环境控制（第 37、41 条）

序号	内容	说明
1	是否建立信息安全管理体系	
2	是否对计算机信息系统从立项、采购、开发、验收、运行和维护实施全过程管理，如项目立项时技术部门是否与业务部门进行充分的沟通，程序开发环境是否与程序生产环境严格分离，计算机软件和网络系统从开发环境转入生产环境之前是否进行了充分的压力测试	
3	对外购计算机软件、硬件设备是否严格审查供应商的资格和资信情况，是否明确其产品在使用期间应承担的使用、维护和其他责任，在使用前是否严格进行安全测试确保产品正常使用和有效维护	
4	计算机机房建设是否符合国家标准，是否加强计算机机房管理，出入按照规定审批并保留记录，确保机房、硬件和存储介质的安全	
5	是否建立和健全网络管理系统，有效地管理网络的安全、故障、性能配置等，并对接入国际互联网实施有效的安全管理	
6	采取哪些措施确保计算机信息系统的安全（如更新系统、认证、加密、入侵监测、安全设置、防止病毒和黑客攻击、软件补丁程序等以确保计算机信息系统的安全），有关程序和要求是否得到及时的更新	
7	网络设备操作系统、数据库系统、应用程序是否设置必要的日志，满足内外审计的需要	

续表

序号	内容	说明
8	对各种数据信息、数据操作、数据备份信息的存放、转移、销毁是否有严格的管理制度	
9	计算机处理业务如何确保可复核性和可追溯性，应用程序是否为有关的审计和检查预留数据接口	
10	电子银行服务是否具备确保识别客户身份，安全认证等功能，保证交易安全，防范操作风险	
11	计算机操作系统的变更是否有明确的规章制度（对内和外包系统）和可靠的技术手段，满足合法性、正确性、安全性、可复核性和可追溯性的系统变更控制要求，并对软件版本进行管理	
12	是否建立设备管理系统，对设备验收、入库、配发、维护、变更、损益、报废等进行管理	
13	是否建立异地远程数据备份	
14	是否提供对电子银行客户的培训、客户服务和相关支持工作，如何与风险控制方案相结合	
15	在制定电子银行业务的准入标准、管理办法和操作规程中如何考虑风险因素及相应措施	
16	如何控制网上银行交易的风险，确保交易安全	
17	系统安全运行中的不安全因素是否全面分析和控制，对分中心运行如何监视	
18	对计算机系统数据的管理是否建立了接入授权程序并对接入后的操作进行安全控制，是否核对输入数据，对数据的修改进行批准并建立日志	
19	计算机运行中是否配备计算机安全人员，明确其职责，是否建立了技术部门和业务部门的沟通渠道	
20	如何明确用户的创建、变更、删除，用户口令等控制要求，是否明确员工计算机系统的用户名或权限卡的使用要求	

表 4-10　　应急控制（第 37 条）

序号	内容	说明
1	是否建立应急预案和程序，已识别可能发生意外或紧急事件，应急预案是说明特定紧急情况发生时需采取的措施，应包括： （1）识别潜在的事故（风险）和紧急情况； （2）确定紧急情况发生时的负责人； （3）确定紧急情况发生时的各类人员的行动计划，包括发生紧急情况时的区域内所有外来人员的行动计划； （4）确定紧急情况发生时具有特定作用人员的职责、权限和义务，如柜员、保安、保卫人员等； （5）明确与外部应急机构的接口； （6）与执法部门进行交流； （7）重要记录资料和重要设备的保护； （8）紧急情况发生时可利用的必要资料，如报警设备和联络电话号码等。	

续表

序号	内 容	说明
2	在应急计划中是否对外部机构的参与有明确的规定，是否向其说明它们需参与和可能遇到的情况，并提供相关信息	
3	如何规定意外或紧急情况发生时，应采取应急响应的措施，措施是否及时、有效	
4	是否规定并实施对应急的设施、设备和系统定期检查和维护，是否保证充足提供	
5	在可行情况下，是否对应急预案定期进行演习和测试，是否按计划进行应急演练	
6	是否对制订的应急计划进行评审，应急准备是否与可能发生的意外或应急事件的性质（如事故、险情）相适应	
7	近年来，是否发生过意外或紧急事件（如挤兑、信息系统崩溃、火灾、地震等），如发生过，如何按照应急预案及时、有效采取相应措施并确保业务持续开展	

五、信息与沟通

企业的信息与沟通需要规范执行信息的交流与沟通文件控制、记录控制等要素。

表 4－11　　交流与沟通（第 38～41 条）

序号	内 容	说明
1	是否规定信息与沟通的内容及沟通方式	
2	风险的相关方（内、外部）进行信息交流的政策是什么	
3	是否有程序文件规定相关信息的识别、收集、处理、交流和沟通过程	
4	信息传输的流程如何	
5	董事会和高级管理层能否获得内部控制状况的信息	
6	是否及时向监管机构报告、披露相关信息（必要时向外界披露信息）	
7	信息沟通记录如何保存	
8	信息保密、安全所需的授权如何	
9	是否建立信息披露制度	

表 4－12　　文件控制（第 42～43 条）

序号	内 容	说明
1	怎样理解内控体系文件化的	
2	内控体系的文件类别、构成及其关系怎样	
3	内控体系文件是否充分	
4	文件是否经过批准才能实现	
5	需要文件指导的部门或岗位能否得到或查到相关文件	
6	文件的适宜性是否定期评审，并在需要时修订文件	
7	文件的版本如何识别和控制	
8	外来文件（如相应法律、法规、外部监管部门的相关规定等）如何控制（识别、分发、使用、废止以及转为内部文件的情况）	
9	废止文件采取什么措施防止误用以及标识	

表 4-13 记录监控（第 47 条）

序号	内 容	说明
1	是否已建立和保持了内控体系相关记录的控制程序文件	
2	该文件是否包括了记录的标识、生成、保管、保护、检索（查找、调用）、保存期限及到期处理的方法等	
3	记录是否清晰，是否便于工作人员查找	
4	会计、统计、业务档案（必要时，调查记载事项）是否完整	

六、内部监督

表 4-14 内部控制绩效监测（第 44 ~ 47 条）

序号	内 容	说明
1	是否建立内部控制绩效监测程序	
2	绩效监测的对象有哪些	
3	内控绩效监测的方法有哪些	
4	何时进行内控绩效监测	
5	监测结果评价的准则是什么	
6	监测结果的信息如何传递和利用	
7	对下一级分行的经营、管理是否进行经常性检查，并及时纠正问题	
8	如何对全行的经营、内控和风险状况的审计、监督和评价作出安排，审计的频次是如何决定的	
9	如何对全行审计工作执行有关审计政策、审计准则和规章制度情况进行监督和检查	
10	是否对审计监督中发现的重大问题和事件的处理结果进行跟踪，以防止类似事件的再次发生，对近年来发现的重大问题和事件是否已采取有效措施	
11	如何确保全行的审计部门和审计人员的独立性	
12	高级管理人员离任时是否进行离任审计	
13	如何对审计结果进行评价	
14	如何对高层管理人员进行监督，是否有监管档案	

表 4-15 纠正风险、违规和预防措施（第 44 ~ 45 条）

序号	内 容	说明
1	是否已建立和保持了书面程序文件、规定事故、险情、违规发现、报告、处置、原因分析及纠正和预防措施等内容	
2	发现事故、险情、违规时，是否及时报告	
3	如何处置事故、险情、违规事项，从发现到处置的实效如何	
4	针对发现的问题、险情、违规的原因，所采取的措施（纠正或预防措施）是否考虑了问题大小和风险危害程度	

续表

序号	内容	说明
5	纠正或预防措施在付诸实施前，是否做过风险评估	
6	被批准执行的纠正或预防措施是否实施，这些措施的效果是否能防止再发生事故、险情、违规	
7	发生事故、险情和主要违规事项时是否追究相关人员的责任	
8	在内控评价、业务检查、审计中，对发现的问题如何作责任认定	
9	信访、举报、投诉、控告、处分的程序和记录的管理方式	

表 4－16　　内部控制体系评价（第 46 条）

序号	内容	说明
1	银行是否建立和维持书面的内部控制体系评价程序	
2	是否规定了内控体系评价的准则、范围、频次、评价的方法和评价组（或人员）职责和权限	
3	实施内控体系评价的评价人员是否充分考虑独立性	
4	安排评价活动前是否进行过周密策划，形成评价方案（包括日程安排）	
5	评价方案是否考虑了被评价机构风险管理的重要性或风险评估的结果以及所进行活动的过程、以前评价的结果	
6	是否按程序文件实施过评价，如果是，则重点调查：被评价机构的负责人对内控体系评价中发现的问题是否积极地进行解决，并界定所采取的措施，跟踪检查措施的执行及效果验证	
7	内控体系评价后，其评价结果报告中，是否就内部控制的有效性作出评价，通过评价，可否评估内部控制体系水平的等级	
8	通过内控评价是否对发现的问题进一步完善了内控体系	

表 4－17　　管理评审（第 44 条）

序号	内容	说明
1	是否建立和保持了管理评审的程序文件	
2	是否实施过管理评审	
3	管理评审输入信息是否充分	
4	如果进行过管理评审，则评估管理评审的输出是否符合要求	

表 4－18　　持续改进内控体系（第 45 条）

序号	内容	说明
1	是否识别改进的机会，从而持续地自我改进内部控制体系	
2	持续改进的过程如何实施	

第三节　企业内部控制制度设计

制度管理设计步骤（例）：

步骤一：制度设计的基本规范

步骤二：制度的结构形式

步骤三：制度总则设计

步骤四：制度正文设计

步骤五：制度附则设计

步骤六：制度模板设计

一、制度设计的基本规范

（一）合法合规

1. 制度的各项条款要符合国家、地方的法律、法规等相关规定。

2. 组织要赋予制定主体相应的职权，避免制度无效。

3. 制度要经过法律程序审批生效并公示，并加盖公章以表示正式发布。

（二）内容完善

1. 制度权利、义务、职责条款要服务于制度的目的，明确效力范围。

2. 确保权利、义务、责任一致，有权利必有义务、有义务必有责任。

3. 发挥制度的激励功能，即制度重在激发职工的积极性和责任心。

4. 明确制度执行和解析部门。

5. 制度要随着组织内外部环境的变化情况进行调整，逐步完善。

（三）形式美观

1. 制度框架要统一，如包括准则、主体内容、附件、相关制度与资料等。

2. 制度格式要统一，统一字体、字号、目录排列方式、纸张大小及边距、页码格式等。

3. 制度要简明扼要和易操作。

（四）语言简练

1. 语言简洁、通俗易懂，不产生歧义。

2. 条例清晰、前后一致、不矛盾，符合逻辑规律。

3. 对难以穷尽事项用技术性术语概括规定。

（五）其他规范

1. 制度的可操作性要强。

2. 注意与其他规章制度的衔接。

3. 应规定制度涉及的各种文本的效力，并通过组织的网站、书面、电子文件的形式公示。

二、制度的结构形式

（一）制度内容结构

遵循“一般规定—具体制度—附则”的模式。

一个规范、完整的制度所需具备的内容要点包括制度名称、总则/通则、正文/分则、附则与落款、附件等五大部分。管理制度设计人员应该注意每一要点，以使所指定的制度内容完备、合法合规。

（二）需要说明的情况

对于针对性强、业务较单一、业务操作性较强的制度，正文中可不用分章，可直接分条列出，而总则与附则中有关条目不可省略。

三、制度总则设计

制度总则设计的内容主要包括：

1. 制定本制度的原因；

2. 本制度所依据的法律法规或内部控制制度文件等；

3. 适用范围（或对象、原则）；

4. 受约对象或其行为的界定；

5. 定义或解析制度中出现的主要术语；

6. 制度中受约单位（或个人）及相关单位（或个人）的职责描述；

7. 本制度与其他制度之间的关系说明。

四、制度正文设计

“正文”是制度的主体部分，主要内容包括对受约对象或具体事项的详细约束条目。其设计思路主要有两种：

1. 按照对人员的行为要求分章分条，逐项规范。

2. 按照具体事项的流程分章，对具体事项分条予以规范。

无论采取哪种思路，在对制度“正文”分章、列条目时，一定要全面、合乎逻辑，语言表述清楚，没有歧义。

五、制度附则设计

制度附则主要包括以下内容：

1. 制度未尽事宜的解析；

2. 制度的制定单位、修订单位、审批人及审批权限；

3. 制度生效的条件、适用的起始日期或生效日期；

4. 其他与制度相关的、可归入附则的内容；

5. 制度的执行需要用到的表单、附表等；

6. 相关制度与本制度密切相关的制度体系内的制度；

7. 促进制度执行的方法及程序，包括行政措施，精神激励办法、经济激励措施等；

8. 相关资料，即与此项工作相关但更新频繁、无须列入制度的文件。

六、制度设计模板

《企业内部控制基本规范》(财会〔2008〕7号)

第一章　总则

第二章　内部环境

第三章　风险评估

第四章　控制活动

第五章　信息与沟通

第六章　内部监督

第七章　附则

附件：(表)

第一章　总　　则

第一条　为了加强和规范企业内部控制，提高企业经营管理水平和风险防范能力，促进企业可持续发展，维护社会主义市场经济秩序和社会公众利益，根据《中华人民共和国公司法》《中华人民共和国证券法》《中华人民共和国会计法》和其他有关法律法规，制定本规范。

第二条　本规范适用于中华人民共和国境内设立的大中型企业。小企业和其他单位可以参照本规范建立与实施内部控制。大中型企业和小企业的划分标准根据国家有关规定执行。

……

第四节　内部控制过程的评价方法

目前，国际上常用的内部控制调查方法有询问法、书面文档检查法等；常用的内部控制评价方法有过程评价法、结果评价法、流程图法等。

一、内部控制调查方法

（一）询问法

询问法是内部控制调查方法中比较常用的一种方法，它涉及内部控制情况的现场调查问卷和现场访谈两种方式。

1. 调查问卷

内部控制评价组或人员根据评价目的和要求，结合被评价单位的实际情况和特点，在事先设计好的评价模板中适当进行修改，设计成一套针对被评价单位可行的调查问卷。该调查问卷需要明确调查的内容，调查的方法。对于调查问卷中的各个问题，评价人员可以结合需要灵活采取如与客户访谈、表格询问、抽样验证等相互结合的方法步骤作出结论性成果。

2. 现场客户访谈

现场客户访谈是比较常用的一种方法。评价组的访谈人员一般采用个人访谈和与业务组面对面的访谈方式进行。在访谈对象上立足于岗位人员，主要了解内部控制体系建立情况、内部控制措施、内部控制执行和监督的情况等，评价人员应当更多地掌握访谈的内容和技巧。如在现场了解信息系统，则要了解信息系统的申请立项审批情况、信息系统招投标、开发、测试、验收、运行管理等方面的信息。

（二）书面文档检查法

评价人员需要查阅被评价机构的业务政策制度和流程，如业务政策、业务流程、财务会计管理制度、组织结构图、审计监督制度、业务管理办法等，评价被评价单位是否建立了规范完善的内部控制体系文件。评价人员通过查阅内部控制体系的相关文件、记录如账本、报表、凭证、合同、报告等，判断内部控制措施是否得到有效的执行。

二、内部控制过程评价方法与步骤

内部控制过程评价是指内部控制过程指标体系的评价，其评价方法与步骤由内部控制过程评价分值表、过程评价步骤即计分方法等两部分组成。①

表 4－19　　内部控制过程评价分值表

评价内容 ＼ 评价对象	标准值	业务部门（N 个处室）	IT 部门（N 个处室）
标准分值	500		
一、内控环境	100		
……			
二、风险评估	100		
……			
三、控制活动	100		
……			
四、信息与沟通	100		
……			
五、内部监督	100		
……			

注：

（1）内部控制过程评价分值表是内部控制五要素的评价模板；

（2）标准分值总分为 500 分，其中内部控制五要素各为 100 分，每个要素的详细内容根据内部控制过程评价要点进行填制，并根据每个要点的重要程度分配分值；

（3）业务部门和 IT 部门可以作为最基本的评价对象；

（4）评价对象要根据被评价的部门进行，每个部门的计分方式相同，但是，内部控制五要素中的每一详细内容不同，要随本部门的具体业务内容来确定。

表 4－20　　内部控制评价步骤（计算内控过程评价得分）

评价步骤	被评价部门的业务内容
第一步	确定被评价的业务部门，包括每个部门的各类业务活动、管理活动等项内容
第二步	根据被评价部门的业务特点，按照《企业规范》的内容要求，结合评价准则，依据充分性、合规性、有效性、适宜性，形成系统的评价问题： 内控过程和风险是否已被充分识别（充分性）； 内控过程和风险控制措施是否遵守（合规性）； 控制措施是否有效（有效性）； 控制措施是否适宜（适宜性）； 评价过程中，可采用询问、查阅书面材料、抽样测试等
第三步	根据《企业规范》中的条款确定评分标准，如： 满足充分性要求的可得该项分值的 20%； 满足制度合规性要求的可得该项分值的 30%； 满足执行合规性要求的可得该项分值的 30%； 满足有效性和适宜性要求可得该项分值的 20%

① 车迎新，阎庆民．商业银行内部控制评价办法实施指南［M］．北京：中国金融出版社，2006.

续表

评价步骤	被评价部门的业务内容
第四步	根据现场评价情况得到合规、违规、险情、事故四种评价结果，依据《企业规范》某条的规定确定实际分值
第五步	确定具体评价对象（部门）得分，要将上面计算获得的分值转化成标准分值。其计算公式为： 具体评价对象得分 = 评价对象适用总分/实际得分 × 100
第六步	确定内控过程评价得分。在完成各具体评价对象得分以后，将所有适用的具体评价对象的实际得分加总，最后除以适用的具体评价对象的数量，即可得出这个要素的标准分值。其计算公式为： 内控过程评价得分 = ∑具体评价对象得分/具体评价对象的数量 × 100

三、内部控制结果评价步骤

内部控制结果评价步骤由其结果评价分值表和评价指标计算方法两部分内容组成。

表 4－21　　　　　　结果评价分值表

评价指标	控制比例	实际比例	标准分值	得分
1. 资本利润率	≥13%	8%	50	30
2. 资产利润率	≥0. 6%	0. 4%	50	30
3. 成本收入比	≤35%	50%	50	20
4. 大额风险集中度指标			50	
（1）单一客户授信余额	≤10%	2 家	20	16
（2）十大客户授信余额	≤30%	35%	10	7. 5
（3）集团客户授信余额	≤15%	1 家	20	18
5. 关联方交易指标			50	
（1）单个关联方授信余额比例	≤10%	1 家	20	18
（2）单个关联法人或其他组织所在集团客户的授信余额比例	≤15%	1 家	20	18
（3）全部关联方授信余额比例	≤15%	1 家	20	18
6. 资产质量指标			50	
（1）新发生不良贷款率	≤0. 1%	0. 2%	15	10
（2）不良贷款衡量指标			35	
①不良贷款率	≤3%	10%	10	3
②不良贷款额降低率	≥10%	8%	10	8
③五级分类偏离度	≤2%	5%	5	2
④正常及关注类贷款迁移率	≤3%	5%	5	3
⑤次级及可疑类贷款迁徙率	≤8%	10%	5	3

续表

评价指标	控制比例	实际比例	标准分值	得分
7. 不良贷款拨备覆盖率	≥80%	70%	50	40
8. 资本充足指标				
（1）资本充足率	≥8%	5%		10
（2）核心资本充足率	≥4%	2%		5
9. 流动性指标			50	
（1）准备金比例	≥10%	12%	20	20
（2）存贷比	≤75%	70%	10	10
（3）中长期贷款比例指标	≤120%	90%	10	10
（4）资产流动性指标	≥25%	40%	10	10
10. 案件指标			50	
（1）案件损失率	≤0.1‰	1‰	25	0
（2）发案率	≤1%	1.5%	25	15
合 计				

注：

（1）控制比例：指结果评价指标值的控制比例。

（2）实际比例：指结果评价指标值假设的实际比例。

（3）标准分值：指结果评价指标值的标准分值。

（4）得分：指结果评价指标值的实际得分。如资本利润率指标，该指标最高的标准分值为50分，控制比例≥13%得满分，每减少1%减少4分。该项指标假设的实际比例为8%，则减少了5%扣20分，所以，该项资本利润率指标实际得分为30分。

得分 = 标准分值 -（控制比例 - 实际比例）×4

例：得分 = 50 -（13% - 8%）×4 = 50 - 20 = 30。

计算方法同表4-22评价指标计算方法说明。

表4-22　　评价指标计算方法说明（评价分值表）

对应被评价指标序号	大于等于或小于等于控制值	减少或降低	增加或高于	实际比例	标准值	得分
1	≥13%得满分	1%减4分		8%	50	30
2	≥0.6%得满分	0.1%减10分		0.4%	50	30
3	≤35%得满分		1%减2分	50%	50	20
4					50	
（1）	≤10%得满分		1家减2分	2家	20	16
（2）	≤30%得满分		1%减0.5分	35%	10	7.5

续表

对应被评价指标序号	大于等于或小于等于控制值	减少或降低	增加或高于	实际比例	标准值	得分
(3)	≤15% 得满分		1家减2分	1家	20	18
5					50	
(1)	≤10% 得满分		1个关联方 减2分		20	18
(2)	≤15% 得满分		1个关联方 减2分		20	18
(3)	≤50% 得满分		1%减2分	20%	10	10
6					50	
(1)	≤0.1% 得满分		0.1%减5分	0.2%	15	10
(2)					35	
①	≤3% 得满分		1%减1分	10%	10	3
②	≥10% 得满分		1%减1分	8%	10	8
③	≤2% 得满分		1%减1分	5%	5	2
④	≤3% 得满分		1%减1分	5%	5	3
⑤	≤8% 得满分		1%减1分	10%	5	3
7	≥80% 得满分	1%减 1分		70%	50	40
8					50	
(1)	≥8% 得满分	1%减 5分		5%	25	10
(2)	≥4% 得满分	1%减 10分		2%	25	5
9					20	
(1)	≥10% 得满分	1%减 5分		12%	20	20
(2)	≤75% 得满分		1%减2分	70%	10	10

续表

对应被评价指标序号	大于等于或小于等于控制值	减少或降低	增加或高于	实际比例	标准值	得分
(3)	≤120%得满分		10%减1分	90%	10	10
(4)	≥25%得满分	1%减1分		40%	10	10
10					50	
(1)	≤0.1‰得满分		0.1‰减2分	1‰	25	0
(2)	≤1%得满分		0.1‰减2分	1.5%	25	15
合 计						

注：
（1）大于等于或小于等于控制值：指被评价指标的控制范围。
（2）减少或降低：指被评价指标的控制范围减少或降低。
（3）增加或高于：指被评价指标的控制范围增加或高于。
（4）实际比例：是指假设的实际比例。

四、内部控制过程和结果评价汇总分值表

内部控制过程和结果评价汇总分值表由其内部控制过程评价和结果评价两部分内容组成。

表 4－23　　内部控制过程和结果评价汇总分值表

评价对象 / 评价内容	标准分值	说 明
总分值＝过程评价得分×70%＋结果评价得分×30%		
一、过程评价（70%权重）	500	
（一）内部环境	100	
（二）风险评估	100	
（三）控制活动	100	
（四）信息与沟通	100	
（五）内部监督	100	
实际得分	500	
二、结果评价（30%权重）	500	
（一）资本利润率	50	
（二）资产利润率	50	
（三）成本收入比	50	

续表

评价内容 \ 评价对象	标准分值	说 明
（四）大额风险集中度指标	50	
（五）关联方交易指标	50	
（六）资产质量和指标	50	
（七）不良贷款拨备覆盖率	50	
（八）资本充足指标	50	
（九）流动性指标	50	
（十）案件损失指标	50	

注：

（1）内部控制过程评价和结果评价的标准分值分别为500分。

（2）内部控制过程评价的权重占70%。

（3）内部控制结果评价的权重占30%。

（4）总分值等于内部控制过程评价得分与结果评价得分的总和。

五、内部控制指标体系评价风险度设置

内部控制指标体系评价风险度设置由全单位层面到各部门都可以单独进行；内部控制指标体系评价分为“内部控制过程”和“内部控制结果”指标评价，由其风险度计算方法、风险权重、风险级别设置等组成。①

（一）内部控制风险度权重系数阀值设置

内部控制风险预警指标值设定为5个区间（即20、40、60、80、100），指标值与经营风险度成正比，指标值越高经营风险度就越高，反之相应就越低。

内部控制风险预警指标的风险权重系数阀值，以该项风险预警指标在内部控制的重要程度设定不同的风险权重系数阀值，具有相对性（根据工作需要灵活调整设定；由高往低排列，它们分别为：12、10、8、6、4）。内部控制影响大的风险预警指标，风险权重系数阀值的设定相对高些，其影响小的风险预警指标，风险权重系数阀值的设定相对低些；在内部控制的五个元素中，每一个元素中的风险预警指标的风险权重系数阀值之和为100%。风险权重系数阀值的设定，可根据内部控制风险度的实际情况进行调整。

（二）内部控制风险度级别设定

内部控制风险度的计算采用指数分析法，加权分析各个风险预警指标因素的变动情况及对应的内部控制风险的影响程度。通过计算内部控制五个内控元素中的每一条内控指标的风险值，然后分别计算出五个内控元素的汇总风险值，最后计算出

---

① 邱胜利．网上审计［M］．北京：中国金融出版社，2003.

五个内控元素的平均风险值即为该部门的风险度。

各项评价分值根据在标准值区间的落点来确定相应的指标分值，各项指标的评价分值的均值与设定的风险权重系数相乘的结果求和即为被评估单位的内部控制风险度。

假设业务部门和风险管理部门都参与评价，则内部控制风险度为：

$$风险度 = \sum [（评价分值1 + 评价分值2）/2 \times （权重系数/10）]$$

内部控制风险度的风险级别设定为五级：第一级风险度最低，其风险也最小，第五级的风险度最高，相应的风险也最大。依据内部控制风险度不同的风险级别对被评估部门的内部控制风险度进行评价。

一级风险度（0～20%）。表示内部控制风险度指标处于低度风险区，经营管理风险很小，营运状况很理想；

二级风险度（21%～40%）。表示内部控制风险度进入中低度风险区，经营管理风险较小，营运状况比较理想；

三级风险度（41%～60%）。表示内部控制风险度进入中度风险区，具有一定的经营管理风险，营运状况不理想；

四级风险度（61%～80%）。表示内部控制风险度进入中高度风险区，经营管理风险较大，营运状况较差；

五级风险度（81%～100%）。表示内部控制风险度进入高度风险区，经营管理风险很大，营运状况恶化，处于破产边缘。

六、内部控制过程指标体系评价实例

上面介绍的内部控制过程和结果评价汇总分值表，由两部分内容组成：一是内部控制过程评价得分，占70%的权重；二是内部控制结果评价得分，占30%的权重。内部控制的“过程”与“结果”评价得分也可以分别进行计算和评价。下面就以内部控制过程评价的实例单独进行说明，以实际工作中对某银行的某一部门（或者多个部门）开展内部控制指标体系评价。

例：被评价部门为某银行营业部门，下属三个业务部（或三个处室，有业务和IT部门），它们分别为：国际结算部、资金交易部、软件开发中心。遵照财政部、审计署、证监会、原银监会、原保监会等五部委联合印发的《企业内部控制基本规范》,《商业银行内部控制评价试行办法》《银行业金融机构信息系统风险管理指引》《商业银行操作风险管理指引》为法律法规依据。开展营业部门的内部控制过程指标体系评价（由于篇幅关系，仅以简要例子说明国际结算部的内部控制过程指标评价；资金交易部和软件开发中心略）。

（一）银行机构内部控制过程指标体系评价流程

（1）制定内部控制过程指标评价体系。根据《企业内部控制基本规范》及《商业银行内部控制评价试行办法》等规范，分别设置国际结算部、资金交易部、软件开发中心的内部控制过程指标评价（见表 4－19）。

（2）计算内部控制过程指标评价表。分别计算国际结算部、资金交易部、软件开发中心的内部控制过程指标体系评价表（见表 4－19）。

（3）汇总内部控制过程指标评价表。汇总国际结算部、资金交易部、软件开发中心的内部控制过程指标评价汇总表（见表 4－24）。

（4）进行内部控制过程指标评价分析。对国际结算部、资金交易部、软件开发中心的内部控制过程指标分别进行评价分析（见图 4－1 至图 4－7）。

（5）撰写内部控制过程指标体系评价报告。撰写"某银行 2008 年××季度营业部营运业务内部控制过程指标体系分析报告"。

（二）设定内部控制过程指标评价总分值表

表 4－24　　内部控制过程指标评价总分值表（国际结算）

类 型	指标分值	风险权重	国际结算	资金交易	软件开发……
	总分值＝（国际结算＋资金交易＋软件开发）过程评价得分				
过程评价 70% 权重	500	100%			
一、内部环境	100	16%	X1	Y1	Z1
……					
二、风险评估	100	25%	X2	Y2	Z2
……					
三、控制活动	100	17%	X3	Y3	Z3
……					
四、信息与沟通	100	25%	X4	Y4	Z4
……					
五、内部监督	100	17%	X5	Y5	Z5
……					

注：

（1）风险权重的设置可以根据内部环境、风险评估、控制活动、信息与沟通、内部监督的重要程度分别进行设置；表中的权重设置仅为举例参考。

（2）指标分值设置是将内部环境、风险评估、控制活动、信息与沟通、内部监督等五个元素各设为 100 分，每个元素中可以设置 10 条左右的指标内容（详细内容参见表 4－25）。

（3）评价分值是指分别计算：X1－X5、Y1－Y5、Z1－Z5 为国际结算、资金交易和软件开发中心等三个部门各自的五个内控元素的评价分值。

（三）设定内部控制过程指标体系评价表

表 4－25　　内部控制过程指标体系评价表

类 型	指标内容	指标分值	评价分值	风险度	权重系数
1. 内部环境		100		××	100
	以本行制度制定操作规程和管理制度				12
	操作规程是否覆盖所有业务环节				10
	操作人员是否熟练掌握操作规程制度				12
	是否贯彻执行操作流程和管理制度				10
	是否根据经营和监管调整操作流程				12
	是否建立了本部门的内部控制目标				10
	内部控制目标的制定合理性程度				12
	内部控制目标是否分解到每一个岗位				12
	内部控制目标对风险控制起应有作用				10
2. 风险评估		100		××	100
	是否制定风险评估的风险程序和方法				12
	是否对业务的风险点进行识别和控制				12
	是否确定风险点的风险级别和程度				12
	是否有效控制金融机构中的风险点				10
	是否对风险点制订了相应的控制方案				10
	员工是否熟悉评估程序和评估方法				10
	业务的风险评估程序和方法是否有效				12
	是否根据业务有关法规进行识别和控制				12
	业务有关法规是否传达到有关人员				10
3. 控制活动		100		××	100
	是否建立了清晰的组织管理机构				10
	岗位设置是否不相容（岗位分离原则）				10
	岗位设置是否合理、明确、缺岗情况				10
	本部门是否建立授权审批管理制度				10
	管理机构是否适宜并发挥应有作用				10
	是否按岗位分离原则配备操作人员				10
	员工是否达到资格要求、不缺岗兼岗				10
	员工上岗是否进行及时的业务培训				10
	是否建立岗位责任制并明确岗位权限				10
	是否建立岗位员工的强制休假制度				10

续表

类型	指标内容	指标分值	评价分值	风险度	权重系数
4. 信息与沟通		100		××	100
	岗位职责是否执行经办、复核制度				10
	业务信息管理是否配备有专人专岗				10
	业务信息采集是否坚持唯一性原则				10
	保证业务信息采集的完整性可靠性				10
	是否有漏交、丢失交易凭证的现象				10
	客户结售汇委托是否合规、有效				10
	是否逐笔核对交易流水与交易凭证				10
	发现问题是否及时提交和及时纠正				10
	是否妥善保管、核对存款账户余额				10
	系统密码是否保密，是否定期更换				10
5. 内部监督		100		××	100
	是否定期监督内控目标的实现程度				12
	是否定期监督业务适用法规符合情况				12
	事故发生时是否及时报告和沟通信息				12
	业务监测数据和结果是否得到保存				10
	业务监测结果信息是否得到有效利用				12
	对违规处理是否用文件明确其流程				12
	业务是否经审批授权、明确相关责任				10
	是否建立本部门业务的档案管理规定				10
	业务档案管理是否按要求妥善保管				10

注：

（1）权重系数是指五个元素（内部环境、风险评估、控制活动、信息与沟通、内部监督）各自的权重系数为100，根据各个元素中每一条内控指标内容的重要程度不同（依次打分为：12、10、8、6、4）设置权重系数（见表4-25）。

（2）指标分值是指五个内部控制元素进行设置，即内部环境、风险评估、控制活动、信息与沟通、内部监督。五个内控元素各为100分（内控过程总分值为500分），每个内控元素中可以设置10条左右的指标内容，每一条内控指标的重要程度要与指标系数的重要程度相对应。

（3）评价分值是指按照指标分值的打分规则，即10、8、6、4（优、良、中、差）的四个档次，对每一条内控指标进行评价打分。为了公平起见，评价分值可以由被评价部门和风险监督部门分别打分求得平均值。

（4）风险度是指计算国际结算部五个内控元素中的每一条内控指标的分值，然后分别计算出五个内控元素的汇总分值，最后计算出五个内控元素的平均值。例如：假设有业务部门和风险管理部门都参与评价，则风险度为：

$$风险度 = \sum [（评价分值1 + 评价分值2）/2 \times（权重系数/10）]$$

（四）设定内部控制过程指标评价汇总表

现假设某银行国际结算部、资金交易部、软件开发中心等三个部门进行内部控制过程指标体系评价，分别按照内部控制的内部环境、风险评估、内控活动、信息与沟通、内部监督等五个元素方面各自的指标风险点（每个内控元素大约设置50个风险指标）进行打分，并求得指标评价均值。如表4－26、图4－1所示。

三个部门各自同一内控元素的比较分析如表4－26所示。三个部门在五个内控元素的分析如图4－2至图4－7所示。

表4－26　　某银行三个部门内控过程指标评价汇总表（假设）

类 型	国际结算部	资金交易部	软件开发中心	均值
1. 内部环境	84	85	82	83.7
2. 风险评估	82	83	81	82
3. 内控活动	79	80	78	79
4. 信息与沟通	80	81	79	80
5. 内部监督	83	82	80	81.7
评价均值	81.6	82.2	80	81.3

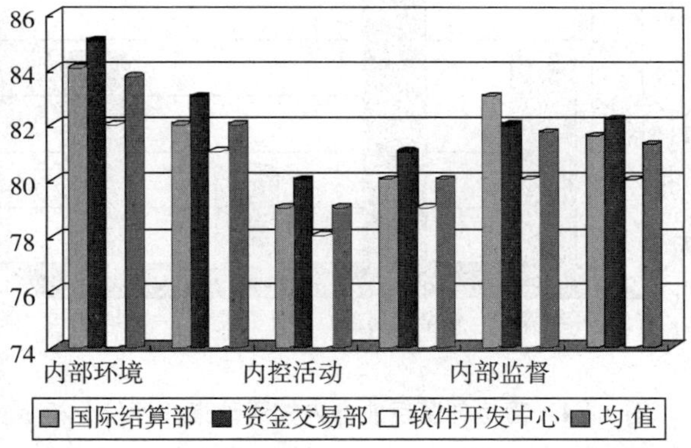

图4－1　营运部营运业务内控指标评价分析

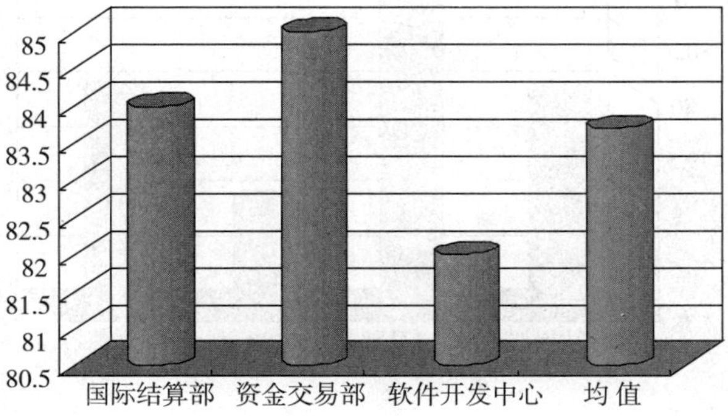

图4－2　营运部营运业务内部环境指标评价分析

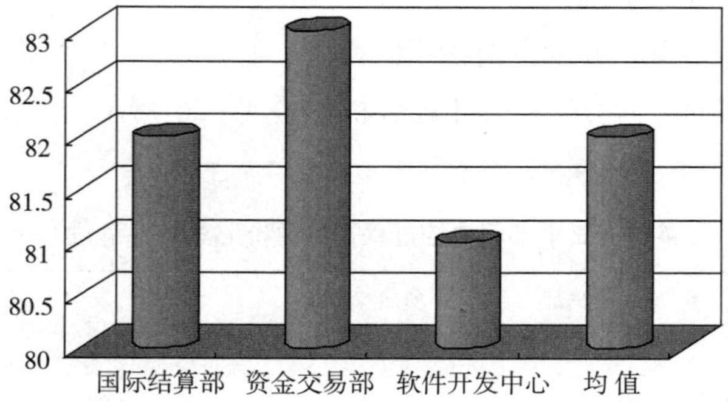

图4－3　营运部营运业务风险评估指标评价分析

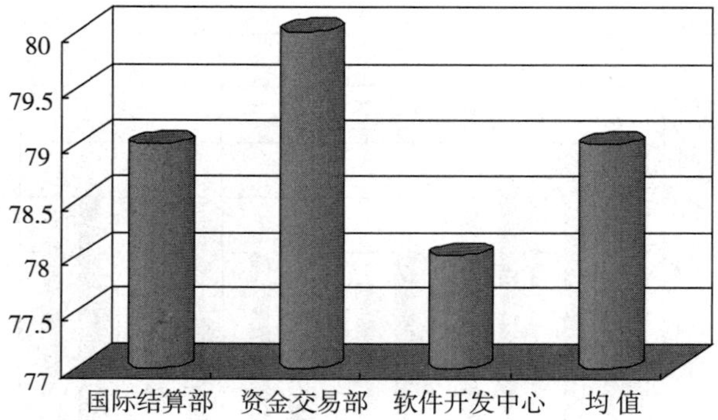

图4－4　营运部营运业务内控活动指标评价分析

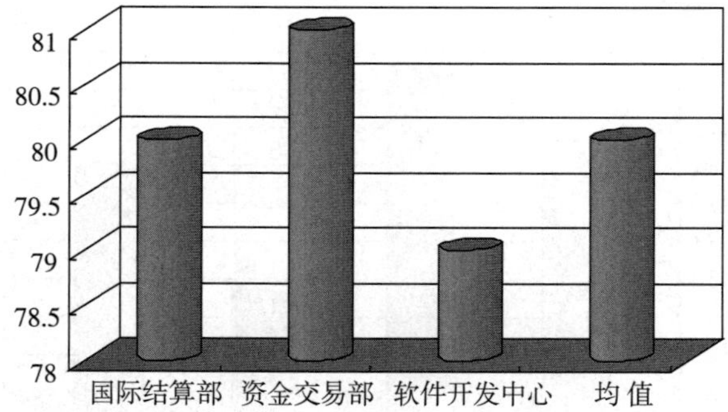

图4－5　营运部营运业务信息与沟通指标评价分析

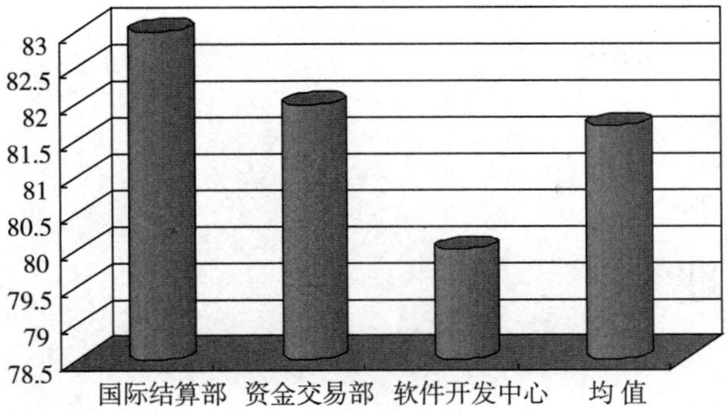

图 4-6　营运部营运业务内部监督指标评价分析

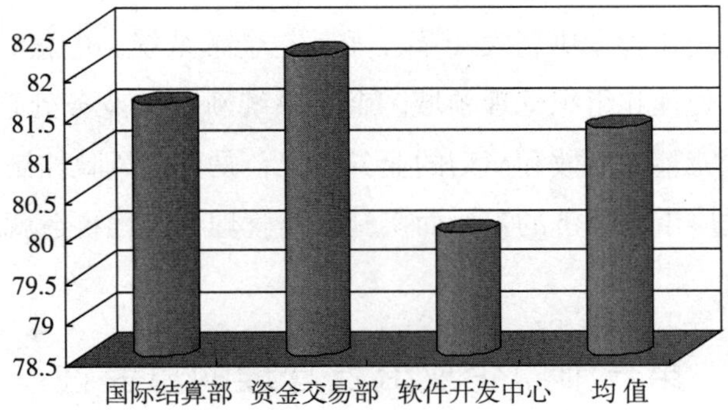

图 4-7　营运部内部控制指标比较均值分析

第五章
企业流程管理

21 世纪是知识经济时代，网络信息技术（IT）的广泛应用，大数据分析和展现引发了各行各业的企业管理机制大变革，尤其是金融系统，电信行业等。信息技术被广泛应用于业务处理和组织管理领域。金融系统新颖的业务处理方式和管理机制的变革，旨在建立完整、高效和简洁的业务流程，是企业风险控制措施的具体体现，相应地，为高效适应市场经济的需要而实施流程管理和流程再造就应运而生。

第一节　企业流程管理的重要性

1980 年前后，最早对业务流程进行系统研究的是迈克尔·波特。他把业务流程的概念运用于“企业竞争优势”的研究之中，但波特没有给出流程的确切定义。紧随其后的研究者是麦肯锡顾问公司的管理咨询师达文波特和肖特，他们将流程定义为“为特定客户或市场提供特定产品或服务而实施的一系列精心设计的活动”，认为流程强调的是工作任务如何在组织中得以完成，并指出了流程的两个重要特征：一是面向客户，包括组织外部和组织内部的客户；二是跨越职能部门、分支机构的既有边界。

流程的定义：一个或一系列有规律的行动，以确定的方式发生或执行，单个或一系列连续的操作，导致特定结果的出现过程。①

企业流程有着很多类型，一个生产型的企业包括生产、交易、销售、业务操作和招聘等各种业务流程。生产流程是指依靠机器生产，对原材料进行物理加工，并把最终产品交付外部用户的过程。交易流程则为生产流程提供支持，如订购原材料，整理薪酬关系或处理客户订单信息等。

---

① 《NIMBUS 中国 - Control 系统》，北京悬创科技有限责任公司，2008。

一、流程管理

企业的每一项业务都要涉及流程管理，包括销售、采购、研发、制造、服务、人力资源和财务等各种业务流程。如何改进烦琐的业务流程，使得这些流程更具有高效率并更加简捷是一个很值得研究和推广的课题。

企业流程的基本要素：输入—活动—输出。

企业输入会影响输出的结果。为了使输出的结果令客户满意，应尽量缩短输出时间。如果企业要让客户满意，使客户得到一个满意的输出，企业就必须要有好的输入和活动方式。企业通过调整输入和活动方式，就可以拥有好的输出结果。这是一个完整的周期循环流程，流程也是企业进行具体业务管理的基点。从这里可以看出，企业是个由投入到产出的转换系统，它将多种输入转换为多种输出，如将原材料、半成品等经过生产转换成对客户有价值的产品或服务。这种转变过程就是一个庞大的业务流程，因此，企业要加强和规范流程管理。流程管理的主要特点如下：

第一，流程是产品或服务的通道。流程是企业整体功能中最重要的部分，是连接企业生产和客户需求的纽带。流程的输出来自客户的需求和企业的目标，人、资金和材料等方面的输入通过某些步骤转化为输出。因此，只有抓好企业每一个生产流程的细节，才能取得良好的结果。企业在精细化管理中，只有每位员工和每个部门都尽职尽责，企业才会取得较好的经济效益。所以，企业必须将着眼点放在流程管理上。低成本输入，高质量输出，需要通过一系列的流程管理和控制来实现，如果没有良好的流程和完善的控制系统，材料将永远无法成为高质量的产品。

第二，流程管理将直接影响产品或服务的质量。企业的产品或服务需要通过一系列的流程来实现。产品和服务的优劣差异直接体现在客户的满意程度上。一个成功的企业，其赢得客户好评的原因往往在于对细节问题的重视。因此，流程管理的好坏是衡量一个企业管理水平的最佳的标准。

企业的业务流程需要不断改进和完善，一般具有以下五个步骤：

（一）确定核心业务流程

首先要确定企业的核心业务流程，并使之标准化和规范化。粗放型管理的企业往往是一个人治的企业，企业的运作过程比较依赖于领导者的个人能力。国外知名的企业大多具有良好的流程管理模式，如通用电气公司，在原 CEO 韦尔奇离职后，由于有规范的基础流程作为保障，所以通用电气公司能够继续正常运作。而国内有很多企业由于没有规范地制定核心业务流程，无法做到标准化和规范化，因而造成许多不必要的损失。因此，企业必须对核心业务流程进行有效的制定，形成标准化的制度。如果没有形成标准化的制度，所有过程只能停留在管理者的记忆水平上，经验教训没有积累和共享，企业就会不断地重复着同样的错误，使效率降低，并直接影响生产和产品质量。

（二）衡量阶段

流程改进的第二个阶段是衡量阶段。经过第一个阶段，虽然制定了清晰的核心业务流程，形成了标准化的制度，但是流程的好坏和运作情况需要通过测量的结果来检验，要用量化的方法去评价流程的状况。

（三）分析

对企业流程运行情况的评估有了结果以后，应对结果进行认真的分析，找到影响流程畅通的根本原因，去粗存精，从而确定流程需要改进的方向。如果某些流程的分析结果不理想，那么企业对流程改进的方向就应集中在规范流程上。

（四）实施改进

改进的目的是为供需双方提供更多的利益。改进既要考虑企业自身的利益，同时又要满足客户的利益。改进的结果必须使活动和过程的效益和效率都得到提高。改进的性质是创新性的，以创新性的思维方式和措施优化流程。企业只有将业务流程经过制定、测量、分析后，才能更有效地进行优化。

（五）控制

控制就是按照事先规定的控制计划和依据既定的标准对流程进行连续监控，随时发现和评价偏差，并及时地采取纠正措施，使流程恢复到高效、简捷状态。例如，企业质量控制的目的是落实其质量标准。

二、流程管理常用的设计工具

（一）Microsoft Visio 图形设计系统

Microsoft Visio 图形设计系统是国际微软公司 Microsoft Office 系统软件的一部分。该系统软件可以直观可视化的方式快速绘制流程图、组织架构图、甘特图等各种图形，具有以下特点。

◆ Microsoft Visio 图形设计软件是一种低成本的软件系统。

◆ Microsoft Visio 图形设计软件可以轻松地创建精美专业的各种图形。

◆ Microsoft Visio 图形设计软件具有丰富的绘图功能，应用不同的格式选项绘制图形（竖状和线条、实心、矩形和渐变绘画）。

因此，Microsoft Office Visio 是一款图表绘制应用系统软件，可以协助办公人员在工作中使用、轻松记载、设计各种自动化复杂的图形、程序，绘制和展现美观的图形，使应用场景达到最佳的效果。

Visio 的应用范围非常广泛，还可以创建项目管理图表、网页结构图、行政办公业务流程图、网络拓扑结构图、数据库表单关联图、机械工程制图、电路图、软件设计流程图、企业业务流程设计图等。①

1. Visio 流程图绘制的基本符号

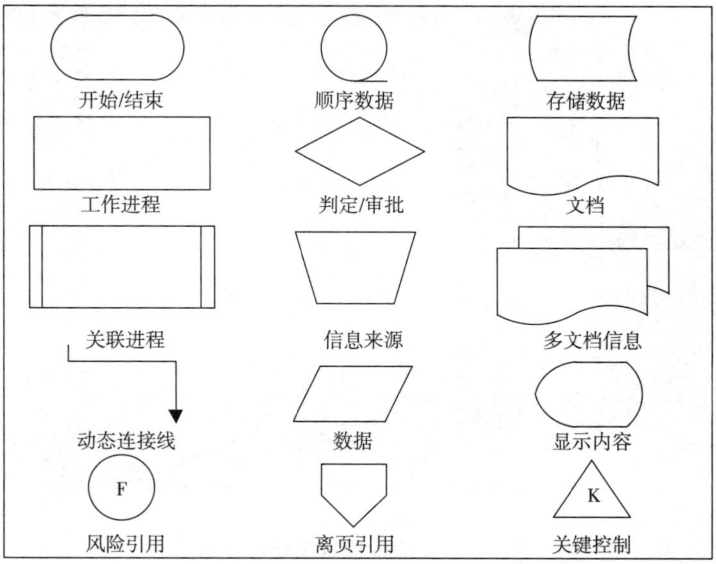

图 5－1　Visio 流程图设计的基本符号

2. Visio 流程图绘制的模板界面

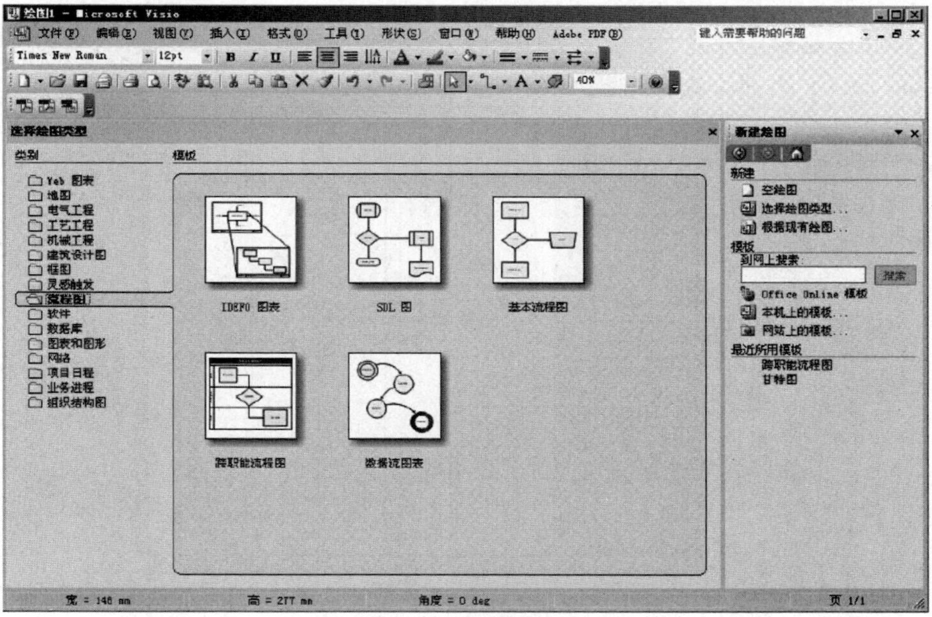

图 5－2　Visio 流程图设计模板

① Microsoft Visio 微软图形设计工具软件模板。

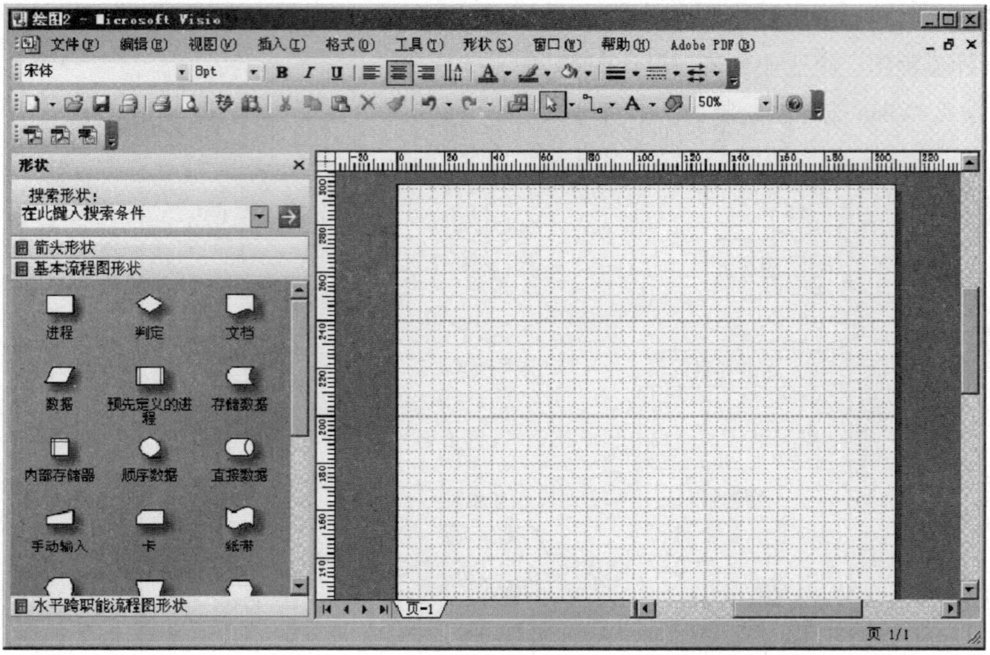

图 5－3　Visio 流程图设计界面

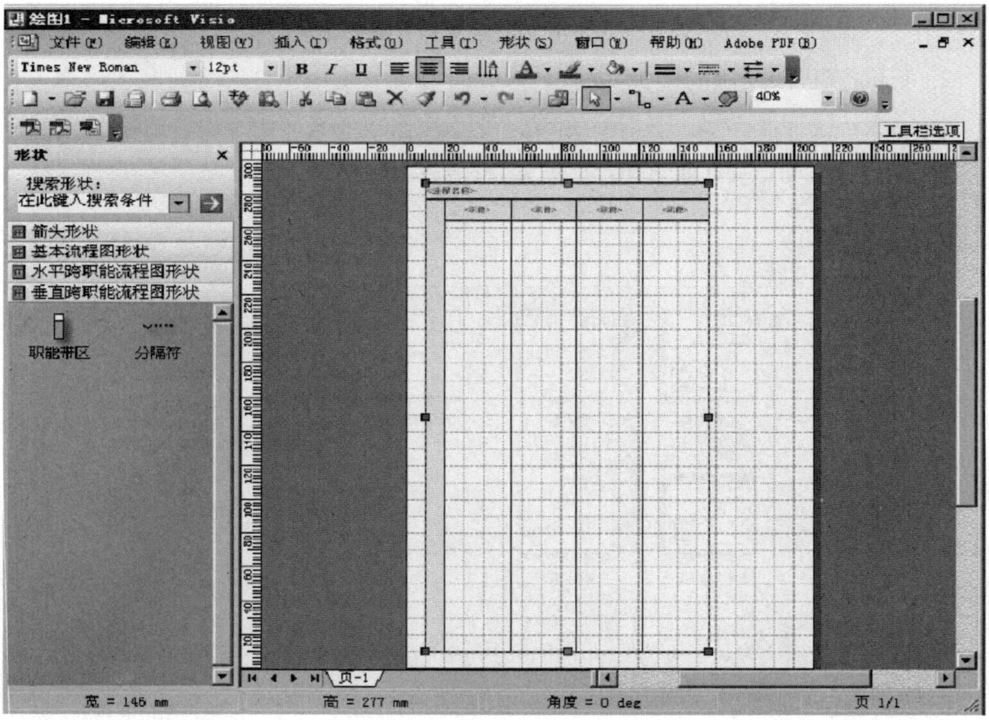

图 5－4　Visio 矩阵式流程图设计

（二）流程管理 Control 系统功能架构

随着企业管理信息化工具的不断创新发展，目前，国际上涌现出一批优秀的企业管理软件工具。其中，企业流程管理工具 Control 系统（企业版的控制软件系统）就是其中之一，该控制软件系统是在网络环境下的企业经营管理控制工具，它着重应用于企业的流程管理、绩效管理、组织管理、文档管理，尤其是辅助实现企业营运控制行为的流程管理、绩效管理指标体系与企业战略保持一致。根据管理角色的不同特点，企业把流程管理效果与计算机终端业务相结合，促使企业管理架构化、流程管理网络化和信息化。

1. Control 系统流程管理工具的功能架构

Control 系统管理工具能够确保企业的不同级别、衡量指标都能与业务活动直接连接，结合流程管理授权制度，能够帮助企业激发出持续改进和提高绩效管理的企业文化。同时，也能够支持所有的信息（如各种图表、应用程序和执行程序）被直接链接到各相关部门的业务活动中去，这使得企业在营运过程中可以最大程度地实现信息共享，而且操作简洁，绘制方便，我们统称为“智能化的电子运营手册”。

Control 系统还可以通过企业的发展方向、职责和绩效指标由战略层面到实际业务层面的逐级明确细分，帮助企业提高运营绩效表现的管理软件工具。可以实现从企业的高级管理层、到流程和职能管理部门的管理者、再到执行任务的每一具体员工都能够在一致的网络环境中获取到与自己相关的信息内容，在应用环境上可以通过流程管理和指标体系交互作用以提升企业绩效。Control 系统可以通过基于每一个角色的终端浏览器（Web）方式，为企业内部的所有计算机提供访问路径。

Control 系统的功能架构可以清晰地划分为以下五个部分：

◆ 流程管理（Process Management）——业务流程管理；

◆ 绩效管理（Performance Management）——绩效管理设计；

◆ 内容管理（Content Management）——业务流程内容管理；

◆ 企业管理（Organisational Management）——企业体系设计；

◆ 文档管理（Document Management）——文件、资料、图表管理。

技术架构：Control 系统具有适用于从最小的企业到跨国集团企业所需要的企业级的架构体系。

技术环境：Control 系统的技术特点是将全部的数据信息分别存储在三个知识数据库中，即流程、文件和绩效：

（1）流程知识库：用以保存流程图表和全部与流程相关的信息（如资源数据、访问权限、工作流等）。

（2）文件知识库：保存与各流程相关的全部文件（表格、模板、应用程序链接、政策文件等）。

（3）绩效知识库：追踪趋势数据以能够根据关键指标体系制定相应的图表并发布风险预警信息。

企业客户：用于捕获、分析、报告并摘录内容。用户能够在存储流程知识库的本地机上以独立运行模式运行，并能够与中央服务器保持同步。企业用户通过网络中的共享驱动器、UNC 通路或通过 Critix 终端服务在互联网上进行全球部署来进行运作。

应用服务器：Control 系统可以整合企业 IT 基础设施、单一登录的 LDAP、E - mail和 SMS，以发布风险预警信息、备忘录和订单，并可与微软 OFFICE 办公软件系统相互整合。

2. 流程管理

流程管理是跨职能的并且是动态的，因此在企业内部全面地对其进行端到端的业务流程管理会使企业获益匪浅，提高绩效，控制风险。Control 系统工具使企业能够逐层分级对流程进行合作开发和管理；其软件工具操作简单，企业内所有业务用户都能够轻易学会使用，同时为满足实践所需，该软件工具还具有更加详细的流程分析功能。

（1）层级式的流程定义。虽然获取企业流程信息的方法很多，但是，使用 Control 系统流程管理工具，最佳方法之一是以召集所有业务相关部门（或相关人员）召开现场研讨会的形式（而不是通过逐一单独面谈的形式）进行流程绘制。因此，绘制流程图的功能必须非常简洁、灵活并且高效。基于上述考虑，Control 系统所嵌入的流程图绘制工具专为在现场研讨会中快速捕捉业务流程信息而设计。面对面沟通的关键在于避免模糊理解和确保清晰的业务流程。

◆ 所有的业务运营，无论是最高层的端到端的程序还是最底层的任务执行，都可以用这种形式表达。这样对运营的理解可以做得准确并具有严谨的逻辑性，使得每个岗位在企业中的角色与相应的层级之间相关联并形成协作关系。

◆ Control 系统中的流程结构是分层级的，从主流程到分流程，并且允许主流程分解为相对独立的子营运业务流程。这种层级结构确保了管理跨职能的流程时端到端的一致性、可视性，责任分明，避免无序罗列。

（2）信息发布管理。当流程图表被绘制出来以后，便需要以结构化的方式管理各种变革。Control 系统通过一个从起草到审核，再到授权，最后发布的周期来实现这一管理。任何变革首先会在流程草案环境下被应用于流程图表中，之后便向变革日志发送一个通知。然后这些变革草案将等待被评估和最终授权，当草案获得授权之后便会升级成为新的正式版本（PDCA）。

在授权和发布信息的过程中，旧的流程版本会自动被存档。这些存档版本可以通过向存档管理员提出申请来进行访问或恢复。这一完整方案包括存档和授权功能是为适应外部标准例如 ISO 9000、FSA、FDA 等专门设计的（医药行业为 FDA，金融服务业为 FSA，其他大多数行业为 ISO 9000）。

（3）业务资源。每一业务流程活动行为可以有一个或多个与之相关的业务资源。业务资源可以是一个角色，例如采购经理或者是一个具体的为有效进行该业务所必备的资源要求，如外部承包商或某一具体复杂的信贷管理信息系统。

（4）一致性检查。当流程图绘制出来以后，可以用流程报告功能来确保图表横向和纵向的一致性。这一报告包括了诸如：确保输入和输出信息在整个流程图的各个层级中相互匹配，资源得到合理分配和模型涵盖了预期要素等内容。

（5）比较和升级。当某用户将流程图中某一部分以离线方式进行编辑修改时，另一个或者更多的流程图也有可能同时在被另外的用户修改。Control 系统允许您将被修改过的某一层级的流程还原到流程知识库中，并按顺序将被同时修改过的流程合并到主流程图中。

比较和升级工具允许用户自定义他们想要看到的差别内容，例如屏幕上所显示的项目、附件、版本号等。然后系统会生成一个显示原流程图与目标流程图之间区别的文本报告。通过这份报告，用户可以在分屏的格式下看到流程图之间的区别。最终，升级可以在一系列用户自定义规则下自动完成。这项功能的好处在于用户可以同时编辑修改一个流程图中的相近部分，然后将各自的修改内容同时保存下来。此项功能使用户得以实现内部变革管理。

（6）授权管理与安全。流程和绩效信息是一个企业的业务活动的重要信息，因此这类信息非常敏感，并且往往只能被特定用户访问。所以，Control 系统还提供了一系列的安全控制方案，包括基于部门、业务组或个人的读/写、只读或拒绝访问等权限设置。这些安全设置可以在最高层级到整个流程图中被应用，贯穿整个图表。

（7）审计日志。在企业的整个变革过程中，系统会自动生成审计日志，它详细记录了日期、时间、用户、图表的状态和业务活动。这一审计日志可以被用来支持和满足各种外部标准的要求。

（8）数据表（库）。可以把这看作是一个小型的用户自定义数据库，通过它可以在一个或一系列的流程图中，系统化地定义并捕获数据信息。这一工具可以被有效应用于设定关键的业务流程信息、绩效指标、质量模型数据、软件配置、审计结果或是简单地应用于对各种信息的分类。

（9）报告和分析。Control 系统支持多种形式的报告，允许使用大量数据进行报告并可以对报告进行处理、输出和打印。您可以根据类别和范围（如附件、数据表、资源、成本等）作出多种报告，具有强大的分析功能。

（10）突出显示规则。Control 系统的突出显示功能允许用户自定义流程图的显示规则，根据目标对象（如业务活动或流程线）上所附加的数据以不同的视觉效果显示。显示规则将自动就某些标准作出判断，例如：这个对话框中的对象与 Sarbanes Oxley 标准不符合风险是否有超过 20% 的，或者将所有采用 ECRM 模型的业务活动用绿色显示出来（预警功能）。上述显示风格的变化不是永久性的，并且支持用户自定义。

3. 绩效管理

目前，有许多用于增强企业业绩管理的方法。为了成功实现业绩管理，每一种方法都要求高层上的责任制和用以实施可持续改进提高的相应管理体系。Control 系统软件所应用的业绩管理方法有：

◆ 六西格玛（Six Sigma）

◆ 欧洲质量奖标准（EFQM）

◆ 平衡记分卡 Balanced Scorecard — BSC

◆ 精益生产（Lean Manufacturing）

Control 系统是完全基于增强企业的业绩设计，这一部分将聚焦于流程和业绩指标的结合点。绩效管理有两个主要驱动因素：一是组织启用实施提升企业绩效表现的结构和方案的意愿；二是外部要求，尤为典型的是政策要求。这两个驱动因素表明了绩效与流程之间的关系，并因企业所在的行业领域不同而有所不同。其中政策要求包括：

◆ ISO 9000

◆ 巴塞尔新资本协议（Basel Ⅱ）

◆ 银行服务业执行标准（FSA）

◆ 食品药品管理执行标准（FDA）

◆ 萨班斯法案（Sarbanes－Oxley）

（1）运营的绩效衡量指标。传统上，很多企业将对流程的定义和确定关键业绩指标（KPI）视为两件相互独立的事情，并假设两件事情是平行的。Control 系统强调将 KPI 应用于流程的背景之中以对其进行衡量和持续改进。这一方法消除了部门 KPI 可能产生的负面影响。

（2）开始与滞后的关键业绩指标。Control 系统也改变了人们对于指标的理解并使得经理们能够以可视的方式来区分最开始的（原因）和滞后（效果）的 KPI。太多的企业聚焦于滞后的指标。当被加入到一个流程中时，这些指标中的每一条都应当附在输出端上。为了实现有效的流程管理，以反向的方法来回溯的 KPI 是十分有效的。这些指标应当被附在各种活动上。

（3）通知与风险预警。为每一个 KPI 设定下限，通知单中的关键用户将被告知。当这些标准下限被废除时，信息将通过附有地址链接的 E－mail 或以手机短信的方式发送给用户。这一功能可以为运营中的问题赢得有效的反应时间，起到预警的作用。

（4）与第三方商业智能工具相联。营运流程指标的目的在于给出指标制定的依据并与相关的用户沟通这些指标。如果需要具体的分析数据，可以利用企业已有的信息系统数据［通常各企业已经在商业智能（BI）技术上有所投入，BI 应用程序包括 Business Project，Cognos 和 Applix 等］。通过与第三方信息系统的集成 Control 系统可以平滑地实现从流程管理过渡到相关的数据分析。

（5）业务控制。Control 系统通过业务控制功能满足突出显示某些业务流程的需求。通过突出显示含有特定域值的数据表的目标对象实现业务控制功能。Control 系统以特别视觉风格突出显示目标对象，使用户可以很容易地在流程图中识别它们并进行相关的业务管理。

（6）基于活动的成本计算。Control 系统实现了层级型基于活动的成本计算（ABC）。它使得用户可以计算 17 种不同的指标，包括成本、数量、工时换算、时间、可能性、关键路径分析等。

（7）场景分析。Control 系统允许创建场景。能够用于代入不同的数据来比较不同的方案，从而实现对流程的改进。Control 系统也允许对情景加设访问权限，从而能够控制对敏感信息的访问或者避免因单独访问某些信息而造成的误解。

4. 内容管理

Control 系统的首要目标就是提供一个支持可持续性管理的平台。这一平台必须把重点放在应对有关企业内部所有利益相关者的沟通、理解、采纳和接受变革方面的挑战。这涉及利益相关者之间的合作问题。

从根本上讲，如果一个流程和绩效管理系统不能提供一个有生命力的环境，那么这个系统就是对时间和金钱的浪费。因此，软件工具设计得是否简单，界面是否直观以及是否易于协作对于软件的成功实施至关重要。因此，Control 系统为组织内部的所有利益相关者提供了一个基于网络访问的个性化的界面。

（1）客户化浏览器配置（页面）。每一用户都有其独特的要求。为满足这一要求，“我的页面”被作为有权限的用户访问 Control 系统内所有信息的窗口。这一工具使组织的利益相关者可以创建自己的企业页面，同时也可以为用户和用户组预设为特定快捷方式。

任务面板：任务面板明确地显示并更新每位用户所必须执行的任务。这些任务包括评论、变更申请、确认、授权等。所有这些任务都可以使用浏览器中的工具完成。

流程面板：流程面板中可以明确列出由用户参与或用户需要了解的所有流程。这个流程列表可以由用户本人或系统管理员来添加修改。

指标面板：指标面板详细直观地列出所有与用户相关的关键绩效指标（KPI）。绩效警报可以用交通信号灯、百分尺或是基本数据等形式来表示，并可以根据预先的设置定期更新。

文档面板：文档面板允许用户在其首页上定义自己的个性化文件列表。这一功能确保快速访问最新的版本。

（2）角色。由于企业内部流程的复杂性，让利益相关者能够直接访问到相关信息非常关键。通过进入角色页面，用户能够看到目前与之相关的流程。这是通过把用户/组与和流程相关的资源相结合来实现的。

（3）E－mail 整合。企业内部在全球范围内进行沟通的主要方式是使用 E－mail，在设计 Control 系统已经与 SMTP E－mail 系统进行了整合。

（4）本地化/语言。Control 系统能够侦测到浏览器的语言设置并将使用适当的语言文件。目前的语言配置包括英国式英语、美国式英语、法语和汉语等。语言文件整合在一个独立本地化工具中，这样组织就可以根据自己的情况编辑或创建新的词汇。

（5）安全与规模。Control 系统软件系统支持 128 位密码。同时这套软件系统可以根据需要来扩大其规模。Control 系统能够被部署于最大的跨国公司之中并能够支持超过 10 万个用户。

（6）工作流引擎。Control 系统内整合了一个用于管理沟通、一致性和变革循环中所产生的信息迁移的工作流引擎。这一工作流引擎被应用于下列 6 个方面：

讨论组：使得用户能够加入到与某一文件和流程图表有关的基于网络的讨论之中。讨论点可以不断扩展，可以向其中加入新的讨论点，流程/文件的负责人通过在流程/文件中预置的地址自动被告知。

变革请求：这为流程负责人的任务数据库中增加了一项任务，并可以通过 E－mail 通知他们并通过网络来追踪变革申请。

审核：这项功能确保了为那些已经审核了流程或文件且已经离线的作者/用户创建一个可以被日后审查的日志。审核者将通过粘贴链接地址的 E－mail 被告知。告知一流程/文件变革通过一条正式的途径进行传达，这样将确保系统能够保存一份传达的历史记录。

订阅：使用户能够申请获得流程或文件变革的通知。用户能够积极地订阅这些资料或能够通过流程负责人来订阅相应的资料。当信息发生变化时，标有链接地址和具体内容的 E－mail 将由系统自动发出。

任务：能够确保 Control 系统中的各项行动都以针对某一用户的方式设置。这些任务可以根据需要进行安排并可以对它们进行监督。

授权：能够系统化的以电子形式批准最新的流程内容。关于这一循环在流程管理和文件管理部分中进行了详细的介绍。

注意：Control 系统并不是商务的自动化管理工具。

5. 组织管理

当流程被赋予权限和职责时它会体现出更大的价值。鉴于此，越来越多的企业会通过流程来进行管理，远比通过职能性的层级关系进行管理要有效得多。从这一角度来讲，不管企业的成熟度有多高，只要能够了解谁负责什么事就可以得到更高的附加价值。

（1）资源管理。资源为组织提供定义内部角色的机制。这些信息可以进而与流程图中的业务活动相链接以定义由哪个角色来执行相应的业务活动。资源中含有成本信息可用以基于业务活动的成本计算，使流程端到端的成本核算得以实现。

（2）资源库。资源库对资源进行管理。系统中有一个对流程知识库中的所有流程图开放的中央资源库。所有的作者都可以访问这个资源库，但只有被授权的管理员可以对它进行管理。这样可以确保对资源库的谨慎管理。中央资源库管理员可以在用户账户设置中定义。

（3）资格管理。资格管理是指衡量完成工作所需的技能。通过衡量资格，组织可以专注于个人、团队和整个组织的发展。Control 系统允许您将资格评估与业务活动相结合，使您立刻可以直观地看到要取得成功所需的技能。这意味着可以依次挑选最合格的资源来执行任务，提高企业绩效执行力。

如您可以制定一个与“制订战略和管理业务”工作相关的资格数据表附件。表中列出了执行这一工作所需的资格。可以用一个等级为 5 的资格要求说明这一项要求所需的最高资格。

（4）角色管理。您也可以将用户和资源相结合。这样系统就可以根据组织的工作描述来自动定义基于角色的工作描述，进而扩展到对绩效的定义。这一性能对在组织内部培训新员工和明确各人角色是非常有用的，被用于“我的角色”部分。

（5）故事板。Control 系统有记录绘制流程图过程中的一系列步骤的功能，可以建立一个端到端流程流。用户可以重放这一过程，帮助他们直观地了解流程的制定过程。我们称它为故事板，故事板有很多用途，包括培训、突出显示对现有流程的改动和在流程中突出显示与用户有关的业务活动等。

6. 文档管理

某些企业已经拥有了文件管理软件（DMS）如：Lotus Notes，Documentum 等。

如果是这种情况，Control 系统能够很好地整合到这些系统之中。

只有当文件被置于各个流程的上下文之中时，这些文件才具有真正的价值。为了实现有效的文件管理，便需要实时 DMS。Control 系统通过聚焦于对于文件的访问和控制来实现 DMS 的功能。

（1）结构化的文件分类。为文件被置于文件管理系统的控制之下后能够被快速地访问，确定分类框架是非常重要的。Control 系统能够创建 7 个级别的文件分类。

（2）文件访问权限。当文件被加入 DMS 系统之后，可使用 3 级安全机制：读/写、只读或禁止访问。这些安全级别能够用于设定全部文件、部分文件或单个文件。

（3）版本管理。在 DMS 系统中，需要以结构化的方式对文件进行管理。Control 系统通过一个从起草到发布的周期来实现这一管理。任何变革首先在起草环境里应用于流程图表中，之后便向变革日志发送一个通知。在这些变革可以被实施之前将先进行授权，当获得授权之后便会发布新的获得授权的版本。

（4）审计日志与变革日志。在整个变革周期将会伴随一个审计日志，它记录了日期、时间、用户、图表的状态和行动。审计日志能够被用于支持外部的各种标准。

（5）查询。Control 系统允许用户通过分类或输入关键字的方法查询 DMS。那些能够满足搜索条件的文件名将被作为搜索结果而输出。

（三）流程管理 Control 系统的设计方法

1. 建立流程图的基本技巧

（1）画方框图。在启动的 control 系统流程管理程序中，选择“文件”“新建”快捷方式，弹出一个新的图表（如左下图所示）。单击方框图标，左键单击方框起始点，将方框拖至结束点，松开左键，绘制出如下方框图。

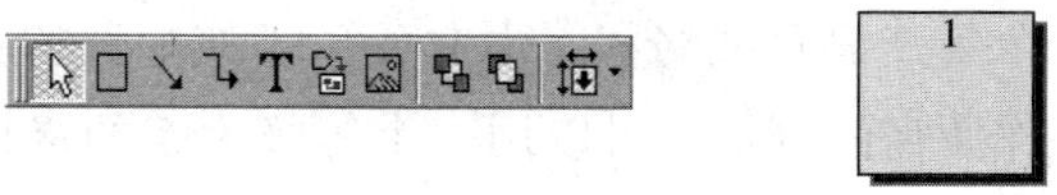

在默认状态下，control 要求在画完方框图后就立即输入活动框文本来描述活动或方框所代表的信息（若在绘制方框时不想直接提示输入文本，选择“工具”“用户”“用户首选项”，然后取消选定“在创建新活动时立即输入文本”），若要随时“立即输入文本”，绘制方框的同时按住 Alt 键。

（2）输入文本、选择颜色和字体。输入文本完毕，既可以点击绿色对号，也可以在键盘上按下 Ctrl 键的同时，按下回车键。

（3）复制方框。单击左键可绘制与前面方框形状大小一致的方框。

（4）停止绘制方框。在空白处单击右键或指针图标即可停止绘制。

（5）编辑文本。双击左键可编辑文本或在空白方框内添加文本。

（6）绘制直线：点击直线/箭头图标即可绘制直线，按住左键拖拽确定箭头的起始点和终止点（比如从外部指向方框内部的箭头）。

（7）连接方框。同理，下图表示从一个方框内起始到另一个方框内终止。

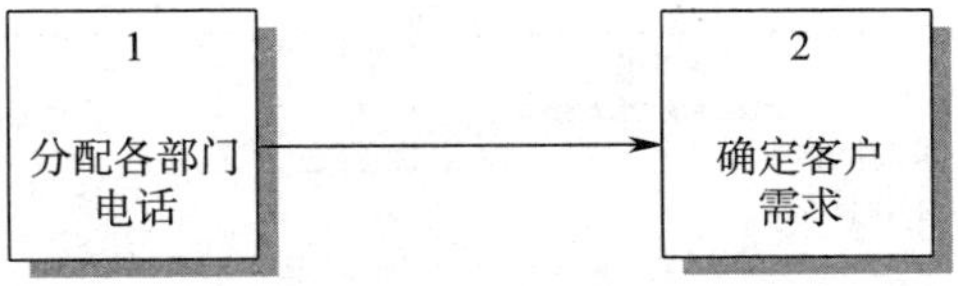

在 control 下将自动生成……（水平位置在两个框重合部分的中点）。

（8）绘制折线。在 Control 下每个活动框由两条不可见的对角线将其分开，将正方形分为四个部分。

在 control 下将自动生成下图：……

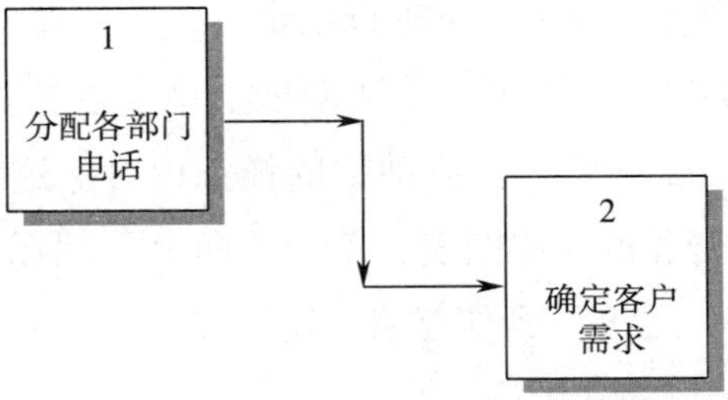

（9）在直线处添加文本（代表输入/输出）。在线上面双击左键添加文本（文本窗口与活动框文本窗口相同）。文本与同它相关联的直线、活动框位置是相对应的。可以通过选择文本，重置方框大小使文本改变位置（如下图所示）。

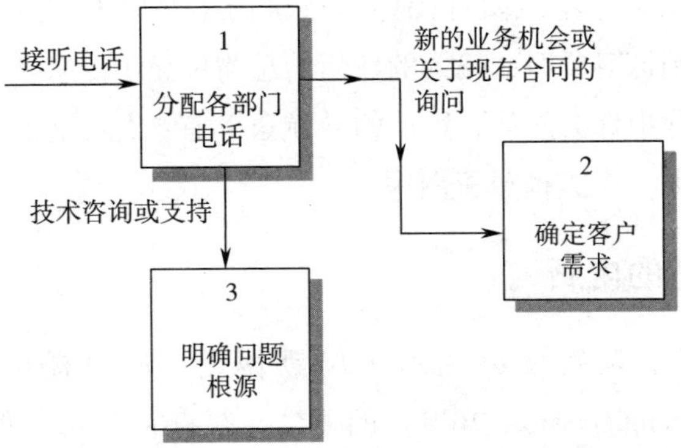

（10）建立资源库。使用 control 建立的是一个反映企业所有资源的资源库。点击资源库图标，向资源库添加资源，加号表示添加，写入职务名称而不是人名！

（11）添加资源。点击右键选择“资源”，可在活动框中添加资源。在资源窗口，选择所需资源拖拽到右边窗口，点击“确定”即可（每一个活动框可添加多个资源，如下图所示）。

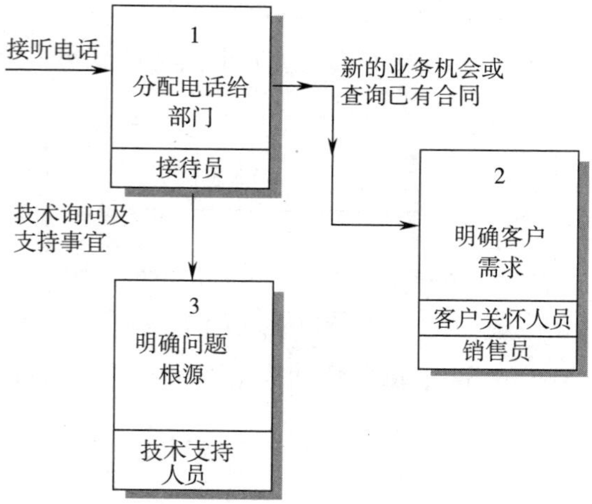

（12）需要编辑的内容，双击即可进行编辑（包括资源）。

若对某一活动框做进一步描述，在活动框上单击右键选择“下一层级”“新建”。通过操作可在下一层级展开此活动框的详细内容。这样即在此活动框的下一层级里生成新的图表，若要返回原图表，单击“向上”图标（或按 ESC 键）。

可以持续使用“下一层级”到任意层，这样即建立起入门指南第二部分中“阅读/操作流程图”描述的层级式图表。

（13）“附件/链接”。单击右键选择“附件/链接”，可连接到另一个文件或网页（MS Office、执行文件、应用软件包/屏幕/组件等）。点击“新建”选择所需的附件类型。

用户可以看到图像文本或附件图标的链接内容，单击右键选择“提示文本”。当用户将鼠标移动到该对象时，输入的任何信息均可显示出来。

在建立图表过程中你会发现，默认的导航条下有添加图像的图标。点击“新的图像”图标然后绘制一个方框放置图像。

三、流程再造的内涵

美国麻省理工学院教授迈克尔·哈默博士，最早提出了业务流程再造（Business Process Reengineering，BPR）的概念，并将它引入到西方企业管理领域。1993 年哈默与钱皮共同发表了《企业再造》一书。这本流程再造理论的奠基之作，迅速在全球企业管理界掀起了流程再造的热潮。他们指出：业务流程再造就是要针对企业竞争环境和客户需要的变化，对业务流程进行“根本性的重新思考”和“彻底的重新设计”，再造新的业务流程，以求在速度、质量、成本、服务等各项当代绩效考核的关键指标上取得显著的改善。其他企业再造专家也对业务流程再造作了定义。达文波特和肖特认为业务流程再造是对组织中及组织间的工作流程与程序进行的分析和再设计；Alter 认为业务流程再造是应用信息技术，从根本上改变企业流程以达到企业目标的方法性程序；Venkatraman 认为业务流程再造就是要摆脱现有的组织运作程序，重新设计信息技术的基础架构并以此为企业确立新的运作程序，从而最大限度地将信息技术的开发能力发挥至极致。从这些定义可以归纳出业务流程再造的三个基本内涵。

（一）业务流程再造是一项战略性的进行企业重构的系统工程

企业实施业务流程再造是企业长期可持续发展的战略需要，企业根据这一未来发展的战略规划，对企业各项运作活动及其细节进行重构、设定与阐述的系统工程就是业务流程再造。具体而言，业务流程再造借助了工业工程技术、运筹学方法、管理科学、信息技术等多项现代社会人文科技手段，从业务流程、组织结构和企业文化等方面对企业进行了系统重构。

（二）业务流程再造的核心是建立面向客户满意度的业务流程

市场或客户需求，是企业一切活动的目标和中心。企业组织机构的使命就是要了解市场和客户的需要，并有针对性地提供产品与服务。业务流程再造就是要压缩组织中的管理层级，缩短高层管理者与一些员工、客户之间的距离，更好地获取客户的意见和需求，及时进行经营决策调整，以提高客户满意度。

（三）业务流程再造成功的关键是要实现高新技术和人的有机结合

业务流程再造的核心任务是要将高新技术和人这两个关键要素有效运作在业务流程的再设计与重构活动之中，从而加强企业组织的技术性（如技术、标准、程序、结构等）和社会性（如组织文化、行为规范、激励方式等）。没有社会性方面的再造，只有技术的应用，最终将是脱离企业实际需要的自动化；而没有技术的应用，只有社会性的再造，那只是在低水平上的资源调整。只有两者联合推进，才能真正体现出业务流程再造的魅力。

综上所述，业务流程再造就是以企业长期发展战略需要为出发点，以价值增值流程的再设计为中心，打破传统的职能部门界限，通过组织改进、员工授权、客户导向及正确运用信息技术，建立合理的业务流程，以达到企业动态适应竞争和环境变化的一系列管理活动。业务流程再造突破了传统的劳动分工理论的思想体系，强调以“流程导向”替代原有的“职能导向”，为企业经营管理提出了一个全新的思路。[①]

---

① 《NIMBUS 中国 – Control 系统》，北京悬创科技有限责任公司，2008。

四、流程再造的原则

（一）正确分析现有的技术设施

例如，在实施银行系统的流程再造时，应根据银行的经营战略和信息战略需求，选择“合适”的信息技术（而不是所谓“先进”的技术）。可能实现的基础设施主要从可行性和经济性两个方面考虑，力求高的性价比。同时也必须考虑现有应用系统的状况，因为有的应用系统退出成本很高，如果轻易放弃，将给银行带来巨大的损失。“合适”的技术还可以支持银行知识的获取、存储和扩散（例如银行内部网络、管理信息系统、决策支持系统、高层信息系统、战略信息系统等）。

（二）要有“宝塔形设计”

银行系统的流程再造要有总体的战略研究和规划，成立专门部门全权负责业务流程再造和信息化建设规划，加强前瞻性和创新性。这个部门由三种类型的成员组成：对银行维护电脑系统日常运行进行评价的人员、对银行业务流程进行改造的创新策划人员、对银行信息系统进行规划和设计的人员。在具体实施上，必须有一个可以主管下属各部门的行领导亲自挂帅，并要有强有力的措施保障。

（三）“突破性”再造与“连续性”改进相结合的原则

由于新业务产品和组织架构的变化，流程再造不可能消除一切问题，因此，流程再造将是一个长期的、不断渐进的过程。所以，在实施流程再造中应避免好高骛远，要坚持整体设计、分步推进的方针，通过不断的、连续的改进，优化各项业务流程管理。

（四）要注重企业文化的转型和重塑

银行流程再造虽然着眼于业务流程管理，但却不仅限于业务流程，其他因素如思考方式、员工技能、权力分配、价值观等，均应随着流程再造而有重大的改变。业务流程再造思想大师迈克尔·哈默认为，再造主要是依靠信息技术来改变人们传统的工作方式，而如果人的理念、价值观等不发生相应的变化，流程再造的成效就难以持久。因此，流程再造之后的文化重塑被视为评价银行再造绩效的标志。

第二节　银行系统组织架构模式

一、银行系统的组织架构

架构（structure）也即层系，是一个多元素的结构模式。每个企业内部的架构

（层系）管理系统即为该企业的组织架构。架构的特点是多层串联、同层元素并联和元素金字塔结构。一个架构内部不同层次的组合及不同层次内部元素的不同组合就形成了企业内部组织架构的不同模式。为使效率最大化，一个组织架构有多少层次才最优，层次内部元素如何组合才最优，围绕这些问题的研究形成了组织架构最优模式的最优层系理论。

银行组织架构基本形式有很多类型。在过去的教科书上，从组织架构运作方式的某些方面来划分，一般将银行的类型划分为单一型、总分行型等。哈佛大学商学院 NitinNokria 教授在 1995 年 6 月发表的《组织架构概述》一文中，将不同的组织架构划分为：职能型、事业部型、矩阵型、网络型。①

（一）职能型组织架构

职能型组织架构是将企业需要从事的主要活动或要执行的主要功能分成不同的部门，通过这些部门的活动，来达到所要实现的目标。在这种架构中，部门之间的协调和信息的交流，可由组织的最高领导层出面，其管理的目标是调动不同部门的资源优势，获取最大的利益回报。它的特点是决策权高度集中、分工明确、信息交换迅速、成本最低，而且有利于雇员发展某一方面的专长。这种形式对于一个小型银行是适用的，但对于规模稍大的银行则不合适。

（二）事业部型组织架构

事业部型组织架构是根据企业的生产和提供的产品和服务，或服务对象，或服务地区的不同进行划分的。每个事业部都成为一个专门的部门，专门从事某一类业务。它的特点是相对独立，其经营计划和预算的制定也具有很大的独立性，从管理会计角度说，它事实上是一个“利润中心”。它的主要缺点是可能分散一个企业的力量，不利于规模效应的形成，跨事业部之间的协调存在一定的难度。

（三）矩阵型组织架构

矩阵型组织架构是指按照组织架构固有的一些特性，将一个企业的部门分为不同的事业部，在每一个事业部中，又设计一些职能类似的组织，这些组织由分别属于不同的职能部门领导，形成一个“多维”的矩阵型结构。它的主要特点是适应性较高，能够使企业适应于不同的、复杂的环境需求。同时，由于具备职能型架构的一些特点，也能够提供给雇员根据自身兴趣培养技术专长或综合管理能力的机会。由于受到双重领导，这一架构往往需要不同部门间进行信息和权力共享，对协调性要求较高，约束性很强。

（四）网络型组织架构

网络型组织架构是近年来发展起来的一个组织架构形式。它是人们探讨的网络

---

① 《NIMBUS 中国 - Control 系统》，北京悬创科技有限责任公司，2008。

型组织、群体型组织、自设计组织、基于信息组织和后工业化组织的一个统称。在这个架构中，企业中的劳动分工是按照掌握一定技能的知识雇员的类型来进行的。他们可以单独工作，也可以暂时或永久性组成项目工作小组去完成某一件事情。劳动者的组合，根据企业经营活动的需求来进行，并且在几乎没有任何正式监督的状况下进行。网络型架构的最大优点是它的适应性强，能够针对外界环境激烈变化，及时迅速地作出反应。

二、组织架构的决定因素

组织架构的设计与选择关键在于有利于管理者经营目标的实现。因而就统一标准而言，组织架构模式没有最优和次优，也没有必选的定式，关键看是否适应自身经营状况和外部经营环境。银行应该选择何种形式的组织架构，一般需要考虑以下几个方面的问题：

第一，资源是否有效配置及资源的统筹调动利用能力。应该选择能够最有效地调动、配置资源特别是人力资源、资金资源的组织架构。

第二，风险的管理和控制水平。银行是高风险行业，建立健全有效的风险管理控制体系，应该是选择组织架构模式首先要考虑的因素之一。

第三，对市场环境的适应性。作为企业，市场的需求、客户的需求、经营环境的变化是组织架构选择必须要考虑的问题之一。组织架构模式一定既要有利于服务客户，又要有利于市场竞争。

第四，银行自身的科技水平。任何一种形式的组织架构，在当今科技信息时代，都必须有与之相适应的信息科技系统来支撑。企业自身科技水平也决定了选择什么形式的组织架构。

第五，员工潜能的发挥。银行作为竞争性很强的风险行业，员工潜能的发挥和员工整体素质的高低也直接决定了选择什么形式的组织架构。

三、西方银行组织架构主流模式

20 世纪 80 年代以前，西方银行的组织架构模式一般是总行以职能型架构为主，分支行是以“块块”形式为主，大多数分支机构则是“麻雀虽小，五脏俱全”。这种模式下，分行主要负责人集行政管理权与业务管理权于一身；总行对分行下达经营指标和考核都是以分行整体来进行的，分行既是成本中心，也是利润中心。①

目前，大多数的发展中国家和日本的银行也实行这一模式，汇丰银行基本上也

---

① 《NIMBUS 中国 – Control 系统》，北京悬创科技有限责任公司，2008。

是这一体制。随着西方国家直接融资的迅速发展并逐步在市场占据主导地位，客户对银行的融资需求减弱，黄金客户则主要依赖资本市场。针对这一变化，银行不得不改变经营作风，努力以创新品种对客户实施针对性营销，并实行相应的管理，从而形成了专业化的特点。频繁爆发的金融危机也使银行越来越重视风险控制能力。为使专业化营销更为顺畅、风险控制更为有效，实行专家管理和决策并灵活应对市场变化，按业务板块自上而下垂直管理（以纵为主、以横为辅的矩阵型架构）就成为十分必要。20 世纪 90 年代初，以客户为中心，专业化垂直型组织架构基本形成。全球范围内的跨行业金融机构兼并重组浪潮推动了这一模式的发展；IT 技术的迅速发展和管理会计手段的日趋成熟为银行业采用这种模式提供了坚实的技术基础。

20 世纪 90 年代以来，以客户为中心、专业化的垂直型组织架构在国际银行业发展十分迅速，已经成为全球银行业组织架构的主流模式。美国著名的大银行如花旗银行、摩根大通和美国银行等银行的这种组织架构已经十分成熟。欧洲的德意志银行、德国裕宝银行、英国渣打银行、英国劳埃德银行、法国巴黎银行和法国兴业银行等也纷纷仿效，推行这一主流模式；台湾的中国信托银行和台新国际银行也采用了这一体制；汇丰银行正在由过去的“块块”管理的模式向主流模式转变，并在信贷和风险管理领域基本实现了专业化的垂直型管理。尽管由于历史沿革、东道国法律和兼并重组等原因，银行总部与其下属机构之间可推行不同的体制，如总分行制、子公司制和控股公司模式以及上述各种体制的混合等，但都不影响银行推行主流模式的组织架构；市场定位和业务特色的差异，也不影响推行主流模式，但对主流模式框架下的某些方面有一定的影响。

银行实行以客户为中心，前台、中台、后台分离，专业化垂直型的组织架构必须具备以下重要条件：（1）IT 技术在银行业得到广泛运用，在信息传递、数据采集、业务处理、风险控制和业绩评价等方面，提供技术前提、技术支持和技术保障；（2）管理会计方法在经营信息汇总、成本和效益的核算、业绩评价和风险控制等方面得到广泛而深入的运用；（3）拥有一支经验丰富、勤奋好学、作风踏实、团结合作、知识型的经营管理者队伍。

西方银行组织架构主流模式的主要特点表现在以下四个方面：

（一）突出“以客户为中心”的经营理念

自上而下建立垂直管理的前台业务板块，强化市场拓展功能。前台的企业和机构业务、零售和私人业务及资本和市场业务板块营销功能大大加强；营销多元化，依客户的不同分成若干业务条线，多头展开营销；营销量体裁衣，针对性地满足客户多方面的金融需求；营销标准化，同一客户在全球均可享受相同的服务；营销力度化，对大客户的营销由从总行到支行的整个业务条线承担。形成多层次贴近市场的新产品开发机制，保证向前台提供符合市场需求的、附加值较高的产品。管理链的缩短提高了业务运作的速度，保证前台部门快速、灵活地应对市场。

（二）真正以利润为中心，实现集约化经营

建立客户、产品、部门和地域的四维业绩评价体系；采用作业成本法进行成本分配与核算，强调成本控制；以股东价值增长额和资本回报率作为主要业绩考核指标，强调盈利高低必须以股东利益最大化为出发点；部门和个人的业绩紧紧地与其所创造的盈利挂钩；成立业务处理中心，大大降低营运成本。

（三）推行科学管理，构筑有效的风险控制体系，提高业务运行的效率与质量，强化风险控制

明确划分前台、中台、后台业务，形成相互制约的体制，前台面向客户，中台职能管理和风险控制，后台提高支持保障的运作体系；全方位的专业化，依客户的不同推行业务条线管理，并注重专家管理；合理改善管理链和管理半径，加强条线管理，提高业务处理的速度，提高可控能力；广泛运用管理会计方法，为高级管理层作出正确的战略决策提供有效的信息支持；以纵为主、以横为辅的矩阵式管理，有利于增强团队的合力；注重宏观和量化的风险控制方法，提高风险管理能力；统一进行资产负债管理，有效控制风险和充分利用资本资源；强化中台管理，构筑全方位、专业化、独立的风险控制体系。

（四）注重责权利的统一，增强企业核心竞争力

从总行一直到最基层，通过以客户为中心、专业化的垂直型管理，既将各层面各部门的职责明确区分开来，同时又将其利益紧紧捆绑在一起，使责权利达到合理统一，充分调动各业务条线的积极性；条线主管拥有其主管范围内的人权、事权和财权，同时必须承担相应的过失责任，依据其主管范围内的较大的自主权力，选择合适的人才，进行合理的分配，以达到其经营目标，为获取更大的利益，十分注重拓展市场、降低成本和控制风险。

四、我国银行系统组织架构模式选择

（一）国内银行系统组织架构的现状及问题

中国的银行体系，不论是由专业银行转轨而来的银行，还是市场经济催生的新型股份制银行，均是胎生于计划经济模式下的行政分权体制。这一体制下，按行政权力和行政区划，银行业务和客户完全被割裂于各级分支机构，基本上实行职能型“块块”管理的总分行组织架构的主流模式。近年来，部分银行开始试行部分前台专项业务事业部型结构、中台业务条线垂直管理、后台业务处理部分集中等方式取得一定成效，但传统主流模式仍未有大的改变。我国银行现行这种块块分割、行政

分权式的总分行模式的组织架构体制上的弊端，不仅仅是表面上缺乏集中的风险控制要求和集约化经营的效率，本质上更是一个形式上的统一法人下的银行被分割成无数独立的利益板块，这将直接带来法人治理结构和现代企业制度的严重滞后，这种滞后状况所引起的主要问题有：

（1）利益多元、目标多元，统一法人的经营目标难以很好实现。总行对分支机构管理仍是典型的“块块管理”体制，分支机构的准法人性质比较突出。分行首先从自身利益出发进行运作，成为实际上的利润中心，而众多分行就是众多的利益主体，就会有众多的经营目标，通常会在不同程度上偏离或弱化总行的经营目标。

（2）总部架构仍以职能型为主，行政色彩浓厚，不直接面向市场和客户，管理半径过大，机制缺乏应有的活力。按职能型设置的总行部门，前台、中台、后台职责划分不清，业务部门缺乏独立的人事和财务支配权，部门间信息沟通、业务流通不够顺畅，面对数百数千甚至上万个分支机构，管理链过长和管理半径过大，会直接影响业务运行速度和决策效率及决策传导速度。

（3）风险管理体系不健全，风险控制功能不到位。缺乏有效的风险识别、度量、监测、控制和检查机制，各个条线、层面风险的责任人责任不明确，没有清晰的市场风险、行业风险和地区风险控制的政策目标。尤其是分行主要负责人集事权、人权、财权于一身，导致市场风险、信用风险过于集中，总行作为一级法人却必须承担全部和最后的风险责任。

（4）没有形成真正以客户为中心的营销体制，竞争力不强。没有细分市场，主要客户群体不明确，产品和服务相互分隔，缺乏真正的产品经理和客户经理。

（5）没有真正以利润为中心，依然实行粗放式经营。管理会计理念和方法还没有得到真正广泛运用，无法清楚地核算产品、客户、部门和地域的成本和效益，以人为本的绩效考核体系还没有建立。

随着我国加入世贸组织，外部竞争压力的加大，现行银行组织架构所显现出来的这些问题会越来越突出。我国银行现行组织架构与现代金融企业制度、西方银行组织架构主流模式间的差距也会越来越大。这种状况的后果和最实质的问题就是，由于组织架构的弊端，大大降低了国内银行的核心竞争能力。

（二）影响银行组织架构目标模式选择的因素

无论何种组织架构，银行都是围绕下列几个主要因素进行的：经营目标（战略定位）、经营管理者及员工、经营（市场）环境、风险控制、资源配置、信息共享、业务流程管理等。构造银行组织架构的首要目的是为了实现其经营目标。

我国银行组织架构选择可以根据上述因素考虑，确定不同的模式，但最基本的几项原则应该是共性的。即银行必须以客户为中心，增强营销功能；必须实行专业化管理，提升机构运行和管理的质量与效率；必须实行前、中、后台分离，完善风险管理体系；必须以人为本，注重绩效考评体系的建立；必须真正以效益为目标，实现从粗放型增长方式到集约型增长方式的转变。

（三）我国大中型银行组织架构目标模式的选择

西方银行组织架构的主流模式应该是我国大中型银行组织架构目标模式的主要选择。随着加入世贸组织后金融竞争的不断加剧，我国银行特别是中资大中型银行与全球大型银行将在同一市场、对同一群体、在同一经营环境下直接竞争。西方银行组织架构主流模式已经过多年不同市场环境的实践而日趋成熟，是代表银行发展方向的典型的现代化模式。中资银行中规模较大（国际排名前一百位）、机构众多（遍布全国及主要国际金融中心）的大型综合性银行（工行、农行、中行、建行、交行）选择西方银行主流模式作为其组织架构目标模式就成为必然。

选择西方银行组织架构主流模式作为我国银行组织架构的目标模式绝不是简单的照搬照套，更重要的是经营理念的选择。中国文化及市场化程度与西方发达国家存在很大的差异，选择何种组织架构，关键要看整个社会、经济和人文环境的认同，如果过分地追求统一的标准模式，一味地照搬照套，脱离国内的实际，肯定达不到期望的目标，甚至会给国内银行带来巨大的转型成本，直至带来毁灭性破坏。选择和认同西方银行主流模式的经营理念和基本设计原则，要比照搬其架构的“模型”重要得多。特别是以客户为中心、以利润为目标的经营理念；前、中、后台分离，专业化管理以提高企业效率的质量并强化风险控制的管理思想；顺应金融市场变化趋势，适应银行市场竞争态势而不断推动体制创新的战略目标等。

（四）目标模式设计的基本原则及主要内容

我国银行组织架构目标模式设计的基本原则及主要内容是：（1）以客户为中心，增强营销功能，加大营销力度；（2）实行专业化和垂直型管理，提升各类机构运行和管理的质量与效率；（3）理顺前、中、后台关系，突出业务部门的核心地位；（4）合理确定管理链长度和管理半径，使业务拓展和内部管理顺畅、协作和均衡运作；（5）完善风险管理体系，切实形成有效的风险控制；（6）真正以效益为目标，实现粗放型增长方式到集约型增长方式的转变；（7）建立真正企业化的激励机制和绩效考评体系；（8）突出各类人才，特别是专业技术人员的作用。

（五）银行系统组织架构设计的原则

银行系统组织架构设计的基本原则是：（1）目标至上原则；（2）管理幅度原则；（3）因事设职原则；（4）精干高效原则；（5）相对封闭原则；（6）相对平衡原则。

组织架构设计的例外原则：（1）权责对等原则；（2）才职相称原则；（3）统

一指挥原则；（4）责任不下放原则。

银行系统组织架构设计的五级分类法：（1）营销、运营、风控、合规、保障；（2）前台、中前台、中台、中后台、后台；（3）数据层、操作层、信息层、知识层、管理层。

（六）组织架构再造的路径和基本条件

我国银行系统组织架构的再造，必须以目标模式为目标，循序渐进，突出重点，分段实施。针对我国银行现行组织架构的突出问题，应该首先选择总部组织架构再造以寻求第一阶段的突破。最重要的是把总行按不同业务板块划分的前台业务部门真正推向市场，真正形成利润中心。同时可以选择适当的中台风险管理和控制部门推行横向嵌入式、纵向垂直管理的阶段性策略。

我国银行系统组织架构的再造必须把信息技术和管理会计作为基础条件。目前我国实行的银行系统组织架构目标模式最大的障碍，就是信息技术和管理会计应用严重滞后。要实现传统的总分行行政分权模式向现代金融企业的目标模式的转轨，必须要构建大集中模式的数据处理体系及在此基础上的管理信息系统，必须加快推进管理会计系统的运用，真正实现对客户、部门、产品和地域的有效核算和管理，实现集约经营。这是实行组织架构转轨的两块基石。

第三节 银行系统业务流程再造

银行业务流程是由一系列业务按照一定顺序进行的活动和组合，以客户信息与银行内部资源信息为加工对象。在一个完整的业务流程中，同时包括有内部或外部客户，共同构成了自始至终的一个完整的为客户提供某种或几种金融服务的功能。流程的运作需要人员、数据、技术资源和信息系统的合理组合。①

遵循传统的分工理论，银行笼统地按活动的相同或相似性，将从事相同或相似活动的人合在一起，形成职能型群体。每一个群体从事的工作，对于一个完整的流程来说，只是其中的一个部分，但对这些部门来说却是其工作的全部。在这样的职能型组织中，从某一个客户的需要来看，完整的业务流程常被分割得支离破碎。既导致了银行职员技能的单一化，成为一个片面发展的机器的附属，也增加了各个业务部门之间的交流工作，交易费用因此大为增加。

如果说，在金融管制的时代，在比较稳定的市场环境中，在金融产品单一且简

① 《NIMBUS 中国 – Control 系统》，北京悬创科技有限责任公司，2008。

单、银行业务强调规模经济的情况下，流程片段化的缺陷还不是很明显。但是，伴随着信息化和金融自由化时代的到来，金融领域的竞争日趋白热化，金融产品的综合性和复杂性日益提高，客户开始有选择性了，银行需要更有人情味地去理解客户。而不是按一个大众化的标准来寻找大批的银行客户。在此情况下，这种片段化的银行业务流程框架就越来越难以满足市场的需求了。因此，银行业务流程再造应运而生，它直接针对的就是被分割得支离破碎的业务流程。其目的就是重建完整和高效率的新流程，即按照客户类别，将本来分散在各职能部门的工作，按照最有利于客户价值创造的营运流程重新组装，使银行能高效适应市场的要求。

在银行业务流程再造中，创造性地运用信息技术对传统的工作进行最大限度的集成，从而使业务流程取得脱胎换骨的效果，是银行再造中最具挑战性的内容。银行再造需要借助现代信息技术的力量，从根本上重新思考和设计现有的流程组织，建立以“客户为中心”的业务流程，以期在成本、质量、客户满意度和反应速度等方面有所突破，进而在财务绩效指标与业绩成长等方面有优异的表现。

一、银行业务流程的诊断分析

银行的业务流程是指为客户创造价值服务的一系列相关活动的有序集合，可分为客户服务流程和后台支持流程。依据目前我国银行为客户提供的产品和服务，客户服务流程一般可以分为信贷业务流程、零售业务流程、表外业务流程、咨询业务流程、代理业务流程等；根据银行各项管理活动，后台支持流程可分为综合管理流程、计划财务流程、清算结算流程、风险管理流程、产品开发流程、后勤服务流程等。

此种业务流程主要存在以下问题：

（一）重复审查环节过多，流程周期太长

以信贷业务流程为例，一笔贷款从客户提出申请到使用需要经历客户申请—受理审查—贷前调查—项目评估—风险审查—贷款审批—合同审查—用款条件审查—客户用款等 20 多个环节，其中绝大多数环节都是对客户资信的审查。贷前调查要写调查报告，项目评估要写评估报告，风险审查要写审查报告，贷款审批要写审批报告，层层上报，层层审核。重复劳动，效率低下，责任不明确。据统计，银行一笔信贷业务的平均处理时间（从客户提出申请到用款）长达 6 个月左右，根本无法满足市场竞争的需要。

（二）不能为客户提供差别化和多样化的最方便的服务

我国银行现有的业务流程是为适应既有的组织结构和满足管理的需要设置的。但从客户的需要来看，完整的业务流程常常被割裂开来。尽管进行了很多改革，但

基于权力和资源的再分配等原因，部门设计和部门职责划分始终没能打破传统的思维定式。不能根据不同客户、不同业务的风险高低设计不同的业务流程，往往按业务金额的大小划分管理权限，造成越是优质客户审批环节越多，业务流程越复杂。

（三）各个业务流程彼此不协调，甚至存在冲突

譬如，银行虽然设有专门的信息部门，但没有建立统一的信息流程，各业务经营和管理部门为了自身需要，都有自己的信息渠道和信息处理流程。前台业务部门有业务信息系统，后台风险部门有管理信息系统，会计部门有会计信息系统，各流程之间的信息资料不能共享，重复录入，更重要的是数据唯一性很差，各口径的数据不一致，带来管理上的混乱。实际上，银行的各项流程都存在相互制约、相互影响的关系，所以应该特别重视流程之间的相互作用和匹配。应加强流程网络的总体规划，使流程之间彼此协调，减少摩擦和阻力，降低系统内耗。

（四）一些不必要的后台支持流程占据了大量的人力、物力

一些银行的后勤服务等非业务人员在数量上甚至超过了业务人员，这样，在非核心业务上投入了大量的人力、财力不说，质量也难以保证。

客户服务流程包括：信贷业务流程、零售业务流程、表外业务流程、代理业务流程、结算业务流程等。

后台服务流程包括：综合管理业务流程、计划财务业务流程、资金清算业务流程、会计核算业务流程、风险管理业务流程、信息管理业务流程等。

银行业务流程再造应以面向客户需求为出发点，对业务流程进行重新思考和设计，简化和优化流程。

银行业务流程再造的核心策略主要有：

1. 根据客户价值定价。即根据客户对银行产品的满意度和客户得到银行产品或服务后所能获得的效益来定价。这种定价策略的前提条件是银行提供的产品和服务必须是体贴周到的、个性化的。

2. 设计差别化和多样化的业务流程，提高核心竞争力。差别化、多样化的业务流程必须有助于提高银行的成本控制能力、风险控制能力、创新能力、综合服务能力。这四种能力决定了银行的核心竞争力。

3. 实行客户与银行单点接触策略。要求银行能在一个地方为客户提供全面服务，而不是客户为了一笔业务需要在不同的部门之间穿梭。

4. 扁平化的组织结构。压缩管理环节、降低管理成本，减少上下级之间的信息传递的失真，进行银行组织结构的再造。

5. 经营范围再造。扩大经营范围，向综合化、国际化和高科技化方向发展。这必将对我国银行业的变革产生巨大而深远的影响。

二、银行业务流程再造的原则

银行业务流程再造的目的，就是要根据客户类别，将分散在各职能部门的工作，按照最有利于客户价值创造的营运流程重新组装，从根本上对工作程序和业务流程进行外包、压缩和整合，避免头痛医头，脚痛医脚，治标不治本的做法。银行业务流程再造应坚持以下几项原则。

（一）以客户为中心的目标原则

银行业务流程再造首先要坚持以客户为中心的原则，即要按照客户的需求和为客户提供最方便和最优质服务的思路重新设计各项业务流程，建立能以最快的速度响应和满足客户不断变化的需求的运营机制及相关的业务流程，并将决策点定位于业务流程执行的地方，在业务流程中建立控制程序，从而大大消除原有各部门之间的摩擦，降低管理费用和管理成本，减少无效劳动，提高银行的市场竞争能力。这里的“客户”既指银行的外部客户，也指内部的“客户”，前台客户部门就是后台支持保障部门的客户，银行客户部门的工作质量由银行的客户来评价，银行支持保障部门的工作质量也应该由它的客户——前台客户部门来评价。银行的资金计划、风险控制、会计核算、人力资源等管理部门不能再以“管理者”自居，而应以支持者、服务者的角色出现。只有建立“一线为客户服务，二线为一线服务”的经营理念和相应的业务流程，才能从根本上提高银行客户服务水平和市场竞争能力。

（二）重流程、不重部门和职能的原则

业务流程再造强调“组织为流程而定，而不是流程为组织而定”，银行业务流程再造应主张以“流程”为中心，先流程后部门，即先设计好银行的各项业务流程后，再根据流程的需要设置相应的职能部门。将目前分拆开来的部门进行归并和整合，将对流程运行不利的多余、重叠甚至起阻碍作用的部门取消。

（三）充分应用信息技术的原则

我国银行在集约化经营中对信息技术的利用多限于自动化，即把原来由人干的工作，代之以机器，但整个工序和办事的方式少有改变，这虽然加快了处理速度，提高了业务处理量和准确性，但却只是对信息技术最底层的开发。业务流程再造是银行利用现代信息技术彻底翻新业务流程，要超越目前我国银行对信息技术主要限于初步的文字、数据、图表处理的阶段，发挥其无限的巨大潜力，创造出耳目一新的作业程序。

（四）“突破性”再造与连续性改进相结合的原则

尽管业务流程再造非常强调“根本性”“突破性”“彻底性”，但业务流程再造不可能消除一切问题。对于银行来讲，外部宏观政策和经济环境在短时间内不会有大的变化，内部管理上存在的问题也不是一天两天形成的，因此，在实施业务流程再造中应避免好高骛远，走入过分追求完美的误区。事实上，业务流程再造本身也是一个长期的、不断渐进的过程，不可能在一夜之间实现。银行在业务流程再造时，要坚持整体设计、分步推进的方法，通过不断的连续性的改进，优化各项业务流程，改善与客户的关系，提高运营绩效，重新确立银行的竞争优势。

三、银行业务流程再造的策略和方法

（一）从价值链分析入手，突出核心业务流程

从价值链分析法来看，银行应着眼于活动和流程对客户价值贡献的大小。对一个银行来说，任何一个对产品或服务没有贡献的流程都是不增值的流程。对一个业务流程来讲，任何一个提高成本而对流程输出没有贡献的活动都是不增值的活动。银行业务流程再造必须从价值链分析入手，突出有利于形成核心竞争能力的核心业务流程，而把一些低附加值的、不再能体现领先优势的业务流程，如非金融业务、后勤、员工培训、科技开发等业务流程进行外包。银行的核心能力主要是银行的融资能力、产品创新能力、销售能力以及一些独树一帜的服务手段等。在银行业务外包中，外部服务公司无异于银行的“家政服务公司”，它使银行从众多并不十分在行的活动以及普通的事务性业务中解放出来，集中注意力于最核心的业务，从而避免了银行经营在精力和财力上的分散。

（二）加强流程间的逻辑关系研究，简化业务流程

一般来说，执行流程时，插手的人越少越好，同样，在流程服务对象（客户）看来，越简便越好。为此，银行必须加强单项流程间的逻辑关系研究，简化业务流程。

（1）将分开、重复的多道工序进行合并。例如前面提到的信贷业务流程，就可以采用客户评价取代受理审查、贷前调查、项目评估、风险审查等多道工序环节。

（2）减少不必要的审查环节。仍以信贷业务流程为例，可以推行一级审批制，将过去的支行、二级分行、一级分行、总行的层层审核，变为“一级审批”，即直接报有审批权限的机构进行审批决策，从而大大减少审批环节。

（3）将分产品的业务流程改为一揽子业务流程。例如，可以通过推行客户经理制，培养客户综合服务专员——客户经理，将银行传统的存款、贷款、中间业务、国际业务等业务品种统一交由客户经理负责，由客户经理向客户提供一体化营销和全面的金融服务。

（4）将串行流程改造成并行流程。可以通过网络以及数据库技术，使许多需要共享资源的活动，如新产品开发、信用评估、文件阅示等，转化为同步方式，提高

流程的效率。

（三）以客户为中心，实现业务流程多样化

在设计业务流程时，应区分不同的客户群，以及不同的场合，设计不同的流程版本，而不必事无巨细，以繁驭简。以标准化的流程来应付多样化的消费者，往往无法满足客户所需的在质量、时间方面的要求。银行再造强调银行在业务处理上应该具有灵活性。例如在贷款申请的受理上，可设计出低、中、高三个风险类别流程小组。经过初步信用审核以后，对低风险客户可交由低风险流程小组以更为简化、迅速的办法处理；对于中风险客户则按例行的标准化程序办理；对于高风险客户，则须由高风险流程小组加以特殊的处理机制来分析和研究。

（四）应用标杆瞄准技术进行业务流程改造

所谓标杆瞄准，就是以同业优秀企业的做法为标杆，创造性地加以改进，并依据优秀企业的业绩指标相应设置本企业的业绩目标，以获取企业绩效的巨大提高。银行应通过对不同西方银行间作业程序、业务流程与活动的比较分析，发现“隐藏在不同银行和不同部门市场表现差异背后的关键因素”，在借鉴的基础上，结合中国的实际情况加以改进，实现银行业务流程再造后的跨越式发展。

（五）应用信息技术对银行管理进行规范化、集成化的系统改造

业务流程再造的一个重要特征，是要建立起基于信息集成的流程架构，它要求数据来源唯一、信息共享。任何数据，由一个部门、一位员工负责输入，任何其他部门、其他人员不再需要重复输入。只有这样，才能做到减少重复劳动，提高效率，避免差错。在此基础上，系统可以根据录入数据的员工的口令查明信息来源，做到责任明确，这也是规范化管理所必需的要求。输入的数据按照一定的规则运算或处理的结果，存储在规定的数据库中，可以立即为所有授权人员共享，做到实时、迅速适应环境变化。由于所有管理人员都按照同一信息来源作出决策，就可避免由于信息来源不同而出现相互矛盾的决定。例如客户部门某个客户经理把贷款情况录入系统以后，会计部门在进行账务处理时无须再根据有关单据重复录入。

（六）要处理好远景规划和分步推进的关系，加强对业务流程再造的培训和宣传，使更多的人参与到这项活动中来

业务流程再造是银行业务运营机制的彻底改造，在业务流程再造项目启动之初，银行的管理者，特别是高层领导一定要有自己的主见，并在此基础上达成一个为大家所基本认同的、较清晰的项目实施目标和远景规划。如果定位不清晰准确，任何精心设计的、科学合理的现代化管理方案都难以发挥出真正的管理效能。同时，也要结合外部宏观政策和经济环境，从最需要改进的环节入手，分步推进，逐步实施，切勿好高骛远，贪大求全。同时要以经常性的培训来促进全体员工的知识更新，以

多种形式的信息传播与共享方式来消除抵制心理，动员全体员工并获得他们的广泛支持和热情参与，保证业务流程再造计划的完成。

第四节　银行系统贷款业务流程设计

业务流程再造追求经营绩效的显著改善，而按照哈默和钱皮的观点，“显著改善”的标准是“周转期缩短 70%，成本降低 40%，客户满意度和企业收益提高 40%，市场份额增长 25%”。为此，业务流程再造需要对企业原有的、固定的长期经营活动中形成的思维定式、业务流程的设计和执行进行根本性的手术，催生创造性思维。业务流程再造是对企业业务流程的破旧立新，是摒弃既有流程及其与之相关的旧式思维模式和组织管理体制，按实际需要进行深入彻底的改造，重新设计和实现新的流程。重新设计需着眼于设计某一或某些整体的业务流程，而不是着眼于改造为完成这些业务流程而建立起来的组织部门。在具体操作中可将几道工序合并，归一人完成，也可将分别负责不同工序的人员组合成工作小组或团队来共同完成工作，以利于信息共享，简化交接手续，缩短时间；另外，还可以将原来依次分为几步的工序变为同时进行，即将连续性工作转化为同步工作。企业业务流程再造后的组织形态将从传统以职能为中心，以控制为导向的、层次重叠的机械式组织转变为以流程为中心，以客户为导向、层次扁平并富有弹性的新型有机式组织。

客户是企业发展的基础，只有最大限度地满足客户需求才能赢得市场。业务流程再造从根本上讲，就是以满足客户需求为导向重构企业，树立客户至上的指导思想。把握客户的需求并视每一个客户为有特别要求的单一客户，采取全方位满足客户需要的具体措施，从而可以将优质服务转化为企业的竞争优势。业务流程再造的最终目的是以效益为中心，提高经济运行效率，用扁平化结构替代传统的金字塔形结构。变革后的企业需要那些知识全面、观念先进以及具有敬业精神的复合型人才，业务流程再造将不再是某个人的个人行为，而是整个团队共同努力进行整合的结果。因此，要坚持以人为本的团队式管理，通过目标管理将员工追求个人事业的活动纳入到组织发展过程中，推动员工不断学习，使员工自主地工作，从“要我做”变成“我要做”，实现挑战性的目标。

一、国际商业银行贷款业务流程

尽管国外商业银行解除了分业经营的壁垒，准许银行、证券和保险业之间的跨行业经营，商业银行收费服务的种类和数量不断增加，但商业银行作为提供资金中介服务的金融机构，贷款业务仍然是商业银行发展不可或缺的业务品种，国外商业银行在贷款业务流程设计中坚持以客户为中心，利用先进的风险管理技术、信息完善的数据库及健全的社会体系，按照客户的需求，为客户提供方便、优质、快捷的全方位服务。贷款业务办理实行业务线与风险管理线平行运行的做法，使客户经理与风险经理职责明确。

前台客户经理直接面对客户，搜集客户的信息和资料，了解客户需要，为客户提供一站式、全方位服务，对资料的真实性负责；后台风险经理不能与客户见面，完全依据客户经理提供的资料信息，利用先进的风险评价技术进行业务决策，负责业务风险控制，客户经理和信用风险经理实行等级管理，不同级别的客户经理与风险经理具有不同的审批权限，级别设置根据其知识水平、专业技能、工作经验和职业作风划分，有一套严格的评估标准和评估程序。对不同的客户委派不同级别的客户经理和风险经理，一般来说，同一层次的客户其风险经理比客户经理高一个级别，大客户的风险经理由总行直接派驻，但日常工作联系和一般的分析工作由当地分支机构的级别较低的经理担任，协助风险经理工作。

以美洲某商业银行的贷款批准程序为例，客户经理对客户申请进行调查，提出初审意见（包括风险等级、授信金额、项目情况等）；报分支行有权签批的管理人员批准；交有权签批的风险经理进行核准；签署意见。如果风险经理同意客户经理和审批人的意见，该笔贷款成交；如果贷款超出权限和授信限制，或风险经理和客户经理的意见不一致，双方需上报各自的更高一级管理者（公司业务和风险管理副总经理）批准；如果各自的上级主管持有不同意见，或贷款金额巨大，则继续报更高一级的执行管理者决定，直至 CEO 和风险管理委员会。

国外商业银行的贷款业务流程涉及贷款前期营销、贷款受理审核以及贷款回收的整个过程，从表面看程序烦琐，但在实际运作过程中，由于具备先进的风险评价体系、完善的信息数据库以及社会信用体系，在具体操作中只需由不同等级的客户经理和风险经理按照规范的审批系统得出客户风险等级便可决定能否发放贷款，操作简便，审批效率极高。

二、商业银行贷款业务流程的现状分析

1994 年起国家先后采取多种措施，逐步实现了国有专业银行向国有商业银行转变，贷款业务也由初期计划经济时期资金供给制下的划拨转变为市场经济条件下市场化运作的资金借贷，商业银行贷款风险控制与管理逐渐引起重视，除全面推行资产负债比例管理，通过贷款风险度、不良贷款比例等一系列指标约束商业银行行为，而且实行权限上收，审贷分离等制度严控风险，形成了前、中、后台分工负责的信

贷业务流程，贷款流程设计跨越多个部门，经过多个环节，“流程为组织而定”：既有自上而下的总行——一级分行—二级分行—支行的分级组织结构，也存在前、中、后台的业务划分。这种业务流程设计业务环节众多，导致链条长、效率低下，表面上看，人人有责，各部门分担责任；但实质上是部门之间相互推诿责任，不仅无法实现风险防范，相反妨碍了业务的发展，拉大了与客户之间的距离。

（一）组织机构设置制约了风险的有效控制

纵向来看，国有商业银行缩减层级，集约化经营的目标并未真正实现，相反，自上而下形成了高度集权，产生决策偏离实际的现象，从根本上讲，并未达到防范风险的目标，反而加剧了风险。国有商业银行面对的是全国不同的区域环境，由于信息不对称，加之不同的客户个体具有各自的特性，总行不可能对全部区域充分了解，在不接触客户的情况下，由于缺乏统一的客户信息数据库，内部条块分割、各自为政的信息系统导致客户资料和档案零散，甚至缺失，客户信息不够规范和统一。受技术条件等制约，国有商业银行与客户在信用信息方面存在客观上的信息不对称，而且信息传递过程中普遍存在失真现象，单纯依靠书面资料和一级分行的汇报情况，总行无法全面、真实、客观地对客户进行把握。由此既可能扩大风险，也可能造成优质客户的流失。横向来看，风险控制机构的设置不合理，在内部机构设置中，虽然划分为前、中、后台，但各部门之间职责不明确，往往出现有的业务多头管理，有的业务无人管理，处于真空的现象。不仅如此，部门之间信息沟通渠道不畅，同一项业务既要向前台营销部门汇报，又要向中台评审部门沟通解释。这不仅加大了内部信息沟通成本，也会因部门之间的业务交替使经营成本加大。

（二）业务流程设计不符合市场竞争的需要

目前我国银行的业务流程设计不是为使客户满意的业务流程，而是为适应既有的组织结构和满足管理的需要设置的，即“流程为组织而定”。无论是对于重点客户、优良客户还是一般客户均遵循相同的业务操作流程，业务操作烦琐、分割，有些被分割出来的活动根本未创造价值，有的甚至是累赘，往往产生劣质客户驱逐优良客户的现象。以某商业银行的项目贷款审批为例。一笔贷款从客户提出申请到支用贷款需要经历大大小小的环节不下 20 个。

贷款业务受理阶段、评估阶段、审批阶段及用款阶段等环节基本上都是对客户资信的审查，贷前调查要写调查报告，项目评估要写评估报告，贷款审批要准备审查及审批报告，不仅重复劳动，效率低下，而且不易明确责任。不仅如此，一笔额度较大的贷款还要经过同级机构的多个环节，由多个部门的经办人员和主管审查，而且还要层层上报、层层审核，处理时间很长，有的甚至需要五六个月，根本无法满足市场竞争的需要。因此，尽管有些审查是必要的，但为此投入大量的人力、物力、财力和时间，付出如此高昂的管理成本和效率代价却是不可行的。

三、商业银行贷款业务流程再造的构想

通过对原有的贷款业务流程进行重新设计，包括对一些资源重新进行整合，把原有的以职能为中心的传统管理转变成以流程为中心的新型管理，以客户为中心，提高客户满意度和忠诚度，建立稳定的客户群，从而通过对客户的综合性、精细化的服务，进一步拓展获利空间，实现业务运营效率的最大化，降低经营成本，提高经营效率和效益。

（一）国有商业银行贷款业务流程再造的原则

（1）要坚持扬弃原则，结合国有商业银行实际重构贷款业务流程。国有商业银行在贷款业务流程再造过程中，一方面，采用标杆管理的方法，通过对自身实际状况与国际先进商业银行进行定量化评价和比较，分析查找差距，并在此基础上选取改进国有商业银行绩效的最佳策略。另一方面，贷款业务流程再造的目标和方法必须同现行的具体情况相适应，由于国有商业银行所处的内、外部环境与国外商业银行差异较大，如风险控制技术落后，信息数据不完善，社会信用环境较差，客户发展水平较低等。在国外行之有效的方法拿到国内就不一定能取得同等的效果。标杆管理并非拿来主义，反对简单照抄照搬，要广泛学习和借鉴，在现有业务操作流程的基础上，结合国有商业银行的实际，设计符合自身实际的业务流程。

（2）坚持精简流程的原则，提高国有商业银行贷款效率。国有商业银行业务流程再造要坚持以客户为中心，即要按照客户的需求，为客户提供最方便和最优质服务的思路重新设计贷款业务流程，建立能以最快的速度响应和满足客户不断变化需求的运营机制及相关业务流程，执行流程时插手的人越少越好，对客户而言，越简便越好。加强流程间的逻辑关系研究，简化业务流程。通过将几道工序合并归一人完成或者将完成几道工序的人员组合成小组或团队共同工作，将连续和平行式流程改为同步流程，实现决策权前移，使前台直接为客户提供一站式全方位服务，后台为前台提供技术及业务支持服务。银行客户部门的工作质量由其客户来评价。银行后台部门的工作质量由前台客户部门来评价，消除原有各部门之间的摩擦，降低管理费用和管理成本，减少无效劳动。具体来讲就是要将分开、重复的多道工序进行合并，将分产品的业务流程改为一揽子业务流程。通过推行客户经理及风险经理制，将银行传统的存款、贷款中间业务及国际业务等业务品种统一交由客户经理负责。由客户经理向客户提供的一体化营销和全方位的金融服务，体现在信贷业务流程中。采用客户风险评价取代受理审查、贷前调查、项目评估、风险审查等多道工序环节，推行一级审批制，即直接报有审批权限的机构进行审批决策，从而大大减少审批

环节。

（3）坚持整体设计、分步推进原则。减少流程再造的成本，业务流程再造本身是一个长期的、不断渐进的过程。不可能在一夜之间实现。因此，国有商业银行在业务流程再造时，要坚持整体设计，分步推进的原则，通过不断的连续性的改进，优化各项业务流程，改善与客户关系，提高运营绩效，重新塑造银行的竞争优势。在推行流程再造的最初阶段，应该选择那些目前已表现出业务流程中的不足，最可能获得阶段性收益，再造难度相对较小，周期相对较短，易于被员工和客户认同的，对实现企业战略目标有重要影响的关键流程进行变革。在深入调研、科学筹划、反复论证的基础上，先在最容易取得突破的地方局部试点，待取得经验并对方案进行修改完善后，再逐步全面推开。在推开的同时及时总结经验教训，不断校正再造方向，对于进度不搞“一刀切”，不制定统一的时间表。根据管理基础条件、现实状况和承受能力，科学确定进度。

（4）坚持激励约束机制配套的原则，保障国有商业银行贷款业务流程再造的进行。企业的运营可以靠流程驱动，流程再造的绩效必须靠企业员工实现。员工长期的责任心和敬业精神需要健全的绩效评估机制来保证。如果没有及时建立健全以流程为导向的绩效评估机制，原有的绩效评估机制就会与新的流程发生冲突，误导员工的价值取向，使流程偏离主航道。以流程为导向的绩效评估机制并非简单的薪酬拉动，而是以人为本。将员工追求个人事业（包括薪酬、职务、职业生涯的设计及自身价值的实现等）的活动纳入到组织发展过程中。致力于把企业发展的需要转化为员工自己的需要和他们发展事业的机会。双方的需要和目标相匹配的程度，直接影响着员工的工作积极性和组织效率。

（二）国有商业银行贷款业务流程设计

借鉴国际先进商业银行的业务流程设计，结合以上原则，国有商业银行贷款业务流程再造应主张以流程为中心，先流程后部门，即先设计好银行的各项业务流程后，再根据流程的需要设置相应的职能部门。将目前分拆开来的部分（如授信、评级、行业分析、贷款审核及贷后监督管理等）进行归并和整合。将对流程运行不利的多余、重叠甚至起阻碍作用的部分取消（如项目贷款由支行逐级上报审查意见或调查报告）；通过风险评价模型，由不同级别的风险经理与客户经理负责不同类型的客户，实现贷款业务的高质、高效审批管理。我国商业银行贷款业务流程经过改造后，将使企业组织结构趋于扁平化，提高国有商业银行在市场中的竞争力，拓展获利空间，减少资源浪费，减少经营成本。具体步骤如下：

首先，对客户实行分类管理，提高工作质量与效率。国有商业银行贷款业务流程再造要根据市场客户需求的变化、业务生产线的变化和拥有的技术优势，重新认识和设计客户服务系统及改革组织结构。其重点是围绕银行的重点客户、优良客户来组织业务，以提高业务效率和经营效益。在组织结构的设置上必须体现以客户分类为中心的原则。在设计业务流程时，应区分不同的客户群以及不同的场合设计不同的流程版本。银行在面对高收入阶层的私人客户、中小企业及大型企业客户的业务需求时，面临的风险各不相同。因此在业务处理上应具有灵活性。区别不同的客户类型设计出不同的贷款业务操作流程。比如，在贷款申请的受理上，可设计出低、中、高三个风险类别流程小组。各风险流程小组能力与权限不同，经过初步信用审核以后，对低风险客户可交由低风险流程小组以简化、迅速的办法处理；对于中风险客户则按例行的标准化程序办理；对于高风险客户，则须由高风险流程小组采用特殊的处理机制来分析和研究。

其次，数据清理是建立我国风险评估模型的基础，没有强大的数据支持，任何先进的评级系统都将无济于事。《巴塞尔新资本协议》给商业银行提供的不仅仅是一个完备的数据结构，而且对各种数据都有详细的定义，有关 PD、LGD 和 EAD 的文件中，都明确提出了对于数据库和相关业务系统的要求。目前，尽管我国商业银行已具备了一定的数据储备，但数据缺乏规范性，数据质量不高。数据储备不能满足内部评级法的要求，这些问题如不及早解决，将严重制约内部评级系统的应用。因此，我国商业银行风险管理数据库的建立应该从数据的基本建设做起：

（1）全面进行数据清理。按照《巴塞尔新资本协议》要求，对内部数据的定义、逻辑结构、采集和处理机制进行一次全面的清理工作，将主要精力花费在数据清理、数据修正、数据整合和补录工作上。

（2）重新定义数据源。对自身的一些定义含混的数据（如贷款五级分类的标准）、没有的数据（如抵质押品相关数据）及定义不合规定的数据重新定义，定义数据源并理顺数据采集的流程。

（3）建立数据标准。建立并实行完整、严格、一致的数据标准，制定数据质量管理规章，确保数据的及时性、准确性和全面性。

（4）数据积累。参照《巴塞尔新资本协议》进行数据的原始积累，为开发风险模型作准备，确保条件成熟时，向《巴塞尔新资本协议》平稳过渡。

再次，实现科学流程的前提是拥有较高的风险管理技术。通过国有商业银行多年来历史贷款数据的整理分析，借鉴国际先进风险管理水平建设国有商业银行自身的风险评估系统——内部评级法体系，将信息处理工作融入流程实际工作中，实现风险的量化管理。按照《巴塞尔新资本协议》关于内部评级法的描述，从两方面建立我国商业银行的风险评估系统：一是在综合各家商业银行现有客户评级的基础上，扬长避短形成我国商业银行统一的客户评价体系，引入地区及行业的参数，消除行际之间评价的差异，优化客户评级模型；二是在建立债项评级模型的初期，利用现有历史数据，结合贷款发放时间、担保方式以及贷款实际收回及损失情况，以定性判断为主，定量分析为辅，借鉴内部评级法设计我国的商业银行债项评级模型。由于通过业务再造，风险被管理者和员工有效理解并数量化，确保了银行决策判断的基础更为可靠，从而有条件实现信息处理工作，客户评价完全可以交由流程中的员工自己完成，客户经理只需将客户信息录入客户风险评价系统，从而为及时有效决策提供支持。有了现代化的信息系统支持，让流程中的执行者拥有工作所需的决策权，可有效消除信息传输中的延迟和误差，充分的授权和放权对执行者而言也有比较明显的激励作用。

最后，尽快出台并逐步完善以流程为导向，鼓励团队创新的绩效评估体制。在设计绩效评估机制时，要考虑多种因素：

（1）优化薪酬与福利。增加员工的工资奖金、生活福利及保险等。

（2）为员工创造学习与晋升机会。加强员工培训，提高其技术业务水平，激发其学习欲望，让有能力的人在合适的岗位上发挥最大的作用是提高工作效率的关键。

（3）提供优越的工作环境。创造良好的工作环境，提高工作效率。

（4）建立员工股权收益机制。高级管理人员的股份期权制和一般员工持股制度，能够最大限度地刺激员工的工作热情。

（5）建立员工参与管理机制。提出合理化建议的制度，提高员工主人翁意识。

（6）建立合理的奖惩制度。对优秀员工的劳动态度和贡献予以荣誉奖励和表彰、颁发荣誉证书等；对犯有过失、错误及给企业造成经济损失的员工，按照规定给予适当惩处。

第六章 企业操作风险管理信息系统

建立企业的操作风险管理信息系统（以下简称操作风险管理系统），旨在规范化、标准化、系统化地对企业营运业务建立监测监控系统、非现场稽核预警系统、基于流程管理的操作风险管理系统，控制企业营运业务的操作风险。本章内容将以银行系统为例，叙述如何建立银行业的操作风险管理系统的方法和步骤。

第一节 信息系统建设的数据代码标准化

随着金融全球化的推进，金融管制的放松以及竞争的日趋激烈，银行业无论是经营的业务范围还是提供的金融产品的种类都更趋多元化，加之日益先进的信息技术和金融技术在银行业越来越广泛的应用，商业银行将面临着一个更加复杂多变的经营环境。这使得商业银行面临的风险也更为复杂。其中，操作风险暗流涌动，成为导致金融机构及整个金融体系恐慌、危机的潜在威胁。我国由于金融管理体制、管理水平、人员素质等方面的原因以及银行内部治理结构存在的严重缺陷，操作风险在我国银行系统广泛存在，并且给银行带来了巨大的损失，其在商业银行风险中的比重远大于国际同行的水平。因此，操作风险的度量和控制的研究在我国有着重要的现实意义。

当前银行业务服务的全球化、技术系统的更新、交易产品不断增加及交易量的不断提高、日趋复杂的交易工具和交易策略等，都增大了银行机构所面临的操作风险。如对整个银行业和国际监管机构引起巨大震撼的巴林银行事件。这种突然来临的市场风险直接导致了巴林银行的清盘倒闭。但其本质上，却是由于巴林银行混乱的内部控制与风险管理体系缺失所导致的。巴林银行事件之所以能够发生，关键在于交易与清算之间应有的内控制度执行缺失，业务流程应履行的监督失灵。操作风险源自于内部程序不完善、人为失误、系统故障和外部事件的影响，而银行业务流程是操作风险发生的主要载体。规范、科学、简捷、运行良好的业务流程，能从根本上起到规避和减少操作风险的特殊作用。

一、企业操作风险

建设操作风险管理系统既不能单纯地依靠定性描述，也不能纯粹依赖复杂的量化模型。所以，只有定性与定量相结合，才能全面、有效地管理银行业务所面临的操作风险。操作风险管理系统的总体方案设计既应从定性的角度对操作风险的定义、识别，又应从定量的角度对操作风险的量化和资本分配问题进行分析，做到定性与定量很好地结合。

有关银行业操作风险定义的理解，国际银行界及其监管部门一直都存在着差异（前面已经解析过），但是核心内容基本一致。经过研究部门的长期的研究和与企业界的探讨，《巴塞尔新资本协议》对银行操作风险定义为：由于内部流程、人员和系统的不足或失误或由于外部事件造成损失的风险。该定义包括了法律风险，但不包括战略风险（strategic risk）和声誉风险（reputation risk）。①

表6-1　《巴塞尔新资本协议》对银行业操作风险的定义（四因素；三级别）

第一级：因素	第二级：定义	第三级：明细
人员	雇员欺诈/犯罪	共谋犯罪、挪用客户资产、蓄意破坏银行声誉、洗钱、偷窃（实物财产和知识产权）有预谋的欺骗
	越权行为/欺诈/操作失误	滥用职权、夸大交易量、市场操纵、影响价格的不当行为、与未经授权的对手交易、使用未经授权的产品、超过额度、错误使用内部模型、超越交易规则、违法销售、忽视/缩减操作流程
	违反劳工法	非法中止合同、歧视政策或差别对待、虐待员工、违反其他雇佣法、违反健康安全规定等
	劳动力中断	罢工等
	关键人员流失或缺乏	关键人员流失、合适人员流失
流程	支付清算/传输风险	失败的/不适当的内部支付清算流程 和解失败的损失、证券交付错误、超越权限、人员/系统处理资料能力不足
	文件/合同风险	文件残缺、合同条款残缺、不当条款、交易记录不全
	估价/定价风险	文件残缺、合同条款残缺、不当条款、交易记录不全
	内部/外部报告风险	不适当的异常报告、会计记录错误、数据缺乏、风险管理报告不充分、财务报表不充分、股票/证券报告不充分、违反信息保护法/隐私保护法及相关法规

① 蒙碧军.《内部控制系统》，珠海市金长源科技有限责任公司，2007.

续表

第一级：因素	第二级：定义	第三级：明细
流程	执行	违反内部/外部规章、流程
	策略风险/管理变动	不恰当的策略或建议、不合适的新产品流程等
	出售风险	产品选择不当、产品设计过于复杂、低水平的建议
系统	科技投资风险	不适当的体系、战略风险（平台设计、供应商选择）、业务需求的不当解释、与现有系统不兼容、软硬件老化等
	系统开发和执行	项目管理不当、超过时间和成本预算、程序设计错误、整合现有系统失败、系统与业务需求不符
	系统功能	功能规则缺乏、软件功能不全
	系统失败	网络失败、系统依赖风险、接口失败、软硬件失败、内部通信失败等
	系统安全	内外部系统安全、计算机病毒、第三方程序欺诈等
外部事件	法律和公共责任	违反环境管理、违背信托/代理责任、法律解释和流言等
	犯罪	外部欺诈/支票欺诈/伪造、客户开立账户诈骗、冒充银行分支机构、勒索、抢劫、洗钱、恐怖、爆炸、外部原因引起的营业中断、有形财产损失和纵火等
	外部采购和供应商风险	供应商破产、违背职责、合同不当、违背服务协议、供应商/交货风险等
	外部开发风险	为第三方提供外部开发风险
	空难/基础设施	火灾、洪水、其他自然灾害、全国性灾难、交通事故、能源不足、外部通信中断、供水中断和建筑物损坏等
	政策调整	行业和国家政策改变
	政治/政府风险	战争、征用、业务封锁、税制改革等

二、建设操作风险管理系统的重要性

（一）建设操作风险管理系统的必要性

银行系统自身的稳健发展是社会进步和经济繁荣的基本保障。加强银行业的全面风险管理离不开对操作风险管理这一古老而现代的话题。过去人们总认为银行最大的风险是信用风险和市场风险，国内将不良资产和呆坏账统统归为信用风险。但是，对照《巴塞尔新资本协议》中关于操作风险的定义，发现很多原来的风险事项认为是信用风险，其实是操作风险。巴塞尔委员会2002年对操作风险进行了全球性的调查发现，每年因操作风险而造成的损失高达77.95亿欧元。我国对银行业操作风险的认知是从国家审计署的“审计风暴”和原银监会公布的金融机构处理涉案人员的人数、发生经济案件和违规经营案件的数量以及2005年银监会《关于加大防范操作风险工作力度的通知》（业内简称“操作风险十三条”）开始的。

操作风险十三条：该十三条明确提出“迅速改进科技信息系统，提高通过技术手段防范操作风险的能力，支持各类管理信息的适时、准确生成，为业务操作复核和稽核部门的稽查提供坚实基础”。银监会在2007年5月印发的《商业银行操作风险管理指引》指出：“商业银行应当按照本指引要求，建立与本行的业务性质、规模和复杂程度相适应的操作风险管理体系，有效地识别、评估、监测和控制/缓释操作风险。操作风险管理体系的具体形式不要求统一，但至少应包括的基本要素：（1）董事会的监督控制；（2）高级管理层的职责；（3）适当的组织架构；（4）操作风险管理政策、方法和程序；（5）计提操作风险所需资本的规定。”

原银监会提出：“为有效地识别、评估、监测、控制和报告操作风险，商业银行应当建立并逐步完善操作风险管理信息系统。管理信息系统至少应当记录和存储与操作风险损失相关的数据和操作风险事件信息，支持操作风险和控制措施的自我评估，监测关键风险指标，并可提供操作风险报告的有关内容。”这样，原银监会为银行业在新时期如何建立监测监控系统、建立操作风险管理体系、逐步完善操作风险管理系统提供了清晰的法律依据。

银行操作风险管理系统预期用户包括四种类型：银行总行的风险管理部门、总行稽核审计部门、各分行的稽核监督部门以及特派的风险管理部门。建设操作风险管理系统的网络拓扑结构（见图6－1）。

（二）建设操作风险管理系统的重要性

《巴塞尔新资本协议》把现代银行业务风险分为信用风险、市场风险及操作风险。简要地说，信用风险是指债务人未来不能按期还本付息的可能性，衡量债权人的信用度；而市场风险就是因为利率、汇率等市场要素波动而引起的，是市场变化的客观规律；操作风险是指因操作流程不完善、人为过失、系统缺陷、故障或失误及外部事件所造成损失的风险。操作风险与市场风险以及其他风险类型有所不同，它包括了内部欺诈、外部欺诈、就业政策和工作场所安全性、业务操作、业务中断或系统失败、内部流程管理等多种业务所面临的风险。

操作风险是银行系统所面临的主要风险之一。近年来，由于金融管制放松、业务全球化、金融创新步伐加快以及信息技术的迅猛发展，银行系统的操作风险有增大发展的趋势。巴塞尔委员会对三大风险（信用风险、市场风险、操作风险）之一的操作风险正式定义为：由于不正确的内部操作流程、人员、系统或外部事件导致的直接或间接损失的风险。银行系统的操作风险的四大因素由流程、人员、系统、外部事件所构成。就是说银行系统因办理业务或内部管理出了差错，需要对客户作

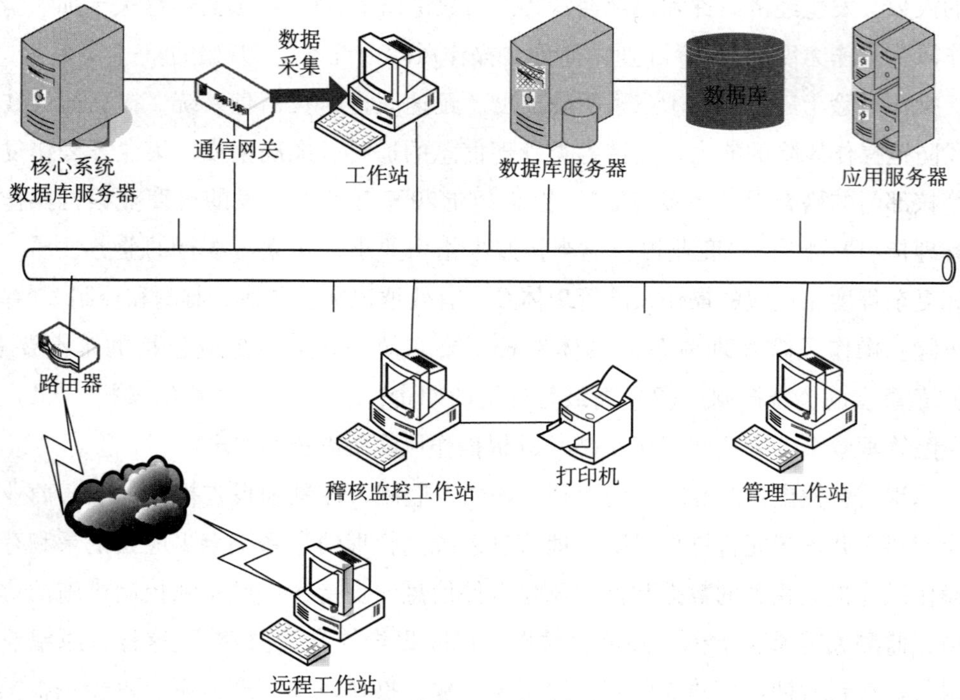

图 6－1　操作风险管理系统拓扑结构

出补偿或赔偿；以及由于内部人员监守自盗，外部人员欺诈得手；电子系统硬件或软件发生故障，网络遭到黑客侵袭；通信、电力中断，以及地震、恐怖袭击等原因导致损失的银行风险，被统称为操作风险。《巴塞尔新资本协议》对操作风险的定义，既是近年来国际金融界日益注重操作风险管理的制度体现，同时也是从全面风险管理和保持银行系统稳定运行的角度对操作风险管理的新要求。

银行系统的操作风险通常由于银行内部控制及公司治理机制的失效而产生，表现在员工方面的原因为内部欺诈、失职违规等，如银行交易员、信贷员、其他工作人员越权或从事职业道德不允许的或风险过高的业务、未能及时作出反应而导致银行财务损失，使银行的利益在其他方面受到损失；表现在内部流程方面的原因为内部流程不健全、流程执行失败、控制和报告不力、文件或合同缺陷、担保品管理不当、产品服务缺陷、泄密、与客户纠纷等；表现在系统方面的原因为信息科技系统和一般配套设备不完善；表现在外部事件方面的原因为外部欺诈、自然灾害、交通事故、外包商不履责等。表现在其他方面的原因还包括信息技术系统的重大失效或诸如火灾等灾难事件。

操作风险管理强调的是从组织架构建设角度来明确职责，通过制定完善的操作风险管理政策、方法和程序来管理风险，通过适情计提操作风险所需资本来抵御风险，建立符合银行自身业务性质、规模和复杂程度的操作风险管理体系。操作风险管理是个过程，这个过程受董事会、管理层、监管机构和其他人员的影响。这个过程从企业战略制定一直贯穿到银行系统的各项活动中，有效识别可能影响银行系统的潜在事件并管理风险，在银行的风险偏好之内，确保银行取得既定的目标。

对于银行系统操作风险管理总体方案设计思路，遵照财政部、审计署、原银监会、证监会、原保监会联合发布的《企业内部控制基本规范》；国资委发布的《中央企业全面风险管理指引》；原银监会发布的《商业银行内部控制评价暂行办法》《商业银行操作风险管理指引》的原则和指导方针，结合本银行系统的业务流程管理、内部控制、操作风险管理及内设机构的实际情况，重点从组织架构建设角度来明确董事会、高管层、操作风险监管部门和其他部门的操作风险管理职责，完善操作风险管理政策、方法和程序。

在操作风险管理方面，强化风险管理，提高识别、控制操作风险的能力和风险管理水平，建立操作风险管理的长效机制，从而提升银行系统的整体竞争力。特别地，加强内部控制对于降低操作风险能够发挥决定性作用，内部控制是管理操作风险的有效机制，包括对员工、业务流程、银行账户、案件查处等管理措施。

三、信息系统建设的数据代码标准化

银行信息系统建设应按照国家、行业的信息化标准建设信息化系统。信息化标准有各种类型，如中国人民银行颁布的《中国人民银行信息化代码标准》，其中直接关系信息化系统建设的又分为业务标准、技术标准等。下面仅以银行系统的业务代码特征为例进行表述。例如：

（一）银行系统业务代码

违约类型代码

中文名称：违约类型代码

英文名称：code of default

使用部门：银行系统

代码描述：贷款违约类型代码

代码类型：n

代码长度：X 位

地区信用等级代码

中文名称：地区信用等级代码

英文名称：code of district credit rate

使用部门：银行系统

代码描述：地区信用等级代码

代码类型：n

代码长度：X位

信用风险预警信号代码

中文名称：信用风险预警信号代码

使用部门：银行系统

代码描述：信用风险预警信号代码

代码类型：n

代码长度：X位

企业规模代码

中文名称：企业规模

使用部门：银行系统

代码描述：使用银行中小企业贷款的企业规模

中小企业贷款分类代码

中文名称：中小企业贷款分类代码

使用部门：银行系统

代码描述：中小企业贷款分类代码

代码类型：n

代码长度：X位

（二）银行系统机构代码

银行系统机构代码，应遵照中国人民银行颁布的《中国人民银行信息化代码标准》。作为参考例子，现引用已发布的银行系统信息化代码标准有关的机构代码，了解和掌握银行系统信息化代码建立概况。

表6－2　　银行系统的机构代码

代码	名称	代码	名称
×××	中国人民银行	×××	华夏银行
×××	中国工商银行	×××	中国民生银行
×××	中国农业银行	×××	广东发展银行
×××	中国银行	×××	深圳发展银行
×××	中国建设银行	×××	招商银行
×××	国家开发银行	×××	兴业银行
×××	中国进出口银行	×××	上海浦东发展银行
×××	中国农业发展银行	×××	烟台住房储蓄银行
×××	交通银行	×××	蚌埠住房储蓄银行
×××	中信银行	×××	城市储蓄银行
×××	中国光大银行	×××	城市信用合作社

注：详细内容参见第一章。

第二节　银行系统操作风险管理系统架构

操作风险管理信息系统的建设以银行业务为例，如某银行的操作风险管理系统的整体业务功能设计，主要体现在对银行核心业务系统（主要的业务处理系统）的数据采集；监测监控；核查月报表/季报表；操作风险控制；综合分析；数据仓库建模上。具体内容包括：数据采集、监测监控、逐笔业务监测监控、日报表监测监控、清算结算核算准确率监测监控、日志监测监控、统计核心业务系统交易的业务量、打印和查询月报表/季报表、操作风险管理、授权管理、内部控制、综合分析和数据库建模等。如果操作风险管理信息系统所对应的是银行系统的核心业务系统，则它需要涉及以下各项内容。

一、建立监测监控系统的方法步骤

（一）数据采集

银行业务系统的数据采集，如涉及某银行核心业务系统的功能为：国际结算、总账、贷款管理、外汇汇划、货币市场、衍生产品、外汇买卖、债券交易、国内支付以及信息代码标准等业务数据的采集、整理和转换过程。

（二）监测监控

监测监控是对核心业务系统的各业务功能内容而言，需要将本核心业务系统的相关内容与对应业务系统的内容进行核对检查，例如：

（1）将核心业务系统的会计凭证与 SWIFT 系统相应的业务进行核对的监测监控，包括监测监控外汇汇划、货币市场、外汇买卖、衍生产品、总账等。

（2）会计凭证与大额支付系统核对的监测监控，包括监测监控国内支付、债券、货币市场、总账等。

（3）对账单的监测监控，包括人民币往来监测监控、外币往来监测监控等。

（三）逐笔监控

逐笔监控是指对核心业务系统的每一笔业务进行逐笔监测监控，其中包括：国际结算、总账、贷款管理、货币市场、衍生产品、外汇买卖、债券交易、外汇汇划、国内支付，以及各个业务系统的交易业务的逐笔监测监控。

（四）清算结算准确率监测监控

清算结算准确率是指对核心业务系统某种业务的准确率进行监测监控，例如：对本币付款准确率、外币付款准确率、本币会计核算准确率、外币付款准确率等业务。

（五）日志监测监控

日志监测监控是指对核心业务系统及有关信息系统的日志的监测监控，例如：总账账户信息日志表、对总账日志表、核心过账日志表、修改日志表、错误日志表、记录用户的操作日志、日志表等的监测监控。

（六）操作风险管理控制

操作风险管理控制包括对操作风险类别定义、操作风险识别、操作风险度量、操作风险报告、操作风险缓释、操作风险管理指标维护等。

（七）经营管理风险控制

经营管理风险控制包括经营管理风险指标控制、经营管理风险指标体系的建立（安全性指标、流动性指标、效益性指标）。

（八）授权管理控制

授权管理控制包括对银行系统的高层管理部门、各业务部门、各种岗位职责的授权管理体系的维护，基于流程管理的授权权限的控制。

（九）内部控制

内部控制包括对某银行系统某业务部门的内部控制制度建设、内控评价体系类别维护、内控评价业务维护、业务评价体系维护、信息评价体系维护、业务内控评价、信息内控评价、内控评价计算表、内控评价统计表等。

（十）综合分析

银行系统业务的综合分析是指对调账统计表、操作风险损失事件及损失程度分布矩阵、按损失事件划分的操作风险损失、损失事件及损失程度、风险损失排列表、不同部门损失事件数目、不同业务部门的损失金额、不同类型的损失事件数目、不同类型的损失金额、损失事件发生数目的频数统计表、不同的业务范围损失的大小统计、不同的损失事件类型损失的大小统计、不同地区的损失事件数目、不同地区的损失金额，以及各种业务的趋势分析、同比分析、定基比分析等。

（十一）数据库建模

银行系统的数据库建模是指对业务数据结构建模、采集平台数据结构建模、操作风险数据结构建模、经营管理风险指标体系建模、内部控制数据结构建模和系统管理数据结构建模等。

二、监测监控系统的功能分析

本段内容主要从银行系统营运业务实施监测监控的角度出发，从各种业务功能模块的内容入手进行系统设计，提出一个可以降低操作风险的可行方法：如何从业务的难易程度（高、中、低）、优先级别（高、中、低）、实现程度（全部或部分内容）、工作量等几个方面对业务系统所涉及的各个功能模块进行分析，最终注明哪些功能模块可以优先开发实现、哪些可以部分实现、哪些暂时不能实现，按照业务流程管理和系统开发的难易程度考虑，从而对系统功能的开发建设掌握主动权，不盲目开发，拟提出一个可行性的阶段渐进的建议方案，实现系统建设的最优化，减少系统开发风险（见表6-3）。

表6-3　　银行系统监测监控业务系统的基本功能（例子）

序号	类型	功能	内容
1	数据采集	国际结算、货币市场、衍生产品	全部
		债券交易、外汇买卖、贷款管理	
		国内支付、总账、外汇汇划	
2	监测监控	记账凭证与大额支付系统	全部
		对账单	
		会计凭证与SWIFT系统	
		本/外币、会计核算	全部
3	授权管理	各岗位职责授权	全部
4	内部控制	内部环境、风险评估、控制活动、信息与沟通、内部监督	全部
5	数据库建设		

根据表6-3内容的功能分析情况，假设银行业务系统建设可以分三个阶段逐步进行开发。第一期的系统建设涉及整个银行业务系统监测监控功能的基础性工作，整体架构功能比较全面。第一期中需要建设的内容包括：数据采集、监测监控（优先考虑的主要业务系统）、授权管理、内部控制、数据库建设。第一期中的监测监控系统建设的工作量和难度相对是比较大的基础建设阶段。

三、统一数据采集平台

数据采集是监测监控、操作风险管理、流程风险控制和综合分析的基础；也是实施数据代码标准化、实现数据共享的必要条件。统一数据采集平台能够保证业务数据的及时性、准确性、完整性和连续性。

操作风险管理系统通过数据采集功能，实现核心业务系统原始业务数据在一个工作日内完成采集和整理，实现业务数据实时采集、实时监测监控和风险预警、实时在网络上可视化展现，为稽核审计人员和监测监控人员实时、动态地掌控风险预警信息，及时地处理风险预警事件提供数据支持。

当操作风险管理系统以银行的核心业务系统以及其他应用系统作为监测监控的目标时，首先要考虑的是如何建立一个统一数据平台，即可以提供标准数据的桥梁。假设设计的监测监控系统是针对以核心业务系统为主的监测监控业务，那么，该系统要采集的数据应从统一数据平台采集，涉及银行核心业务系统的业务内容是：国际结算、总账、货币市场、衍生产品、外汇买卖、债券、贷款、外汇汇划、国内支付等模块。银行核心业务系统的业务数据经过采集处理，同时根据实际情况采集其他有关的业务系统的数据进行整合，在此基础上，监测监控系统通过对存在的或潜在的风险进行及时监测监控、风险预警。因此，操作风险管理系统需要经过的模块处理流程是：数据采集、监控监测、操作风险管理控制、授权管理控制、综合分析和内部控制体系评价；还能够对业务进行逐笔核对、灵活查询等。①

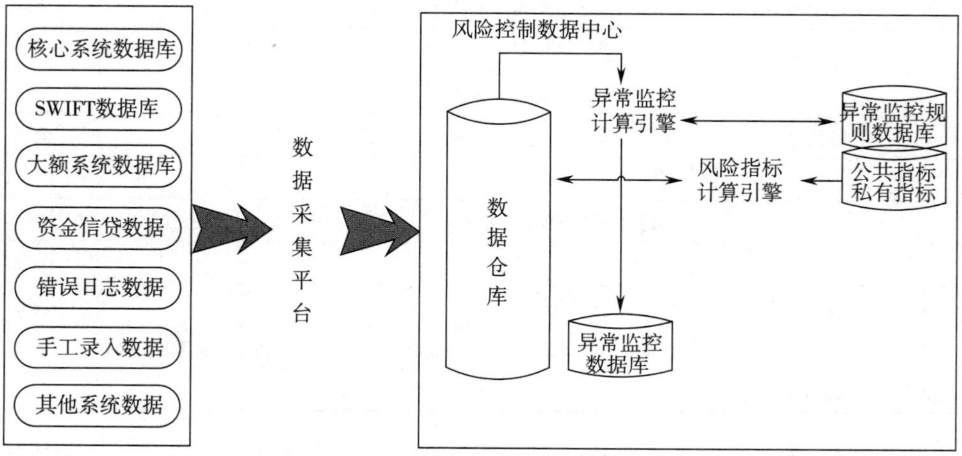

图6－2　数据采集结构框架

四、操作风险管理系统功能架构设计

（一）操作风险管理系统整体架构

银行业应建立包括监测监控系统、非现场稽核预警系统（网上审计）、内部控制过程指标评价系统、风险识别评估系统内容在内的操作风险管理系统，就其中的监测监控系统的业务范围而言，包括总行营运业务的清算、结算、会计核算；凭证、账务、报表业务，包括核心业务系统的国际结算、总账、货币市场、衍生产品、外汇买卖、债券、贷款、外汇汇划和国内支付等业务内容。银行业控制总行业务以及各分行定期报送的资金筹措、头寸管理、交易、拆借、下拨、回收；贷款发放、贷款使用、本息回收；财务收支、会计核算、票证管理；支付结算、资金清算、账务核算；外汇交易、结售汇、国际结算、境外账户管理等经营业务的操作风险。操作

① 蒙碧军.《内部控制系统》，珠海市金长源科技有限责任公司，2007.

风险管理系统整体功能架构如图 6 – 3 所示。

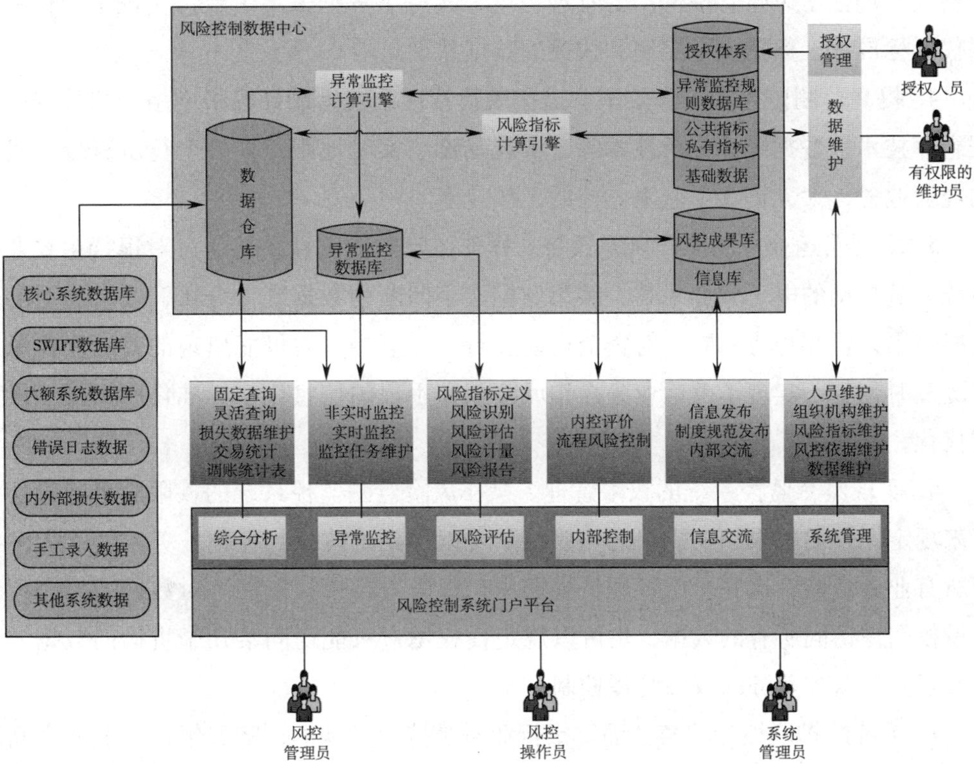

图 6 – 3 操作风险管理系统整体功能架构

在当今电子化程度较高的金融业，为防范金融风险，如何利用 IT 技术开展银行的营运业务操作风险监控与风险预警系统，如何对营运业务操作实行全过程、全方位、动态的实时监控，防范和化解金融风险，促进银行系统经营业务的稳健运行和健康发展，建立经营风险防范体系已经成为银行工作一个重要的环节。

（二）操作风险管理系统建设特性

银行营运业务操作风险管理系统在解决上述有关问题的同时，也要处理好以下几个关系：

1. 监测监控系统的时效性。操作风险监测监控系统的投入使用能够大幅度缩短发现风险所需的时间，实现电子数据信息当天到位、隔日监测监控的目标，从而提高风险预警与监控的时效性，为防范银行经营操作风险提供了及时和准确的信息。

2. 对市场和政策变化的适应性。操作风险监测监控系统由于采用了公式系统、活动报表等灵活易用的设计方法，使得系统对市场和政策的变化具备了良好的适应性。当操作风险指标或报表数据项的计算口径发生变化时或者需要增加新的指标或报表时，只需要在公式系统中修改或增加相应的公式即可很快适应新的情况。

3. 实现数据代码标准化及数据共享。操作风险管理系统采用了数据大集中的处理模式，加强了风险管理部门的管理力度，统一了数据采集平台，实现了严格的数据代码标准化、数据安全控制和快捷的数据共享。

4. 提高监测监控的工作效率。操作风险管理系统借助计算机网络通信技术、数据仓库技术、数据统计分析技术等，实现动态、实时地跟踪监控全行所有分支机构的经营业务，大大提高了监测监控的工作效率。

5. 实现营运业务的操作风险预警。操作风险监测监控系统通过对银行主要业务系统大量自动的电子数据采集、跟踪监控、不间断的数据统计分析，及时地对经营情况作出评价和趋势判断。对资金运动进行实时监控，对可能出现的营运操作风险情况及时预警，实现了营运业务操作风险预警手段的信息化、标准化和操作手段的现代化。

6. 实现监测监控系统的权限管理。操作风险监测监控系统的权限管理通过功能组来规定用户的权限，功能组的功能权限可以小到不能执行任何业务功能、大到执行所有业务功能，这完全由管理员根据用户权限进行授权控制。对数据的控制可以让授权用户访问所有的数据，也可以规定授权用户只能访问某几个机构的数据，真正实现监测监控业务的权限管理控制。

7. 系统的扩展性、移植性强。银行业务是持续发展的，随着银行新业务产品的不断发展，银行新的应用系统会逐步开发出来。当需要由操作监测监控系统进行营运业务的风险预警分析时，只需将新系统的数据整理成符合本系统数据相应的数据标准代码，统一数据接口要求的格式即可。实现了系统的可扩展性、可移植性。

另外，操作风险管理系统采用组件式结构，需要加入新的监测监控业务功能时，只需将新功能在系统中注册即可，不需要修改原有程序。风险监控指标能够灵活定制，自由组合。

五、操作风险管理系统技术架构设计

操作风险管理系统的技术框架设计是基于 J2EE 技术，B/S 架构设计的 Web 终端浏览器应用。B/S（Browser/Server）架构即是浏览器和服务器结构。它是随着 Internet 技术的兴起，对 C/S 结构的一种变化或新颖设计的结构。

在 B/S 这种结构下，银行系统的各分行用户的工作界面是通过 WWW 浏览器来实现其业务操作功能，极少部分事务逻辑在前端（Browser）实现。但是主要事务逻辑在服务器端（Server）实现，形成所谓三层 3 – tier 结构或多层 N – tier 结构。采用数据大集中模式，将银行各分支机构的数据集中到总行（或总部），各分支机构可以通过终端远程浏览总行的数据库的数据。这样就大大简化了客户端电脑载荷、数据存储设备以及机房管理设备等，减轻了系统维护与升级的成本和工作量，降低了用户的总体成本（TCO）。目前，以其技术层面看，建立 B/S 结构的网络应用，并通过总行网络模式下的数据库集中技术应用，相对易于把握，成本比较低，应用非常广泛。它是一次性投资到位的系统软件开发，能实现不同的人员，从不同的地点，以不同的接入方式（比如 LAN、WAN、Internet/Intranet 等）访问和操作共同的数据库；它能有效地保护数据平台和管理访问权限，服务器和数据库也很安全。特别是在 Java 这样的跨平台语言出现之后，基于 J2EE 开发的 B/S 架构管理软件更趋于方便、快捷和高效性。

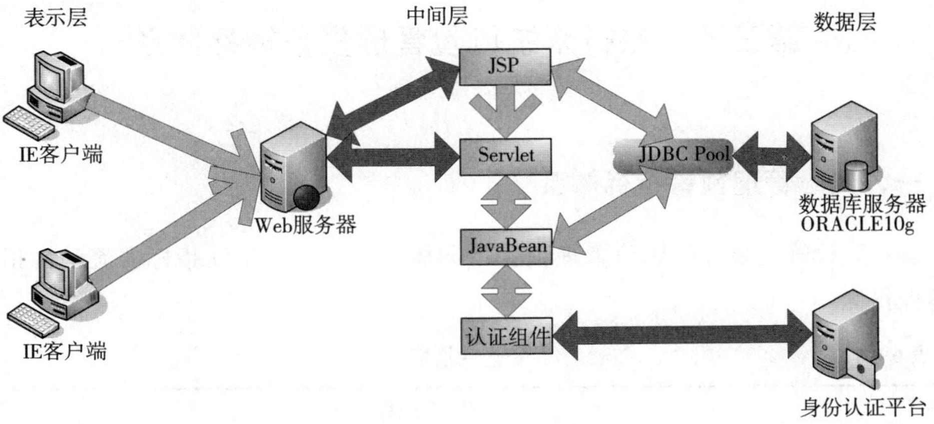

注：JSP、JDBC Pool、Java Bean 为数据接口和信息传输符号。

图 6－4　基于 B/S 架构设计的系统总体框架

系统采用标准 J2EE 结构，Java 语言开发，由 XML 技术完成系统配置；数据库采用关系型数据库，同时支持多种数据库（首选 ORACLE），系统通过 JDBC 服务连接数据库，并使用连接池提高系统性能；通信协议采用 HTTP、TCP/IP。整个应用结构划分为三个相对分离的逻辑层，每一层都有一套定义好的接口。

第一层为表示层，是展现给业务人员和相关使用者的图形界面，它包含 HTML 表单、Java Applet、JSP 等能够显示数据的任何系统。该界面通过规定的工作流程和接口来完成日常的事务处理和业务流程。

中间层（应用逻辑层）是使用者为了获取数据需要（通过表示层）调用的代码。表示层接收到数据后把它格式化并显示出来。这种应用逻辑与用户界面的分离极大地提高了应用设计的灵活性。可以在不改变应用逻辑的情况下采用不同的图形用户界面，只要应用逻辑层给表示层提供明确定义的接口即可。

中间层利用 Java 语言，以 Servlet 和 Beans 等技术实现，其表现形式为组件包，即类库形式。将用户管理、低层数据访问、数据传输以及数据分析等具有抽象适应性的功能等进行封装，按照功能、逻辑和使用等不同方面定义若干个组件包，将其统一规范为核心 API（Core API），为上层透明访问提供清晰明确的接口。

在整个系统应用中，中间层起着非常重要的作用，主要包括安全系统、应用体系和技术平台等几部分。它和数据层一起构成了系统工作的基础。中间层采用 Weblogic8i 进行部署，同时还具有身份认证的功能。

系统的底层为数据层，即数据中心。它用来完成统一的数据管理和数据交换接口的实现。主要包括系统数据字典、数据信息及数据的管理和维护、数据交换、数据抽取以及数据过滤等功能。

第三节　银行系统风险管理预警指标体系

一、风险管理预警指标体系

操作风险管理系统的风险管理预警指标体系包括：安全性指标、流动性指标、效益性指标。①

表 6－4　安全性指标

类别	安全性指标		
序号	指标名称	描述	计算公式
1	资产负债率	资产负债率是指总负债占总资产的比重	资产负债率＝（负债总额÷资产总额）×100%
2	资本充足率（对总行）	资本充足率是指资本净额（核心资本＋附属资本－扣除项，其中附属资本不得超过核心资本的100%）与加权风险资产总额（表内＋表外加权风险资产总额）的比率（参考值≥8%）	资本充足率＝（资本净额÷加权风险资产总额）×100%
3	核心资本充足率	核心资本充足率是指核心资本与加权风险资产总额的比率（参考值≥4%）	核心资本充足率＝（核心资本÷加权风险资产总额）×100%
4	实收资本充足率	实收资本充足率是指实收资本与资本净额的比率	实收资本充足率＝（实收资本÷资本净额）×100%
5	贷款余额最大十个项目比率（本外币）	贷款余额最大十个项目比率是指最大十个项目贷款余额与各项贷款余额的比率	贷款余额最大十个项目比率＝（最大十个项目贷款期末余额÷各项贷款期末余额）×100%
6	贷款最大十家客户比率（本外币）	贷款最大十家客户比率指对最大十家客户发放的贷款余额，通常不得超过资本净额的50%	贷款最大十家客户比率＝（最大十家客户贷款期末余额÷资本净额）×100%

① 邱胜利．网上审计［M］．北京：中国金融出版社，2003.

续表

类别	安全性指标		
序号	指标名称	描述	计算公式
7	逾期贷款率（本外币）	逾期贷款指到期不能归还的贷款（不含呆滞贷款和呆账贷款）。逾期贷款率是逾期贷款期末余额与各项贷款期末余额的比率（参考值≤8%）	逾期贷款率 =（逾期贷款期末余额÷各项贷款期末余额）×100%
8	呆滞贷款	呆滞贷款指逾期90天以上的贷款。呆滞贷款率是呆滞贷款期末余额与各项贷款期末余额的比率（参考值≤ 5%）	呆滞贷款率 =（呆滞贷款期末余额÷各项贷款期末余额）×100%
9	呆账贷款率（本外币）	呆账贷款指按财政部有关规定列为呆账的贷款。呆账贷款率是呆账贷款期末余额与各项贷款期末余额的比率（参考值≤2%）	呆账贷款率 =（呆账贷款期末余额÷各项贷款期末余额）×100%
10	按一逾两呆划分的不良贷款率（本外币）	不良贷款率是揭示不良贷款总额（逾期贷款 + 呆滞贷款 + 呆账贷款）与各项贷款期末余额的比率情况（参考值≤1%）	不良贷款率 =（不良贷款期末余额÷各项贷款期末余额）×100%
11	按五级分类划分的不良贷款率	按五级分类划分的不良贷款率是指在五级分类中三类、四类、五类贷款余额之和与各项贷款余额的比率（参考值≤3%）	不良贷款率（五级分类）=［（三类 + 四类 + 五类）贷款余额÷各项贷款余额］×100%
12	国际商业借款比例（仅对外汇考核）	国际商业借款比例是指境外商业银行借款和境外发行债券（不含地方、部门委托）与资本净额之比（参考值≤100%）	国际商业借款比例 =［（境外商业银行借款 + 境外发行债券）期末余额÷资本净额］×100%
13	境外资金运用比例（仅对外汇考核）	境外资金运用比例是指境外资金运用期末余额（拆放境外同业款项 + 存放境外同业款项）与表内外汇资产期末余额之比（参考值≤30%）	境外资金运用比例 =（境外资金运用期末余额÷ 表内外汇资产期末余额）×100%
14	风险权重资产比率	风险权重资产比率是加权风险资产总额与资产总额之比（参考值≤60%）	风险权重资产比率 =（加权风险资产总额÷资产总额）×100%
15	单个贷款比率（本外币）	单个贷款比率是指对同一借款客户贷款期末余额与资本净额的比率（参考值≤15%）（同一借款客户指任何一个自然人或任何一个法人）	单个贷款比率 =（对同一借款客户贷款期末余额÷资本净额）×100%
16	外汇资产比例	外汇资产比例是指外汇资产总额与本外币资产总额的比例关系	外汇资产比例 =（外汇资产总额÷资产总额）×100%

续表

类别	安全性指标		
序号	指标名称	描述	计算公式
17	外汇负债比例	外汇负债比例是指外汇负债总额与本外币负债总额的比例关系	外汇负债比例 =（外汇负债总额 ÷ 负债总额）×100%
18	固定资产比率	固定资产比率是指固定资产净额与资本净额的比例	固定资产比率 =（固定资产净额 ÷ 资本净额）×100%
19	呆账准备金率	呆账准备金率是指呆账准备金期末余额与风险资产期末余额的比率	呆账准备金率 =（呆账准备金期末余额 ÷ 风险资产期末余额）×100%
20	不良贷款中最大十个项目贷款余额比率（本外币）	不良贷款中最大十个项目贷款余额比率是指贷款项目出现一逾两呆时贷款余额最大的十个项目与各项贷款期末余额的比率	不良贷款最大十个项目贷款余额比率 =（不良贷款中最大十个项目贷款余额 ÷ 各项贷款期末余额）×100%
21	贷款风险比例（本外币）	贷款风险比例是揭示加权不良贷款总额（逾期贷款 ×10% + 呆滞贷款 ×50% + 呆账贷款）与各项贷款期末余额的比例情况	贷款风险比例 =（加权不良贷款总额 ÷ 各项贷款期末余额）×100%
22	资本风险比例（本外币）	资本风险比例是揭示加权不良贷款总额（逾期贷款 ×10% + 呆滞贷款 ×50% + 呆账贷款）与资本净额的比例情况	资本风险比例 =（加权不良贷款总额 ÷ 资本净额）×100%
23	贷款风险准备率（本外币）	贷款风险准备率是揭示加权不良贷款总额（逾期贷款 ×10% + 呆滞贷款 ×50% + 呆账贷款）与呆账准备金期末余额的比率情况	贷款风险准备率 =（加权不良贷款总额 ÷ 呆账准备金期末余额）×100%

表 6 –5　　流动性指标

类别	流动性指标		
序号	指标名称	描述	计算公式
1	人民币资产流动性比率	人民币资产流动性比率是指人民币流动性资产期末余额与人民币流动性负债期末余额的比率（参考值≥25%）	人民币资产流动性比率 =（人民币流动性资产期末余额 ÷ 人民币流动性负债期末余额）×100%
2	外汇资产流动性比率	外汇资产流动性比率是指外汇流动性资产期末余额与外汇流动性负债期末余额的比率（参考值≥60%）	外汇资产流动性比率 =（外汇流动性资产期末余额 ÷ 外汇流动性负债期末余额）×100%
3	市场化发行金融债券占比	市场化发行金融债券占比是指市场化发行人民币金融债券余额与发行金融债券余额（市场化发行金融债券余额 + 人民银行计划分配发行金融债券余额）之比	市场化发行金融债券占比 =（市场化发行人民币金融债券余额 ÷ 发行金融债券期末余额）×100%

续表

类别	流动性指标		
序号	指标名称	描述	计算公式
4	日均头寸增减幅度比率	日均头寸增减幅度比率是对头寸异常变动的监控	日均头寸增减幅度比率 = [(本期日均头寸 - 上期日均头寸) ÷ 上期日均头寸] ×100%
5	资金头寸控制比例	资金头寸控制比例包括对总分行资金头寸分别设置头寸环比、头寸定基比例，监控总分行头寸平均额度，保持适当额度	头寸环比比例 = (本期日均头寸 ÷ 上期日均头寸) ×100% 头寸定基比例 = (本期日均头寸 ÷ 基准期日均头寸) ×100%
6	人民币拆出资金比率	拆出资金比率是指人民币拆出资金期末余额占市场化发行人民币金融债券余额的比率	人民币拆出资金比率 = (人民币拆出资金期末余额 ÷ 市场化发行人民币金融债券余额) ×100%
7	外汇拆入资金比率	外汇拆入资金比率是指外汇拆入资金期末余额与外汇资本金的比率	外汇拆入资金比率 = (外汇拆入资金期末余额 ÷ 外汇资本金) ×100%
8	拆入资金比率（本外币）	拆入资金比率是指拆入资金期末余额与各项存款期末余额的比率	拆入资金比率 = (拆入资金期末余额 ÷ 各项存款期末余额) ×100%
9	拆出资金逾期占比（本外币）	拆出资金逾期占比是指拆出资金逾期期末余额与拆出资金期末余额的比率（参考值≤4%）	拆出资金逾期占比 = (拆出资金逾期期末余额 ÷ 拆出资金期末余额) ×100%
10	资产变现率	资产变现率是指变现资产（现金及存放中央银行款项 + 银行款项及贵金属 + 存放同业款项 + 外汇买卖 + 拆出资金 + 自营证券业务）与资产总额的比率	资产变现率 = (变现资产 ÷ 资产总额) ×100%

表 6-6　　效益性指标

类别	效益性指标		
序号	指标名称	描述	计算公式
1	资产利润率	资产利润率是指本期税前利润总额与本期资产平均余额[(期初数 + 期末数) ÷2]的比率	资产利润率 = (本期税前利润总额 ÷ 本期资产平均余额) ×100%
2	资本利润率（只对总行考核）	资本利润率是指本期税前利润总额与所有者权益余额的比率	资本利润率 = (本期税前利润总额 ÷ 所有者权益余额) ×100%
3	本期应收未收利息率	本期应收未收利息率是指本期应收未收利息与本期利息收入的比率（参考值≤15%）	本期应收未收利息率 = (本期应收未收利息 ÷ 本期利息收入) ×100%

续表

类别	效益性指标		
序号	指标名称	描述	计算公式
4	当期贷款本息回收率	当期贷款本息回收率是指当期贷款实收本息总额与当期贷款应收本息总额的比率	当期贷款本息回收率 =（当期贷款实收本息 ÷ 当期贷款应收本息）×100%
5	当期贷款利息回收率	当期贷款利息回收率是指当期贷款利息实收总额与当期贷款利息应收总额的比率	当期贷款利息回收率 =（当期贷款利息实收额 ÷ 当期贷款利息应收额）×100%
6	当期贷款本金回收率	当期贷款本金回收率是指当期贷款本金实收额（不含提前还款）与当期贷款本金应收额的比率	当期贷款本金回收率 =（当期贷款本金实收额 ÷ 当期贷款本金应收额）×100%
7	累计贷款利息回收率	累计贷款利息回收率是指累计贷款利息实收额与累计贷款利息应收额的比率	累计贷款利息回收率 =（累计贷款利息实收额 ÷ 累计贷款利息应收额）×100%
8	累计贷款本金回收率	累计贷款本金回收率是指累计贷款本金实收额与累计贷款本金应收额的比率	累计贷款本金回收率 =（累计贷款本金实收额 ÷ 累计贷款本金应收额）×100%
9	贷款已结束项目累计利息回收率	贷款已结束项目累计利息回收率是揭示贷款已结束项目累计利息回收情况，是反映信贷员对贷款已结束项目催收成果以及该类项目欠息情况的主要指标	贷款已结束项目累计利息回收率 =（贷款已结束项目累计利息实收额 ÷ 贷款已结束项目累计利息应收额）×100%
10	贷款未结束项目本期利息回收率	贷款未结束项目本期利息回收率是揭示本期贷款未结束项目利息的回收情况，反映银行用贷款扣息的工作是否落实，该比率应达到100%	贷款未结束项目本期利息回收率 =（贷款未结束项目本期利息实收额 ÷ 贷款未结束项目本期利息应收额）×100%
11	投资收益占比	投资收益占比是指投资收益与各项收入的比例	投资收益占比 =（投资收益 ÷ 各项收入）×100%
12	营业利润率	营业利润率是指本期税前利润总额与营业收入的比率	营业利润率 =（本期税前利润总额 ÷ 营业收入）×100%
13	人均利润（万元/人）	人均利润是体现每个职工每年平均所创利润的绝对值的大小	人均利润 = 本期税前利润总额 ÷ 职工总数
14	营业成本率	营业成本率是指总营业成本（不含营业外支出）与营业收入的比率	营业成本率 =（总营业成本 ÷ 营业收入）×100%
15	营业费用率	营业费用率是指营业费用与营业收入的比率	营业费用率 =（营业费用 ÷ 营业收入）×100%

续表

类别	效益性指标		
序号	指标名称	描述	计算公式
16	人均营业费用（万元/人）	人均营业费用是指每个职工每年平均的成本	人均营业费用 = 营业费用 ÷ 职工总数
17	人均资产（万元/人）	人均资产是指每个职工所占资产总额的平均资产	人均资产 = 资产总额 ÷ 职工总数
18	人均资产费用率	人均资产费用率是指每个职工所占资产总额的平均资产与每年每人平均成本的比率	人均资产费用率 = （人均资产 ÷ 人均营业费用）×100%
19	利息收入占比	利息收入占比是指利息收入与营业收入的比例	利息收入占比 = （利息收入 ÷ 营业收入）×100%
20	利息支出占比	利息支出占比是指利息支出与营业支出的比例	利息支出占比 = （利息支出 ÷ 营业支出）×100%
21	拆出资金利息占比	拆出资金利息占比是指拆出资金利息收入与营业收入的比例	拆出资金利息占比 = （拆出资金利息收入 ÷ 营业收入）×100%
22	拆入资金利息占比	拆入资金利息占比是指拆入资金利息支出与营业支出的比例	拆入资金利息占比 = （拆入资金利息支出 ÷ 营业支出）×100%

二、操作风险识别

操作风险识别是对操作风险登记（认定）和批准的过程。按照操作风险类别和操作风险指标，收集和登记引起操作风险的事件及其相关数据。

引起操作风险事件的相关数据：

◆ 总损失数据；

◆ 损失事件发生的时间、发生的单位信息；

◆ 总损失中收回部分；

◆ 损失的原因。

数据收集的要求：

◆ 覆盖所有的业务领域；

◆ 明确损失所有者；

◆ 找到同一损失的业务单位和法律实体归属。

所有财物损失发生的相关损失事件：

◆ 找出对应的损失发生原因、损失事件和影响度类别；

◆ 对所有部门的操作风险进行集中管理分析、统一管理。

数据收集的步骤：

◆ 损失事件发生部门的相关人员确认和收集损失事件数据信息；
◆ 本部门操作风险管理人员及财务部门相关人员核实损失数据；
◆ 损失部门向操作风险管理部门和人员提交损失数据信息；
◆ 操作风险管理人员就数据的完整性、合规性作出最后审查；
◆ 操作风险管理人员完成损失数据的录入、上报。

在条件许可的情况下，建议同时收集国内外同行业的外部数据，以便作为决策参考。

三、操作风险度量

根据巴塞尔委员会的建议，按照银行由低到高的风险管理水平，可以依次使用下面的方法度量操作风险，度量的方法越高级，需要关于损失事件的信息越多，作为结果，最后计算出的商业银行需要为操作风险配置的资本就越少。这些方法由低级到高级依次是：

（一）基本指标法

基本指标法是指银行持有的操作风险资本应等于前三年总收入的平均值乘以一个固定比例（用 α 表示），计算公式如下：

$$K_{BIA} = GI \times \alpha \quad (6-1)$$

其中，K_{BIA}是基本指标法需要的资本，GI 是前三年总收入的平均值，α 是 15%（由巴塞尔委员会设定，将行业范围的监管资本要求与行业范围的指标联系起来）。此类模型的缺陷是操作风险的暴露与总收入之间的联系并不紧密，只能反映部分操作风险，不利于加强银行的相关内控管理建设。①

（二）标准法

标准法是基本指标法的一种改进方法。它与基本指标法的不同之处在于该方法将金融机构的业务分为八个产品线，计算各产品线资本要求的方法是用银行各产品线的总收入乘以一个该产品线适用的系数（用 β 表示）。β 值代表行业在特定产品线的操作风险损失经验值与该产品线总收入之间的关系。总资本要求是各产品线监管资本的简单加总，计算公式如下：

$$K_{TSA} = \sum (GI_{1-8} \times \beta_{1-8}) \quad (6-2)$$

其中，K_{TSA}是用标准法计算的资本要求，GI_{1-8}是按基本指标法的定义，八个产品线中各产品线过去三年的年均总收入，β_{1-8}是由委员会设定的固定百分数，建立八个产品线中各产品线的总收入与资本要求之间的联系（见表 6-7）。

---

① 蒙碧军.《内部控制系统》，珠海市金长源科技有限责任公司，2007.

表 6－7　《巴塞尔新资本协议》规定的产品线与 β 系数之间的关系

产品线	β 系数	产品线	β 系数
公司金融（β_1）	18	支付和清算（β_5）	18
交易和销售（β_2）	18	代理服务（β_6）	15
零售银行业务（β_3）	12	资产管理（β_7）	12
商业银行业务（β_4）	15	零售经纪（β_8）	12

标准法是按产品线计算收入，因此这种方法可以帮助银行按业务的不同分配风险资本量，有利于优化资源配置及针对各部门和产品线进行绩效考核。但是，该方法计算出的各产品线的操作风险并不能与金融机构实际存在的操作风险相匹配。

（三）内部度量法

巴塞尔委员会建议把内部度量法作为计算规定资本要求的高级方法。与标准法相同，委员会把金融机构的业务分为不同的产品线，对产品线/风险类型组合规定一个风险暴露指标（EI），该指标代表着该产品线操作风险暴露的规模或数量。金融机构通过内部损失数据计算出给定损失事件的概率（PI）以及该事件的损失（LGE）。则该产品线/风险类型组合的预期损失（EL）为

$$EL = EI \times PI \times LGE \tag{6-3}$$

监管者根据全行业的损失分布，为每个产品线/损失类型组合确定一个预期损失转换成资本要求的转换因子，利用转换因子计算出每个业务单位的资本要求。用内部度量法计算的总资本要求（K_{TAMA}）的计算公式为

$$K_{TAMA} = \sum_i \sum_j [r(i,j) \times EI(i,j) \times PE(i,j) \times LGEI(i,j)] \tag{6-4}$$

其中，i 代表产品线，j 代表风险类型。

巴塞尔委员会在内部度量法中特别提到的损失分布法则是利用历史数据来估计每一个业务部门损失事件类型组合中的损失事件发生频率和损失金额的概率分布函数，有了对这两个属性的估计之后，就可以进一步地计算操作风险的监管资本。

内部模型法是依照内部损失信息来计算应计提资本，能够更加真实地反映银行所承受的操作风险，但此方法在实际运用中的一大障碍是损失数据的不足。不管怎样，我国银行的操作风险管理应以内部模型法为主体逐步开展。

第四节　银行系统经营风险度分析方法

银行系统经营风险非现场稽核监督环境是建立在网上远程审计与风险预警系统上面，这也是网上信息系统审计的技术方法之一。银行系统经营风险度分析、风险

预警的目的都是为了防范银行的经营风险。经营风险度分析方法是以非现场稽核监督指标体系中的核心风险预警指标、通过数学模型拟合而成的经营风险度计算方法。银行系统经营风险度分析的主要内容是针对全行的财务管理、信贷管理实施全过程、全方位监控；对资金运动进行实时监控。该方法通过网上远程审计监督、风险预警系统可以实时预警银行系统的经营风险，保障银行资金运动和信贷资产的安全运营。①

一、设置经营风险度预警指标

银行系统经营风险非现场稽核监督指标体系的设置，需要根据中国人民银行《关于印发商业银行资产负债比例管理监控、监测指标和考核办法的通知》和《巴塞尔新资本协议》的有关要求规定，结合本银行系统的实际情况进行设定，并在此基础上设置经营风险度预警指标。经营风险度预警指标的数量主要依据本银行系统经营业务的范围确定，但是，预警指标设定的数量对全行系统和分行系统来讲是不同的，可以采取灵活拟定的原则。例如：银行系统可以设定10～16项经营风险度预警指标，其中，有些预警指标是专门为监控全行的经营业务而设定，所以，全行系统预警指标的数量要多于分行系统的预警指标的数量。如果设定 16 项为全行系统的预警指标，则可以设定 12 项为分行系统的预警指标。经营风险度预警指标设定的出发点要从银行系统资金运动的安全性、流动性和效益性方面进行考虑（见第三节内容）。

二、风险预警指标标准值区间设定

经营风险度预警指标的标准值的设定，同样要根据中国人民银行《关于印发商业银行资产负债比例管理监控、监测指标和考核办法的通知》精神，并结合本银行系统的实际情况进行设定。经营风险度预警指标中的指标值是指本银行系统在某时期对某项风险预警指标所体现出来的实际标准数值，我们简称为风险预警指标的标准值。

经营风险度预警指标的标准值区间，是指某项风险预警指标在某时期所规定的标准值所允许活动范围的区间参数，它是作为风险度预警指标的标准值变化范围的一种依据。标准值区间并不是绝对的，它有一个允许左右变化的特定范围，这个特定范围就是预警指标的标准值允许变化的区间，我们称为标准值活动区间。如果以标准值为中心将其活动区间划分为 5 个小区间（现设定为 1～5 个）。其特点是：标

① 邱胜利．网上审计［M］．北京：中国金融出版社，2003.

准值活动区间由标准值的低端往高端递增，即第 1、第 2、第 3、第 4、第 5 个标准值小区间，其中第 3 个小区间是标准值区间的中心。

指标值是银行系统风险预警指标的实际指标值，它也是在标准值区间内任一个落点的实际指标值；不同的指标值落点其风险权重不同。指标值的风险权重随标准值活动区间的变化而变化，同样由低端向高端递增。我们设定风险预警指标标准值活动区间的全部风险权重为 100，那么，指标值全部的风险权重对应标准值全部的 5 个小区间，则以平均值常数 20 表示风险权重的系数值（$b = 100/5 = 20$ 表示）。这样，标准值 5 个小区间则分别对应 5 个指标值的风险权重，这 5 个指标值的风险权重分别是：20、40、60、80、100，而标准值的活动区间的中心第 3 个小区间就与指标值风险权重的 60 相对应。其特点是，指标值在标准值活动区间内的任一个落点就表示该指标在标准值区间的实际指标值。当指标值与标准值同方向递增或者递减时（80% ≤标准值，指标值递增时；标准值≤80%，指标值递减时），该项指标的经营风险度都向低风险方向运动。

通过以上分析发现，标准值活动区间与指标值权重之间有一个对应的函数关系。我们以数学函数分析来研究这两个变量之间的相关关系，即一个因变量（以 Y 表示指标值风险权重）的值随着一个自变量（以 x 表示标准值某区间数）的数值的变化而变化。函数 $Y = bx$，b 为指标值系数 20。例如，当指标值在标准值某区间的落点 $x = 1$ 时，将数据代入公式，则风险权重 $Y = bx = 20 \times 1 = 20$；当 $x = 2$ 时，则 $Y = 40$。风险权重与标准值区间的函数关系如图 6－5 所示。

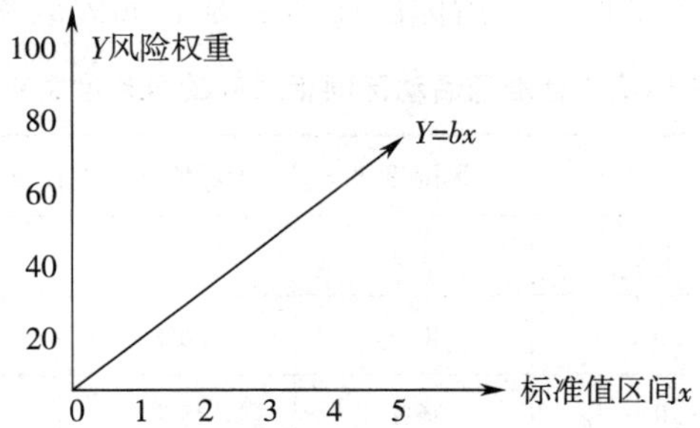

图 6－5　风险权重与标准值区间的函数关系

风险权重与标准值区间之间的相互关系如表 6－8 所示。

表 6－8　　　　风险权重与标准值区间的相互关系

参数名称	$Y = bx$（b 为系数 20）				
标准值区间（x）	1	2	3	4	5
风险权重（Y）	20	40	60	80	100

三、经营风险度的计算

前面已经说明风险权重与标准值区间之间的相互关系，所以，在计算经营风险度时，首先要设定经营风险度预警指标的风险权重，预警指标风险权重的大小取决于该项预警指标对经营风险度影响的程度而定。因为，经营风险度与预警指标的风险权重具有一定的函数关系，经营风险影响大的预警指标，风险权重的设定相对大些；经营风险影响小的指标，风险权重的设定相对小些。全行、各分行的各项风险预警指标的风险权重之和各为100%。风险权重的设定，要经过本银行系统实践运行一段时间，再根据本银行系统的经营风险实际情况进行调整。

经营风险度的计算方法，采用函数分析法，分析各个预警指标和风险权重的变化因素对经营风险度的影响程度。也就是说通过全行、各分行的各项风险指标值在标准值区间的落点来确定该项指标的风险度，即各项风险指标的指标值与相应设定的风险权重的乘积的结果累计求和即为全行、各分行总的经营风险度。现假设指标值以 n 表示、风险权重以 m 表示，则经营风险度 r 的计算公式为：$r = \sum (n \times m) \div 100$。

$$经营风险度\ R = \sum（指标值 \times 风险权重）\div 100$$

下面以实际例子说明，对单项风险指标的经营风险度的计算方法。假设某银行系统的信贷项目累计本金回收率指标值为80%，其最佳活动区间为90%≥80%≥70%，累计本金回收率在5个活动区间相对应的风险度分别如表6－9所示。从表6－9中可以看出，累计本金回收率指标值在小于等于60%时为高风险区。

表6－9　　指标值与标准值活动区间相对应的风险度关系

参数名称	风险度 $R = \sum$（指标值 × 风险权重）÷100				
指标值 n	1.0	0.9	0.8	0.7	0.6
风险度 r	20%	40%	60%	80%	100%
风险权重 m	20%	36%	48%	56%	60%
风险级别	低风险	较低风险	中度风险	较高风险	高风险

四、建立经营风险度的风险级别

经营风险度的风险级别一般可以设定为五级（一级风险至五级风险），每一级的经营风险级别都与相应的经营风险度一一对应。它们互相之间的特点如表6－10所示。

表 6－10　　经营风险级别与经营风险度之间的相互关系

参数名称					
经营风险等级	一级风险	二级风险	三级风险	四级风险	五级风险
经营风险度	0～20%	21%～40%	41%～60%	61%～80%	81%～100%
风险级别	低风险	较低风险	中度风险	较高风险	高风险

操作风险度是指衡量操作风险的一种度量，该操作风险度量分为五级。

一级风险（0～20%），二级风险（21%～40%），三级风险（41%～60%），四级风险（61%～80%），五级风险（81%～100%）。一级风险的经营风险度最小，其经营风险也最小，五级的经营风险度最大，相应的经营风险也最大。依据经营风险度不同的风险级别对全行、各分行的经营风险可以进行风险评级；还可以对分行进行风险排序。风险级别的含义如下：

一级风险度。表示该银行的经营风险度指标处于低度风险区，经营风险很小，营运状况很理想。

二级风险度。表示经营风险度进入中低度风险区，经营风险较小，营运状况比较理想。

三级风险度。表示经营风险度进入中度风险区，具有一定的经营风险，营运状况不理想。

四级风险度。表示经营风险度进入中高度风险区，经营风险较大，营运状况较差。

五级风险度。表示经营风险度进入高度风险区，经营风险很大，营运状况恶化，面临危机，处于破产边缘。

五、操作风险管理分析报告

银行营运业务监管部门将根据操作风险管理指标评价体系，定期在月度、季度、年终对营运业务的各个部门开展操作风险管理指标评价，并撰写完成向银行领导高层、各业务部门、监管部门提供“××银行营运业务操作风险管理分析报告”，控制营运风险。

风险分析报告的目的在于揭示银行系统的主要风险源、整体风险状况、风险核心问题、风险发展趋势以及将来值得关注的地方和风险整改建议等。

（一）操作风险管理岗位设置和职责

◆ 在各个业务条线设置专门的操作风险经理，完善业务线的风险管理；

◆ 设置独立的操作风险管理部门，负责全行操作风险管理工作；

◆ 设立独立的内审部门，风险管理部门负责对操作信息管理系统的监督。

报告途径：一般而言，各业务部门负责收集相关数据和信息，并报告至风险管理部门，风险管理部门分析整理后，上报风险管理委员会和最高管理层。

（二）操作风险管理分析报告的内容

◆ 操作风险总体状况；

◆ 重大损失事件；

◆ 风险的成因与对策；

◆ 操作风险资本水平；

◆ 银行资本分为账面资本、监管资本和经济成本。

按国际惯例，30%给操作风险、30%给市场风险、40%给信用风险，这里指增量，指银行需要额外增加的那部分资本占总资本的比例。

（三）操作风险管理分析报告的模式

××风险管理委员会或领导：

（分析报告说明信息）

一、操作风险总体状况

（业务量比较分析图）

（操作风险度比较分析）

（营运业务操作风险管理比较分析）

二、重大风险事件

（差错分析图）

（系统性问题统计表）

三、风险成因及对策

四、整改建议

××银行风险管理部

年　月　日

第七章
信息系统风险控制

现代高科技的发展，推动着计算机网络通信技术的不断发展，银行系统在应用计算机网络通信技术方面日益普及并向纵深发展，实现银行系统的电子商务，这已成为银行业实现高效、优质金融服务，业务不断创新的得力手段。但是，任何事物都有两面性，计算机网络通信技术的普及有其薄弱的一面，容易受到各种威胁和攻击（故意的计算机犯罪和黑客攻击）。中国人民银行《关于加强银行计算机安全防范金融计算机犯罪若干问题的决定》和《商业银行内部控制指引》，对防范金融计算机犯罪做了若干具体规定。目前，由于金融电子化的高速发展，对计算机安全体系监控不力，计算机犯罪事件急剧增加。这是一种国际现象，这种犯罪主要表现在两个方面：一是非法侵入、破坏银行系统的计算机网络和信息系统；二是利用工作之便，篡改计算机软件程序，利用计算机犯罪，实施金融诈骗、盗窃、贪污、挪用公款。由欧洲委员会和美国、加拿大、日本等国家的专家制定的《欧洲委员会计算机犯罪公约》，是首部关于互联网犯罪的国际条约，尤其针对侵犯版权、计算机诈骗、互联网安全、非法访问、非法拦截、数据系统干扰等作了具体定义（计算机安全）。由此可见，加强计算机安全、防范金融计算机犯罪工作是国内外面临的一项紧迫、艰巨、复杂和长期的任务。

第一节　信息系统风险控制

银行信息系统的风险防范对于防范金融风险至关重要。银行信息系统包括资金管理、清算结算、国际结算、核心业务、信用卡管理等业务信息系统。必须强化信息系统的内部控制工作体系，才能真正做到防范金融风险，保障银行系统经营业务的安全、稳健运行。众所周知，银行系统的信息系统是银行业各种信息系统的核心系统，也是银行系统监管工作的重点。所以，为了更有针对性地说明信息系统的风险控制，下面就以信息系统的风险控制为典型例子进行介绍。[①]

一、信息系统风险控制的重要性

信息系统是一个比手工信息系统更为高级、复杂的数据处理系统，因而它比手工信息系统需要更为严密的内部管理和控制。信息系统的风险控制是一项与计算机相结合的新型技术，它有两个方面的内容：一是对信息系统环境安全风险的控制；二是对信息系统内部信息处理风险的控制。由于电子技术的高性能处理，单靠外界环境的监督远远不能保证数据的安全和数据处理的准确性，因而它自身必须具有强大的排除错误和抗拒干扰的能力，这种自我保护的能力，就是通过对内部风险的控制来保证的。信息系统风险控制的特点是信息系统的环境安全和内部信息处理的风险控制，两者相互结合。信息系统内部风险控制牵涉数据处理系统的各个环节，是确保程序系统可靠性和数据安全性的基本控制，也是计算机稽核审计需要重点核查和评价的内容。

信息系统风险控制是指银行系统（或者一个企事业单位）为了有效地进行管理和稳健经营、查错防弊、提高经济效益，而在使用部门内部所形成的自我调整、相互制约和监督的一种手段。风险控制不仅要对财会及有关业务活动的控制，而且要对整个组织机构的各项经营业务的全过程活动进行必要的风险控制。信息系统的风险控制在银行系统的监管工作中处于十分重要的地位，如果风险控制良好，就可使银行业务经营活动有秩序、高效率、稳健地运行，实现其既定的经营管理目标；反之，则会使整个银行系统的管理陷入混乱、效率低下或者产生计算机舞弊行为而造成重大的经济损失，这样的信息系统就失去了安全性和可靠性。

（一）风险控制的目的

（1）维护银行资产和资源的安全。银行资产如果没有采取一定的防范措施予以监控，则会因为浪费、贪污盗窃、舞弊、化公为私等行为，而使银行资产蒙受损失。因此，建立必要的风险控制制度，采取一定的防范措施就是要防止违法行为的发生，避免银行资产或资源被浪费流失、贪污盗窃或无效使用。

（2）保证会计信息的准确、完整和可靠。会计信息是反映银行经营业务活动状况的原始的数据资料，它包括各种会计记录、账册、会计报表等。会计信息必须保证准确可靠，这不仅是上级领导部门、监管部门、国家税收等部门的需要，而且也是银行系统内部改善经营管理的需要。建立适当的风险控制制度，可以保证会计信息的准确可靠，进而提高管理决策的正确性。

---

① 邱胜利．网上审计［M］．北京：中国金融出版社，2003.

（3）有效地考核、评价各部门的经营业绩。在银行系统内部制定必要的风险控制制度，明确职责分工，一方面有利于各项方针政策、规章制度的贯彻执行，另一方面也为考核和评价各部门以致每个职工的工作业绩提供了依据。

（4）提高银行的经济效益。根据银行总体经营目标建立的包括组织结构、业务流程和内部稽核监控在内的内部风险控制，其最终的目的在于促进银行经营业务的经营管理合理化、规范化，从而达到提高经济效益的目的。

（二）风险控制的必要性

信息系统风险控制是银行系统进行有效管理和经营的基础，尤其是网络化的信息系统实施风险控制更是必不可少。这是因为：

第一，银行系统的各管理部门越来越依赖于网络化的信息系统，尤其是采用总行数据处理大集中模式所产生的会计记录和会计报表，而这些记录和报表数据的准确性和可靠性将取决于内部风险控制功能的强弱。

第二，信息系统潜在的风险控制问题比手工信息系统更为复杂，其技术性能更高。因而不可避免地带来一些新的风险，如系统文件可读性不强，易于被感染计算机病毒或者被篡改、毁坏；当系统程序出现错误时，则会造成错误的重复性和连续性发生；还有可能产生计算机舞弊和犯罪行为等。为了有效地降低出现新的风险，则需要建立新的风险控制制度。

第三，随着网络化的信息系统所产生的会计信息日益增多，如果没有健全的风险控制，就很难保证能够及时、准确地收集、处理、传递和存储会计信息，同时尽量避免出现主观或客观的差错，更谈不上有效地利用这些会计信息资源加强经营管理活动，取得最大的经济效益。

事实证明，如果信息系统的风险控制有漏洞，就会造成比手工系统更为严重的损失。例如：英国一家银行的电脑程序员，利用工作之便，篡改了计算机软件程序，将十笔存款转入他自己的账户，然后窃取了600万英镑巨款逃往瑞士。

尽管计算机的软、硬件的可靠性不断提高，但由于风险控制不得当，使计算机出现错误的现象仍时有发生，而且一旦发生错误就会造成比手工信息系统更为严重的后果。因此，在现代稽核审计中，对信息系统风险控制的研究和评价，也是非常重要的课题之一。

二、信息系统风险控制的类型

信息系统的风险控制也称为内部控制，一般可分为两种类型，即计算机信息系统应用控制（操作控制）和信息系统一般控制（开发控制）。这两种类型的风险控制均是信息系统所产生的特殊控制（也称计算机信息系统环境安全控制），目的在于预防、发现和纠正信息系统应用控制和一般控制时所产生的错误、舞弊和故障，使系统能够正常运行，并提供及时、可靠的会计信息以及各种业务系统信息。

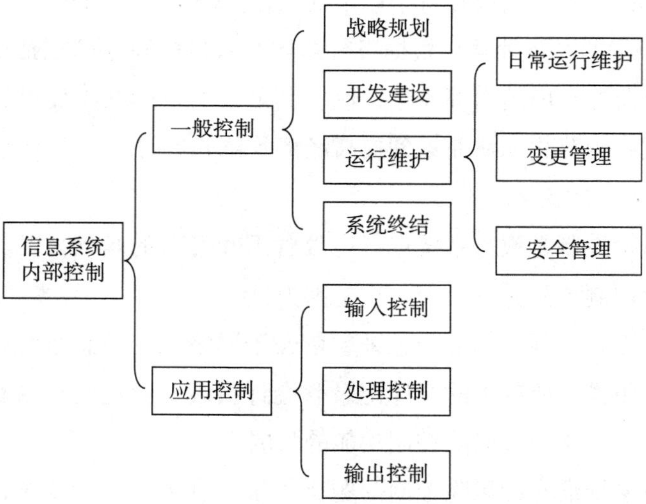

图7－1 信息系统内部风险控制框架

信息系统应用控制（操作控制）和一般控制（开发控制）的实际流程如图7－2所示。

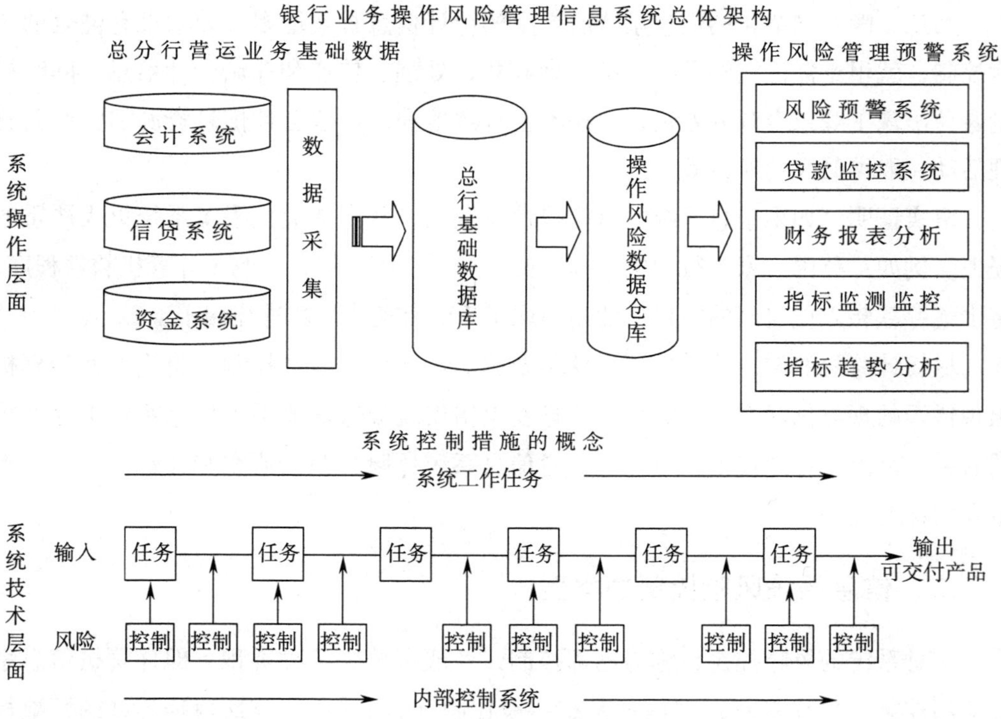

图7－2 业务系统操作控制与技术开发控制流程

（一）信息系统应用控制

信息系统的应用控制指对信息系统数据处理功能的控制。应用控制具有特殊性，不同的应用系统有不同的处理方式、处理环节，因而有不同的控制问题和控制要求。但是，一般说来，信息系统的应用控制应包括以下三项内容。

1. 数据输入控制

数据输入有原始凭证资料为直接的输入依据，也有以记账凭证为直接的输入依据，我们统称为信息系统的基础数据输入。信息系统的基础数据输入关系到整个信息系统数据结构的正确与否，因此，会计基础数据的输入是风险控制的主要关口，必须有严密的风险控制制度来保障。

2. 数据处理控制

商业化的信息系统软件已经通过有关部门的监测和评审，符合知识产权法的保护。数据处理控制主要是控制部门自己开发的信息系统软件，关键是要控制使用部门或者个人不能任意修改软件系统。除了常规的风险控制以外，商业化和机构自己开发的软件系统，二者共性的风险控制目标是：信息系统软件必须设置内部风险控制机制，即在软件程序内部设置操作日志，任何使用人员都能留下操作记录，这样，能够对数据处理过程实施动态的风险控制。

3. 数据输出控制

数据输出控制与数据处理控制是紧密相连的，主要是控制数据输出的合法权限，即对会计数据进行严格保密和安全保存问题。数据输出有三种方式：即计算机屏幕显示、输出存储介质（如磁盘、光盘、软盘等）、打印机输出方式。这几种方式都涉及数据资料的管理和安全保存问题，尤其是信息系统数据的安全保存问题更为重要，按照规定要对信息系统的基础数据进行定期备份和将数据实施异地存放。

由于信息系统一般控制与应用操作控制之间的紧密关系，财务稽核（AUDIT 审计）人员在对信息系统进行稽核时，首先要对信息系统的一般控制进行审查和评价，在确定一般控制的各个环节可靠性之后，才进一步研究和评价信息系统的操作控制。如果一般控制不可靠，稽核人员则大多放弃对操作控制进行评价和测试。因为，保证不了会计数据的准确性和可靠性。除非稽核的目的是为了健全和完善风险控制制度，否则，将转向范围更为广泛的实质性测试。

（二）信息系统一般控制

信息系统的一般控制是指对信息系统软件开发过程的控制，就是指对信息系统软件开发计划、需求设计、系统框架设计、系统详细设计、编程开发、项目组织管理、软件功能（FAT）测试、系统试运行、用户验收（UAT）测试、运行维护等整个软件系统开发周期所进行的风险控制。

信息系统的一般控制所采用的控制措施普遍适用于企业包括银行系统在内的各种业务信息系统以及包括会计管理信息系统在内的系列业务系统。一般控制的强弱将直接影响到企业信息化建设的质量高低、每项信息系统软件工程的成败。可以说，信息系统一般控制是操作控制的应用基础。信息系统一般控制主要包括以下几个方面的风险控制内容。

1. 组织控制

组织控制是指责权部门与使用信息系统的业务部门的职责分离，制定严密的风险防范各项规章制度进行规范，内容包括：银行计算机系统运行管理办法、银行办公自动化系统运行中安全保密有关规定、银行 SWIFT 系统运行管理办法、银行计算机网络管理规定、银行计算机应用软件开发管理规定、银行会计核算软件运行管理细则、银行计算机系统安全工作管理办法、银行计算机机房建设规范等；建立计算机主机房值班和工作人员出入管理制度；对银行的各种业务信息系统要制定严密的与国际互联网或者公共信息网络实施物理隔离制度；制定具体的防病毒制度并定期组织全系统的防病毒检查制度；建立业务系统运行日志制度，并对日志信息长期保存，以备稽核检查。

2. 系统开发与操作控制

系统开发与操作控制内容包括信息系统的需求设计人员、系统分析人员、程序员、系统管理人员、终端系统操作人员实行职能分离原则。购买商品化的信息系统软件与部门自己组织开发的信息系统有着本质的区别：一是商品化软件要根据我国的知识产权法（著作权法）必须享有知识产权的保护，对系统管理人员与系统的操作人员必须实施职能分离的原则。二是对自己部门组织开发的会计软件系统，对系统的需求设计、系统分析和软件编程人员与信息系统的操作使用人员必须实施职能分离。

3. 系统文档控制

系统文档控制主要是指信息系统软件的需求设计、系统分析、系统技术设计、程序软件的源程序以及原始凭证包括记账凭证资料、电子文档资料的备份和异地存储保管等项内容。

4. 系统工作环境控制

系统工作环境控制主要指信息系统环境安全的控制，包括对各级使用软件部门的访问权限和访问方式的控制，安全保密，启用新的应用软件必须按照规定建立运行日志，修改业务程序和参数必须履行审批手续，对重要的运行设备要采用加密和建立严格的密钥管理措施，建立规范的计算机数据中心管理规章制度等。

三、计算机安全控制基本标准

信息技术（IT）审计基本标准是世界上著名的会计公司对电子数据处理所提出的安全控制标准，也是计算机环境安全的审计标准。用户在具体操作使用时，可根据部门的具体情况对基本标准进行增减选用。计算机环境安全控制的基本标准是：

（一）逻辑安全

逻辑安全是对计算机设备和计算机系统中存放数据的访问操作实施的内部风险控制，以及相应的操作系统的安全性进行审计。如检查用户操作口令和使用权限的管理是否严密，对读写和删除电子数据等功能是否健全，都必须进行具体的操作和检查核对。

（二）物理安全

物理安全是指对计算机机房及其机房管理和计算机所在的环境场所进行安全控制审计，如检查计算机机房的管理保密制度是否健全，对员工的职责分工操作和使用人员的安全控制是否严密，有无防火防灾防雷电等安全措施等。

（三）数据备份

数据备份是指对计算机系统软件、应用软件和电子数据进行备份，并放置异地安全的地方进行保存。电子数据最好每周（有的一月）备份一次，以防止计算机故障或者因突发性灾难而引起的电子数据的破坏和丢失。

（四）灾难恢复

灾难恢复是指计算机设备和信息系统中的数据文件一旦受到损坏，有相应的应急措施和预先制定的灾难恢复计划。

（五）信息系统软件转变控制

信息系统软件转变控制是指对计算机系统软件程序进行改变的控制方法的审计。如一个信息系统程序或者应用系统的改变，是否有主管负责人签字，是否有完备的安全计划措施等。

（六）软件版权

软件版权是指部门使用的各种软件系统应贴有商标标识，有合法的知识产权。合同开发商开发的软件系统应符合本国的知识产权法，使用部门应安全地保存应用软件系统的商标标识和合同，以便在需要时能提供合法的手续。

四、信息系统安全控制审计实例

为了更好地说明按照安全控制的基本标准对计算机信息系统环境安全控制的全过程实施审计，下面以笔者在澳大利亚国家审计署参加信息系统审计的实际例子予以说明，仅供参考。

（一）审计的背景

澳大利亚审计署机关办公楼由大型计算机信息系统构成统一的局域网环境，建立了办公自动化系统。总署的各种行政信息和各业务局之间都可以通过办公自动化系统实现电子文件的相互传递。稽核部门与各业务局以及下属单位、全国各大型企业（被审计机构）通过广域网完成信息传递。稽核部门的各业务处室的每位领导和审计师都配有联网的计算机终端，通过专门配备的美国 SAS 研究所生产的大型 SAS 统计分析软件工具环境作为审计软件系统。审计师的计算机终端有三个用途：

（1）查询计算机中心的数据库资料。查询总署计算机中心数据库里的各种信息资料，如各种文件检索、图书资料查询、审计档案等。

（2）检索工作计划和会议资料。计算机终端屏幕上，可以自动显示日常的工作动态和当日的主要工作安排以及各种会议通知。

（3）审计财务报表。通过计算机终端可以审计被审计单位的电子财务报表，这是审计部门最主要的一项业务。

以上三项功能的实现，其一是完成了总署机关的办公自动化（OA）系统的各项任务；其二是完成了审计部门的非现场审计监督（银行系统的非现场稽核监管）的各项功能。

对两个被审单位进行审计：

第一是对联邦科学信息研究中心（CSIRO）的审计，该中心专门从事农业方面的科学研究，有大型的计算机网络系统，也有从事单学科研究（诸如植物、昆虫等）的微机系统。

第二是对健康医疗保险委员会（HIC）的审计，该机构办公大楼已实现了办公半自动化，整个大楼配备有 IBM 公司生产的大型计算机网络系统，每个职员办公桌上还配置有一台与大型计算机网络系统主机相连接的计算机终端。

两个机构分别由两个审计小组进行审计，时间都为四个星期。审计内容都侧重于计算机环境安全审计（类似于计算机风险控制的审计）。所不同的是，在联邦科学信息研究中心主要是对微机和大型计算机环境安全和财务审计，而在健康医疗保险委员会则是对大型计算机网络系统的环境安全审计。

两个机构开展的信息系统（IT）审计（当时也习惯叫计算机审计），都是根据澳大利亚审计署认定的 IT 审计基本标准进行审计。

（二）审计的步骤

开展计算机环境安全与财务审计时，审计小组由 IT 审计人员和财务审计人员共同组成，分步骤进行：

1. 计算机环境安全审计

根据上述的 IT 审计基本标准，对两个被审单位的有关部门领导和个人，采用单独约谈调查的方式进行了解，有时到计算机房或者微机面前，实地观看操作人员的操作和随机询问有关安全问题。具体内容包括：运行的各种设备是否定期进行维修；机房环境是否定期监测、出入机房管理、防范火灾和雷电的安全措施是否到位；网络系统的安全监测；环境安全及基础数据的异地备份存储；是否有日常操作的规范化管理制度等一系列风险控制问题。

2. 计算机财务审计

当信息技术（IT）审计师审计被审单位的电子财务报表时，首先在被审单位的计算机终端上审查有关的财务报表内容；其次是将电子数据的财务软盘备份交给总署的计算机中心，统一转换信息系统的基础数据，并统一存档保管。审计师可以通过自己办公室的计算机终端，操作专用的“计算机辅助审计技术”（CAATs）软件的各种功能，完成对电子数据财务的审计，直到完成审计报告。整个计算机审计过程都在终端上完成，非常方便。

计算机所使用的“计算机辅助审计技术”系统软件，装在便携式计算机里，审计师到被审计单位审计时，直接在便携式计算机里转换电子数据，并进行财务审计。便携式计算机主要适用于被审单位电子财务账建立在计算机里的情况，以及方便审计师外出审计时携带。

3. 审计报告

计算机审计人员根据被审单位的实际情况，对计算机环境安全和财务审计的时间大约需要二至三周。在此基础上，审计人员针对问题提出自己的意见和建议。在最后一周的时间，写出审计报告草稿，并与被审计单位的领导多次交换审计意见，最后直接向澳大利亚议会递交审计报告。

从澳大利亚国家审计署开展计算机审计的两个步骤可以看出，他们首先考虑的是计算机环境安全审计，然后，根据实际情况对电子财务进行审计。如果计算机环境安全审计没有什么问题，则表明被审计单位的风险控制管理严格，也说明计算机财务系统的电子数据具有安全性和可靠性。对被审单位的信息系统的程序软件一般不进行审计，需要时将专门开展此项内容的审计。

第二节　信息系统应用控制

信息系统应用控制即信息系统的操作控制。如银行系统的各种业务信息系统在应用（操作）过程中的各项端口的风险控制。前面已经提出，在银行系统基础数据的处理过程中，最基本、最重要的数据源是信息系统的数据处理过程，这也是总行基础数据库（有的建立综合系统数据库、数据中心、网络大数据、云计算等）中最核心的基础数据。因此，对银行系统信息系统的操作控制，首先最关注的风险控制是商业化的业务信息系统的操作控制。

信息系统操作控制的目的在于通过标准的信息系统操作来保证如会计信息处理的准确可靠，防止舞弊和犯罪行为，避免和减少差错。操作控制是通过制定和执行标准的操作规程来实现的。标准的操作规程的主要内容包括：操作计划、机器操作规程、作业运行规程、控制台记录规程、用机时间记录规程、数据文件控制标准、监察和检查措施以及应急措施等。

一个信息系统在投入使用后，程序设计与开发人员不允许接触或操作运行的程序，否则，他们就有机会对程序和文件进行非法修改。运行程序受到破坏或被非法篡改，危害极大，这实际上也是计算机犯罪的主要手段。为了确保会计电算化信息系统运行程序的安全、可靠和准确，应当将负责设计开发系统程序工作的电算部门与用户部门，即各业务部门严格分开。

也就是说，系统的程序设计开发人员应当只负责程序的编制和维护修改，不能参与会计数据的输入和数据处理等现场操作工作。同样，系统的操作人员不担负系统程序的编制和修改的任务。系统程序的编写和修改必须经过严格的审批手续，任何人都不得擅自改动。如果系统的程序设计开发人员同时担任操作员的工作，他就有机会进行人工干预，使事先的控制失去作用。尤其在系统程序的运行直接影响资产的变动时，如银行存款户的存取款自动处理程序以及仓库材料物资的收发料自动处理程序等，更加需要程序设计开发人员与操作人员的严格分离制度。

信息系统是业务系统的统称，它包括各种形式的业务系统。所以，我们讲的业务系统也统称为信息系统。如银行业务系统主要有：信贷管理系统、资金交易系统、柜面交易系统、会计业务系统、管理会计系统、费用管理系统、信用卡系统；核心业务系统、综合管理系统、办公系统（OA）、管理信息系统①（ERP）等。信息系统处理信息数据的主要模式是相同的，由业务信息交易输入（信息输入）、信息处理（数据信息处理、网络 IT 技术、信息存储等）、业务信息结果输出（信息输出）三大部分组成，如图 7 –3 所示。

---

① 管理信息系统（ERP）：将企业管理需求与信息技术完美结合，打造企业全流程管理体系；建立规范、高效的业务流程管理，实现销售、客户、项目、生产、库存、采购、人资、财务、办公等所有环节全程管理，确保数据信息在传递过程中的准确性、时效性和有效性，帮助企业快速反应、全面提升核心竞争力。

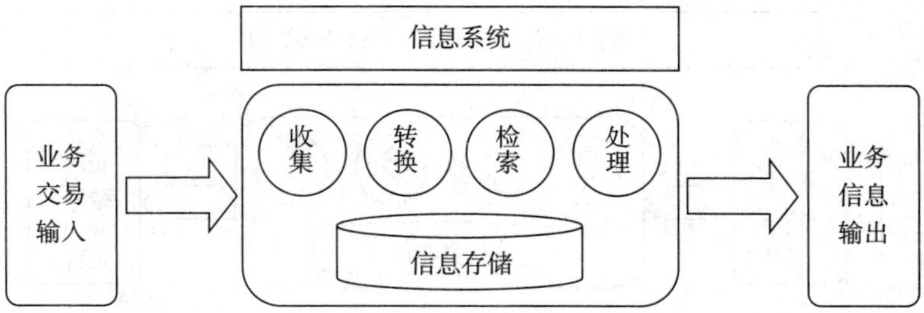

图 7-3　信息系统（业务系统）结构

控制活动是针对信息系统交易处理过程中所产生的风险而制定的控制措施，也是针对各种业务系统应用而制定相应的规章制度——控制措施。反过来讲，控制措施即为控制活动。国际内部控制协会（ICI）引用了控制活动：

◆ 美国反虚假财务报告委员会下属的发起人委员会 COSO《内部控制整合框架》。COSO（The Committee of Sponsoring Organizations of treadway Commission）内控框架把交易处理中的各种控制措施都归类为控制活动。

◆ COSO 委员会对于控制活动的定义为：控制活动是用来确保企业管理层制定和被执行的规章制度和业务流程（标准），以强健的控制措施来规避企业风险、实现企业目标。

控制活动涉及企业决策管理层和所有岗位职责。包括决策层、管理层、各类操作岗位、业务流程、审批流程、授权、资产管理、审计监督等。

信息系统的应用控制（操作控制）是为适应各种业务系统如会计业务处理的特殊要求而建立的能预防、检测和更正错误和处置舞弊行为的控制措施。与一般控制相比（一般控制对任何单位的信息系统都普遍适用），操作控制则更具有特殊性，它因业务系统及其数据处理方式的不同而有所不同。随着计算机网络通信技术的飞速发展，信息系统实施网络化、大数据处理应用的情况下，人们对信息系统的依赖性越高，其间接的影响将会更加不可估量。但是，操作控制的目的都是为了提高电子数据的可靠性和准确性。所以，任何具有知识产权和投入市场应用推广的业务应用系统，不管其应用领域、数据方式是多么不同，其应用控制暨操作控制都应包括数据的输入控制、处理控制和输出控制三种类型。

一、信息系统数据输入控制

信息系统的数据处理有惊人的高速度和准确性，但是，如果计算机输入的原始会计数据不准确，那么，处理结果也必然是错误的。为了保证原始会计数据输入的准确性，首先要求原始会计数据本身是真实准确的，其次，要在数据生成直到输入的各个环节都建立严格的内部风险控制机制。

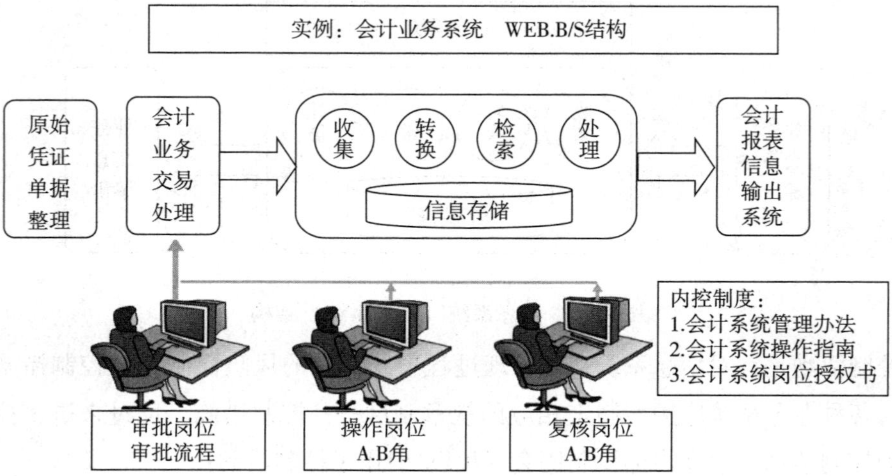

图7－4 信息系统数据输入控制

在不同行业财务应用系统中，原始会计数据的输入可以原始凭证为直接输入的依据（随着计算机网络信息技术的不断发展，很大一部分大型企业的信息系统已经建立起对原始票据信息通过映像扫描输入计算机系统，以映像文件的压缩形式进行储存，目的是为了保存原始电子票据，方便事后稽核监控），也可以用规范的记账凭证为直接依据。由于以原始凭证为直接依据进行输入所需的控制措施与其他系统相同，因此，在这里介绍最实用的以信息系统电子数据为直接原始票据记账凭证的风险控制方法。

以记账凭证为直接依据的情况下，可以根据信息系统中的一些规则采取特殊的控制措施。记账凭证直接输入作为依据可能发生的错误或者问题有：（1）会计科目或者摘要输错，有的会张冠李戴；（2）金额输错；（3）记账方向错误；（4）对应关系错误；（5）输入速度慢或者便于篡改。为了克服这些问题，可以采取一些风险控制的方法，即在原始数据保持真实、准确的前提下，如何保证它们在编码和填制记账凭证以及数据输入的过程中不发生差错的一些方法。

目前，信息系统的数据输入多数采用手工编码和键盘输入的方式，这是一项既繁重又很容易发生错误的工作。因此，手工编码和键盘输入是风险控制的重点。在合理设计输入格式的前提下，编码和记账凭证各种数据输入的准确性，在很大程度上取决于操作人员的谨慎和细心。除了加强操作人员的责任心，提高他们的技能和水平外，可采用下列控制方法。

（一）建立科目对照文件

将科目对照文件设计于计算机程序中，当手工输入会计科目号码时，系统首先在对照文件中查找，如查找不到或者与屏幕上显示的科目不相符，则表明输入的科目出现差错。如果输入的科目确实是非法科目，则废弃已输入的科目号码，重新输入正确的科目号码；若是新增科目，则将该科目要追记于对照文件中。

（二）建立对应关系对照文件

每张记账凭证均包括两个或两个以上的科目，每个科目输入的正确性并不能保证这笔分录是否正确，因为还可能发生账户对应关系错误。因此，可根据业务间的相互关系事先建立每个科目的对应科目，建立对照文件。当输入完一张记账凭证后，程序访问对照文件，检查和判断输入的科目之间是否存在着对应关系。程序设计中可根据这种逻辑关系设置逻辑判断，检查科目对应关系是否正确。

（三）试算平衡控制

试算平衡控制是指对每笔分录都可以进行试算平衡检验。做法是：将试算平衡方法程序化，当一笔分录输入完毕后自动对其进行检查核对。在借贷记账法下，试算平衡公式为：

借方科目金额 = 贷方科目金额

（四）屏幕审核法

屏幕审核法是将输入的记账凭证代码（数据型代码或者字符型代码）在设定的屏幕上再次显示出来，提供重新检查纠错的机会，对正确输入的凭证代码以确认键方式输入计算机。

此外，还要运用各种技术方法进行校验。在信息系统的开发与设计中，应包括重点数据输入在内的校验方法。

（五）重点输入校验

重点输入校验方法是将数据前后两次输入计算机，然后将结果自动进行校对，如果输入有错，显示器上显示出错的信息和原因，并配合机内蜂鸣器提醒出错信息，以达到数据代码输入出错控制风险的目的。

（六）合理性校验

合理性校验方法是对某些特殊输入的基础数据确定一个合理的范围。如果输入的数据超出合理范围，机器就会自动发出信号，要求检查输入的数据。例如，常见的合理性校验有职工个人工资限额、材料最高、最低存量等都可作为合理与否的标准。

（七）纠错系统校验

纠错系统校验方法是对输入的数据或者摘要等参数确定一个范围。当输入数据时，就不能输入有字符串（字母、符号汉字等）；当输入摘要时，就不能输入字符串、数字符号等；在程序设计时可以编入风险控制目的程序，有错则发出信息提示，达到控制人为出错的目的。

（八）输入数据类型校验

输入数据基本有三种类型，即数字型、字符型、逻辑型。有的数字只能是数字型，如单价、产量等；有的只能是字符型，如机构名称、品名等。因此，在程序设计时就应考虑控制程序，以防止输入数据类型的错误。

（九）平衡校验

平衡校验是指通过数据间应有的平衡关系进行检查。例如，借方会计科目合计与贷方会计科目合计应该相等；总账余额与所控制的明细账余额总计应该一致等都可以实施风险控制。

以上各种输入数据控制的方法各有利弊，不同查错的方法查出差错概率有高有低，但成本也随着变化；有的方法较为简便，但查错概率比较低。在实际的信息系统程序软件设计中，应根据具体情况，考虑数据输入的重要性，斟酌选择使用，也可将几种方法结合使用。总之，在进行信息系统的程序设计时，应把风险控制关系考虑进去，既方便操作，又可以提高数据输入的准确性和可靠性。

二、信息系统数据处理控制

信息系统的电子数据处理控制是对数据处理准确性、可靠性的控制。在数据处理上要使数据处理结果准确和可靠，有两个方面需要保证：一方面，要依靠信息系统的硬件设备的安全、可靠来保证其正常运行，这在机房工作环境控制中已经讲过；另一方面，要依靠信息系统软件的安全、可靠来保证数据处理的准确。这就是下面要讲的数据处理在程序设计中进行控制的重要环节，实务上常用的方法有：

（一）常数控制

有的数据处理结果应该与某个常数相一致。利用这个特点，可以对数据处理进行控制。例如，基本工资经过分配处理以后，其分配额的合计数应当与原数相等；又如固定资产净值和已提折旧额的合计数应当与原值相等。

（二）对应数字控制

利用某些数据的处理结果应当与另一组数据的处理结果相等或其他对应关系对数据处理进行控制。例如，资产平衡表和利润表两表编完以后，可将两表的利润数加以核对，也可以利用借贷方的平衡关系来控制。

（三）范围控制

程序为数据处理结果确定一个范围。如果数据处理结果超出范围，可能表示输入数据有误或处理错误。

（四）总数与顺序控制

为了防止信息系统在数据处理中发生遗漏或重复处理，有必要进行总数校验和顺序校验。这就是信息系统在数据处理时对所处理的记录进行累计。处理完毕以后，将累计数和预先确定的会计数进行校对。也可以对所处理的数据值进行累计，将处理结果再与控制数校对。

以上介绍的各种方法在实务上也是结合使用的。现代信息系统的性能越来越先进，使人产生一种错觉，以为数据处理控制是不必要的。其实并非如此，信息系统处理并非万无一失。所以，对数据处理控制，在信息系统的程序设计时就应作为一个重点考虑进去，并将各种数据处理控制方法设计在系统程序之中，对数据处理实行严格控制，来确保数据处理的准确和可靠。此外，数据处理中发现的错误，未必都是数据处理的错误，有可能是原始数据的错误或者是输入错误。实行数据处理控制，可以发现输入控制中有无“漏网”重计的错误，增加了一道防止差错的关口。

三、信息系统数据输出控制

信息系统的数据输入控制和数据处理控制，从某种程度上保证了会计数据控制的大部分内容。但也不能保证信息系统的数据绝对正确，数据输出的控制是必不可少的。它要保证输出数据和输入数据的一致性，并使输出的数据信息能够满足各级管理部门的需要。

输出控制一方面要由硬件设备的正常运行来保证，另一方面着重强调的是数据的打印输出。在这里我们主要说明对打印输出文件的控制。这种控制要根据预先计算的控制数据进行检验。例如，可根据记录的合计数检查输出报告的记录是否完整，根据记录序号检查报告的记录有无缺漏重复现象等。

输出信息往往在电子数据处理部门产生。为了保证输出的信息能及时送到各职能部门，防止遗失和不必要的扩散，应该对输出的资料文件建立管理控制制度，输出的资料文件应该由专人负责收集、管理、保管和分发，并且设有输出资料登记簿，说明输出资料的名称、编号、打印份数和日期，发往什么部门，由何人接收以及何人保管等。

风险控制实际上执行了一部分审计工作。信息系统风险控制是一种技术性非常强、相当复杂的问题。对于不同的企事业和不同的信息系统中，风险控制的方法和技术都有很大的差别。所以，在审计以前必须进行充分的研究和调查、测试程序系统，才能制定出合理可行的审计计划和方法，对症下药，才能完成对信息系统的审计任务。

操作控制的审核和评价是整个审计过程中的一个重要步骤。通过这一步骤，审计人员可以审计测试的性质、范围和程度。同时，促进被审单位完善和健全操作控制措施。

综上所述，信息系统的风险控制，主要体现在建立行之有效的银行系统内部风险控制体系。即提高银行系统全员计算机应用的安全意识，健全风险控制的各项规章制度建设，辅之以高效的内部风险控制措施、严密的组织管理、先进的技术防范为一体的信息系统风险控制体系，这是银行信息系统风险防范的有效途径。

第三节　信息系统一般控制

一般而言，在手工的会计信息系统中，通常由多个部门或人员进行会计数据的处理，即将不相容的职责分派给不同的部门或同一部门中不同人员去执行。也就是说，采用内部相互牵制的原则，把不相容的职责进行分割，由几个人通过合理的分工来完成，使财会人员明确职责，相互合作，相互制约，相互监督，防止差错和弊端的发生。而在会计管理系统中，这些不相容的职责往往都集中于电子数据处理部门，结果常常是消除或削弱了适当的职责分工这一基本的会计控制，使得计算机信息系统的操作人员有机会将财物或现金挪作私用。为了避免这类现象的发生，必须采取其他有效的补救性风险控制措施。补救性的风险控制措施主要包括组织控制、程序系统开发控制、系统文件控制和计算机环境安全风险控制等，这也是信息系统一般控制的主要内容。对计算机信息系统（简称“信息系统”）的内容和控制过程，如图7－5所示。

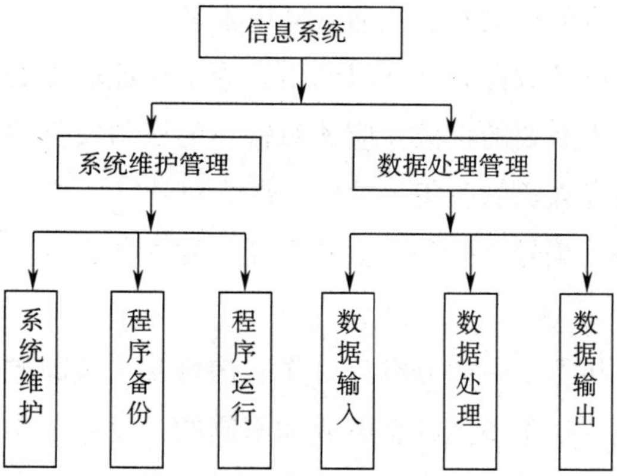

图7－5　信息系统风险控制图示

一、组织控制

组织控制的目的主要是减少信息系统管理部门发生错误和出现舞弊行为的可能性。组织控制的基本要求是做到职责分离，即对业务处理和业务记录的分离。如对原始会计凭证的处理，必须经过职能部门领导的审核，经过会计人员的审查，然后才填制记账凭证。信息系统的组织控制主要有以下措施。

（一）信息系统管理部门与用户部门的职责分离

分离不相容职责的一般原则是将四种基本职能，即业务授权、执行、记录和资产保管予以分开。在信息系统的情况下，这四种职责同样必须分离。一般而言，电算部门不能负责业务的批准和执行，也不能保管除会计管理系统以外的任何资产。因此，计算机会计部门是指负责记录业务的部门；而用户则是指批准、执行业务和资产保管的部门，即各业务部门。

在实施信息系统的情况下，如果没有适当的职责分离，就无法做到各部门之间互相稽核、互相监督和互相制约，也无法有效地保护组织的资产和提高会计信息的准确性和可靠性。

（二）信息系统管理部门内部的职责分离

信息系统数据处理的特点常常是把某个单位的会计信息资料集中起来，统一处理，这使得本应分离的某些不相容职责集中化了。因此，在实施信息系统的数据处理部门的内部，还应适当地进行职责分工，从而使有关人员在数据处理中的越权活动难以进行，以此来避免舞弊、犯罪行为的发生和防止差错的出现，保证系统可靠运行。一般来说，信息系统管理部门内部应做到五种职责的分离，即系统分析、程序设计、系统操作、文档资料管理和系统控制的相互分离。

1. 系统分析

系统分析员的职责是根据整个组织机构的状况，确定信息系统数据处理的目标；选择达到目标的途径；用系统流程图描述出系统的概貌及业务通过系统的流程；指导程序员编制系统应用程序；编写系统需求设计说明书等。

2. 程序设计

程序设计人员的职责是根据系统分析员的系统流程图及其说明书设计详细的程序流程图，并用选定的计算机语言编出系统应用程序，负责程序的调试和检测。程序设计好后，程序设计员要为系统的应用程序编写详细的系统档案资料。在系统经批准投入运行后，程序设计员的职责是按授权对系统应用程序进行维护和改进。

3. 系统操作

系统操作员的职责是根据程序员编制的操作手册指导操作计算机系统，处理各种业务。如输入经批准的主文件及业务文件数据，更新有关的文件记录，按规定和要求输出打印各种报告或报表等。

4. 文档资料管理

文档资料管理员的职责是负责保管与系统有关的一切文档资料以及磁性文件资

料，如系统设计说明书、系统流程图、程序流程图、源程序表及其说明、编码表、存储有应用程序或数据文件的磁盘或磁带等，防止它们的丢失、损坏、被非法接触或篡改。任何资料的借取都要有记录，都得经过批准。

5. 系统控制

控制人员的职责是对信息系统的操作和处理进行控制，如抽查输入、审阅操作日记、审查系统输出的各种错误报告、分析错误原因、督促有关部门改正等。通过种种控制监督活动，防止或及时发现各种可能的错误和舞弊行为。

上述的五种职责分离是对使用规模较大的信息系统才可能完全分开。在较小单位的信息系统部门里，一人身兼多职的现象较为普遍。例如，系统分析和程序设计与数据录入、信息系统操作是分开的，而没有单独的文档资料管理人员和控制人员；或者是程序设计员与操作员由一人兼任。这显然是不符合风险控制要求的，但从经济上和效率上看却又是十分合理的。还有一种情况是系统外包，即将信息系统的程序开发通过招、投标方式外包给专业的软件工程公司。面对这些情况，稽核人员当然无法轻易信赖信息系统的内部风险控制以及系统的处理结果，只能是进行广泛的实质性测试了。

二、信息系统一般控制

信息系统一般控制即是信息系统软件的开发控制，主要是针对信息系统软件程序系统设计开发过程的风险控制。程序设计是信息系统开发最重要的环节之一，因为，信息系统开发完成一旦正式投入使用，要想对它进行修改是十分困难的，既然必须修改也要采用打补丁的方式进行应急处理，需要耗费较长的时间和较高的成本。因此，对信息系统软件的开发必须进行有效的风险控制，以保证开发出来的系统能满足用户的需要，具有及时发现和修正错误的功能，能保证信息系统（如会计系统）的准确性和可靠性。为了达到这一目的，则需要注意以下几点：

第一，在信息系统设计开发之前，进行有效的可行性研究，以保证设计开发出来的系统有更好的经济效益。可行性研究的内容应包括：组织业务流程处理的需求、管理部门对信息的需求、各项业务流程处理的原理与方法、由计算机系统控制的管理决策、建立应用程序系统内部的风险控制、系统的成本与可能带来的收益等。

第二，信息系统的设计开发应有用户部门的代表和稽核部门的人员参加。目前我国的现状是，计算机信息中心的信息系统设计开发人员往往不太熟悉用户部门所要处理的业务需求，不懂得会计与稽核监督的业务；用户部门的财会人员又缺乏计算机网络通信技术知识和应用技术。这样，由于双方业务和技术的互相欠缺而设计出来的信息系统往往不太适用，也不具备可稽核性。因此，最好的办法是在系统的设计开发阶段，就让用户部门和稽核部门或内审部门的代表参加，以便他们能够及时反映各自的需求和发现业务的问题。

第三，新开发的系统在正式投入使用之前，最好与原手工信息系统并行运行一段时间，即“双轨制”运行阶段，也可称试运行阶段。通过试运行阶段的磨合，证明该系统运行的结果是令人满意的，实际运行的系统与原来设计的差异是合理的，系统的文档资料完备，经主管部门正式批准后，新系统才能正式投入使用，即由“双轨制”逐渐过渡到“单轨制”运行。

信息系统一般控制在财政部、证监会、审计署、原银监会、原保监会颁布的《企业内部控制基本规范》《企业内部控制配套指引》中提出了明确要求。信息系统一般控制涉及：制定信息系统建设战略规划、信息系统开发方式（包括系统自行开发、外包开发、外购调试）、信息系统运维、信息系统终结等。

另外，为了信息系统运行数据的准确性、可靠性、安全性和可稽核性，以及能代表的一定技术水平，新系统设计开发完毕后、在投入正式使用之前，都要经过有关信息系统主管职能部门和稽核部门的鉴定，试运行过程，再通过信息系统项目的评审，然后才能在实际业务部门推广使用。①

信息系统一般控制工作流程如图7-6所示。

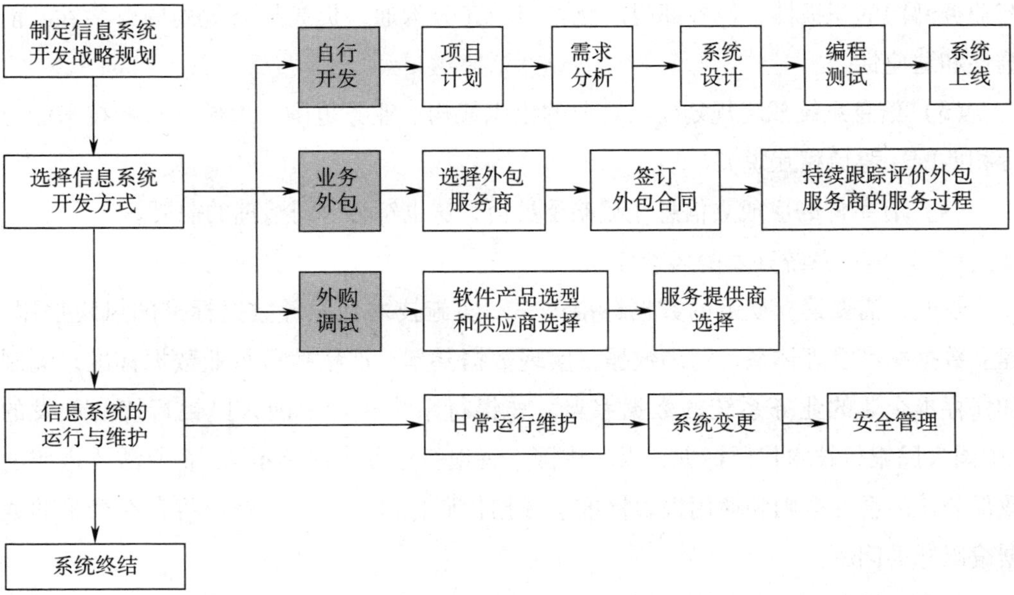

图7-6 信息系统一般控制（软件开发）工作流程

① 邱胜利．网上审计［M］．北京：中国金融出版社，2003.

（一）信息系统开发战略规划的风险控制

信息系统开发战略规划是信息化建设的起点，战略规划是以企业发展战略为依据制定的企业信息化建设的全局性、长期性规划。信息系统战略规划的主要风险和控制措施有以下几个方面。

1. 主要风险

（1）缺乏战略规划或规划不合理，可能造成信息孤岛或重复建设，导致企业经营管理效率低下。

（2）没有将信息化与企业业务需求紧密结合，降低了信息系统的应用价值。忽视战略规划的重要性，缺乏整体观念和整合意识，导致财务管理信息系统、销售管理信息系统、生产管理信息系统、人力资源管理系统、办公自动化系统等各自为政、孤立存在的现象，削弱了信息系统的协同效用，甚至引发系统冲突。

2. 控制措施

（1）企业必须制定信息系统开发的战略规划和中长期发展计划。并在每年制定经营计划的同时制定年度信息系统建设计划，促进经营管理活动与信息系统的协调统一。

（2）企业在制定信息化战略过程中，要充分调动和发挥信息系统归口管理部门与业务部门的积极性，使各部门广泛参与，充分沟通，提高战略规划的科学性、前瞻性和适应性。

（3）信息系统战略规划要与企业的组织架构、业务范围、地域分布、技术能力等相匹配，避免相互脱节。

（4）有条件的应成立信息化战略委员会，这也符合公司治理的需要。

（二）信息系统开发的风险控制

首先，需要建立规范的数据标准体系，实施技术和业务数据标准的风险控制。建立数据标准管理体系，清理数据，实现数据共享。严格执行行业数据标准，编制和保存本企业的业务系统的数据字典。如银行系统执行中国人民银行统一颁发的《中国人民银行技术代码标准》及《中国人民银行业务代码标准》。企业需要遵照财政部公认的会计准则和通用报表标准、数据代码标准。否则，企业将存在严重的数据编码标准问题。

其次，重点实施信息系统开发的风险控制。企业信息系统开发是将企业的有关业务流程、内控措施、权限参数配置、风险预警指标、核算方法等均固化到信息系统中。因此，信息系统开发建设的好坏直接影响到企业信息系统的成败。

信息系统开发方式可以分为：信息系统自行开发、外包开发、外购调试等。各种开发方式有各自的优缺点和适用条件，企业应根据自身的实际情况合理选择。信息系统开发过程包括以下几种类型：

1. 信息系统自行开发的风险控制

信息系统自行开发流程如图 7－7 所示：

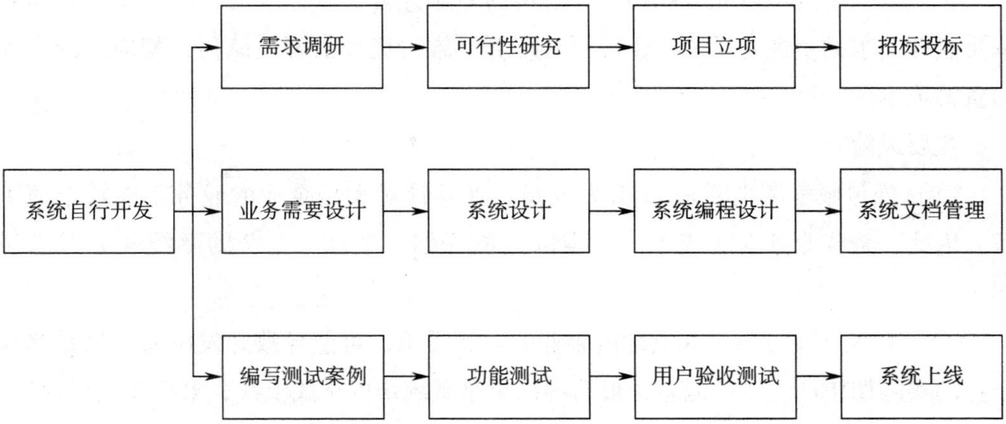

图 7－7　信息系统自行开发流程

业务需求的目的是明确信息系统需要实现哪些功能。该项工作是系统分析人员和用户单位的管理人员、业务人员在深入调查的基础上，详细描述业务活动涉及的各项工作流程以及用户的各种业务需求，从而建立未来目标系统的逻辑模型。

主要风险：

（1）需求本身不合理，业务需求描述不到位，对信息系统提出的功能、性能、安全性等方面的要求不符合业务处理和控制的需要。

（2）技术上不可行，经济上成本效益倒挂，或与国家有关法规制度存在冲突。

（3）需求文档表述不准确、不完整，未能真实全面地表达企业需求，存在表述缺失、表述不一致甚至表述错误等问题（业务人员能力不够）。

控制措施：

（1）企业应当根据信息系统建设整体规划提出分阶段项目的建设方案；确认业务需求书；明确建设目标、人员配备、职责分工、经费保障和进度安排等相关内容；按照规定的权限和程序审批后实施。

（2）企业可以采用标准的项目管理软件（如 Office Project）协助制定项目计划，对项目管理加以跟踪。在关键环节进行阶段性评审，以保证过程可控。

（3）项目关键环节应编制标准文档《GB 8567—88 计算机软件产品开发文件编制指南》等相关国家标准和行业标准进行，以提高项目计划编制水平。

信息系统自行开发最关注的重点是：可行性研究报告、业务需求说明书、系统详细设计书、系统功能（FAT）和用户验收（UAT）测试报告。

2. 信息系统外包开发的风险控制

信息系统的业务外包是指委托其他单位开发信息系统，基本做法是企业将信息系统开发项目外包出去，由专业公司负责开发、安装实施，企业直接使用。

优点是：企业可以充分利用专业公司的专业优势，量体裁衣，构建全面、高效满足企业需求的个性化系统；企业不必培养、维持庞大的开发队伍，相应节约了人力资源成本。

主要风险：

（1）外包服务商主要是IT开发人员，尤其针对大型企业的业务不能够全面了解，因此，系统业务沟通成本高，难以完成详细、全面、完善的系统业务需求说明书。

（2）系统开发方难以深刻理解企业的业务需求，可能导致开发出的信息系统与企业的实际期望产生较大偏差，最后的结果是系统难以正式上线，给企业造成损失。

控制措施：

（1）在选择外包服务商时要充分考虑服务商的市场信誉、资质条件、财务状况、业务和技术服务能力，尤其对本企业业务的熟悉程度、既往承包服务成功案例等因素，对外包服务商进行严格筛选。

（2）企业可以借助外包业界基准来判断外包服务商的综合实力，选择具有专业能力和专营本项目的IT公司承担本企业的外包系统开发。

（3）企业要严格外包服务审批及管控流程，对信息系统外包业务，原则上应采用公开招标等形式选择外包服务商，并实行集体决策审批。

同时，由于外包信息系统与系统开发方的专业技能、职业道德和敬业精神存在密切关系，也要求企业必须加大对外包项目的监督力度。业务外包方式的适用条件通常是市场上没有能够满足企业需求的成熟的商品化软件和解决方案，企业自身技术力量薄弱或出于成本效益原则考虑不愿意维持庞大的开发队伍。信息系统外包开发流程如图7－8所示。

信息系统外包开发最关注的重点是：可行性研究报告、业务需求说明书、合同书、系统详细设计书、系统项目跟踪管理、系统数据字典、系统功能（FAT）和用户验收（UAT）测试报告。

3. 信息系统外购客户化的风险控制

系统外购调试的基本做法是企业购买成熟的商品化软件，通过参数配置和二次开发满足企业需求。

优点是：开发建设周期短；成功率较高；成熟的商品化软件质量稳定，可靠性高；专业的软件提供商实施经验丰富。

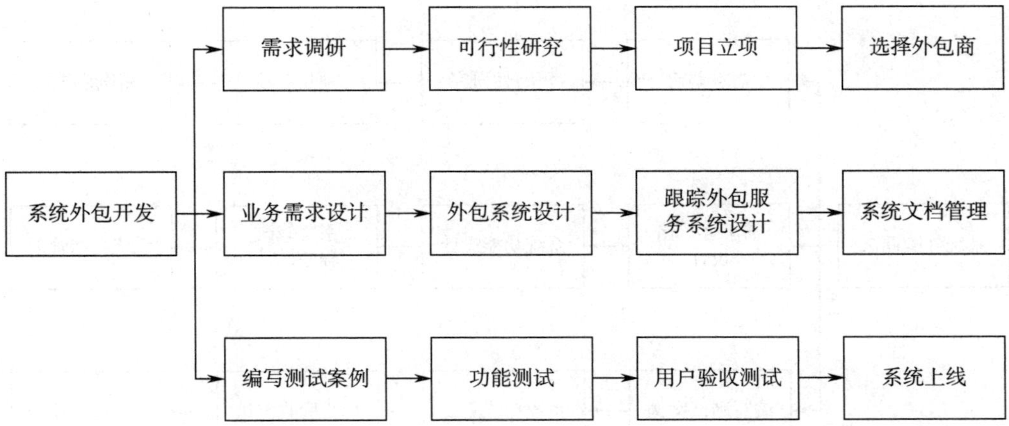

图 7－8　信息系统外包开发流程

缺点是：难以满足企业的特殊需求；系统的后期升级进度受制于商品化软件供应商产品更新换代的速度，企业自主权不强，较为被动。

外购调试方式的适用条件通常是企业的特殊需求较少，市场上已有成熟的商品化软件和系统实施方案。

软件产品外购和供应商选择：在外购调试方式下，软件供应商的选择和软件产品的选型是密切相关的。如大型企业管理信息系统（如 ERP 系统）的外购实施。

主要风险：

（1）系统软件产品选型不当，产品在功能、性能、易用性等方面无法满足企业的业务需求，造成外购系统软件客户化程度不高，难以消化系统核心内容。

（2）软件供应商选择不当，系统软件产品的支持服务能力不足，产品的后续升级缺乏保障，甚至系统软件无法正常使用，造成企业不可估量的损失。

控制措施：

（1）企业应明确自身业务需求，对比分析市场上的成熟软件产品，合理选择软件产品的模块组合和版本。

（2）企业在软件产品选型时应广泛听取行业专家的意见，系统核心内容融合度必须达到 80% 以上，融合度越高系统软件成功率就越高。

（3）企业在选择软件产品和服务供应商时，不仅要评价其现有产品的功能、性能，还要考察其服务支持能力和后续产品的升级能力。

信息系统外购软件客户化开发流程如图 7－9 所示。

外购风险：信息系统开发过程涉及系统自行开发、系统外包开发、系统外购这几种方式，尤其需要跟踪评价外购服务商的服务过程，在选择外购商时，由于企业

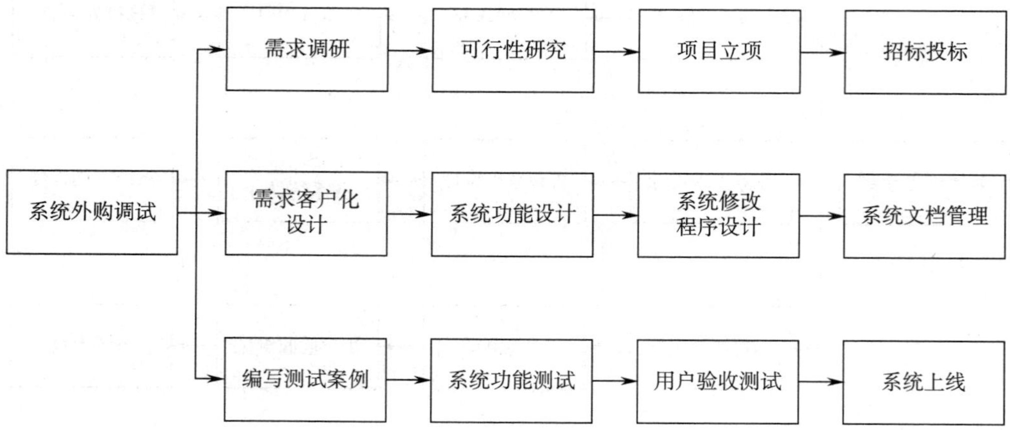

图7－9　信息系统外购客户化开发流程

缺乏外购服务跟踪评价机制或跟踪评价不到位，可能导致外购服务质量水平不能满足企业信息系统开发的需求。

控制措施：

（1）企业应当规范外购服务评价工作流程，明确相关部门的职责权限，建立外购服务质量考核评价指标体系，定期对外购服务商进行考评，并公布服务周期的评估结果，实现外购服务水平的跟踪评价。

（2）必要时，可以引入监理机制，跟踪外购产品客户化流程，监督控制每一个技术环节，降低外购服务的风险。

信息系统外购客户化开发最关注的重点是：可行性研究报告、业务需求说明书、系统技术分析报告、系统详细设计书、客户化功能设计报告、项目跟踪管理、系统数据字典、系统功能（FAT）和用户验收（UAT）测试报告。

（三）信息系统日常运行维护风险控制

日常运行维护的目标是保证系统正常运转，主要工作内容包括系统的日常操作、系统的日常巡检和维修、系统运行状态监控、异常事件的报告和处理等。

主要风险：

（1）没有建立规范的信息系统日常运行管理制度；计算机软硬件的内在隐患易于爆发，可能导致企业信息系统出错。

（2）没有执行例行检查制度；导致一些人为恶意攻击会长期隐藏在系统中，可能造成严重损失。

（3）企业信息系统数据未能定期备份（未建立同城和异地灾备系统），可能导致损坏后无法恢复，从而造成重大损失。

控制措施：

（1）企业应制定《信息系统操作指南》《信息系统管理制度》以及各模块子系统的具体操作规范，及时跟踪、发现和解决系统运行中存在的问题，确保信息系统按照规定的程序、制度和操作规范持续稳定运行。

（2）切实做好系统运行日志记录，尤其是对于系统运行不正常或无法运行的情况，应将异常现象、发生时间和可能的原因作出详细记录。

（3）要重视系统运行的日常维护，在硬件方面，日常维护主要包括各种设备的保养与安全管理、故障的诊断与排除、易耗品的更换与安装等，这些工作应由专人负责。

（4）配备专业人员负责处理信息系统运行中的突发事件，必要时应会同系统开发人员或软硬件供应商共同解决。

综上所述，业务系统开发涉及战略规划、系统开发、系统运维等；尤其是实施数据代码标准化管理、大数据、实现数据共享。严格执行行业数据标准，编制本企业的数据字典。如银行系统执行中国人民银行统一颁发的《××××中国人民银行数据代码标准》《中国人民银行业务代码标准》。

业务系统开发建设的风险控制项：

（1）统一制定企业信息系统的战略规划；

（2）业务系统项目的可行性需求分析；

（3）业务系统框架及详细系统设计；

（4）业务系统开发过程及项目管理的风险控制；

（5）统一数据代码标准；

（6）业务系统运维及外包管理的风险控制。

三、信息系统环境安全控制

（一）信息系统文件的控制

一旦形成可应用的信息系统，为了保证该系统的正常运行，必须有一整套完整的信息系统的文件资料。系统文件资料包括：可行性研究报告及其批准、系统设计资料、程序的流程图，数据结构形式文件，系统说明书和操作手册等。

系统文件资料对整个系统及其控制做了详尽的描述，是了解信息系统和操作过程的钥匙。它既可为维护和改进系统的设计开发人员提供必要的资料，也可为系统的监督人员和审计人员认识和审查系统提供必要的资料。

对系统文件资料必须进行妥善的保管。一般说来，文件应有专人保管，使用文件时必须经过批准，任何资料的借取都要登记。所有新的或者其他文件在纳入信息系统以前，必须经过系统主管人员的审核批准。对于存储在磁带、磁盘等磁性介质上的文件，应该有密码保护，防止被任意调用或破坏篡改。对某些重要的数据文件，还必须采取特殊方式进行保护。系统软件、应用程序和数据文件都应复制备份，以防数据丢失或文件损坏后无法恢复。另外，磁性文件的保管还应注意防高温、潮湿、灰尘、强磁场和折迭等。

（二）工作环境控制

我们在前面已讲到，信息系统的组织形态结构，主要有全连网状态、部分连网状态和单机系统三种情况。现代信息系统的性能越来越强，已经发展成为会计信息管理系统（会计管理信息系统），对周围环境的要求也越来越高，许多因素都会干扰系统的正常运行。例如，机房的温度过高或者过低都会影响机器的正常工作。另外，对机房的管理和各种规章制度也是保证会计电算系统数据处理的可靠性、安全性、准确性和有效性的必要措施。对信息系统工作环境的控制，主要有以下几个方面：

1. 机房管理制度控制

机房的管理制度控制是指对机房的使用、维护制度，安全保密措施，机房的温度控制，防火报警系统，防磁、防尘等方面的控制。目的是为了使机房保持良好的秩序，以减少程序和数据丢失和遭受破坏的风险。例如，一些银行的计算机中心，机房内除了有防火、防水、空调、抽湿设备外，还有温度自动记录仪、烟雾探测器等装置。一旦机房的环境条件超出了计算机的要求的范围，自动报警装置就会发出警报。

2. 机器设备使用控制

机器设备使用控制主要是指对机房的出入、机器设备使用的控制。目的在于制止无关人员的使用或者侵入，妨碍或损害会计电算系统的正常工作。对机器的使用、维修、操作密码口令和操作使用的各项规章制度以及控制措施都要完善。

信息系统可能会被某些未经许可的人使用，为了防止这类情况的发生，可以采取一些控制措施，如：

（1）对出入机房的人员及其所使用机器的型号和时间进行记录，可以在控制台上建立操作日志。操作日记记录各文件被访问的情况。

（2）可以通过恰当分配密码，使不同职责的人可访问不同的文件。这样做的好处是，计算机一旦发生故障或者人为事故时，可以查明原因和责任。

（三）数据存取控制

数据的存取控制主要指如原始会计凭证的录入和系统数据文件的打印、软硬磁盘文件的保管，要有严格的安全保密措施和严密的审批责任制度，以防数据文件的丢失或者被破坏篡改。

除了上面所提到的各项控制以外，硬件和系统软件控制也是会计电算化信息系统内部控制的一个显著特点。硬件和系统软件控制失效会削弱操作控制的作用，影响系统的可靠性。

审计人员对信息系统的一般控制的审计，除对硬件和系统软件的审查外，主要是手工审查，采用询问调查、实地观察和检查的方法。审计人员不仅要详细了解、听取有关人员介绍制度的建立情况，而且要进行检查，证实各项有关的控制制度和规程是否存在，是否健全，系统是否按规定的制度和规程工作，以及控制的结果是否达到预期目标。

第八章
ICI 信息系统控制评估

建立一个信息系统的内部控制系统，与建立业务交易处理系统同样复杂。对于某些信息系统而言，建立好其内部控制系统远比建立交易处理系统要花费更多的资金。遗憾的是，很少有信息系统设计师在建立内部控制系统方面经过适当的培训，更没有很好地考虑如何建立。因此，他们把控制部分整合到业务处理中，但到最后却无法证实用文档记录内部控制系统。所以，最佳的商业惯例和行业主管部门在法规、规章制度建设方面，能够把文档记录内部控制系统作为有效管理的一个重要组成部分。尤其是公司的首席执行官和首席财务官，必须重视在其组织中建立内部控制的适当性和合理性。

信息系统的控制评估内容也是美国内部控制协会（ICI）有关国际注册内部控制师职业资格证书考试培训的参考内容（该证书是 ICI 在全球范围内推广的国际公认的职业资格证书）。国际注册内部控制师是新兴的专业技术人才，其主要职责和工作范围包括：企业内部控制战略的开发、设计、管理和执行，开发和实施内部控制流程与内部控制有效性评估。目前，国际注册内部控制师有两个级别，A 级：高级国际注册内部控制师（Certified Internal Control Professional，CICP），B 级：国际注册内部控制师（Certified Internal Control Specialist，CICS）。目前，美国内部控制协会（ICI）已经把中国区的国际注册内部控制师培训业务委托中经安信息科技（北京）责任有限公司全权代理，为国内参加学习国际注册内部控制师职业资格证书的考试培训提供了方便。①

---

① 邱健庭，徐莉莉．国际注册内部控制师通用知识与技能指南［M］．北京：中国财政经济出版社，2009.

第一节 ICI 信息系统控制目标

本节内容提出了在信息系统中建立控制措施的流程。这一流程为信息系统从规定控制目标开始。通常来讲，管理者宁可要控制目标而不要风险，因为控制目标是积极的，而风险是消极的。一旦阐明了控制目标，控制要求就已经确定。然后，这一控制措施流程需要识别与控制目标相关的风险程度，确定哪些损失是可以接受的，选择能够将损失降低至可接受水平的控制措施，选择和实施控制，然后用文档记录内部控制系统。

当前大数据时代，任何数据信息都是在网络化的系统里，从更高层次来讲，数据都是存储在云服务器上，常规的业务信息管理系统非常复杂，风险控制的难度也就更大。因此，对于大多数内部控制设计者来讲的常识是，如果有一个较大的系统风险，你就需要明确它的控制目标。例如，如果你拥有房屋，你就有遭受火灾的风险。这种风险是非常巨大的，与可能的损失相比，保险费用就微不足道了。对于控制设计师而言，这意味着，正如本部分提出的一种广泛的系统控制设计流程，在许多情况下，风险可以通过应用控制常识得以减轻和避免。

一、交易处理中的控制措施

企业部门中执行的大多数控制都是那些业务交易处理的控制措施，如控制环境、控制措施的监控、审计和沟通有关控制措施的信息，所有这些都围绕着业务交易处理。如果那些围绕控制的分类是有效的，那么，对业务交易处理的控制通常能够按照设计的要求被使用。

美国反欺诈性财务报告委员会（Treadway Commission）的发起机构委员会（COSO）开发了一个《COSO 内部控制整合框架》。该委员会的成员包括：

◆ 美国注册会计师协会；

◆ 美国会计联合会；

◆ 国际内部审计师协会；

◆ 管理会计师协会；

◆ 美国财务执行官协会。

《COSO 内部控制整合框架》把交易处理流程中的控制措施归类为“控制活动”。COSO 控制活动的定义为：“控制活动是用来帮助确保管理层的指示被贯彻执行的政策和程序。它们有助于确保采取必要行动来解决面临的风险，从而实现企业的目标。控制活动发生在整个组织的所有层面和所有职能中。它们包括了一系列活动，如不同的审批、授权、核查、调节、审查经营业绩、资产安全和职责分工。”

因此，控制活动即是控制措施。控制活动可分为两个部分：第一部分是对系统本身的控制措施。如在工资支付系统中，它可能是对员工工资的上一支付期与本支付期之间的调整。第二部分是对单独交易处理流程的控制措施，举例来说，计算及发放某人的工资和工资单等。

大部分人在银行都有支票存款账户。这种支票存款账户既是一个系统也是一个交易处理的手段。该系统是你在银行开立的账户。当你使用支票账户时交易就是发生的事件。阅读完这部分内容，你应当记住系统控制措施（例如账户调整）和交易控制措施（例如签发一张支票）之间的关系和区别。

目前，对信息系统各个组成部分的定义还没有一个公认的行业标准。不同的机构组织用不同的名字称呼相同的事物。COSO 已决定把系统和交易的组合称为系统处理“可控制活动”。然而，COSO 所指的可控制活动实际上是两种不同的可控制活动。这有助于区分二者间谁对创建系统（系统开发）负责，谁对理解如何控制那些系统（内部控制）负责。

操作控制措施包括内部会计控制措施。在会计标准和各项法规中已经对会计控制措施作出定义：“会计控制措施包括组织计划和所有直接与资产保护和财务记录可靠性相关的方法和程序。它们通常包括这类控制措施，如授权与审批系统、与记录保管相关的职责分离、与运营或资产监管相关的会计报告、资产的实物控制和内部会计。”

由《防海外贿赂行为法案》（1977 年）定义的内部控制的目标获得了《萨班斯法案》（2002 年）的支持。《防海外贿赂行为法案》突出针对以下四个领域：

◆ 授权——根据管理层的一般授权或特别授权执行交易。

◆ 记录——按照一般公认会计准则或其他适用于这类标准编制财务报表的方式记录交易，并保持对资产的会计责任。

◆ 使用资产——只允许按照管理层的授权使用资产。

◆ 资产的会计责任——对资产的记录责任是在合理的时间间隔内与现有的资产进行比较，针对任何差异采取适当行动。

多数组织机构感到没有一定把握实现的目标就是资产的会计责任目标，这种不确定性是关于那些构成对资产会计责任的合理保证的事项。为此，许多组织开展了专门的内部会计控制评估。

二、交易处理的控制目标

定义操作控制目标已经比环境控制目标付出了更多努力。这是因为传统上，重点一直被放在操作控制措施上。

主要的操作控制目标是准确性、完整性和授权。它们由其他控制目标加以补充。这些目标既定的重要性取决于评估人员是从财务角度还是运营角度来看待问题。大量的交易事项容易得到正确的、完全的并且经过授权的处理。那些非经常性的不重复的交易往往造成最多问题。在许多组织中，有关如何处理这些非经常性交易的文档记录程序并不像大量交易事项一样广泛。因此，当设计操作控制措施时，应将注意力放在这些非经常性交易事项上。

美国会计联合会主要的操作控制目标，是研究制定一套可以用来解释操作控制的设计和评估的操作控制目标。控制目标被选择用于说明操作中控制的作用。表 8－1中列出了这些操作控制目标。

表 8－1　　操作控制目标

序号	操作控制目标
1	数据准确性
2	数据完整性
3	数据及时性
4	数据确认性
5	根据一般公认会计原则处理
6	遵守组织机构的政策和程序
7	遵守法律法规
8	充分的支持性证据
9	有效和便捷的控制

（1）数据准确性。数据准确地表示预定的目标。准确的数据意味着需要纠正与数据备份、转换为机器可读的格式、计算机处理、输出产品和交付流程相关的错误。

（2）数据完整性。被处理数据的完整性要求在备份、传输到计算机及处理过程中，在联网计算机系统相互之间或传输给用户的过程中不会丢失数据。

（3）数据及时性。数据的及时处理确保管理层获得必需的信息，以便及时采取行动避免损失。

（4）数据确认性。控制措施应当确保处理那些经过认可的数据，并在处理之前和处理期间发现那些未经认可、确认的数据。

（5）根据一般公认会计原则（GAAP）处理。财务数据的处理应当符合一般公认会计程序、会计准则。控制措施应当确保遵循这些程序。

（6）遵守组织机构的政策和程序。组织机构应当为处理交易数据制定政策和程序。控制措施应当确保这些数据根据那些政策和程序进行处理。

（7）遵守法律法规。监管机构制定有关交易数据处理的法律法规。在当今的商业环境中，这些被监管的交易许多是显而易见的，例如，财务报告和滥用组织资金。不正当的交易可能对个人和组织造成直接的影响。控制措施应当确保这些法规和章程被遵从。

（8）充分的支持性证据。控制措施应当确保足够的证据存在，以便重建交易和指出处理的责任。这种证据也可被用于在计算机信息系统中重新启动和恢复的目的。这种证据应当可以从原始单据追踪到控制总额，再从控制总额回到辅助的文档记录（实现这些应用控制目标的方法将在后面的章节详细说明）。

（9）有效和便捷的控制。控制措施应当确保系统的处理是以有效和便捷的方式予以执行。

第二节　信息系统控制目标风险暴露

控制目标是关于风险的积极声明。例如，如果风险是该业务交易被丢失，那么，积极的控制目标是“所有的业务交易将被正确处理”。我们先前已经描述了一般信息系统（以下简称系统）的控制目标。这些目标通常在会计文献、美国《防海外贿赂行为法案》和《萨班斯法案》中有所描述。

单独设计系统控制措施，需要有比上述的一般目标更加明确的业务目标。了解影响控制目标实现的风险暴露类型，将有助于制定更为具体的系统控制目标。对会计和审计文献的研究确认了 10 个主要的系统与交易处理的风险暴露，它们可被分为系统风险暴露和交易处理风险暴露。

这些主要的业务风险暴露可以被分为几种类型。同样，交易处理风险暴露也可分为几种类型（见表 8－2）。要强调系统的控制目标（9 个操作控制目标）和可能影响系统控制目标所出现的 14 种系统与交易处理的风险暴露。

表 8－2　　　　影响实际操作控制目标的风险暴露

操作控制目标 / 风险暴露类型	准确的数据	完整的数据	及时的数据	经认可的数据	按照一般公认会计原则处理	遵守组织的政策和程序	遵从法律法规	充分的支持性证据	有效和便捷的控制措施
1. 错误的记录和未经授权的交易	✓			✓					
2. 交易丢失、重复或未被记录		✓	✓					✓	
3. 不正确的估价分类	✓		✓						
4. 无法接受的账目或无法证明的结果、档案丢失或使用错误的文件	✓	✓	✓					✓	

续表

操作控制目标 / 风险暴露类型	准确的数据	完整的数据	及时的数据	经认可的数据	按照一般公认会计原则处理	遵守组织的政策和程序	遵从法律法规	充分的支持性证据	有效和便捷的控制措施
5. 处理不准确或不完整	✓		✓						
6. 输出不准确或不完整	✓		✓						
7. 潜在的欺诈、违规或违法行为、舞弊和盗用行为				✓				✓	
8. 法律制裁					✓		✓		
9. 适当的操作程序和错误的管理决策							✓		✓
10. 成本过高或收入损失							✓		✓
11. 竞争劣势							✓		
12. 计划目标存在缺陷							✓		✓
13. 持续经营和资产损失或破坏								✓	
14. 业务中断					✓				✓
✓ = 可能导致无法实现控制目标风险暴露的较高可能性									

资料来源：邱健庭，徐莉莉译．国际注册内部控制师通用知识与技能指南［M］．北京：中国财政经济出版社，2009。

风险暴露（exposure）一词表明有某个可能暴露的、导致组织损失的事件存在的可能性。风险暴露并不意味着将会有损失，而是存在潜在的损失。举例来说，未经授权交易的风险暴露并不能断定损失就会发生，因为在系统的某个地方未经授权的交易也许从处理中被发现并删除了。

表 8－2 说明，实际操作在哪些方面存在较高的风险暴露可能性，从而影响控制目标的实现。例如，如果存在某种未经授权交易的威胁，交易将很有可能不能准确地进行，因为未经授权的交易可能已经被输入系统中，使用经认可的数据的目标将无法实现。

一旦理解了风险暴露的这些主要的类型，系统设计者就可以定义他们认为控制系统需要的控制目标。这些控制目标首先确定在系统的哪些地方设置控制点以将风险暴露程度降至最低；其次，可以帮助选择用于使风险暴露最小化的具体控制。

下面讨论系统性风险暴露的主要类型（理解这些常用的风险暴露将有助于制定所需的控制目标，这些控制目标将成为建立内部控制系统的高水准要求）。

（一）错误的记录（信息）和未经授权交易

在任何风险暴露起因的后面都存在许多先决条件：天灾、故意行为、偶发错误或遗漏。偶发错误和遗漏是最为常见的情况，可能发生在交易活动流程中的任何一点上，例如，在记录、传送或处理中。

许多研究已经表明，由于偶发错误和遗漏造成的损失要比任何其他单一原因的损失大得多。因此，错误记录的风险暴露通常被控制设计师认为是最大的风险暴露。于是，审计师和业务分析师通常将花费大量的审计时间来评估此类问题，旨在减少错误和遗漏，并对可能造成错误记录的风险暴露采取控制措施。

在计算机操作中，错误主要发生在三种活动中。这些活动是记录和转换、处理和使用。出现在其他活动中的错误并不那么普遍。记录和转换的活动也许是最容易出现的一种错误。正是在这一活动期间，信息被转换成计算机可读的媒体。在很多系统中，将数据转换成机器可识别格式所需的费用，往往超过处理和输出所需的费用。

在记录和转换活动中，下列错误类型比较普遍：

◆ 输入错误的信息；

◆ 调换数据；

◆ 将数据输入到错误的字段；

◆ 使用无效代码；

◆ 从错误的文件拷贝；

◆ 曲解难以辨认的笔迹；

◆ 键入错误字符。

处理活动可能产生错误的数据。当编程的处理规则是错误的，问题的严重性可能会非常大。而记录和转换错误倾向于单独的错误，处理错误通常包括某一类型的每一笔交易。举例来说，如果一个物品的定价有错误，每次销售该物品都将是错误的。

造成处理错误情况的类型有：

◆ 错误的编程；

◆ 使用错误的输入；

◆ 在变更需要之前或之后，将变更放进程序。

在其他活动中出现错误是数据使用错误。然而，使用错误也往往是单独的错误，而不是处理大量类似的错误。

在使用数据活动中发生的错误类型包括：

◆ 使用了某一错误信息；

◆ 使用了某一错误版本的报告；

◆ 曲解这些数据；

◆ 输出错误；

◆ 丢失输出结果。

操作的其他活动比较不容易出现错误和遗漏。然而，它们对减少错误记录的风险暴露仍然是重要的。

下面讨论每一种行为错误，并简要说明这些错误是如何发生的：

◆ 传输（问题主要与硬件相关）；

◆ 线路问题导致乱码或数据丢失；

◆ 硬件问题导致数据丢失；

◆ 数据路由问题，发送到错误的位置；

◆ IT“尾接指令”（即等待被处理）中的信息丢失；

◆ 数据的保留和存储（问题与特定媒体有关）；

◆ 记录无法找到（例如，在一个数据库系统的错误指针）；

◆ 存储介质断裂（例如，磁带或磁盘）；

◆ 存储介质丢失；

◆ 访问（基于主要终端）；

◆ 批准访问应当加以限制的程序、文件或资料；

◆ 应当给予访问时被拒绝。

（二）无法接受的账目或无法证明结果的风险暴露

无法接受账目的风险暴露一般不会导致资产损失，但是它会导致无法接受的做法。控制设计师必须知道公认的会计原则（GAAP）和操作会计信息系统所运用的会计惯例。在这二者之间可能存在冲突。

在绝大多数情况下，会计信息系统主要是由系统分析师和程序员开发的，缺乏足够的用户参与。因此，如果不知道已经违反了一般公认的会计原则，非会计师出身的分析师可能创建一个无法接受的会计状况，或没有“线索”无法跟踪的状况，因而其结果可能是无法证实的。分析师应该知道开发财会方面应用人员的背景。

无法接受的账目或无法证明的结果在会计信息系统的处理和使用活动中最常发生，最有可能发生在处理无法接受的会计活动中，根据预定的程序在对数据进行分类、累计和操作的处理期间。如果这些规则是错误的，处理结果可能无法接受。此外，如果这种处理不能留下某些类型的文档记录线索（以硬拷贝或机器可读形式中），其结果可能是无法证实的，即使它们是正确的。

在处理期间，无法接受的账目源于：

◆ 编程规则不遵循一般公认会计原则；

◆ 实际执行有别于计划执行。

其他无法接受的会计活动可能发生在会计数据的使用中。在许多组织内，处理结果往往是手工或电子过账到企业的会计系统中。

在这个活动期间，无法接受的会计活动可能由下列原因造成：

◆ 手工错误过账；

◆ 会计分类的错误解释；

◆ 数据错误分类；

◆ 数据日期错误。

在记录和访问活动中，存在无法接受的会计的可能性（不是很大，但仍然是高的）。

在这些领域中的原因包括：

◆ 会计信息被编号到错误的账户；

◆ 会计信息被编号到错误的期间；

◆ 疏忽大意的访问造成的对会计信息无法接受的改动。

传输和储存活动对无法接收的会计信息的影响微乎其微。这一活动受到的影响主要原因是由于设备故障。

（三）业务中断风险暴露

随着计算机信息处理、网络大数据采集处理、信息数据越来越融入组织的日常运作中，业务中断日渐成为一个更大的风险暴露。例如，如果某一主要航空公司的网上预订系统停止运转任何一段时间，预订将受到严重干扰。充其量，人们可以维持预订需求目录，但如果电脑系统瘫痪，处理就无法进行。

预测表明，计算机甚至将成为业务处理更加不可或缺部分。“未来的办公室”讨论使我们相信大多数业务功能将是由计算机辅助完成的。因此，虽然业务中断在过去还不是一个重要问题，未来它也许将成为人们更为关心的问题。就 IT 的角度来说，系统没有适当地“备份”，风险暴露就可以逐渐发展到在财务报告意义上的有持续影响的层面。

业务中断造成包括计算机系统无法运行的任何事件。当系统无法运行时，这个时间段可能持续几分钟到好几个月。然而，一段时间内，业务中断的严重性可能会改变。举例来说，如果某些系统瘫痪几个小时，对某些业务来说，它可能仅会产生微乎其微的影响，但是，对其他组织来说，几个小时的停机就是一个灾难。

评价对造成业务中断原因的控制措施是更为困难的评估之一。在大多数其他风险暴露中，控制设计师应付的是那些可能性的准确度只能被估计到某种程度的事情。造成业务中断的因素是更加难以预测的，因此评估控制措施的适宜性就更为困难。

三种应用系统的活动与业务中断的风险暴露具有密切的关系：传输、处理和存储。传输活动中的风险暴露取决于涉及的距离和手段。如果距离很短，中断可能不会太严重。例如，如果信息是通过邮件传递，并且两点之间也只有几公里，如果发生邮件取消的情况，可以制定出替代方法。但是，如果距离很长或传输依赖于电子硬件，传输问题将导致业务中断。

传输中断的原因包括：

◆ 通信线路故障；

◆ 通信设备失灵；

◆ 传输设施的拆除或其他破坏。

处理活动在业务中断的情况下可能是难以取代的。一些组织使用冗余处理部件就是出于这个原因。例如，某些赛马场为维护博弈奇数需要计算机处理，而且数据运行不能没有计算机，因此，他们使用两台计算机，每台都有能力处理日常交易。

处理中断的原因包括：

◆ 设备故障；

◆ 某一系统软件的漏洞没有立即修复；

◆ 在工作无法完成的点位处理超载。

计算机应用活动，对业务中断只有最低限度的影响。这些活动通常有替代办法以避免业务中断，例如，多种输入记录设施。为了继续业务的运行，这三项活动只需经粗略检查，设计者就能保证，高依赖度无须放在这三项活动中的任一项上。

（四）错误管理决策的风险暴露

许多信息技术系统被称为管理信息系统，并且信息技术人员鼓励他们用管理系统工作的含义。然而，目前高级管理层在其决策流程中同时使用非计算机产生的信息和计算机产生的信息。这是因为高级管理层主要关注的经常是非计算机化的长期计划。

中层管理人员大量地使用计算机信息，他们根据计算机提供的信息作出许多日常的决策。如果信息是错误的，或被管理人员不正确地使用，就将会作出错误的决定。

在错误管理决策的风险暴露中，唯一最重要的活动是使用活动。这需要管理层学会如何使用信息，判断大多数的信息是否会有错误。如果管理层充分理解数据信息，作出错误决定的可能性就会降低。

以下几点可能会导致错误的管理决策：

◆ 管理层没有得到及时的信息；

◆ 管理层不理解信息；

◆ 管理层接收和依赖似乎有理但却是错误的信息。

其他两项活动，记录和处理，也有某种影响作出错误的管理决策的可能性。正是通过这些活动，数据以某种方式被输入或累计，以至于误导管理层。例如，寄售可能被记录为普通销售，于是物品可能以这种方式被累计而造成错误的结果。造成影响管理决策的记录和处理类型包括不明确的数据记录。

其他三项活动：访问、传送和存储对错误的管理决策只有极小的影响。

（五）舞弊和盗用公款的风险暴露

许多研究使我们相信舞弊和盗用的现象正在增长。计算机舞弊专家指出，我们正处在这样一个时期，商业计算机技术的使用超过了我们控制它的能力。因此，他们说，我们正处在一个没有合适的控制措施而使重大的舞弊行为能够得逞的时期。

舞弊和盗用公款是由两类人进行的犯罪活动：一类是不诚实的人或传统的盗用公款者，另一类是有不满情绪的员工。这些员工对他们受聘组织某些方面的工作不满意，通过故意篡改数据来达到心理平衡。由于这些行为不总是为了个人获得私利，所以非常难以发现。实际上，这些有不满情绪员工的行为经常是将错误和遗漏混淆在一起。

大多数审计师传统上拒绝承担发现舞弊行为的任何责任。然而，舞弊控制是管理层的职责，并且管理层希望审计师和分析师对潜在的舞弊保持警觉。审计师发现舞弊的能力是有限的，因为审计测试在大多数情况下是有限的。然而，认识到哪里会发生和如何发生舞弊可能有助于发现舞弊行为。

盗用公款者可能通过最简单的方法进入计算机化的应用系统，通常是在人工接口部件到计算机化应用系统。传送活动对操纵数据而言是最复杂的技术，其次是存储活动。

最容易受到舞弊和盗用公款影响的活动是记录，在这一点上，计算机的控制措施往往是最薄弱的。直到数据已经被输入进行处理，计算机控制通常才能变得真正有效。

发生在记录活动中的舞弊和盗用公款的原因包括：

◆ 蓄意地输入编码错误；

◆ 伪造授权流程；

◆ 从记录流程中删除信息。

为了在录入活动后作出变更，需要有权访问计算机信息系统。因此，访问活动对于盗用公款者是一个重要的阶段。

造成能够舞弊和盗用公款的原因包括：

◆ 允许有人使用他人的密码；

◆ 更改存取资料；

◆ 允许同一个人访问会计交易的双方；

◆ 允许员工在电脑室里不受监督；

◆ 让程序员操作计算机。

在处理期间操纵应用系统技术是很复杂的，因此，这项工作通常是由信息技术专业人员进行处理。

在处理活动期间导致舞弊和盗用公款的原因包括：

◆ 编程的四舍五入，或从大量的账户中抽取小金额；

◆ 欺诈性过账；

◆ 延缓过账；

◆ 误导资产，将其转入盗用公款者控制的账户。

在盗用公款中最简单的一项活动就是使用活动。这可能仅仅涉及收拾文件和走出大门。

导致舞弊和盗用公款的使用活动的类型包括：

◆ 盗窃可转让证券；

◆ 更改计算机的输出数据牟取个人利益；

◆ 破坏计算机的输出掩盖欺诈行为。

（六）法律制裁

政府正在越来越多地参与大多数企业的运营。通过制定法规参与，大多数的法规涉及账务记录。因此，不符合政府法规的记账将使得该组织受到法律的制裁。

1977 年通过的美国《防海外贿赂行为法案》使得不适当的内部会计控制成为一种联邦犯法行为。实际上，这要求适当的控制措施，以降低大部分规定的风险暴露达到某一适当的水平。遗憾的是，该法案没有规定适当的内部会计控制系统意味着什么。

受管制的行业（银行、保险公司、公用事业等），比非管制行业受到更多的控制。大多数这类组织要向政府提交大量的文件报告，这些报告必须准确以避免法律的制裁。

许多政府报告的信息，例如，为美国国内税务署准备的大量信息（例如，工资数据）是计算机产生的。在其他情况下，计算机产生的数据仅仅是复制到另一种形式，并提交给政府。法律制裁不仅可以强加于被提交的内容，也可以针对无法加以利用的信息。

对法律制裁的风险暴露具有最大影响的是使用活动。这是因为为政府编制报告的人员需要熟悉计算机信息系统和政府的要求。仅靠计算机程序员具有评判法定要求的能力是不切合实际的。因此，法律制裁的风险暴露会出现在信息使用的过程中。

导致法律制裁风险暴露的原因包括：

◆ 数据不能及时提供，以满足文档整理的最后期限；

◆ 数据的合并以一种误导的方式或不准确的方式；

◆ 所需的数据被排除在报告之外；

◆ 没有限制《隐私法》规定的机密数据。

三项其他活动，记录、处理和存储阶段，对法律制裁的风险暴露产生一定的影响。正是在这些活动期间信息被集中到一起，目的就是为了编制法定的报告。然而，这种相同的信息通常也被用于其他目的。

访问和传送活动也受到法律制裁措施的影响，主要是在违反信息保密法规方面。例如，治理银行和金融机构的法律和美国各州与联邦的《隐私法》。当数据处理从国外传入或者传给国外的时候，同样必须考虑这些法规，因为一些国家已经制定了数据安全性和保密性的法规。

任何时候在处理或传送金融或信贷、医疗、工资、人事和其他类型的“个人敏感”信息的数据时，控制系统的设计师应当特别小心注意。在这些领域存在一些州政府和联邦政府的法律规定［例如，《信息自由法案》（*the Freedom of Information Act*）和《联邦信息信用报告法案》（*the Federal Information Credit Reporting Act*）］。

虽然我们在这里不涉及，但是，也应考虑在线计算机应用的整个领域。美国一些州正在这方面进行立法。

（七）成本过高和收入不足的风险暴露

难以量化的损失是由不良的商业惯例造成的。私营部门或公共部门中不良的商业惯例造成的损失通常是用完成特定的任务或使命的超额成本加以衡量的。不良的商业惯例也可能造成收入的损失。例如，在私营部门可能包括未能将所有费用记账，或不正确地解释成本信息，其结果是不适当的产品定价。同样的情况在公共部门也会出现，例如，未能将所有的地方或州政府的可偿还的费用根据联邦计划宣布，或不适当地累计运营成本数据，导致下一年的预算不正确，因而导致不正确的税额评定。

成本过高发生的原因有很多，例如，计划不周，未经训练的人员、部分员工漫不经心的态度和浪费。它们也可能因为未能充分了解该计划的目标或任务说明，导致支出无法预期。

如果员工士气低落或者培训不足，成本过高的可能性是很高的。控制成本的最好方法之一是进行适当的培训并配以良好的监督。成本过高也可能发生在预算与实际数比较上，或另一种类型的成本监控系统无法正常工作的情况下。

另一方面，收入不足在某种情况下，可以衡量，或也可能无法衡量。很难预测知道什么时候销售会造成损失，或者是什么时候客户已经因为服务不周而离去。导致这些损失的发生，计算机的应用也是原因之一。可衡量的损失可以包括正在使用不适当单位的主文件，导致低开销售收入发票造成收入的损失，使用不适当的用于制定价格的成本会计系统来确立成本，或使用不适当设计的应收款托收系统，允许托收工作在一个很短时间内可以停止报告。

处理和使用活动是成本超额和收入不足风险暴露最大的地方。其主要原因是提供所需结果并及时提供的处理能力不足，或者是虽然可以得到现成的结果，但格式无法理解。

与成本超额和收入不足的风险暴露相关的具体原因包括：

◆ 设计拙劣或不准确的计算机应用系统；

◆ 对用户的需求无应对性处理（例如，反应时间过长）；

◆ 客户交易损失。

当客户检查计算机的应用结果时，他们对于该组织的态度是会受到影响的。

与使用应用信息相关的风险暴露原因包括：

◆ 信息不能及时提供；

◆ 信息未能以可用的格式提供。

记录、传送、存储可以对成本和收益产生影响。

与这三项活动相关的原因包括：

◆ 复杂的输入指令；

◆ 延误传送；

◆ 过度（或多余）的数据存储成本。

访问计算机应用的能力对成本过高和收入不足已经只有很小的影响，除了因为它可能涉及一个关键的计算机系统，如航空公司订票系统。

（八）资产损失或毁坏的风险暴露

资产损失或毁坏与舞弊和挪用公款会造成相同的最终结果。一个关键的区别是行为者的意图。舞弊和挪用公款总是故意行为。在资产损失或毁坏方面，遗失或毁坏可能是无意的。

组织可以购买保险以保护自己免受资产的损失或毁坏。然而，保险往往只涉及部分损失。此外，当某些资产遗失或毁坏时，交易的损失可能也会发生。例如，在一个连锁零售商店，如果一个存储丢失，与存储相关的业务也就丢失了。保险有助于减轻损失，但也无法完全弥补它的损失。

计算机操作控制着大部分企业的资产，计算机文件本身是宝贵的信息资产。在许多计算机应用中，计算机系统的完整性能够确定资产，包括信息资产是否被损失或被毁坏。所以，这一点最大的风险暴露经常是在手工和计算机应用之间的接口点，即记录活动。

在记录活动方面，损失有时是由于错误的信息入口；在其他时候，它是由与计算机应用相关的问题造成的。控制设计师需要警惕在记录活动期间资产的潜在损失或毁坏。

错误的类型包括：

◆ 误导性的资产存储或交付；

◆ 交付超过账单的金额；

◆ 交付没有开账单；

◆ 记录但没有收到货物。

提供使用组织资产的机会会造成不同原因的风险暴露。

与使用活动相关的原因包括：

◆ 未经训练的人员疏忽造成的资产损失；

◆ 资产被无意中破坏。

资产可以在存储活动期间被遗失或毁坏。在许多计算机应用中，资产的唯一记录是在计算机存储空间里的磁条记录。如果这一记录被损坏，它几乎与资产破坏具有相同的效果。例如，如果某一应收账款记录被破坏，可能没有其他记录说明哪些客户欠款。

与存储阶段相关的损失原因包括：

◆ 通过操作员的错误无意间破坏存储；

◆ 电脑或手动存储管理系统中的错误。

计算机信息的使用也可能造成资产的损失或毁坏。

在使用活动期间发生这种风险暴露的原因包括：

◆ 报告没有提供给有关当事方；

◆ 用户不理解或在输出报告中不恰当地使用该信息。

传送和处理的活动可能影响资产的损失或毁坏，但不那么严重。因此，系统控制设计师应该集中精力在计算机应用的输入、存储、使用活动这些方面的风险暴露上。与传送和处理相关的原因种类通常反映在其他四种活动中。

（九）竞争劣势

某一公司与其他公司竞争的能力是影响其成功的主要因素。提到竞争优势，我们经常想到的是产品竞争的其中一部分。重复性业务经常同样与该业务的支持或服务方面有关系，因为它确实与产品本身有关。

商品销售是公司销售能力的重要体现。如果正确的产品在正确的时间里摆放在正确的地点，则便于该产品销售。相反，即使有更好的产品在别的地方存放，拿取不方便则影响销售。

操作计算机在组织的竞争力方面起着重要的作用。一旦产品被设计和包装后，计算机就接收了。处理规则会自动地补充库存、留意客户的订单、监督及时交付，并处理大量的其他细节问题，以确保客户满意。

企业竞争劣势的风险暴露与操作计算机的记录、访问以及使用活动的效率性、效果性和经济性有关。产品的经济实惠十分关键，因为如果产品无法以合适的价格交付，那么，这个组织将失去与其他组织竞争的优势。

近年来，在改进信息记录的经济性竞争优势有了巨大的进步。某一类系统允许客户在家里或工作地点通过使用按键式电话或者电脑下订单。有的公司使用接线员接待客户的来电，并及时记录信息。一个无法及时记录订票需求信息的航空公司是不具备竞争优势的。

记录期间风险暴露的原因包括：

◆ 缺乏及时记录信息的能力；

◆ 过于复杂的记录程序；

◆ 使用技术上落伍或者不经济的记录方式。

除了信息记录以外，客户还需要从信息系统中读取信息。比如在某一航空公司的订票系统中，客户需要了解某一趟航班的座位情况。如果没有这类信息，客户的需求就无法快速得到满足。而未被授权的人员如果能够读取专有公司信息也可能导致大大削弱企业的竞争优势。

与访问活动有关的风险暴露的原因包括：

◆ 经授权的用户被拒绝访问；

◆ 非授权用户被允许访问有限制要求的信息；

◆ 信息读取过于复杂；

◆ 信息读取速度过慢。

客户使用的信息必须是有用且及时的。比如，信息系统必须通知产品通过合适的运输方式按时发送到正确的地点。

与使用活动相关的竞争劣势风险暴露的原因包括：

◆ 无法及时获得信息；

◆ 信息无法满足客户需求。

剩余的活动（运输、处理及储存）影响竞争劣势风险暴露主要在时间安排上。如果信息的传送和处理无法及时实施，组织将在与客户的关系及其竞争力方面处于不利的地位。要求信息存储使之现成可得是为了满足终端用户对信息的需求。

（十）无法实现项目目标的风险暴露

许多组织没能很好地考虑编制程序的风险暴露，而是考虑没有实现预期的目标。

信息科技工作者们有时忍受着巨大的挫折感：他们完成了构思完美和架构优良的计算机系统，却只是为了证明这些系统不能满足当前的或未来的用户需求。不幸的是，在很多情况下，没有人意识到这种全面的影响（或者说，因为害怕确定这种“全面”的影响有多大而从不去考虑这个问题）。

大部分人学会向系统妥协，他们使用着那些与说明的目标不相符的计算机系统。而这些系统不能满足目标，因为其目标在项目开发初期没有明确地予以规定，在建设期间又没有经过检查，然后，在系统建设完成后，也没有和实际的项目结果进行比较。

除非程序目标在项目开发前就清晰地予以规定，否则很难去衡量最终的产品。因此，在评价（包括审计）任何程序的第一步时都要求要有用文档记录的目标。只有这样，用户、审计师或任何小组才可以在项目可以运行时，核实是否已经实现那些既定目标。

某一计算机（或任何其他程序或项目）可能很经济、便捷、高效并易于控制，但是与此同时，它可能无法满足用户的目标。这个问题很难被传统的检测所发现。然而，在传统的检测流程中，检测人员可以查看一些外部标准，至少可以以总结的方式来判断该程序是否明显地符合其目标。可以通过部分地检查记录和使用活动实现这一目的。

系统控制设计师需要同时查看记录和使用这两种活动。系统控制设计师应当检查被提供的信息类型（例如，信息系统），然后，检查这些信息是如何被终端用户使用的。如果这些报告被忽略，或许多信息没有被用户所使用，那么，系统控制设计师将可以初步认为这个程序的目标还没有被实现（无法实现项目目标的风险暴露可能具有内部控制的含义）。

在记录和使用活动中，无法实现项目目标风险暴露的原因包括：

◆ 未被使用的记录数据；

◆ 报告书没有被使用；

◆ 用户绕过计算机应用系统，独立地执行他们的功能（例如，存在阴影系统）；

◆ 未能记录某些特定的交易。

在应用计算机中的中间活动对无法实现项目目标有着极其微小的影响。如果执行情况未能符合程序的规格说明，只会对传送、处理和存储活动有某种影响。然而，如果整个应用程序都脱离了目标，那么，这些中间活动仅仅是更为严重的某一问题的一小部分。

负责设计、运行和维护系统的人员必须编写该系统控制目标文件。当然，这些控制目标就是建立内部控制系统的一些要求。已经被列出的控制目标，以及所描述的风险暴露，对于负责设计系统控制目标的人来说是有用信息。控制目标对系统和交易处理都是必不可少的。

第三节　信息系统控制活动的交易处理

某个交易是在业务运营中发生的一个事件。比如说，某一事件可以是某一组织的客户访问他们的网站获取一些产品信息。该交易流转从这一事件的初始到交易处理的那一点，表示需要被控制这一事件。

交易处理期间，该事件要经过六个不同的阶段。同样也应规定在这些阶段的控制领域中所需要的控制措施。对每一控制领域将会给出一个控制示例。这六个阶段描述如下：

◆ 初始交易——应用控制措施调节：源文件、审批和处理，信息技术输入交易的准备工作，以及相关的错误预防、发现和纠正程序。

◆ 信息技术交易输入——应用控制措施调节：远程终端和成批数据输入、数据证实、交易或成批验证及平衡、错误识别与汇报，以及错误纠正和重新输入。

◆ 数据传输——控制措施调节：数据传输的准确性与完整性，包括各种信息的责任、数据保护、硬件和软件、安全性和隐私性、错误识别和报告。

◆ 计算机处理——操作控制措施调节：交易处理的准确性、适当性和完整性，包括针对主文件、错误识别和报告的交易证实。

◆ 数据存储及检索——操作控制措施用以确保主文件数据的准确性和完整性，更正交易或主文件删减，数据安全性（保密性、错误处理和备份、恢复以及保存）。注意：文件的完整性控制措施反映了数据库软件和把处理程序当作独立数据文件的趋势。

◆ 输出处理——操作控制措施调节：手工平衡及调节信息技术的输入/输出（包含在信息技术输入/输出的控制部分和用户所在的位置），信息技术输出的分布、控制那些可转让的文件（包含在信息技术输入/输出的控制部分以及用户区域），以及输出的数据保存。

这六个阶段对应着系统九项控制目标（如图8－1所示），每一个阶段都是不同的控制区域，每个控制区域处理要求控制的某种类型（功能），而且也要推出对应的控制措施，防范可能出现的风险。在所有控制区域中是解决特定功能的控制类型，最后，作为每一控制类型列出了其特定的控制措施。

以下对初始交易、交易入口、数据传输、输出处理控制进行重点描述。

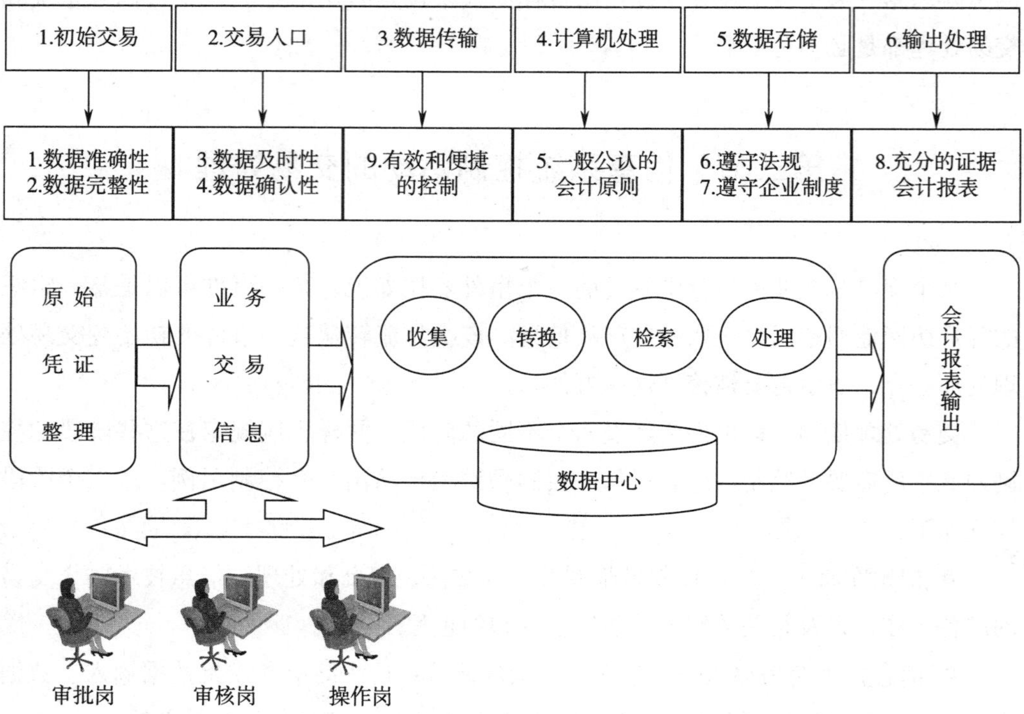

图 8－1　业务系统交易处理的六个阶段

一、系统控制的初始交易

初始交易的控制措施用于确保数据进入计算机信息系统之前的准确性和完整性。初始交易控制领域的范围包括直接将数据转换成可以机读格式的所有控制措施。管理层、系统人员和控制设计师越来越多地强调初始交易控制措施的重要性，以确保准备进入系统的原始信息的合法性、可靠性、具有成本效益以及不易于泄露秘密。

初始交易控制措施是支配五个控制领域的流程的控制措施：初始源文件、授权、技术信息输入准备、源文件保留和源文件错误处理。其中三个领域直接位于交易处理的流程中。源文件是保留主流程的一个分支，并且源文件错误处理是初始源文件反馈环路的一部分。

初始交易控制和交易入口控制的区别在于初始交易控制发生在数据转化成交易入口格式之前（例如，键盘敲击或双敲，终端输入等）。初始交易和交易入口控制措施两者都有可能限制入口数据进入计算机信息系统。计算机处理控制措施直到数据已经进入操作系统，并且应用程序尝试处理数据时才开始生效。

（一）初始交易控制的必要性

为了确保信息在准备进入计算机信息系统前的准确性和完整性，初始交易控制措施是必要的。计算机信息系统的有效性直接取决于其依据的源数据的可靠性。在计算机信息系统中数据的合法性和准确性与初始数据控制措施的运行有着直接的联系。其结果是，建立数据控制尽可能靠近初始点是很重要的。

在开发初始交易控制措施的过程中，每一组织都希望确保以下几点：

◆ 初始交易的授权不会由资产保管人或接触记录的人员实施；

◆ 初始交易不会由计算机操作人员实施；

◆ 指导源文件准备的说明有具体的书面描述。

为了检查如何通过使用应用系统控制措施来满足控制目标，初始交易流程被分为几个控制区域。在这些控制区域的每一种控制内都有一种或多种控制措施的类型。每种控制类型又包括一个或多个具体的应用控制措施（见表8-3），被组织用于控制初始交易。

表8-3　　　　初始交易控制结构

控制区域	控制类型	控制措施
源文件引入	书面程序	用户程序与手册
	源文件设计	交易识别
	源文件存储	源文件存储
	源文件处理	双重保管
授权	源文件准备	职责分工
	书面程序	书面授权
	源文件审批	批准证明
技术信息输入准备	交易标识	用户标识
	用户输入检查	手工检查
	成批	在初始点成批和平衡源数据
	运行记录	在各组织之间传输的源文件运行记录
	传送	传送文件
源文件保存	源文件保存的特点	源文件保存的日期
	源文件归档	源文件保持在起源
	保留存储	限制访问的保留设施
源文件错误处理	错误程序	书面处理错误的程序
	错误检测	错误的运行记录
	错误更正处理	错误通知
	重新提交已更正数据	监控错误更正

（二）系统控制的初始交易

（1）初始源文件。这些控制措施包括程序和方法，用以确保适当和及时地记录数据。这种数据的记录可能是直接以机器敏感的形式，或可能在最初数据记录人所读的文件之后发生。被讨论的控制类型包括书面程序、源文件设计、源文件存储和源文件处理。

（2）书面操作程序。用户程序和手册——书面的用户操作程序是用来指导正确的启动、审查和授权输入交易。

这种书面操作程序指示包括的控制措施必须用于：

◆ 准备文件；

◆ 规范文件流程；

◆ 促进遵守时间进度表（例如，截止日期）；

◆ 控制特殊代码的使用（例如，超控）；

◆ 描述输入密钥的要求。

书面的用户操作程序是业务功能程序分析的结果，它能精确地决定什么是必须完成的步骤来完成功能的目标。书面的用户操作程序通常是用户手册的一部分。除了书面的用户操作程序之外，用户手册可能包含文件的示例、系统控制的职责、行政管理组织和授权的责任。

（3）源文件设计。交易识别——进入一个计算机系统的每一交易必须进行交易识别。这种交易识别可以采用各种形式（即序列号、顺序号、交易代码），这是必不可少的。交易识别包含所有必要的信息，以便精确地识别某个特定的交易。

（4）源文件存储。可解释说明的源文件存储——可说明的文件是那些已经被组织规定为某种形式的必须有严格的会计核算的文件（例如，预先编号的空白支票储备）。可说明的文件都被存储在一个安全位置。安全存储结合使用其他控制措施（例如，顺序编号）提供了一种机制说明这些文件的原因。

（5）源文件处理。双重保管——双重保管的系统是用来维持可说明形式的控制。这种方法要求信息技术成员和使用部门的成员共同授权发布从存储区域预先编号的表格。然后，这种方法通过处理周期，直至未被用完的表格已经回到储存区域。

双重保管也需要由那些与先前流程不相关的个人来维护其他物品（如钥匙、签名章）。

（6）授权。这一源文件授权的流程可细分为控制各类型相关的源文件准备、书面程序和源文件批准。

在这一领域的控制措施包括程序和方法，用以确保源数据已经得到适当的授权。在源文件创造出来后，控制技术被用于确保源数据已得到适当授权。授权的证据可以通过人工程序（内部控制小组）或计算机处理（交易识别）进行审查。鉴于当今先进的计算机硬件和软件，计算机正被越来越多地用于验证输入的授权。随着这一趋势持续发展，控制设计者在这样的环境中用工具进行测试就变得更为重要。这里讨论的授权程序只适用于那些与源文件初始相关的部分。编程处理控制措施和授权程序与以后章节讨论的终端使用有关。

（7）源文件编写。签名——源文件的签名是用来提供证据追踪源代码。源文件的审批签字是用来为适当交易授权提供证据的。

授权等级通常意味着个人批准的具体交易事项的权利。输入处理程序提供授权的证据。这种授权证据可能是指明输入文件上的签字、电子签名，或在某个终端环境中通过使用特殊的安全性和密码控制。

（8）源文件的核准。核准的证据——具体交易的核准可能会通过一些手段发生。

输入文件提供核准的证据。这种核准可以与授权流程相关。例如，假设该公司的组织规定，各级管理部门可以授权具体的交易事项。信用管理人有权批准退款最高额 25 美元。信用部经理有权批准退款的最高额为 500 美元。助理主计长可以批准退款超过 500 美元的交易。

重要的一点是不管选择什么机制，审批流程是书面的文档记录。

（9）信息技术输入准备。在源文件已被创建和授权后，有必要进一步为信息技术输入准备数据。在信息技术输入准备中包括的控制措施是必要的，确保数据从起点到数据转换流程的准确性和完整性，以便为进一步的计算机处理做好准备。被讨论的控制类型包括：交易识别、用户输入审查、成批、运行记录和传送。

（10）用户识别。用户识别——某个独特的用户身份认证（即员工编号或用户部门的安全代码）和密码是用来限制交易的，用户可以处理其有权访问的文件。

（11）人工审查。人工审查——源文件的手工审查由用户人员执行，以便在技术输入之前保证信息的完整性和准确性。

（12）成批。在初始点的成批和源数据平衡——源数据是成批的和平衡的，尽可能紧挨初始点，以便制定对源数据初始的控制。交易根据输出分类编组，例如，公司总部、地区办公室或者分部。信息技术交易被组织成为成批的形式，促进它们进一步的处理。在处理期间，成批处理是一种用来避免个别交易损失的方法。

（13）运行记录。源文件的运行记录在组织之间的传输——运行记录的技术（例如，记录清点、控制总数）是在组织处理源文件之间被用于记录交易流程或批处理的。主要用户区中的运行记录被用于在初始源近旁建立控制。

（14）传送文件。传送文件——正式的传送文件是用来控制在各个用户和数据入口功能之间日常文书工作的流动。在初始或接近初始准备的传送文件被用于整个处理周期。这意味着它们跟随的交易流程在从用户部门通过信息技术输入/输出控制功能并返回到用户区的输入运动期间流动。

（15）源文件保留。这些控制措施包括确保源文件适当保留的程序和方法，保持源数据的适当备份以便在数据处理期间数据丢失或被毁坏时，可以提供再创建的能力。被讨论的类型包括了源文件保存的特点、源文件存档和保留存储。源文件识别和存档为历史性参考资料所需的必要的法规、公司的政策或恢复的目的提供了便利。

（16）源文件的保留日期。源文件的保留日期——保留日期通常直接放在源文件中，它们被放置在附属单证，例如成批的长卷纸条或源文件容器中，每一份文件中都包含了保留期作为某一识别特征。源文件的保留日期是基于法律要求和管理政策而设定的。

（17）源文件归档。按原件保存的源文件——保存源文件的原件副本，以便在出现源文件的传输流转及处理期间被丢失或毁坏的情况下提供备份材料。无论何时源文件离开该部门时，在用户部门中应保留源文件的副本。

（18）保留存储。限制访问保留设施——记录保留存储设施被控制和限制在经授权的人员才能访问。

（19）对源文件错误的处理。这些控制措施包括用于确保系统中在这一点位被拒绝的所有交易都能及时地被更正和重新输入的程序和方法。该区域的控制措施确保在任何处理周期结束之时能说明所有错误的原因。这里所讨论的类型包括：错误程序、错误检测、错误更正处理，以及已更正数据的重新提交。

（20）错误程序。书面错误处理程序——书面错误处理程序被用于向用户提供关于源文件错误检测、错误更正和已更正数据重新提交操作的全面说明。

书面程序的正式手续程序及细节通常取决于以下两个主要方面：

◆ 数据的关键性；

◆ 所遵循的计算机编辑程序及形式。

例如，大多数公司倾向于拥有为财务应用系统专门开发的程序核对（例如，对审批签名的视觉验证程序）。但是，这种趋势实际上是使计算机尽可能多地执行此类合规性以及验证的程序。

（21）错误检测。错误运行记录——错误运行记录被用于跟踪未解决的错误，并确保它们被更正并及时地重新输入系统。这类错误的运行记录被保存在用户区域，以记录和监控由信息技术输入预备功能所报告的错误。

（22）错误更正处理。错误通知——用户能够立即得到通知所有源文件的错误情况。

（23）已更正数据的重新提交。错误更正的监控——所有已发现错误的运行记录被用于监控以便更正数据能及时地重新提交。当每一已更正的源文件被重新提交时，它越过了运行记录，并且在运行记录中输入的是重新提交的日期。在每一处理周期结束之前，在错误更正重新提交之前所持有的源文件报告被提供到用户区域。这个报告被用于在处理周期结束之前清除该系统，以便观察适当的系统截止。

在计算机信息系统中包含的数据准确性、完整性和有效性取决于某一内部控制系统的适当运行。

如果某一组织要对计算机信息系统范围内控制措施的高度有效性感到放心，有必要启动一套为上述组织精心开发的内部控制目标。然后，在开发计算机信息系统中必须贯彻这些控制目标。例如，如果某个组织有良好的内部控制要求，记录现金的会计人员不应当负责现金收入的职能。这种相同的职责分工必须保持在计算机信息系统运行中（例如，收银员不能批准日记账分录的交易，以免总账中的现金数字出错）。

二、业务系统的交易入口

交易入口控制被用于确保数据在进入计算机业务系统期间的准确性和完整性。交易入口控制区域的范围包括直到进入通信链接的数据点，或者是在非数据通信环境中为了下一步的处理而进入计算机操作程序的控制措施。

交易入口控制是人工和自动化控制例行程序的一种组合。它们具有特别的重要意义，因为它们控制着两个重要的操作区域：数据转换和编辑与验证。越来越重要的是，要尽可能多地实现控制例行程序的自动化，以便能利用计算机硬件的容量，以及提高控制措施操作中的一致性。

交易入口控制是在以下几个控制区域支配着交易数据入口程序的控制措施：数据录入（终端或成批）、交易数据的验证、成批检验和平衡，以及交易入口的错误处理。

从初始交易阶段开始，流动主线通过终端或成批数据入口，再通过交易数据验证，到达数据通信阶段或计算机处理阶段。交易错误处理控制是针对交易数据入口或初始交易的反馈循环的一部分，它取决于该错误的性质。

一些在交易入口流程中的控制措施可能在数据的入口进入该系统时被建立。就这点而论，它们将会成为人工和自动化的控制例行程序的一种组合。许多新的在线系统倾向于将大部分控制措施设定在交易入口程序中，这些控制会在数据入口进入应用系统中时自动应用。

交易入口控制和随后的数据通信或计算机处理控制措施之间的区别在于：交易入口控制发生在数据转换成交易入口格式期间（例如，键盘穿孔机、终端入口）。当交易入口控制可能限制数据的入口进入计算机信息系统时，计算机处理控制措施将不会开始生效，直到数据已经进入，并且应用程序试图对数据进行处理时才开始实行。①

（一）交易入口控制措施的必要性

交易入口控制措施对于确保完整准确的数据进入计算机信息系统是非常必要的。数据的有效性和准确性取决于从数据初始开端的控制措施运行状况。

交易入口流程具有特殊的重要意义，因为它涉及数据转换的阶段。关于这一点，数据转换是一个把原始数据转换成机器可读格式的流程。其结果必然是，建立控制措施是重要的，它确保了这种转换被准确地予以实施。

在开发交易入口控制措施时，以下是某一组织可能希望达到的最重要的控制目标：

◆ 对所有接收到的源数据准确地实施交易入口处理；

◆ 交易入口处理允许源数据的最佳验证；

◆ 交易入口错误处理程序允许错误的发现、错误数据更正，以及及时重新提交已更正的数据，以便进行下一步的处理。

通过使用特定应用系统控制措施，来检查交易入口控制目标的满意程度，交易入口的流程被分离成几个控制区域。在每一个控制区域里都有一个或多个控制措施的类型。每一控制类型包括特定应用控制措施，目前正在被用于应用系统处理这个阶段。表8-4说明交易数据入口的结构，按区域里的控制类型和类型中的个别控制进行分析。

表8-4　　　　交易入口控制结构

控制区域	控制类型	控制措施
交易（成批）数据入口	书面程序	用户程序
	物理硬件	同步记录
终端数据入口	终端软件特征	终端签字程序
	硬件控制特征	终端特征
交易数据验证	转录验证技术	密钥验证
	数据内容验证技术	编辑及验证例行程序
成批验证和平衡	数据录入控制措施	运行记录
	验证和平衡方法	成批控制
交易入口错误处理	错误检测	错误列表
	错误更正	改正的行动
	已更正数据的重新提交	已更正数据的编辑

① 邱健庭，徐莉莉．国际注册内部控制师通用知识与技能指南［M］．北京：中国财政经济出版社，2009.

（二）交易入口控制措施的类型

这些控制措施包括用于确保作为记录数据适当采集的程序和方法。作为计算机处理的数据采集通常取决于应用系统流程的周期。控制数据的入口，以便允许输入数据的适当截止。将要实现的这一目标是在适当的地方安置准确有效的信息。例如，在程序进行现金应用处理之前，运行某一应收账款账龄分析的报告几乎是没有意义的。数据入口的控制允许数据从启动到进入计算机信息系统的适当移动。

（1）书面程序。用户程序——书面用户程序被用于指导输入交易的适当记录。这种书面指令涵盖了必须使用的控制措施、数据入口设备、必须遵守的时间进度表（截止日期），以及其他交易入口流程的独特程序。这种用户程序可能描述以用户名义的输入键入要求、反应解读和所要求的行动。

书面用户程序是对业务职能的程序性分析的结果，它准确地决定了必须完成什么，以及完成交易入口流程所使用的步骤。

（2）物理硬件。同步记录——计算机可读的媒介（例如卡片、磁带、磁盘）上的同步记录被用于其初始来源记录信息。例如，按键式电话系统的使用允许在指令入口信息进入电话线路，在计算机输入媒介（卡片）上直接获取信息，而不需要直接的人工干涉。然后，在创建源文件（客户指令）的同时在计算机媒介上记录数据。

同步记录是用来最大限度地减少在交易入口流程期间发生的人工错误的一种方法。

（3）终端数据入口。在数据入口终端当前的发展代表着另一个潜在控制机制的系列。在数据入口控制措施应用中，这些发展为利用计算机处理的速度和准确性提供了机会。

（4）终端软件特征。终端签字程序 ——监督管理层的签字程序被用于在任何运营可以签字之前启动终端设备。监督管理人员同样被要求在一天的使用结束后停止活动。

（5）硬件控制特征。终端特征—— 终端被用于增强控制数据输入和数据入口错误更正的能力。这些特征包括：

◆ 删除和退格键以及相关的文字编辑的特征；

◆ 终端运行记录——这些运行记录允许终端记录所有处理过的交易；

◆ 内部终端 ID——为终端提供电子号码安装，可以由计算机对其提出查询请求。这种号码安装被用于验证适当的终端授权。

（6）交易数据验证。交易数据入口信息在数据被输入计算机信息系统之前，经受综合编辑和验证例行程序确保其准确性和完整性。控制分为两种：一种是解决从人工可读形式正确地转录成机器可读形式的那些控制措施；另一种是解决数据内容到确保其正确性的控制措施。

（7）转录验证技术。密钥验证——密钥验证被用于交易入口流程删除人工的错误。为了验证键控运行的准确性，第二位操作员阅读相同的源文件的密钥把数据输入一个校验器。该机器将凹下的按键与穿孔卡上的孔（或其电子相等物）作比较。在初始和验证数据之间的区别是明显的。在卡片右侧边缘的孔眼（或作为磁带或光盘数据的电子相等物）标明该媒介已经通过了验证程序。

（8）数据内容验证技术。编辑和验证例行程序——鉴于当今的硬件容量，编辑和验证例行程序成为越来越重要的由计算机信息系统执行的程序。编辑和验证例行程序通常被执行于所有输入数据字段，即使在某一入口字段中可能发现某一错误。

编辑和验证例行程序可能在远程软件中被执行，例如，数据入口输入终端，或可能是计算机应用程序的一部分。当今，在数据流程中存在尽可能早地编辑和验证数据入口交易的倾向，以确保该系统在入口进入系统进行更新前，拒绝任何不正确的交易。

尽管某些一般用途的例行程序会被结合进来，对于正在被使用的应用系统来说，编辑和验证例行程序通常是独特的。应用程序或智能终端可以执行编辑和验证的例行程序，可能包括核对编码的有效性、记录长度、范围、顺序、某一记录中的字段数量、估值的合理性，等等。

智能终端有足够的容量来执行终端位置的错误检测和更正，而不用把数据转送到中央计算机位置进行错误检测。

编辑和确认例行程序被安置在某一系统里，协助确保数据的完整性和准确性。因此，编辑例行程序的过量负荷不应被忽视。在大多数系统中，都不给用户提供这种容量。只允许来自主终端和只由特定用户部门人员编辑的过量负荷。

（9）成批验证和平衡。交易进入计算机处理前通常会经过成批验证和平衡操作。执行这些操作在用户和信息技术部门之间充当一种接口。成批验证和平衡操作可以由一个控制员或控制组执行，或者由计算机自动操作。

控制目标一般由以下成批验证和平衡操作来实现：

◆ 输入按照时间进度表被提交；

◆ 适当的控制字段达到平衡；

◆ 交易入口错误处理流程受到控制。

控制小组实施的典型功能可能是接收信息技术的输入，为验证成批控制的总数而保留控制运行记录，并且协调对信息技术部门识别和报告的错误的更正和重新录入。

（10）数据输入控制措施。运行记录——一种记录显示数据接收和数据实际配置情况，并且为会计提供所有接收到的批次。这些文件收据的运行记录被用于在系统中建立审计线索。这种运行记录一般包含批号、接收时间、任务名称、来源、接收方式以及数量。

（11）成批验证和平衡方法。成批控制——要求终端操作员按成批的方式进行他们的工作。以这种方式，成批控制的总数就能保持接近起始点。终端操作员在数据字段内创建成批、各类处理控制措施、系统编辑例行程序和核对总数。控制总数被重新计算并与手工统计的总数进行比较。这种功能可预防在源数据转换成机器可读格式期间丢失数据。

（12）交易入口错误处理。这些控制措施包括一些程序和方法，用于确保在系统这一点被拒绝的交易得到更正，并且及时地重新提交。在这一区域的控制措施保证所有的错误在处理周期结束时都被解决。这个区域包括三种控制措施：错误检测、错误更正和已更正数据的重新提交。

（13）错误检测。错误清单——预处理编辑错误清单在数据在线处理之前发出，有助于清除错误。这个清单可以包括有效和无效的数据。因此，该清单可能包含所有输入交易、无效数据的确认以及失衡的控制措施。

（14）错误更正。更正行为——当交易被处理时检测到某种错误，它会显示检测到的时间。整个交易在终端被显示。显示的内容包括一条错误的信息，以及针对该错误每一数据字段建议应采取的纠正措施。

（15）已更正数据重新提交。已更正数据的编辑——已更正数据的编辑是通过与处理原始交易相同的方式来完成的。当需要重新提交整个交易时，该更正情况会以与用于原始交易相同的模块进行编辑。即使检测到某一错误、处理也会继续编辑该交易所有的字段。

计算机信息系统中所包含的数据的准确性、完整性和有效性取决于内部控制措施系统的适当运行。交易入口控制保证完整和准确的数据从初始交易流程流动数据通信链接或者通过应用程序的计算机处理。交易入口流程对控制计算机信息系统具有特别的重要意义，因为它必经两个重要阶段：一是数据的转换流程，需要将数据转换成可机读的格式；二是编辑和校验例行程序，在交易被录入计算机信息系统前发生。

三、数据通信的控制

数据通信控制措施主要参与保证从信息输入设备到信息接收设备通过通信线路传递数据的完整性。这些控制措施很重要，因为大部分的数据通信设备是由组织所拥有和控制，而不是由发送或者接收的组织所拥有。为了保证整个应用系统数据的准确性和完整性，一种快速发展的趋势是许多组织使用数据通信服务作为构成它们计算机信息系统所必需的部分。

（一）数据通信控制措施的必要性

数据通信控制措施是支配信息的输入、传送、接收与计算四个部分的控制措施。在这里，使用了“信息”而不是“交易”的术语，因为信息是一种更恰当的通信单位。一个信息可能包括一个或者多个交易，或者只包含交易的一部分。当然，信息是在远程终端和计算机之间双向传输的。为了使问题简单化，这里讨论的信息是指从一个终端到计算机的控制措施。当信息向相反方向传输时，控制措施于此仍然适用。

信息输入区域是指数据被键入通信系统（如数据录入控制措施）之后的终端导向的输入。信息传输区域是指将报文从终端传输到目的地所需的硬件和软件。信息接收与计算区域是指计算机实际应用信息之前，接收和说明所有通过该系统发送的信息所必需的软件、硬件和程序。

从传统意义上说，数据通信控制措施与应用密切相关，而不是与计算机操作系统相关。计算机操作系统软件设计方面的技术先进性已经创建了适合属于常规类别，而不是应用控制措施的数据通信控制措施系列。然而，数据通信控制措施无论归属于哪一类别都将集中在本节讨论，而不再每次涉及时都加以区别。

每一阶段的控制措施都分为两种形式：相关的硬件和相关软件与程序，取决于执行的方式或手段。

数据通信控制措施的必要性：

数据通信控制措施必须保证数据的完整性，从数据在终端被录入一直到被计算机接收处理都不得丢失或遭损。数据在传输期间通常超出初始或处理组织的控制之外（例如，大部分的通信线路或者是商业拨号服务或者是从普通传输线公司租赁）。正是因为缺少物理控制，适当地利用现成的通信控制措施来确保在通信系统中被传输数据的准确性和完整性显得尤为重要。

组织使用通信系统试图达到以下目的：

◆ 确保适当的数据通信控制措施在每一应用系统支持下运行，对组织内被传输数据和通过普通传输线公司被传输的数据产生影响；

◆ 证实使用中的数据通信控制措施按规定运行；

◆ 识别和符合数据通信控制不断变化的要求。

为了向组织提供可以协助他们达到这些控制目标的信息，这一部分介绍的是目前被组织使用可以信赖的数据通信的控制措施。表 8－5 显示按照控制区域、控制形式和具体控制措施的数据通信结构。相关硬件控制类型是指那些在他们的应用中明显取决于硬件的控制措施。相关软件与程序控制类型是指那些主要基于软件与程序的控制措施，但是在某些情况下也可能涉及使用硬件。

表 8 - 5　　数据通信控制结构

控制区域	控制类型	控制措施
信息输入	相关硬件	电子标识
	相关软件与程序	通信系统控制运行记录
信息传输	相关硬件	自动拨号备份
	相关软件与程序	传输的成批控制
信息接收与计算	相关硬件	重新传输检测
	相关软件与程序	信息顺序号

（二）数据通信的控制措施

（1）信息输入。这一区域的控制措施包括与终端标识与安全，以及监控信息活动的软件机制和程序有关的控制。

（2）相关硬件。电子标识码——在终端内嵌入无须人工介入的硬件标识码，计算机定期进行验证和核对标识码，以保证没有使用任何未经授权终端。

（3）相关软件与程序。通信系统控制运行记录——网络主管会定期收到由终端命令发出的通信系统控制运行记录。审查这些命令包括禁止或允许某一线路或者工作站的那些指令，以便及时确定任何点位的网络状态，被用于指导交换线路或者站与站的交通线路的指令，以及被用于改变线路的次序或频率，或者终端查询。

（4）信息传输。这一区域的控制措施或者技术与通过通信系统进行的信息核对，以及通信线路本身的某些物理特征有关。

（5）相关硬件。自动拨号备份——某种自动拨号备份的容量和租用线路一起使用，以保证在租用线路失败时，针对拨号装置的自动开关能在停电期间实现正常运行。

（6）相关软件与程序。传输成批控制——传输成批控制使用于信息在区域集线器和中央计算机之间的高速传输中。许多终端把实时对话归入区域集线器。将区域集线器成批交易组和创建内部成批控制总数传输到中央主机。

（7）信息接收与计算。在这一区域的控制措施通常与接收与说明计算机中所有信息的中央计算机系统相关的硬件和软件有关。

（8）相关硬件。重新传输检测——重新传输检测是检测和报告数据通信错误的重要形式之一。检测涉及使用冗余校验来检测传输中的错误。当接收单位确定信息中存在错误时会发生重新传输。接收单位反馈给传输单位，并且要求重新发送相同的信息。以这种方式，只有没有错误时信息才能被传输。这是数据通信控制当中最有效的一种检测错误的方法。

（9）相关软件与程序。信息的顺序号——某一信息的顺序号由中央电脑自动分配给所有进出该计算机系统的信息。区域终端或区域集线器也可以为所有从上述设备发出的信息指定信息的顺序号码。这为在通信系统内传输某一信息的每一站或终端提供了可追踪的信息运行记录。它同样允许在中央计算机和每一终端或者传输的集线器之间保持平衡。

通过通信线路由计算机信息系统接收用于处理的数据的准确性、完整性和有效性，不仅取决于数据处理和数据录入期间使用的控制措施，而且也取决于数据通信系统本身内部所使用的控制措施。当很多数据通信控制措施对于用户来说是透明的时候，控制措施对于保证数据的完整性依然重要。因此，用户和信息技术人员必须保证数据通信控制措施处于适当位置。良好的数据通信控制措施同样是很重要的，因为通过通信系统的数据会脱离发送和接收组织的控制。用户区域经理们正扩大他们数据通信的专长领域，以便了解保持数据完整性的数据通信控制措施的使用类型和适当性。

数据通信方面关注的主要控制区域是信息输入和信息接收区域。控制在数据传输期间使用的控制措施很重要，但是，因为几乎所有的控制措施都是由硬件实施的，绝大部分的数据通信供应商提供的控制性能很相似，经理们主要关心的是保证他们组织使用数据通信控制性能与通过数据通信系统的数据价值相称。

在信息输入区域，控制措施基本上是参与，确保使用中的终端是经过授权的，并且所有通过终端发出的信息是可识别的。在信息接收区域，控制措施可以确保发送的数据是完整的和准确的，并且保证所有信息的运行记录或日志被保存，即使其具有可追踪性和恢复性。

数据通信快速发展的趋势使计算机信息系统成为不可缺少的组成部分。可以预期这种趋势将会持续下去，它正在促使经理们开发新的专长领域，以便监控从初始交易到输出处理的整个应用系统。显然，经理们正不断地被要求控制数据传输，他们已经以相同的方式建立了数据准备、处理和录入的控制。只有在数据通信控制措施适当正常之后，才有可能保证由完整的应用系统处理的数据的准确性、完整性和有效性。

四、计算机处理

用于确保计算机处理期间数据的准确性和完整性的计算机处理控制措施，是指那些支配计算机流程的完整性和计算机流程错误处理的控制措施。在数据输入计算机信息系统后才应用这些控制措施，因为应用程序处理这些数据。本章同样包括文件接口和程序接口。

这里讨论的计算机处理控制措施的范围包括中央处理部件内部控制措施和周围的应用层面的控制措施。这些控制措施被嵌入每个单独应用程序，并且控制应用程序数据的输入、处理和输出。在每个应用程序中的应用控制措施都是特定的，因此，不会在应用程序之间转移。在计算机处理控制措施不断发展期间，重要的是确保内部控制原则（如职责分离）被贯彻落实到计算机信息系统所执行的功能。

（一）处理控制措施的必要性

计算机处理控制措施对于确保从数据输入到输出流程中处理信息的完整性和准确性很有必要。如前所述，计算机信息系统中数据的完整性取决于从数据初始的发端直至输出处理的控制措施运行状况。因此，在发生的每一流程期间建立适当的控制显得极为重要。

在开发计算机处理控制措施的过程中，组织可能想达到以下重要控制目标：

◆ 核对作为处理输入而进入的全部交易；

◆ 核对重大控制总额；

◆ 使用有效性检测技术核对处理情况；

◆ 核对不能回避的处理控制措施；

◆ 核对作为应用领域控制所需的职责分离原则被贯彻到计算机运行所实施的功能。

计算机处理具有诸多特征，使应用控制措施的开发和审查成为一项挑战性的任务。人们无法对计算机执行的运行顺序进行物理性观察，而在手工系统中可以这么做。此外，运行结果用磁性记录文件保存，这同样无法进行视觉验证。因此，在这一阶段的控制措施是间接性的、预防性的或具有事后性质。

为了通过使用应用系统控制措施来协助达到控制目标，计算机处理控制阶段被分为几个控制区域。在每个控制区域有一种或几种类型的控制措施。每种控制类型又包括组织用于控制计算机处理的一个或几个特定控制措施。表 8－6 列出这一阶段所有的控制区域，按区域内的控制类型和类型中单个控制进行分析。

表 8－6　　计算机处理控制结构

控制区域	控制类型	控制措施
计算机处理的完整性	交易识别	监督计算机生成交易
	计算与逻辑	预期控制
	文件维护	平衡计算机文件
	计算机操作人员	操作人员指令
计算机处理错误的处理	错误报告	生成拒绝状况报告
	错误更正	自动的错误暂停文件
	重新提交更正的数据	错误暂停重新输入

（二）计算机处理的控制措施

这些控制措施包括应用系统的计算机处理期间用于确保数据完整性和准确性的程序和方法。被讨论的计算机处理控制类型包括交易识别、计算与逻辑、文件维护，以及计算机操作人员。

1. 交易识别。计算机生成交易的监控——对计算机生成的交易由程序控制，该程序打印出所有计算机生成的交易，直接反馈给用户。这种控制为计算机生成的输出结果提供数据，这些数据由人工进行检查。

计算机生成的交易同样受到建立程序模块之间的平衡控制措施的控制。这些平衡控制是自动化的内部相互校验。这类控制措施可能采取合理性检查的形式，或者特定的两次运转（run－to－run）对比控制总额。

2. 计算与逻辑。计算机信息系统编程为可预计每一笔交易的计算和逻辑判断，并且检测任何缺失的交易。而且，在更新某个主文件之前，应用程序可预计更新的结果，并将它同该字段的合理性范围相比较。在范围之外的所有数额都被拒绝，或者报告一个预警信息。

3. 文件维护。平衡计算机文件——使数据文件打开时的记录数与当天所产生的变化数和期终余额相平衡。控制记录包括字段数量的总数和每一字段所维护的总记录读数。详细记录的总数定期和控制记录的总额进行比较。报告所有的差异现象。例如，营业日和停业日的主控制记录读数所包括的主控制记录以及日常交易处理都得到维护。这种记录通过增加当天被处理的所有交易来平衡营业日和停业日之间的差异。

4. 计算机操作人员。操作人员指令——每项应用都使用一套明确的操作人员指令，以限制计算机操作员的干预。这些程序包括系统开始工作、终端备份转让、紧急信息广播、系统关闭、通信调试以及系统和工作状况报告。这些计算机指令可能阻止操作人员非法访问计算机系统。

5. 计算机处理错误的处理。控制措施包括确保对所有在计算机处理期间被拒绝的交易进行更正，并及时重新输入所使用的程序和方法。这一区域的控制措施为检测数据损失和交易的非处理准备。

6. 错误报告。生成错误的报告——提供一份将确保对所有错误已经进行更正和重新提交的报告，并且已经使用适当截止日期的生成报告。

7. 错误更正。自动的错误暂停文件——自动的错误暂停文件包括所有被拒绝的交易都得到信息技术的维护。这种错误暂停文件以带有日期或批号的交易顺序号的形式予以准备。

8. 重新提交已更正的数据。错误中止重新输入——通过对错误中止列表上的错误进行更正使错误得到更正和重新输入。已更正的错误中止列表随后重新提交至信息技术部门，对错误中止文件的更正附在对应的错误交易上。

计算机应用所包括的数据的准确性、完整性和有效性取决于整个控制系统措施的适当运行。计算机处理控制措施开始于交易数据输入中央计算机，结束于数据维护（数据存储和检索）或者输出处理。本区域的应用控制措施被用于保证应用系统的计算机处理阶段期间数据的完整性。

计算机处理控制是整个控制系统中越来越重要的组成部分。随着技术的迅猛发展，当前组织面临数个计算机使用模型（例如，分布式系统、集中式处理、数据库使用、终端网络以及整合系统）。目前，许多组织都要面对决定分配多少资源用于开发计算机处理控制措施。除了内部审计师和外部审计师的审查，很少有具体的现成反馈可用于衡量这种资源分配的效果或效率。

此外，缺少控制效果性或效率性的标准或措施，计算机处理控制措施具有一些特征（例如，介质存储、介质处理、数据通信）使得用传统方法审查变得困难。

随着技术的进一步发展，管理层、控制设计人员、数据处理人员需要协力工作，开发计算机处理控制措施以及评价效果性或效率性的方式。

五、数据存储与检索控制

数据存储与检索控制措施是重要的，它保证在存储与检索期间数据的准确性和完整性。

关于计算机数据存储与检索控制措施的范围包括在文件处理和文件错误处理期间那些有效的控制措施。这些控制措施支配着文件处理流程，而这些程序不是与应用系统的计算机处理直接关联的。

数据存储与检索控制措施有着非常重要的意义，因为它们涉及很深程度的人类干预和数据处理。因此，在存储和检索期间，提供给设备和人员必要的程序来控制数据文件的完整是很重要的。

数据存储与检索控制措施是支配着文件处理和文件错误处理的流程。在数据存储与检索流程里的一些控制措施取决于在计算机程序中的人类干预。同样地，这些控制措施可以是人工和自动控制例行程序的组合。很多最新的在线系统都倾向于在数据存储与检索流程中包括大部分这些控制措施，以便在应用系统的计算机处理期间能够自动校验。计算机生产商已经开发出更复杂的以数据库为导向的软件，这种软件对审计能力和控制都提出了更高的要求。如此重视文件控制措施的另一个原因是不断增加的对一般用途文件处理的使用，数据库软件倾向于将处理程序看做是独立于数据文件之外的。

数据存储与检索控制措施和计算机处理控制措施的区别在于：数据存储与检索

控制措施是在存储文件的准备阶段和从存储中删除期间，才被应用系统使用；计算机处理控制措施直到数据已经进入应用系统，并且即将被应用程序处理时，才会开始生效。

（一）数据存储与检索控制措施的必要性

数据存储与检索控制措施必须保证数据在计算机信息系统中不被使用期间的完整性和准确性。这些数据的有效性和准确性取决于从某一个计算机处理周期结束到下一个周期开始控制措施发挥的作用。

数据存储与检索流程非常重要，因为它涉及人类的高度干预，特别是媒体管理员和计算机操作人员。因此，很重要的是建立能保证文件处理任务得到准确实施的控制措施。

随着数据存储与检索控制措施的发展，组织希望能达到下列重要控制的目标：

◆ 提供数据存储设备和人员程序，保护数据文件和程序免于丢失、毁坏或未经授权的修改；

◆ 数据存储与检索程序允许在使用文件和程序时有最大限度的容易度；

◆ 数据存储与检索程序允许对重建文件的备份设施和程序；

◆ 数据存储与检索的错误处理程序保证检测错误、校正错误状况并及时重新处理。

为了检查如何通过使用应用系统控制措施来满足数据存储与检索的控制目标，数据存储与检索的流程被分为若干控制区域。在每一个控制区域内都有一个或多个控制类型。每一控制类型又包含一个或多个特定的应用控制措施，这些控制措施是目前被组织用来控制数据存储和检索的。

表 8 -7 列出了本节讨论过的所有控制措施，按控制区域和控制区域内的控制类型分成了几组。

表 8 -7　　数据存储控制结构

控制区域	控制类型	控制措施
文件处理	程序库	源程序语句库
	文件访问	密码
	文件维护	额外活动
	备份	灾难计划
文件错误处理	错误报告	比较程序
	错误更正	重新启动程序
	重新输入已更正数据	作业流日志

资料来源：邱健庭，徐莉莉．国际注册内部控制师通用知识与技能指南［M］．北京：中国财政经济出版社，2009。

（二）文件处理控制类型

1. 文件处理。计算机化的记录在当今的商业组织中是信息的基本来源。当前的数据和历史数据都记录在计算机文件上。

文件处理控制措施是很重要的。原因有两个：其一是基础文件（数据库或其他文件结构）的丢失可能严重到足以造成破产，或导致组织花费数千美元来修复丢失的数据。因丢失各种文件而导致的金钱损失，对于使用能与数据库文件互相影响的在线实时系统的组织而言，会使其出现财务困难或者面临破产。

其二是文件处理控制措施对于符合政府规定的要求是必需的。政府机构对组织访问数据和如何使用数据强加严格的控制措施成为强制性的要求，增加了对数据文件完整性控制措施的必要性。

文件处理控制区域包括用于保证数据文件适当存储和检索的程序和方法。

2. 程序库。源程序语句库——当一个新的应用源程序进入时，源程序语句库被用于保存旧的应用源程序。源程序语句库程序追踪作过修改的日期、顺序和更新或修改数字，以及新旧应用程序列表。

3. 文件访问。密码——敏感性文件使用密码来保护。

4. 文件维护。额外活动——系统报告显示额外活动的记录和数据字段。额外活动可以只用有关被使用的业务功能来加以判断。

5. 备份。灾难计划——基于特定应用需求准备一份灾难计划。这个计划结合了一些在应用数据丢失或硬件丢失的情况下实行的程序。

6. 文件错误处理。控制措施包括用于保证检测到的文件错误得到更正并及时被重新输入的程序和方法。这一区域的控制措施保证所有错误在任何处理周期结束时都得到解决。

7. 错误报告。比较程序——这个程序是用一个控制复制的应用程序与当前正被用来保证文件完整性的应用程序进行比较。用该程序进行比较的频率因该程序关键性的不同而不同。这种比较的类型也被用在连续的数据文件之间。

8. 错误更正。重新启动程序——由计算机操作员使用所有重新启动的程序都保存为一个记录。

9. 重新输入已更正数据。作业流日志——信息技术部门保留一份打印的应用作业步骤，用以保证所有错误都被更正。计算机操作员有责任更正错误并输入被遗漏的数据。此作业流日志是一个自动的系统，在错误被报告、更正和重新输入时生成一个记录。

文件处理控制措施对于保护在数据存储与检索流程期间数据的准确性、完整性和真实性是必要的。必须对数据存储与检索控制措施加以重视，因为在计算机流程中，它是一个高度取决于适当的人类干预的区域。信息技术文件的特征使控制措施的近距离监控成为必需。例如，计算机媒体文件的物理体积要比人工的记录小得多。这就增加了因某一单独的小错误或故意行为而导致的对大量数据的破坏或滥用的风险暴露。

计算机化的记录是当今经营中基本的信息来源，因此，外部力量（例如，美国证券交易委员会、美国国内税务局、隐私保护研究委员会）正在深刻地影响着组织的控制实务。

六、输出处理控制

输出处理控制措施是用来确保从计算机处理结束直到数据提交给其功能用户之前输出数据的完整性。

功能用户有赖于及时接收完整的和准确的数据来处理其日常商务职能。如果组织有适当的输入和处理控制措施，计算机输出通常都是正确的。但是，在实现那些与所有计算机化的记录保持系统有关的控制目标方面，输出控制起着很重要的作用。输出控制的功能是保证经过处理的信息包括授权的、完整的和准确的数据。输出控制措施的范围包括：信息技术的平衡与协调、输出分配、用户的平衡与协调、记录保留、会计单据控制和输出错误处理的控制区域。

输出控制措施与功能用户和信息技术之间的控制接口一样重要。通过信息技术和用户来确保在处理期间数据的完整性已经得到维护，这一主要方法是监控应用系统的输出。

输出控制措施是那些可用于控制源自计算机信息系统的信息输出和分布的控制措施。输出控制采用多种方式：

- ◆ 控制被调整的总数回到输入处理；
- ◆ 控制报告在印刷之后的分配；
- ◆ 确保处理后的数据只包括经过核准数据的证明。

输出控制可以是一种在处理发生后可被证实的一种物理控制，也可以是只有在特殊情况被处理时才会起作用的一种控制。这也是输出控制和与其相应的输入和处理控制措施的区别。此外，输入控制限制数据进入该系统，处理控制直到数据被系统接受，各种应用程序在处理数据以后才会运行。

（一）输出控制的必要性

需要输出控制措施来确保计算机记录保持系统的信息是完整的和准确的。此外，输出控制措施还应保证只向经过授权的人员分发，并且维护信息的秘密性和安全性。

用户负责已经正确输入该系统数据的准确性，而数据处理人员负责在输入准备期间、整个处理过程以及输出准备与最后结果分发期间数据的准确性。

这一阶段被分为六个控制区域：

◆ 信息技术方面的平衡与调整；
◆ 输出分发；
◆ 用户部门的平衡与调整；
◆ 会计单据控制；
◆ 记录保留；
◆ 错误处理。

在信息技术和用户部门的平衡和调整、输出分发和记录保留是主要的处理流程，会计单据控制影响上述三个区域，错误处理是前一阶段计算机处理的反馈链的一部分。表8-8列出了这一阶段的所有控制措施。

表8-8　输出处理控制结构

控制区域	控制类型	控制措施
平衡与调整	控制组	调整
输出分发	输出处理	输出报告分发
用户平衡与调整	监控程序	控制总数
	测试程序	最后报告的统计抽样
记录保留	用户保留和处理方法	废物处理程序
会计单据	会计单据的处理	可转让单据的存储
输出错误处理	错误报告	分期公开条款
	错误更正	错误更正的责任
	更正后重新输入	重新输入数据的核对

（二）输出控制的类型

1. 平衡与调整。这一功能负责监控与信息技术有关的控制措施。作为信息技术部门的一部分，这项功能决定了数据的完整性在信息技术循环期间不会被丢失。通过检查应用系统输出，这组功能使数据在移交功能用户之前保持其完整性和准确性。例如，这个功能的责任之一是协调输出文件的数量到生成文件的应用系统的计数。

近年来，向整合应用系统发展的趋势已为这一控制区域增加了新的职责。监控关键性系统接口（例如，发票登账系统的输出变为应收账款的输入）也已为这一区域增加了重要的控制责任。

2. 控制组。调整——在发布来自信息技术的报告之前，将每一应用的输出控制总数和输入总数调整一致。例如，进入到应用系统的现金总金额通过控制组进行核对，以确保所有现金已通过该应用系统进行处理。

3. 输出分发。输出分发控制被用于确保及时地向经授权的接收人员交付完整的和准确的报告。这一功能通常是计算机服务中心的职责。然而，实现这一功能所必需的指令必须由信息技术和应用系统用户共同开发，并且使他们能够理解。

4. 输出处理。输出报告分发——应用系统的输出报告只交付给经授权的接收者。准备一份列有不同报告号码和每一报告的接收者清单表。这一列表说明了这些报告是每日的、每周的还是每月的。收到通知的收条被用于确认列出的报告产品已经被适当的人员接收。此外，提供一份正式的产品分发核查清单以表明每一份报告的分发结果。

5. 用户平衡与调整。用户平衡与调整的控制措施被用于确保数据在被应用系统处理期间没有被丢失的完整性。这一用户功能通常是被指定去完成检验输出完整性的特殊任务。近年来，发展趋势是许多验证性控制措施已经移到了用户区域。对于用户区域控制责任的指派促进了用户更易接受应用系统，并且推动了应用系统错误的更正。

6. 监控程序。控制总数——用户部门安装有一个报告设置，会比较由人工保持的成批总数和由计算机信息系统生成的累计总数。

7. 测试程序。最终报告的统计抽样——核对最终应用报告以确定采用统计抽样技术抽取交易的准确性和完整性。例如，在发票登账系统检查中，可能有2%的发票被抽取进行人工审查与验证。

8. 记录保留。记录保留控制措施被用于指导计算机信息系统输出的保留和处置。被用于这种情况下的控制措施只能管理功能用户区域接收的那些输出。

9. 用户保留和处理方法。废物处理程序——适当的废物处理程序被用于确保可以适当地处理每一应用系统的机密数据。这些程序还特别包括出故障计算机运行的敏感信息的处理。这些信息通过送到碎纸机或焚烧来消除。

10. 会计单据。对会计单据处理的控制措施（比如，空白支票储备）可能是计算机服务、用户，或是两者（双重保管）指定的责任。

会计单据需要分别讨论，因为它们的处理通常会使某一特定的控制责任的开发增加到其他应用系统控制措施之上。

11. 会计单据的处理。可转让单据的存储——可转让单据的存储包括单据从存储区域转移到计算机打印机再回到双重保管的存储区域。在单据移动和处理期间，许多信息技术和功能用户部门会出现在存储区域。

12. 输出错误处理。这些控制措施包括用于确保在系统处理期间被拒绝的所有交易及时被更正并且重新输入的程序和方法。保证这个区域的控制措施在处理周期结束时提供交易的会计责任是特别重要的。要讨论的这个区域包括错误报告的程序，错误更正和更正后重新输入。因为这是一个例外的阶段，大多数公司倾向于拥有特定的程序来检查、更正和重新输入。

13. 错误报告。分期公开条款——关于错误报告的分期公开条款应当定期通过用户进行调查，以确保它们的更正和及时地重新输入系统。

14. 错误更正。错误更正的责任——用书面（例如，用户手册）规定错误更正责任的任务。这包括以多种输入资源的交易的更正责任。

15. 更正后重新输入。已重新输入数据的核对——重新递交的源文件上的数据字段要经过与原始源文件相同的核对程序。

输出控制措施是非常有必要的，它们确保来自计算机处理的结果直到它们返回功能用户的数据是完整的。通常，如果应用控制已经有效地做到这一点，那么输出将包括完整和准确的数据。输出控制措施强调平衡和调整、输出分发和记录保留。

鉴于功能用户负责数据的准确性达到已经正确输入的程度，数据处理员负责在输入、处理和输出期间保持数据的完整性。输出控制措施是功能用户和数据处理员之间一个非常重要的接口。输入控制措施对于数据完整性在处理、输出处理和分发期间得到维护非常必要。

第九章 内部控制规范性应用实务指南

第一节 公司层面内部控制应用实务指南

第一项 企业内部控制应用实例——组织架构

一、企业内部控制应用指引第1号——组织架构

制度名称	企业内部控制应用指引—第1号			发布日期	2010年
发布部门	财政部	发文号	财会11号	控制措施	组织架构

第一章 总 则

第一条 为了促进企业实现发展战略，优化治理结构、管理体制和运行机制，建立现代企业制度，根据《中华人民共和国公司法》等有关法律法规和《企业内部控制基本规范》，制定本指引。

第二条 本指引所称组织架构，是指企业按照国家有关法律法规、股东（大）会决议和企业章程，结合本企业实际，明确股东（大）会、董事会、监事会、经理层和企业内部各层级机构设置、职责权限、人员编制、工作程序和相关要求的制度安排。

第三条 企业至少应当关注组织架构设计与运行中的下列风险：

（一）治理结构形同虚设，缺乏科学决策、良性运行机制和执行力，可能导致企业经营失败，难以实现发展战略。

（二）内部机构设计不科学，权责分配不合理，可能导致机构重叠、职能交叉或缺失、推诿扯皮，运行效率低下。

第二章 组织架构的设计

第四条 企业应当根据国家有关法律法规的规定，明确董事会、监事会和经理层的职责权限、任职条件、议事规则和工作程序，确保决策、执行和监督相互分离，形成制衡。

董事会对股东（大）会负责，依法行使企业的经营决策权。可按照股东（大）会的有关决议，设立战略、审计、提名、薪酬与考核等专门委员会，明确各专门委员会的职责权限、任职资格、议事规则和工作程序，为董事会科学决策提供支持。

监事会对股东（大）会负责，监督企业董事、经理和其他高级管理人员依法履行职责。

经理层对董事会负责，主持企业的生产经营管理工作。经理和其他高级管理人员的职责分工应当明确。

董事会、监事会和经理层的产生程序应当合法合规，其人员构成、知识结构、能力素质应当满足履行职责的要求。

续表

<table>
<tr><td colspan="2">第五条 企业的重大决策、重大事项、重要人事任免及大额资金支付业务等，应当按照规定的权限和程序实行集体决策审批或者联签制度。任何个人不得单独进行决策或者擅自改变集体决策意见。
重大决策、重大事项、重要人事任免及大额资金支付业务的具体标准由企业自行确定。
第六条 企业应当按照科学、精简、高效、透明、制衡的原则，综合考虑企业性质、发展战略、文化理念和管理要求等因素，合理设置内部职能机构，明确各机构的职责权限，避免职能交叉、缺失或权责过于集中，形成各司其职、各负其责、相互制约、相互协调的工作机制。
第七条 企业应当对各机构的职能进行科学合理的分解，确定具体岗位的名称、职责和工作要求等，明确各个岗位的权限和相互关系。
企业在确定职权和岗位分工过程中，应当体现不相容职务相互分离的要求。不相容职务通常包括：可行性研究与决策审批；决策审批与执行；执行与监督检查等。
第八条 企业应当制定组织结构图、业务流程图、岗（职）位说明书和权限指引等内部管理制度或相关文件，使员工了解和掌握组织架构设计及权责分配情况，正确履行职责。
第三章 组织架构的运行
第九条 企业应当根据组织架构的设计规范，对现有治理结构和内部机构设置进行全面梳理，确保本企业治理结构、内部机构设置和运行机制等符合现代企业制度要求。
企业梳理治理结构，应当重点关注董事、监事、经理及其他高级管理人员的任职资格和履职情况，以及董事会、监事会和经理层的运行效果。治理结构存在问题的，应当采取有效措施加以改进。
企业梳理内部机构设置，应当重点关注内部机构设置的合理性和运行的高效性等。内部机构设置和运行中存在职能交叉、缺失或运行效率低下的，应当及时解决。
第十条 企业拥有子公司的，应当建立科学的投资管控制度，通过合法有效的形式履行出资人职责、维护出资人权益，重点关注子公司特别是异地、境外子公司的发展战略、年度财务预决算、重大投融资、重大担保、大额资金使用、主要资产处置、重要人事任免、内部控制体系建设等重要事项。
第十一条 企业应当定期对组织架构设计与运行的效率和效果进行全面评估，发现组织架构设计与运行中存在缺陷的，应当进行优化调整。
企业组织架构调整应当充分听取董事、监事、高级管理人员和其他员工的意见，按照规定的权限和程序进行决策审批。</td></tr>
<tr><td>实施时间</td><td>自 2011 年 1 月 1 日起在境内外同时上市的公司施行，自 2012 年 1 月 1 日起在上海证券交易所、深圳证券交易所主板上市公司施行。</td></tr>
</table>

二、组织架构业务流程

内部控制五要素包括控制环境、风险评估、控制活动、信息与沟通、内部监督。控制环境处于首位，它设定了企业的基调，是企业风险管理及其他构成要素的基础。《企业内部控制应用指引第 1 号——组织架构》（以下简称组织架构指引）在企业内部控制体系建设中属于控制环境类五个应用指引中的第一项，着力解决企业应如何进行组织架构设计和运行，其核心是完善公司治理结构、健全企业内部管理体制和运行机制，加强组织架构方面的风险管理与控制。

国内外企业发展的实践证明，公司治理、管理体制和运行机制是永恒的主题。一个现代企业，无论是处于新建、重组改制还是存续状态，要实现可持续发展，就必须把建立和完善组织架构放在首位或重中之重的地位。

组织架构是指企业按照国家有关法律法规、股东（大）会决议、企业章程，结合本企业实际，明确股东（大）会、董事会、监事会、经理层和企业内部各层级机构设置、职责权限、人员编制、工作程序和相关要求的制度安排。

（一）组织架构的主要风险

组织架构是从企业整体层面出发，自上而下地动员和组织全体员工实现企业目标而进行的分工协作，从职务范围、责任和权力方面所形成的结构体系。组织架构分为治理结构和内部机构两个层面。

1. 决策、执行和监督相互制衡

组织架构指引规定，企业应当根据国家有关法律法规的规定，明确董事会、监事会和经理层的职责权限、任职条件、议事规则和工作程序，确保决策、执行和监督相互形成制衡。董事会对股东（大）会负责，依法行使企业的经营决策权。可按照股东（大）会的有关决议，设立战略、审计、提名、薪酬与考核等专门委员会，明确各专门委员会的职责权限、任职资格、议事规则和工作程序，为董事会科学决策提供支持。这一规定的实质就是要求企业建立决策、执行和监督相互制衡的机制。

2. 组织架构的本质

关于组织架构的本质，可以从治理结构和内部机构两个层面理解——暨治理结构和内部机构设置。

（1）治理结构。治理结构即企业治理层面的组织架构。它是企业与外部主体发生各项经济关系的法人所必备的组织基础，它可以使企业成为在法律上具有独立责任的主体，从而使得企业能够在法律许可的范围内拥有特定权利、履行相应义务，以保障各利益相关方的基本权益。

（2）内部机构设置。内部机构则是企业内部分别设置不同层次的管理人员及其由各专业人员组成的管理团队，针对各项业务职能行使决策、计划、执行、控制和监督评价的权利并承担相应的义务，从而为了业务顺利开展进而实现企业发展战略提供组织机构的支撑平台。

（3）治理结构与内部机构的关系。一方面，两者相互协调，相互配合，互为补充，共同为实现企业内部控制目标服务。如果董事、监事、高级管理人员失职或舞弊，再完善的内部控制系统，再科学的内部机构设置，都将形同虚设，失去预期的效能；而科学的内部机构则为公司治理层的各项决策和计划的执行提供了操作平台。

另一方面，两者在实现内部控制目标方面的侧重点上有所区别。治理结构主要服务于促进企业实现发展战略、保证经营合法合规；而内部机构主要服务于另外三类控制目标，即保证企业资产安全、保证财务报告及其相关信息真实完整、提高经营效率和效果。

3. 组织架构的主要风险

关于组织架构设计和运行的主要风险，可以从企业治理结构和内部机构两个角度进行如下分析：

从治理结构层面看，主要风险集中表现在治理结构形同虚设，缺乏科学决策、良性运行机制和执行力，可能导致企业经营不畅，甚至失败，难以实现发展战略。

从内部机构层面看，主要风险集中表现为内部机构设计不科学，权责分配不合理，可能导致机构重叠、职能交叉或缺失、推诿扯皮、运行效率低下。

（二）组织架构业务流程图

由于企业经营发展战略变化，因此接受新的改革和业务转型，都要涉及组织机构的重组变化，因而其组织架构业务流程也要涉及流程重新梳理和流程再造。具体如图 9 – 1 所示。

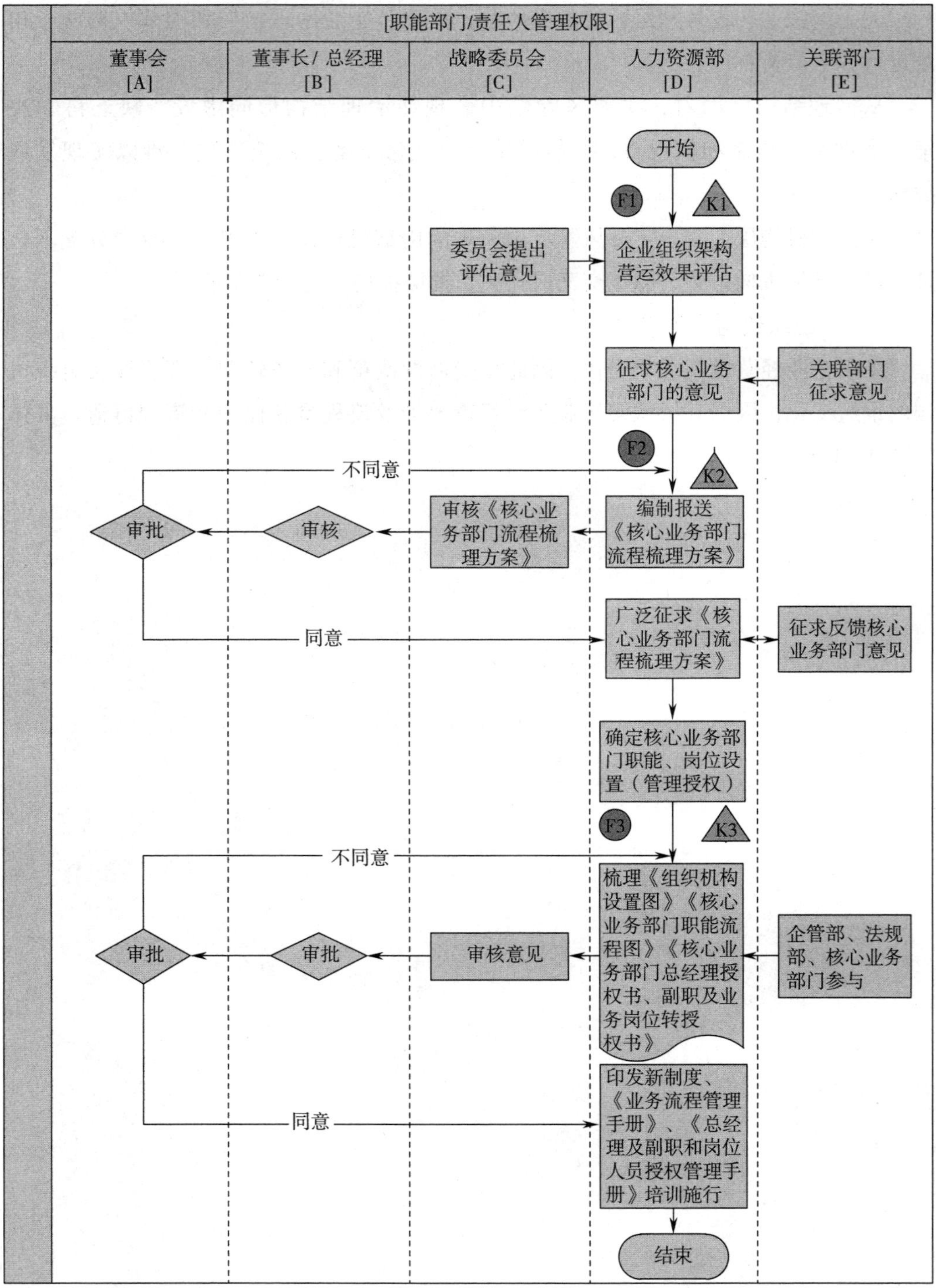

图9－1　企业组织机构流程梳理及风控流程图

三、组织架构的风险控制矩阵

表 9－1　风险控制矩阵——组织机构（流程梳理）

控制点	风险类型					风险描述	控制点类型				控制描述	关键控制点	控制措施	控制方法（自动或手工）	控制类型（发现性或预防性）	控制频率（时、日、周、月、季度、年度）	控制实施证据	控制文件的文号或名称
	经营决策风险	违反法律法规	财务报告失真	资产安全受威胁	营私舞弊风险		C：完整性控制	A：准确性控制	T：有效性控制	R：接触性控制								
F1	√					企业改革组织机构需要调整，流程管理不到位而产生营运风险		√			企业实施机构调整，严格业务流程管理、岗位职责清晰	K1	人力资源管理部部长启动业务流程梳理，上报领导审批	手工	预防性	随时	申请书	企业《内部控制管理手册》及《岗位职责管理制度》；或文号
F2	√					企业改革组织机构需要调整，流程管理不到位而产生营运风险		√			企业实施机构调整，严格业务流程管理、岗位职责清晰	K2	人力资源管理部部长启动业务流程梳理方案，上报领导审批	手工	预防性	随时	申请书	企业《内部控制管理手册》及《岗位职责管理制度》；或文号
F3	√					企业改革组织机构需要调整，流程管理不到位而产生营运风险		√			企业实施机构调整，严格业务流程管理、岗位职责清晰	K3	人力资源管理部监督完成《企业职能部门内控管理手册》实施运行	手工	预防性	随时	申请书	企业《内部控制管理手册》及《岗位职责管理制度》；或文号

第二项 企业内部控制应用实例——发展战略

一、企业内部控制应用指引第 2 号——发展战略

制度名称	企业内部控制应用指引—第 2 号			发布日期	2010 年
发布部门	财政部	发文号	财会 11 号	控制措施	发展战略

第一章 总 则

第一条 为了促进企业增强核心竞争力和可持续发展能力，根据有关法律法规和《企业内部控制基本规范》，制定本指引。

第二条 本指引所称发展战略，是指企业在对现实状况和未来趋势进行综合分析和科学预测的基础上，制定并实施的长远发展目标与战略规划。

第三条 企业制定与实施发展战略至少应当关注下列风险：

（一）缺乏明确的发展战略或发展战略实施不到位，可能导致企业盲目发展，难以形成竞争优势，丧失发展机遇和动力。

（二）发展战略过于激进，脱离企业实际能力或偏离主业，可能导致企业过度扩张，甚至经营失败。

（三）发展战略因主观原因频繁变动，可能导致资源浪费，甚至危及企业的生存和持续发展。

第二章 发展战略的制定

第四条 企业应当在充分调查研究、科学分析预测和广泛征求意见的基础上制定发展目标。

企业在制定发展目标过程中，应当综合考虑宏观经济政策、国内外市场需求变化、技术发展趋势、行业及竞争对手状况、可利用资源水平和自身优势与劣势等影响因素。

第五条 企业应当根据发展目标制定战略规划。战略规划应当明确发展的阶段性和发展程度，确定每个发展阶段的具体目标、工作任务和实施路径。

第六条 企业应当在董事会下设立战略委员会，或指定相关机构负责发展战略管理工作，履行相应职责。

企业应当明确战略委员会的职责和议事规则，对战略委员会会议的召开程序、表决方式、提案审议、保密要求和会议记录等作出规定，确保议事过程规范透明、决策程序科学民主。

战略委员会应当组织有关部门对发展目标和战略规划进行可行性研究和科学论证，形成发展战略建议方案；必要时，可借助中介机构和外部专家的力量为其履行职责提供专业咨询意见。

战略委员会成员应当具有较强的综合素质和实践经验，其任职资格和选任程序应当符合有关法律法规和企业章程的规定。

第七条 董事会应当严格审议战略委员会提交的发展战略方案，重点关注其全局性、长期性和可行性。董事会在审议方案中如果发现重大问题，应当责成战略委员会对方案作出调整。

企业的发展战略方案经董事会审议通过后，报经股东（大）会批准实施。

第三章 发展战略的实施

第八条 企业应当根据发展战略，制定年度工作计划，编制全面预算，将年度目标分解、落实；同时完善发展战略管理制度，确保发展战略有效实施。

第九条 企业应当重视发展战略的宣传工作，通过内部各层级会议和教育培训等有效方式，将发展战略及其分解落实情况传递到内部各管理层级和全体员工。

第十条 战略委员会应当加强对发展战略实施情况的监控，定期收集和分析相关信息，对于明显偏离发展战略的情况，应当及时报告。

第十一条 由于经济形势、产业政策、技术进步、行业状况以及不可抗力等因素发生重大变化，确需对发展战略作出调整的，应当按照规定权限和程序调整发展战略。

实施时间	自 2011 年 1 月 1 日起在境内外同时上市的公司施行，自 2012 年 1 月 1 日起在上海证券交易所、深圳证券交易所主板上市公司施行。

二、发展战略业务流程

《企业内部控制应用指引第 2 号——发展战略》（以下简称发展战略指引）是内部环境类指引之第二项，阐明了企业为什么要制定和实施发展战略、如何制定与如何实施发展战略等问题。

“三年发展靠机遇，十年发展靠战略”。后国际金融危机、“互联网 +”时期，我国正处在世界经济大变革、大转型的重要战略机遇期，企业应当以此为契机，强化发展战略管理，积极推进战略转型，加快发展方式转变，提升企业核心竞争力，实现健康可持续发展。

根据发展战略指引的定义，发展战略是企业在对现实状况和未来趋势进行综合分析和科学预测的基础上，制定并实施的中长期发展目标与战略规划。

发展战略着力解决的是企业发展过程中所面临的具有全局性、长期性的问题，关系着企业的长远生存与发展。战略的失败是企业最彻底的失败，它甚至会导致企业的消亡。

（一）制定和实施发展战略的重要意义①

无论是一个国家、一个地区和一个行业，还是一个微观组织，都面临发展战略管理的问题。作为一个现代企业，如果没有明确发展战略，就不可能在当今激烈的市场竞争和国际化浪潮冲击下求得长远发展。企业制定科学合理的发展战略，具有以下重要意义：

（1）发展战略可以为企业找准市场定位。定位准了，才能赢得市场，企业才能不断发展壮大。市场定位所要解决的问题包括：为社会提供什么样的产品或服务，以什么样的方式满足客户和市场需求，如何充分利用内外部资源以保持持续竞争力，如何才能更好更快地迈进行业前列等。

（2）发展战略是企业执行层的行动指南。发展战略指明了企业的发展方向、目标与实施路径，描绘了企业未来经营方向和目标纲领，是企业的发展蓝图，关系着企业的长远生存和发展。

（3）发展战略是内部控制的最高目标。发展战略为企业的内部控制指明了方向，内部控制为企业实现发展战略提供了坚实保障。

（二）制定和实施发展战略的主要风险

1. 缺乏明确的发展战略或发展战略不到位，可能导致企业盲目发展，难以形成竞争优势，丧失发展机遇和动力。

2. 发展战略过于激进，脱离企业实际能力，或偏离主业，可能导致企业过度扩张，甚至经营失败。

---

① 张玉，邱胜利. 企业内部控制规范性操作风险［M］. 北京：企业管理出版社，2013.

3. 发展战略因主观原因频繁变动，可能导致资源浪费，甚至危及企业的生存和持续发展。

一些大型国有企业集团在发展过程中，面临着领导层变化带来的企业发展战略变化。这不仅导致企业的发展断断续续，还会造成企业资源的浪费。因此，内部控制的第一个起点就是制定战略规划。

（三）发展战略风控流程图

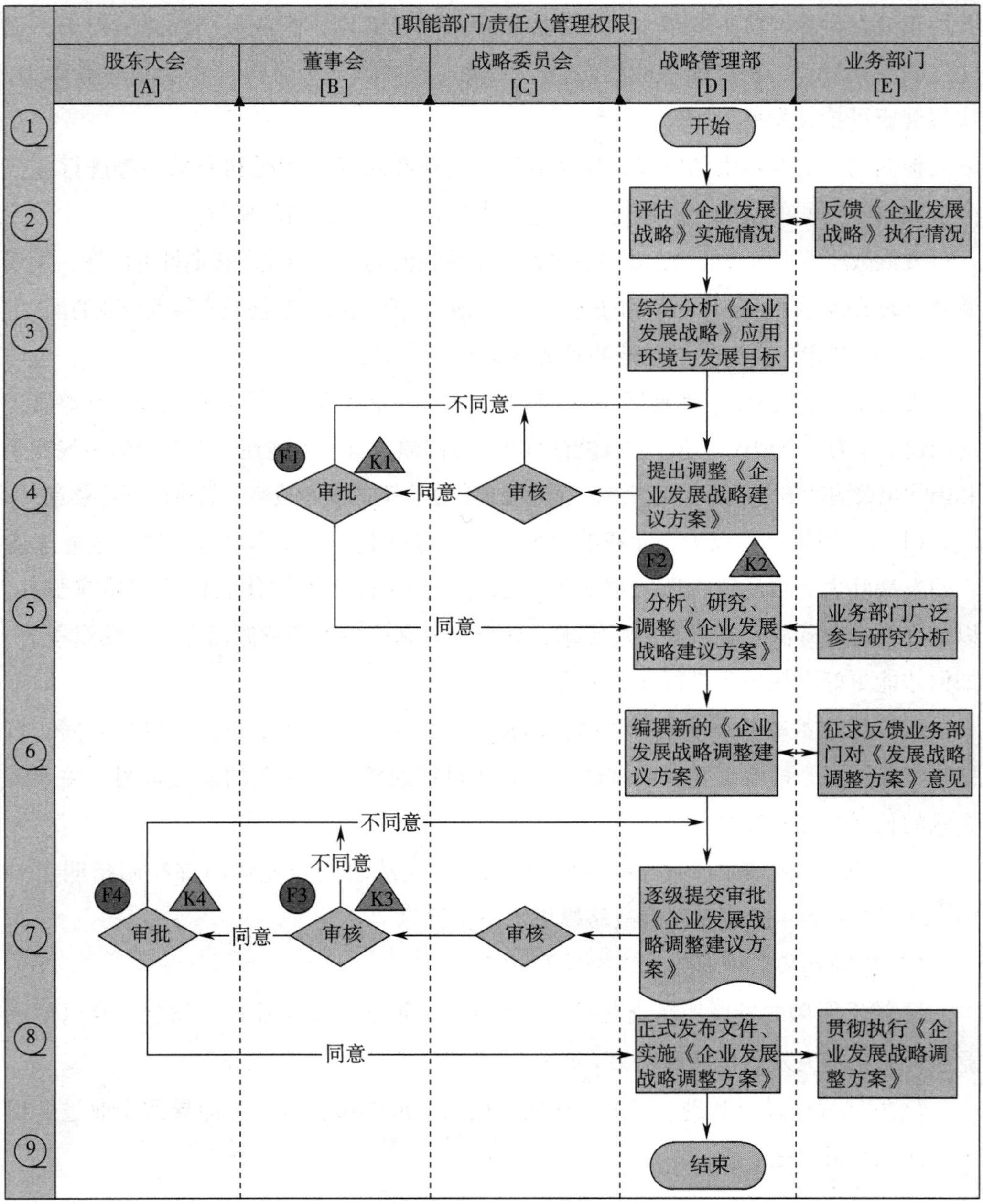

图9-2 发展战略调整及风控流程图

三、发展战略风险控制矩阵

表9－2 **风险控制矩阵——发展战略（发展战略调整流程）**

控制点	风险类型					风险描述	控制点类型				控制描述	关键控制点	控制措施	控制方法（自动或手工）	控制类型（发现性或预防性）	控制频率（时、日、周、月、季度、年度）	控制实施证据	控制文件的文号或名称
	经营决策风险	违反法律法规	财务报告失真	资产安全受威胁	营私舞弊风险		C：完整性控制	A：准确性控制	T：有效性控制	R：接触性控制								
F1	√					企业没有制定发展战略或规划，当遇到市场危机时会产生营运风险		√			企业发展战略部门要设计好战略发展规划或调整方案，控制企业风险	K1	企业发展部门组织专家完成《企业发展战略或方案》并组织实施	手工	预防性	随时	申请书	企业实施执行《企业发展战略调整建设方案》或文号
F2	√					企业没有制定发展战略或规划，当遇到市场危机时会产生营运风险		√			企业发展战略部门要设计好战略发展规划或调整方案，控制企业风险	K2	企业发展部门组织专家完成《企业发展战略或方案》并组织实施	手工	预防性	随时	申请书	企业实施执行《企业发展战略调整建设方案》或文号
F3 F4	√					企业没有制定发展战略，当遇到市场危机时会产生营运风险		√			领导组织专家论证、审批《企业发展战略建设方案》	K3 K4	领导组织、审核批准《企业发展战略方案》，控制风险	手工	预防性	随时	申请书	企业实施执行《企业发展战略调整建设方案》

第三项　企业内部控制应用实例——人力资源

一、企业内部控制应用指引第 3 号——人力资源

<table>
<tr><td>制度名称</td><td colspan="3">企业内部控制应用指引—第 3 号</td><td>发布日期</td><td>2010 年</td></tr>
<tr><td>发布部门</td><td>财政部</td><td>发文号</td><td>财会 11 号</td><td>控制措施</td><td>人力资源</td></tr>
</table>

第一章　总　则

第一条　为了促进企业加强人力资源建设，充分发挥人力资源对实现企业发展战略的重要作用，根据有关法律法规和《企业内部控制基本规范》，制定本指引。

第二条　本指引所称人力资源，是指企业组织生产经营活动而录（任）用的各种人员，包括董事、监事、高级管理人员和全体员工。

第三条　企业人力资源管理至少应当关注下列风险：

（一）人力资源缺乏或过剩、结构不合理、开发机制不健全，可能导致企业发展战略难以实现。

（二）人力资源激励约束制度不合理、关键岗位人员管理不完善，可能导致人才流失、经营效率低下或关键技术、商业秘密和国家机密泄露。

（三）人力资源退出机制不当，可能导致法律诉讼或企业声誉受损。

第四条　企业应当重视人力资源建设，根据发展战略，结合人力资源现状和未来需求预测，建立人力资源发展目标，制定人力资源总体规划和能力框架体系，优化人力资源整体布局，明确人力资源的引进、开发、使用、培养、考核、激励、退出等管理要求，实现人力资源的合理配置，全面提升企业核心竞争力。

第二章　人力资源的引进与开发

第五条　企业应当根据人力资源总体规划，结合生产经营实际需要，制定年度人力资源需求计划，完善人力资源引进制度，规范工作流程，按照计划、制度和程序组织人力资源引进工作。

第六条　企业应当根据人力资源能力框架要求，明确各岗位的职责权限、任职条件和工作要求，遵循德才兼备、以德为先和公开、公平、公正的原则，通过公开招聘、竞争上岗等多种方式选聘优秀人才，重点关注选聘对象的价值取向和责任意识。

企业选拔高级管理人员和聘用中层及以下员工，应当切实做到因事设岗、以岗选人，避免因人设事或设岗，确保选聘人员能够胜任岗位职责要求。

企业选聘人员应当实行岗位回避制度。

第七条　企业确定选聘人员后，应当依法签订劳动合同，建立劳动用工关系。

企业对于在产品技术、市场、管理等方面掌握或涉及关键技术、知识产权、商业秘密或国家机密的工作岗位，应当与该岗位员工签订有关岗位保密协议，明确保密义务。

第八条　企业应当建立选聘人员试用期和岗前培训制度，对试用人员进行严格考察，促进选聘员工全面了解岗位职责，掌握岗位基本技能，适应工作要求。试用期满考核合格后，方可正式上岗；试用期满考核不合格者，应当及时解除劳动关系。

第九条　企业应当重视人力资源开发工作，建立员工培训长效机制，营造尊重知识、尊重人才和关心员工职业发展的文化氛围，加强后备人才队伍建设，促进全体员工的知识、技能持续更新，不断提升员工的服务效能。

第三章　人力资源的使用与退出

第十条　企业应当建立和完善人力资源的激励约束机制，设置科学的业绩考核指标体系，对各级管理人员和全体员工进行严格考核与评价，以此作为确定员工薪酬、职级调整和解除劳动合同等的重要依据，确保员工队伍处于持续优化状态。

第十一条　企业应当制定与业绩考核挂钩的薪酬制度，切实做到薪酬安排与员工贡献相协调，体现效率优先，兼顾公平。

第十二条　企业应当制定各级管理人员和关键岗位员工定期轮岗制度，明确轮岗范围、轮岗周期、轮岗方式等，形成相关岗位员工的有序持续流动，全面提升员工素质。

续表

第十三条　企业应当按照有关法律法规规定，结合企业实际，建立健全员工退出（辞职、解除劳动合同、退休等）机制，明确退出的条件和程序，确保员工退出机制得到有效实施。 企业对考核不能胜任岗位要求的员工，应当及时暂停其工作，安排再培训，或调整工作岗位，安排转岗培训；仍不能满足岗位职责要求的，应当按照规定的权限和程序解除劳动合同。 企业应当与退出员工依法约定保守关键技术、商业秘密、国家机密和竞业限制的期限，确保知识产权、商业秘密和国家机密的安全。 企业关键岗位人员离职前，应当根据有关法律法规的规定进行工作交接或离任审计。 **第十四条**　企业应当定期对年度人力资源计划执行情况进行评估，总结人力资源管理经验，分析存在的主要缺陷和不足，完善人力资源政策，促进企业整体团队充满生机和活力。	
实施时间	自 2011 年 1 月 1 日起在境内外同时上市的公司施行，自 2012 年 1 月 1 日起在上海证券交易所、深圳证券交易所主板上市公司施行。

二、人力资源管理业务流程

《企业内部控制应用指引第 3 号——人力资源》属于内部环境类应用指引之一，旨在促进现代企业重视人力资源建设，不断优化人力资源布局，形成科学的人力资源管理制度和用人机制，全面提升企业的核心竞争力。

古今中外，在影响一个国家、地区、行业或组织发展的因素当中，起决定性作用的是人力资源因素；国与国之间、企业与企业之间的竞争，归根到底是人力资源的竞争。《国家中长期人才发展规划纲要（2010—2020 年）》把人才问题提到了前所未有的高度，明确指出“人才是社会文明进步、人民富裕幸福、国家繁荣昌盛的重要推动力量”。由此可见，人力资源已经成为促进经济社会发展的第一要素。

（一）人力资源管理主要内容及风险

人力资源管理的核心是建立一套科学的人力资源管理制度和用人机制，不断优化人力资源的结构，实现人力资源的合理配置与布局，合理引进和开发人才，增强现有人才的活力，切实做到人尽其才，使每位员工都能投身于企业可持续发展之中。

1. 人力资源管理的对象

人力资源管理的对象包括高管人员、专业技术人员和一般员工。

（1）高管人员。高管人员包括决策层和执行层。企业董事会成员和董事长构成企业的决策层，是决定企业发展战略的关键管理人员。决策层团队应具有战略眼光，具备国内、国际形势和宏观政策的分析判断能力，对同行业、本企业的优势具有很强的认知度。执行层通常又被称为经理层，应当树立和增强“执行力”这一重要理念。

（2）专业技术人员。核心技术是企业赖以生存与发展的关键所在。专业技术人员是企业核心技术的创造者和维护者。

（3）一般员工。一般员工是企业人力资源的主体。

2. 人力资源政策控制

人力资源政策控制的内容包括：

（1）员工的聘用、培训、辞退与辞职。

（2）员工的薪酬、考核、晋升与奖惩。

（3）关键岗位员工的强制休假制度和定期岗位轮换制度。

（4）掌握国家秘密或重要商业秘密的员工离岗的限制性规定。

（5）有关人力资源管理的其他政策。

3. 人力资源管理的环节

人力资源伴随着企业生产、经营、管理活动的全过程，又有其自身的有序进入、有效使用和有节退出三个环节。

（1）有序进入就是通过招聘引进、培养发现等渠道增加企业人才规模；

（2）有效使用就是营造人尽其才的环境，制定科学的激励和约束机制，最大限度地发挥人才效能；

（3）有节退出就是建立健全一种正常的退出机制，规避退出制度不合理而引发的“鱼死网破”现象。

4. 人力资源管理主要风险及控制措施

人力资源管理的风险是企业经营管理的主要风险之一，其原因主要是企业在进行人力资源管理时，往往重视招聘、培训、考评、薪资等具体内容的操作，而忽视了其中的风险管理问题。人力资源管理的主要风险与关键控制措施介绍如下。

（1）主要风险

一是人力资源缺乏或过剩、结构不合理、开发机制不健全，可能导致企业发展战略难以实现。这一风险侧重于企业决策层和执行层的高管人员。

二是人力资源激励约束制度不合理、关键岗位人员管理不完善，可能导致人才流失、经营效率低下或关键技术、商业秘密和国家机密泄露。这一风险侧重于企业的专业技术人员，特别是掌握企业发展命脉即核心技术的专业人员。

三是人力资源退出机制不当，可能导致法律诉讼或企业声誉受损。这一风险侧重于企业辞退员工、解除员工劳动合同等而引发的劳动纠纷。不论是普通员工的离职，还是掌握核心技术或商业机密的知识型员工的离职，尤其是跳槽到竞争对手企业或另起炉灶时，企业都将面临严峻的竞争压力。

（2）关键控制措施

企业在建立并实施人力资源控制过程中，至少应当强化对以下关键方面或关键环节的风险控制，并采取相应的控制措施：

一是岗位职责和任职要求应当明确，人力资源需求计划应当合理；

二是招聘及离职程序应当规范，培训工作应当以提高员工道德素养和专业胜任能力为目标；

三是人力资源考核制度应当科学合理，应能引导员工实现经营目标；

四是薪酬制度应当能保持和吸引优秀人才，薪酬发放标准和程序应当规范。

（二）人力资源管理业务流程图

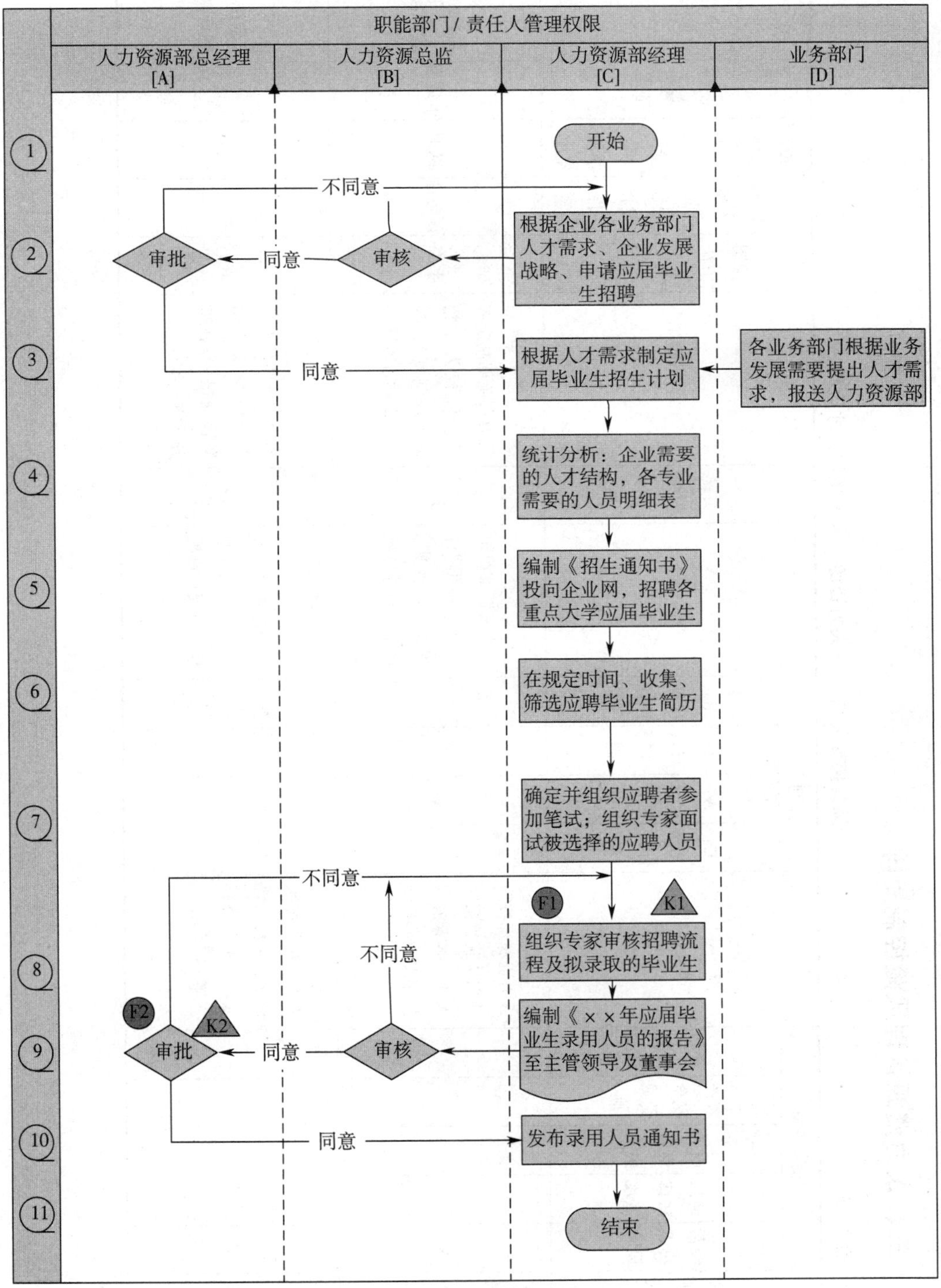

图9-3　员工招聘及风控流程图

三、人力资源管理风险控制矩阵

表9－3　风险控制矩阵——人力资源（公开招聘人才流程）

控制点	风险类型					风险描述	控制点类型				控制描述	关键控制点	控制措施	控制方法（自动或手工）	控制类型（发现性或预防性）	控制频率（时、日、周、月、季度、年度）	控制实施证据	控制文件的文号或名称
	经营决策风险	违反法律法规	财务报告失真	资产安全受威胁	营私舞弊风险		C：完整性控制	A：准确性控制	T：有效性控制	R：接触性控制								
F1	√					人力资源部按照计划从院校招聘人才，本着公开公平原则招聘人才		√			人力资源部组织专家评审招聘过程和录取原则，经主管领导核批	K1	人力资源部制定有关《院校人才招聘管理制度》，报领导审核批准	手工	预防性	随时	申请书	《院校人才招聘录用管理制度》，或文号
F2	√					人力资源部按照计划从院校招聘人才，本着公开公平原则招聘人才		√			人力资源部组织专家评审招聘过程、报领导审批	K2	人力资源部制定有关《院校人才招聘管理报告》，报领导审核批准	手工	预防性	随时	申请书	《院校人才招聘录用管理制度》，或文号

第四项 企业内部控制应用实例——社会责任

一、企业内部控制应用指引第4号——社会责任

制度名称	企业内部控制应用指引—第4号			发布日期	2010年
发布部门	财政部	发文号	财会11号	控制措施	社会责任

第一章 总 则

第一条 为了促进企业履行社会责任，实现企业与社会的协调发展，根据国家有关法律法规和《企业内部控制基本规范》，制定本指引。

第二条 本指引所称社会责任，是指企业在经营发展过程中应当履行的社会职责和义务，主要包括安全生产、产品质量（含服务，下同）、环境保护、资源节约、促进就业、员工权益保护等。

第三条 企业至少应当关注在履行社会责任方面的下列风险：

（一）安全生产措施不到位，责任不落实，可能导致企业发生安全事故。

（二）产品质量低劣，侵害消费者利益，可能导致企业巨额赔偿、形象受损，甚至破产。

（三）环境保护投入不足，资源耗费大，造成环境污染或资源枯竭，可能导致企业巨额赔偿、缺乏发展后劲，甚至停业。

（四）促进就业和员工权益保护不够，可能导致员工积极性受挫，影响企业发展和社会稳定。

第四条 企业应当重视履行社会责任，切实做到经济效益与社会效益、短期利益与长远利益、自身发展与社会发展相互协调，实现企业与员工、企业与社会、企业与环境的健康和谐发展。

第二章 安全生产

第五条 企业应当根据国家有关安全生产的规定，结合本企业实际情况，建立严格的安全生产管理体系、操作规范和应急预案，强化安全生产责任追究制度，切实做到安全生产。

企业应当设立安全管理部门和安全监督机构，负责企业安全生产的日常监督管理工作。

第六条 企业应当重视安全生产投入，在人力、物力、资金、技术等方面提供必要的保障，健全检查监督机制，确保各项安全措施落实到位，不得随意降低保障标准和要求。

第七条 企业应当贯彻预防为主的原则，采用多种形式增强员工安全意识，重视岗位培训，对于特殊岗位实行资格认证制度。

企业应当加强生产设备的经常性维护管理，及时排除安全隐患。

第八条 企业如果发生生产安全事故，应当按照安全生产管理制度妥善处理，排除故障，减轻损失，追究责任。

重大生产安全事故应当启动应急预案，同时按照国家有关规定及时报告，严禁迟报、谎报和瞒报。

第三章 产品质量

第九条 企业应当根据国家和行业相关产品质量的要求，从事生产经营活动，切实提高产品质量和服务水平，努力为社会提供优质安全健康的产品和服务，最大限度地满足消费者的需求，对社会和公众负责，接受社会监督，承担社会责任。

第十条 企业应当规范生产流程，建立严格的产品质量控制和检验制度，严把质量关，禁止缺乏质量保障、危害人民生命健康的产品流向社会。

第十一条 企业应当加强产品的售后服务。售后发现存在严重质量缺陷、隐患的产品，应当及时召回或采取其他有效措施，最大限度地降低或消除缺陷、隐患产品的社会危害。

企业应当妥善处理消费者提出的投诉和建议，切实保护消费者权益。

第四章 环境保护与资源节约

第十二条 企业应当按照国家有关环境保护与资源节约的规定，结合本企业实际情况，建立环境保护与资源节约制度，认真落实节能减排责任，积极开发和使用节能产品，发展循环经济，降低污染物排放，提高资源综合利用效率。

企业应当通过宣传教育等有效形式，不断提高员工的环境保护和资源节约意识。

续表

<table>
<tr><td colspan="2">
第十三条　企业应当重视生态保护，加大对环保工作的人力、物力、财力的投入和技术支持，不断改进工艺流程，降低能耗和污染物排放水平，实现清洁生产。
企业应当加强对废气、废水、废渣的综合治理，建立废料回收和循环利用制度。
第十四条　企业应当重视资源节约和资源保护，着力开发利用可再生资源，防止对不可再生资源进行掠夺性或毁灭性开发。
企业应当重视国家产业结构相关政策，特别关注产业结构调整的发展要求，加快高新技术开发和传统产业改造，切实转变发展方式，实现低投入、低消耗、低排放和高效率。
第十五条　企业应当建立环境保护和资源节约的监控制度，定期开展监督检查，发现问题，及时采取措施予以纠正。污染物排放超过国家有关规定的，企业应当承担治理或相关法律责任。
发生紧急、重大环境污染事件时，应当启动应急机制，及时报告和处理，并依法追究相关责任人的责任。
第五章　促进就业与员工权益保护
第十六条　企业应当依法保护员工的合法权益，贯彻人力资源政策，保护员工依法享有劳动权利和履行劳动义务，保持工作岗位相对稳定，积极促进充分就业，切实履行社会责任。
企业应当避免在正常经营情况下批量辞退员工，增加社会负担。
第十七条　企业应当与员工签订并履行劳动合同，遵循按劳分配、同工同酬的原则，建立科学的员工薪酬制度和激励机制，不得克扣或无故拖欠员工薪酬。
企业应当建立高级管理人员与员工薪酬的正常增长机制，切实保持合理水平，维护社会公平。
第十八条　企业应当及时办理员工社会保险，足额缴纳社会保险费，保障员工依法享受社会保险待遇。
企业应当按照有关规定做好健康管理工作，预防、控制和消除职业危害；按期对员工进行非职业性健康监护，对从事有职业危害作业的员工进行职业性健康监护。
企业应当遵守法定的劳动时间和休息休假制度，确保员工的休息休假权利。
第十九条　企业应当加强职工代表大会和工会组织建设，维护员工合法权益，积极开展员工职业教育培训，创造平等发展机会。
企业应当尊重员工人格，维护员工尊严，杜绝性别、民族、宗教、年龄等各种歧视，保障员工身心健康。
第二十条　企业应当按照产学研用相结合的社会需求，积极创建实习基地，大力支持社会有关方面培养、锻炼社会需要的应用型人才。
第二十一条　企业应当积极履行社会公益方面的责任和义务，关心帮助社会弱势群体，支持慈善事业。
</td></tr>
<tr><td>实施时间</td><td>自 2011 年 1 月 1 日起在境内外同时上市的公司施行，自 2012 年 1 月 1 日起在上海证券交易所、深圳证券交易所主板上市公司施行。</td></tr>
</table>

二、社会责任业务流程

企业社会责任问题越来越受到国际国内社会的广泛关注。在国际上，联合国于 2000 年正式启动了“全球契约”计划；国际标准化组织于 2004 年启动了社会责任国际标准 ISO 26000 的制定工作，全球约 120 个国家及国际组织的 400 多名专家参与该标准的制定工作。一些跨国公司纷纷制订社会责任生产守则，发布社会责任报告或可持续发展报告，出现了企业履行社会责任的全球性新趋势。

我国也越来越重视企业履行社会责任工作。《公司法》第五条明确将“公司承担社会责任”写入法律条文中。2008 年 1 月，国资委发布《关于中央企业履行社会责任的指导意见》，建议并要求有条件的企业定期发布社会责任报告。同年 12 月，沪深两地交易所同时鼓励上市公司在 2008 年年报中主动向社会提供企业社会责任报告。深交所要求深证 100 指数企业必须对外披露社会责任报告。

（一）企业社会责任的重要意义

1. 企业社会责任的定义①

社会责任是企业经营发展过程中应当履行社会职责和义务，主要包括安全生产、产品质量（含服务）、环境保护、资源节约、促进就业、员工权益保护等。

之所以单独制定了社会责任指引，主要是从实现企业与社会协调发展的要求出发，旨在促进企业在创造利润、对股东利益负责的同时，不要忘记对员工、对消费者、对社会和环境的社会责任，包括遵守商业道德、生产安全、职业健康、保护劳动者的合法权益、保护环境、支持慈善事业、捐助社会公益、保护弱势群体等方面。

2. 企业履行社会责任的意义

社会责任是一个组织对社会应负的责任。一个组织应当以一种有利于社会的方式进行经营和管理。社会责任通常是指组织承担的高于本组织目标的社会义务。在经济社会高速发展的当今时代，我国作为发展中国家，大力发展社会主义市场经济，企业作为重要的市场主体，履行社会责任是企业义不容辞的义务，也是企业的光荣使命。

企业创造利润和财富与履行社会责任是统一的有机整体，通过价值创造，不断通过税收、红利、工资和产品等形式为国家、股东、员工以及消费者提供财富，其本质就是在履行社会责任。而履行社会责任，可以帮助企业规避监管等风险，赢得品牌和声誉，赢得公信力和商机。

企业履行社会责任，有助于打造和提升企业形象，提高品牌美誉度。如果一个企业切实做到安全生产，产品质量第一，环境保护符合国家质量标准，促进社会就业等，就可以吸引更多的客户，提高企业经济效益。

3. 加强防范社会责任风险

社会责任指引第三条指出：企业至少应当关注在履行社会责任方面的下列风险：

（1）安全生产措施不到位，责任不落实，可能导致企业发生安全事故。

（2）产品质量低劣，侵害消费者利益，可能导致企业巨额赔偿、形象受损，甚至破产。

（3）环境保护投入不足，资源耗费大，造成环境污染或资源枯竭，可能导致企业巨额赔偿、缺乏发展后劲，甚至停业。

（4）促进就业和员工权益保护不够，可能导致员工积极性受挫，影响企业发展

---

① 张玉，邱胜利．企业内部控制规范性操作风险［M］．北京：企业管理出版社，2013.

和社会稳定。

（5）安全生产措施不到位，责任不落实，导致企业发生安全事故风险。安全生产要求最大限度地减少劳动者由工伤和职业病所带来的风险，保障劳动者在生产过程中的生命安全和身体健康。在我国，由于企业安全生产的意识非常淡薄，众多生产经营单位的生产安全条件差、安全技术装备陈旧落后、安全投入严重不足、企业负责人和从业人员安全执业素质低、安全管理混乱等原因，致使安全生产事故频发。

社会责任指引第五条指出：企业应当根据国家有关安全生产的规定，结合本企业实际情况，建立严格的安全生产管理体系、操作规范和应急预案，强化安全生产责任追究制度，切实做到安全生产。

4. 企业防范安全生产风险的控制措施

（1）建立安全规章制度；

（2）建立安全生产管理机构；

（3）落实安全生产责任制；

（4）加大安全生产投入，特别是高危行业中的企业，应当将安全生产投入列为首位；

（5）组织开展生产设备的经常性维护管理，及时排除安全隐患，切实做到安全生产；

（6）加强安全生产岗位培训；

（7）实施岗位资格认证制度；

（8）建立安全事故应急预警；

（9）建立完善安全生产报告机制，严禁迟报、谎报和瞒报。

（二）社会责任业务流程图

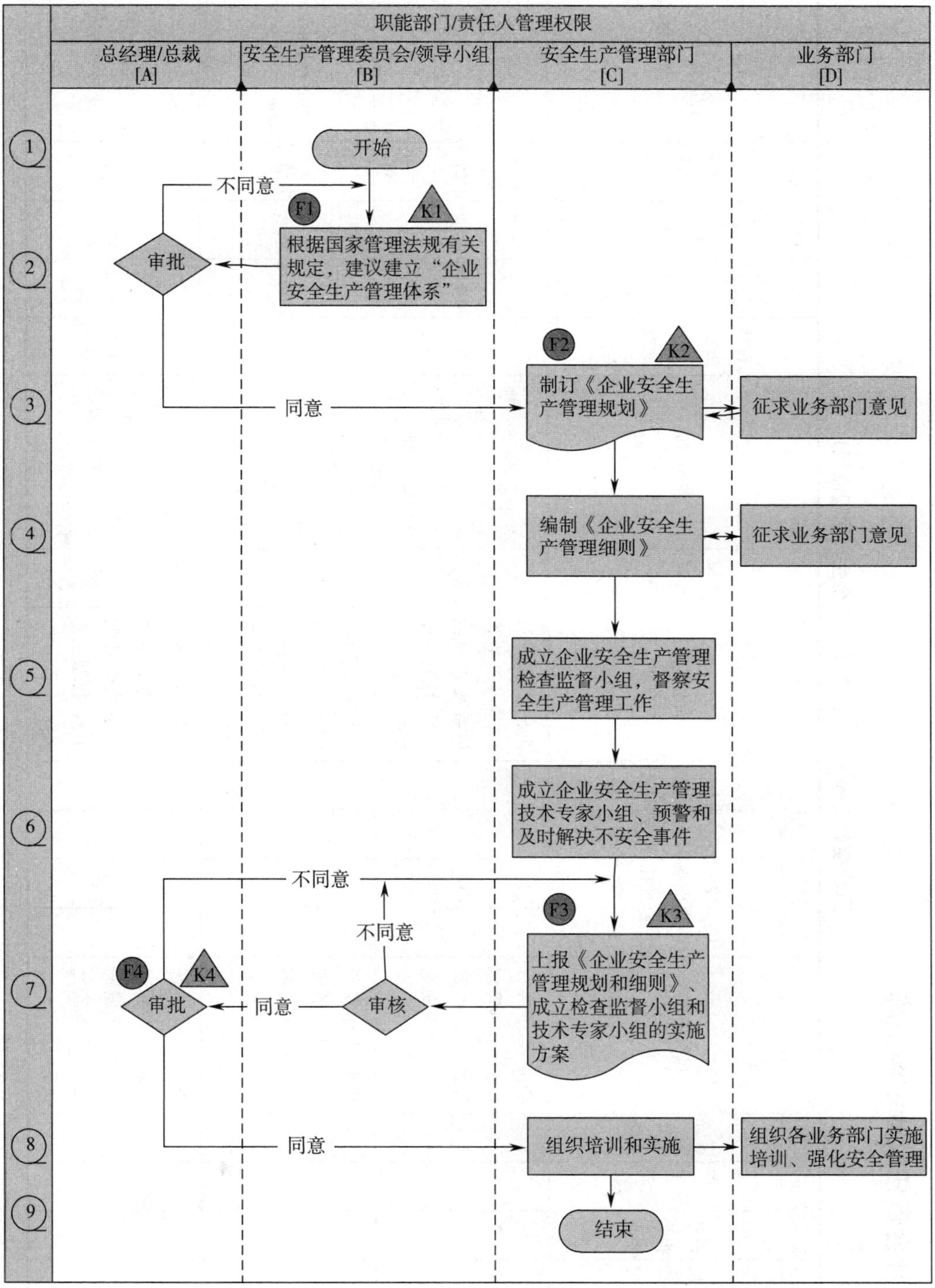

图9－4　安全生产管理及风控流程图

三、社会责任风险控制矩阵

表 9－4　风险控制矩阵——社会责任（安全生产管理流程）

控制点	风险类型					风险描述	控制点类型				控制描述	关键控制点	控制措施	控制方法（自动或手工）	控制类型（发现性或预防性）	控制频率（时、日、周、月、季度、年度）	控制实施证据	控制文件的文号或名称
	经营决策风险	违反法律法规	财务报告失真	资产安全受威胁	营私舞弊风险		C：完整性控制	A：准确性控制	T：有效性控制	R：接触性控制								
F1	√					企业没有实行《安全生产管理体系或管理制度》，产生安全风险		√			企业应制定实行《安全生产管理体系或管理制度》，控制企业风险	K1	企业安全生产管理部门制定《安全生产管理制度》，控制企业风险	手工	预防性	随时	申请书	《企业安全生产管理制度》；或文号
F2	√					企业没有实行《安全生产管理体系或管理制度》，产生安全风险		√			企业应制定实行《安全生产管理体系或管理制度》，控制企业风险	K2	企业安全生产管理部门制定《安全生产管理制度》，控制企业风险	手工	预防性	随时	申请书	《企业安全生产管理制度》；或文号
F3 F4	√ √					企业没有实行《安全生产管理体系或管理制度》，产生安全风险		√ √			企业应制定实行《安全生产管理体系或管理制度》，控制企业风险	K3 K4	安全生产管理部门制定《安全生产管理制度》，报主管领导核批	手工	预防性	随时	申请书	《企业安全生产管理制度》；或文号

第五项　企业内部控制应用实例——企业文化

一、企业内部控制应用指引第 5 号——企业文化

<table>
<tr><td>制度名称</td><td colspan="3">企业内部控制应用指引—第 5 号</td><td>发布日期</td><td>2010 年</td></tr>
<tr><td>发布部门</td><td>财政部</td><td>发文号</td><td>财会 11 号</td><td>控制措施</td><td>企业文化</td></tr>
<tr><td colspan="6">第一章　总　则
第一条　为了加强企业文化建设，发挥企业文化在企业发展中的重要作用，根据《企业内部控制基本规范》，制定本指引。
第二条　本指引所称企业文化，是指企业在生产经营实践中逐步形成的、为整体团队所认同并遵守的价值观、经营理念和企业精神，以及在此基础上形成的行为规范的总称。
第三条　加强企业文化建设至少应当关注下列风险：
（一）缺乏积极向上的企业文化，可能导致员工丧失对企业的信心和认同感，企业缺乏凝聚力和竞争力。
（二）缺乏开拓创新、团队协作和风险意识，可能导致企业发展目标难以实现，影响可持续发展。
（三）缺乏诚实守信的经营理念，可能导致舞弊事件的发生，造成企业损失，影响企业信誉。
（四）忽视企业间的文化差异和理念冲突，可能导致并购重组失败。
第二章　企业文化的建设
第四条　企业应当采取切实有效的措施，积极培育具有自身特色的企业文化，引导和规范员工行为，打造以主业为核心的企业品牌，形成整体团队的向心力，促进企业长远发展。
第五条　企业应当培育体现企业特色的发展愿景、积极向上的价值观、诚实守信的经营理念、履行社会责任和开拓创新的企业精神，以及团队协作和风险防范意识。
企业应当重视并购重组后的企业文化建设，平等对待被并购方的员工，促进并购双方的文化融合。
第六条　企业应当根据发展战略和实际情况，总结优良传统，挖掘文化底蕴，提炼核心价值，确定文化建设的目标和内容，形成企业文化规范，使其构成员工行为守则的重要组成部分。
第七条　董事、监事、经理和其他高级管理人员应当在企业文化建设中发挥主导和垂范作用，以自身的优秀品格和脚踏实地的工作作风，带动影响整个团队，共同营造积极向上的企业文化环境。
企业应当促进文化建设在内部各层级的有效沟通，加强企业文化的宣传贯彻，确保全体员工共同遵守。
第八条　企业文化建设应当融入生产经营全过程，切实做到文化建设与发展战略的有机结合，增强员工的责任感和使命感，规范员工行为方式，使员工自身价值在企业发展中得到充分体现。
企业应当加强对员工的文化教育和熏陶，全面提升员工的文化修养和内在素质。
第三章　企业文化的评估
第九条　企业应当建立企业文化评估制度，明确评估的内容、程序和方法，落实评估责任制，避免企业文化建设流于形式。
第十条　企业文化评估，应当重点关注董事、监事、经理和其他高级管理人员在企业文化建设中的责任履行情况、全体员工对企业核心价值观的认同感、企业经营管理行为与企业文化的一致性、企业品牌的社会影响力、参与企业并购重组各方文化的融合度，以及员工对企业未来发展的信心。
第十一条　企业应当重视企业文化的评估结果，巩固和发扬文化建设成果，针对评估过程中发现的问题，研究影响企业文化建设的不利因素，分析深层次的原因，及时采取措施加以改进。</td></tr>
<tr><td>实施时间</td><td colspan="5">自 2011 年 1 月 1 日起在境内外同时上市的公司施行，自 2012 年 1 月 1 日起在上海证券交易所、深圳证券交易所主板上市公司施行。</td></tr>
</table>

二、企业文化业务流程

企业文化是指企业在生产经营实践中逐步形成的、为整体团队所认同并遵守的价值观、经营理念和企业精神，以及在此基础上形成的行为规范的总称。

企业文化在促进企业发展战略实现过程中起着灵魂和支柱作用，企业文化及员工管理成为西方管理理论和实践中一个非常重要的课题。20 世纪 90 年代以前，企业文化的概念几乎不存在。20 世纪 90 年代以后，全球许多公司的股票价值与该公司是否有好的商誉有关，企业开始重视商誉，逐渐关注企业文化建设。

美国兰德公司的研究表明，世界 500 强之所以强，固然受多种因素的影响，但关键在于以文化力制胜。在当今激烈的市场经济竞争条件下，企业要实现发展战略，做大做强，应当重视和加强企业文化建设。

我国著名经济学家于光远先生指出：“国家富强在于经济，经济繁荣在于企业，企业兴旺在于管理，管理优劣在于文化”。

搞好企业文化就是要注重建立企业良好的道德规范、价值体系和管理理念。如果不注重建立优秀的企业文化，就不能统一董事、监事、高级管理人员和全体员工的思想和意志，无法激发其潜力和热情，也不能培育对企业的认同感，更不能形成卓越的执行力。从这个意义上讲，为了真正发挥内部控制在强化企业管理、提升企业经营管理效率和效果、促进实现发展战略中的重要作用，应当重视和加强企业文化建设，致力打造优秀的企业文化。

（一）企业文化建设的主要风险

1. 加强企业文化建设的意义

加强企业文化建设，对于企业发展壮大起着关键的作用。企业有了积极向上的优秀文化，它就会重视创新、尊重知识、尊重人才、赢得客户、打响品牌，终成“百年老店”；反之，企业缺乏优秀的文化，就像一个没有个性和创业激情的人，终将在市场竞争中湮没沉沦，失去竞争力，被市场所抛弃。

企业文化的作用在于可以为企业提供精神支柱，可以提升企业的核心竞争力，还可以为内部控制有效性提供有力保证。

法律与道德文化的关系是：法律是硬性的，而道德文化是柔性的。企业的规章制度要真正让员工遵守，光靠硬性规定还不够，还应有柔性企业文化管理。

国外有一个研究机构将企业的发展历程与内部控制的关系总结为三个阶段：

第一阶段：企业创建期，依靠“一把手”个人的魅力控制；

第二阶段：企业转型期，依靠合理的内部规章制度控制；

第三阶段：企业成熟期，依靠良好的企业文化控制。

2. 企业文化建设的主要风险①

（1）缺乏积极向上的企业文化，可能导致员工丧失对企业的信心和认同感，企

① 张玉，邱胜利．企业内部控制规范性操作风险［M］．北京：企业管理出版社，2013.

业缺乏凝聚力和竞争力。

（2）缺乏开拓创新、团队协作和创新意识，可能导致企业发展目标难以实现，影响可持续发展。

（3）缺乏诚实守信的经营理念，可能导致舞弊事件的发生，造成企业损失，影响企业信誉。

（4）忽视企业间的文化差异理念冲突，可能导致并购重组失败。

（二）企业文化业务流程图

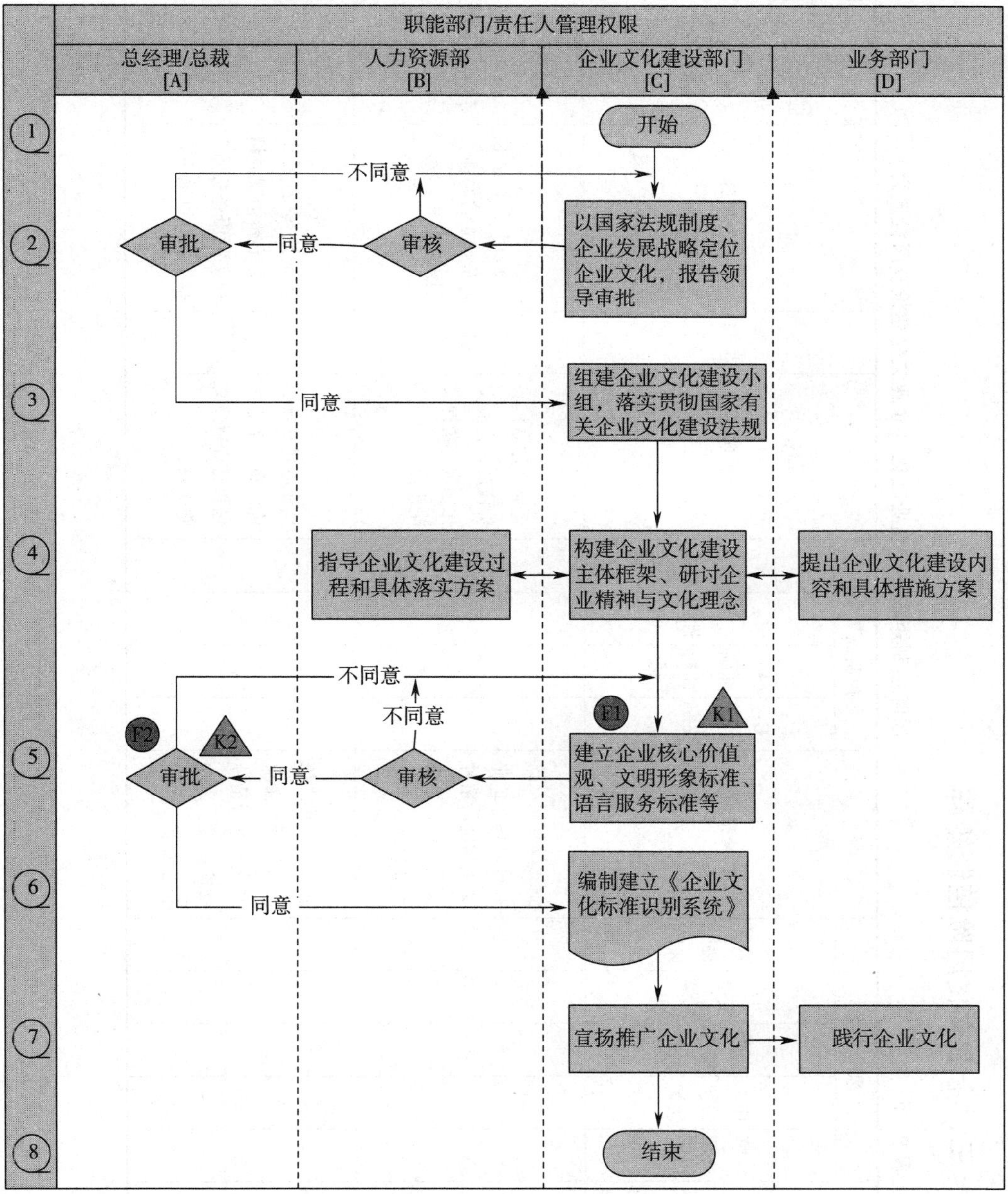

图 9－5　企业文化建设及风控流程图

三、企业文化风险控制矩阵

表 9－5　风险控制矩阵——企业文化（企业文化建设及风控流程）

控制点	风险类型					风险描述	控制点类型				控制描述	关键控制点	控制措施	控制方法（自动或手工）	控制类型（发现性或预防性）	控制频率（时、日、周、月、季度、年度）	控制实施证据	控制文件的文号或名称
	经营决策风险	违反法律法规	财务报告失真	资产安全受威胁	营私舞弊风险		C：完整性控制	A：准确性控制	T：有效性控制	R：接触性控制								
F1	√					企业没有建立核心价值观、企业文化和进行精神文明建设，影响企业发展		√			企业应建立核心价值观、企业文化和进行精神文明建设	K1	应制定《企业核心价值观或精神文明服务标准》	手工	预防性	随时	申请书	《企业核心价值观或精神文明服务标准》，或文号
F2	√					企业没有建立核心价值观、企业文化和进行精神文明建设，影响企业发展		√			企业应建立核心价值观、企业文化和进行精神文明建设	K2	将制定好的《企业核心价值观或精神文明服务标准》报告领导审批	手工	预防性	随时	申请书	《企业核心价值观或精神文明服务标准》，或文号

第二节　业务层面内部控制应用实务指南

第六项　企业内部控制应用实例——资金活动

一、企业内部控制应用指引第 6 号——资金活动

制度名称	企业内部控制应用指引—第 6 号			发布日期	2010 年
发布部门	财政部	发文号	财会 11 号	控制措施	资金活动

第一章　总　则

第一条　为了促进企业正常组织资金活动，防范和控制资金风险，保证资金安全，提高资金使用效益，根据有关法律法规和《企业内部控制基本规范》，制定本指引。

第二条　本指引所称资金活动，是指企业筹资、投资和资金营运等活动的总称。

第三条　企业资金活动至少应当关注下列风险：

（一）筹资决策不当，引发资本结构不合理或无效融资，可能导致企业筹资成本过高或债务危机。

（二）投资决策失误，引发盲目扩张或丧失发展机遇，可能导致资金链断裂或资金使用效益低下。

（三）资金调度不合理、营运不畅，可能导致企业陷入财务困境或资金冗余。

（四）资金活动管控不严，可能导致资金被挪用、侵占、抽逃或遭受欺诈。

第四条　企业应当根据自身发展战略，科学确定投融资目标和规划，完善严格的资金授权、批准、审验等相关管理制度，加强资金活动的集中归口管理，明确筹资、投资、营运等各环节的职责权限和岗位分离要求，定期或不定期检查和评价资金活动情况，落实责任追究制度，确保资金安全和有效运行。

企业财会部门负责资金活动的日常管理，参与投融资方案等可行性研究。总会计师或分管会计工作的负责人应当参与投融资决策过程。

企业有子公司的，应当采取合法有效措施，强化对子公司资金业务的统一监控。有条件的企业集团，应当探索财务公司、资金结算中心等资金集中管控模式。

第二章　筹　资

第五条　企业应当根据筹资目标和规划，结合年度全面预算，拟订筹资方案，明确筹资用途、规模、结构和方式等相关内容，对筹资成本和潜在风险作出充分估计。

境外筹资还应考虑所在地的政治、经济、法律、市场等因素。

第六条　企业应当对筹资方案进行科学论证，不得依据未经论证的方案开展筹资活动。重大筹资方案应当形成可行性研究报告，全面反映风险评估情况。

企业可以根据实际需要，聘请具有相应资质的专业机构进行可行性研究。

第七条　企业应当对筹资方案进行严格审批，重点关注筹资用途的可行性和相应的偿债能力。重大筹资方案，应当按照规定的权限和程序实行集体决策或者联签制度。

筹资方案需经有关部门批准的，应当履行相应的报批程序。筹资方案发生重大变更的，应当重新进行可行性研究并履行相应审批程序。

第八条　企业应当根据批准的筹资方案，严格按照规定权限和程序筹集资金。银行借款或发行债券，应当重点关注利率风险、筹资成本、偿还能力以及流动性风险等；发行股票应当重点关注发行风险、市场风险、政策风险以及公司控制权风险等。

企业通过银行借款方式筹资的，应当与有关金融机构进行洽谈，明确借款规模、利率、期限、担保、还款安排、相关的权利义务和违约责任等内容。双方达成一致意见后签署借款合同，据此办理相关借款业务。

续表

企业通过发行债券方式筹资的，应当合理选择债券种类，对还本付息方案作出系统安排，确保按期、足额偿还到期本金和利息。 企业通过发行股票方式筹资的，应当依照《中华人民共和国证券法》等有关法律法规和证券监管部门的规定，优化企业组织架构，进行业务整合，并选择具备相应资质的中介机构协助企业做好相关工作，确保符合股票发行条件和要求。 **第九条** 企业应当严格按照筹资方案确定的用途使用资金。筹资用于投资的，应当分别按照本指引第三章和《企业内部控制应用指引第11号——工程项目》规定，防范和控制资金使用的风险。 由于市场环境变化等确需改变资金用途的，应当履行相应的审批程序。严禁擅自改变资金用途。 **第十条** 企业应当加强债务偿还和股利支付环节的管理，对偿还本息和支付股利等作出适当安排。 企业应当按照筹资方案或合同约定的本金、利率、期限、汇率及币种，准确计算应付利息，与债权人核对无误后按期支付。 企业应当选择合理的股利分配政策，兼顾投资者近期和长远利益，避免分配过度或不足。股利分配方案应当经过股东（大）会批准，并按规定履行披露义务。 **第十一条** 企业应当加强筹资业务的会计系统控制，建立筹资业务的记录、凭证和账簿，按照国家统一会计准则制度，正确核算和监督资金筹集、本息偿还、股利支付等相关业务，妥善保管筹资合同或协议、收款凭证、入库凭证等资料，定期与资金提供方进行账务核对，确保筹资活动符合筹资方案的要求。 **第三章 投 资** **第十二条** 企业应当根据投资目标和规划，合理安排资金投放结构，科学确定投资项目，拟订投资方案，重点关注投资项目的收益和风险。企业选择投资项目应当突出主业，谨慎从事股票投资或衍生金融产品等高风险投资。 境外投资还应考虑政治、经济、法律、市场等因素的影响。 企业采用并购方式进行投资的，应当严格控制并购风险，重点关注并购对象的隐性债务、承诺事项、可持续发展能力、员工状况及其与本企业治理层及管理层的关联关系，合理确定支付对价，确保实现并购目标。 **第十三条** 企业应当加强对投资方案的可行性研究，重点对投资目标、规模、方式、资金来源、风险与收益等作出客观评价。 企业根据实际需要，可以委托具备相应资质的专业机构进行可行性研究，提供独立的可行性研究报告。 **第十四条** 企业应当按照规定的权限和程序对投资项目进行决策审批，重点审查投资方案是否可行、投资项目是否符合国家产业政策及相关法律法规的规定，是否符合企业投资战略目标和规划、是否具有相应的资金能力、投入资金能否按时收回、预期收益能否实现，以及投资和并购风险是否可控等。重大投资项目，应当按照规定的权限和程序实行集体决策或者联签制度。 投资方案需经有关管理部门批准的，应当履行相应的报批程序。投资方案发生重大变更的，应当重新进行可行性研究并履行相应审批程序。 **第十五条** 企业应当根据批准的投资方案，与被投资方签订投资合同或协议，明确出资时间、金额、方式、双方权利义务和违约责任等内容，按规定的权限和程序审批后履行投资合同或协议。 企业应当指定专门机构或人员对投资项目进行跟踪管理，及时收集被投资方经审计的财务报告等相关资料，定期组织投资效益分析，关注被投资方的财务状况、经营成果、现金流量以及投资合同履行情况，发现异常情况，应当及时报告并妥善处理。 **第十六条** 企业应当加强对投资项目的会计系统控制，根据对被投资方的影响程度，合理确定投资会计政策，建立投资管理台账，详细记录投资对象、金额、持股比例、期限、收益等事项，妥善保管投资合同或协议、出资证明等资料。 企业财会部门对于被投资方出现财务状况恶化、市价当期大幅下跌等情形的，应当根据国家统一的会计准则制度规定，合理计提减值准备、确认减值损失。 **第十七条** 企业应当加强投资收回和处置环节的控制，对投资收回、转让、核销等决策和审批程序作出明确规定。 企业应当重视投资到期本金的回收。转让投资应当由相关机构或人员合理确定转让价格，报授权批准部门批准，必要时可委托具有相应资质的专门机构进行评估。核销投资应当取得不能收回投资的法律文书和相关证明文件。

续表

企业对于到期无法收回的投资，应当建立责任追究制度。 **第四章　营　运** **第十八条**　企业应当加强资金营运全过程的管理，统筹协调内部各机构在生产经营过程中的资金需求，切实做好资金在采购、生产、销售等各环节的综合平衡，全面提升资金营运效率。 **第十九条**　企业应当充分发挥全面预算管理在资金综合平衡中的作用，严格按照预算要求组织协调资金调度，确保资金及时收付，实现资金的合理占用和营运良性循环。 企业应当严禁资金的体外循环，切实防范资金营运中的风险。 **第二十条**　企业应当定期组织召开资金调度会或资金安全检查，对资金预算执行情况进行综合分析，发现异常情况，及时采取措施妥善处理，避免资金冗余或资金链断裂。 企业在营运过程中出现临时性资金短缺的，可以通过短期融资等方式获取资金。资金出现短期闲置的，在保证安全性和流动性的前提下，可以通过购买国债等多种方式，提高资金效益。 **第二十一条**　企业应当加强对营运资金的会计系统控制，严格规范资金的收支条件、程序和审批权限。 企业在生产经营及其他业务活动中取得的资金收入应当及时入账，不得账外设账，严禁收款不入账、设立“小金库”。 企业办理资金支付业务，应当明确支出款项的用途、金额、预算、限额、支付方式等内容，并附原始单据或相关证明，履行严格的授权审批程序后，方可安排资金支出。 企业办理资金收付业务，应当遵守现金和银行存款管理的有关规定，不得由一人办理货币资金全过程业务，严禁将办理资金支付业务的相关印章和票据集中一人保管。	
实施时间	自 2011 年 1 月 1 日起在境内外同时上市的公司施行，自 2012 年 1 月 1 日起在上海证券交易所、深圳证券交易所主板上市公司施行。

二、资金管理业务流程

资金是企业生存和发展的重要基础，被视为企业生产经营的血液，决定着企业的竞争能力和可持续发展能力。本次国际金融危机爆发后，全球经济萧条，大量企业陷入困境，资金链断裂导致很多企业经营困难甚至破产倒闭，如何防范资金风险、维护资金安全、提高资金效益成了社会广泛关注的热点问题。现代企业的生产经营过程是一个资金流驱动实物流的过程。资金的充裕程度、筹资成本、投资收益、周转效率等，对企业的经营发展至关重要。加强资金活动风险控制，对于促进企业有效地组织资金活动、防范和控制资金风险、保证资金完整和安全、提高资金使用效益等具有重要意义。

（一）加强资金管理的重要意义

《企业内部控制应用指引第 6 号——资金活动》（以下简称资金活动指引），分为 4 章，共 21 条，对企业开展资金筹集、投放和营运等活动的业务流程、主要风险类型和风险控制措施作出了具体规定。

财政部等五部委发布资金活动指引的目的，是为我国企业应对危机、防范和化解资金活动相关风险，维护资金的安全与完整，提高资金效益，全面提升经营管理水平提供科学指导和制度保障。

资金活动是企业筹资、投资和资金营运等活动的总称。良好的资金活动内部控制，有利于企业防范资金活动风险，维护资金的安全与完整；有利于促进企业合理使用资金，提高资金使用效率；有利于规范企业经营活动，促进企业可持续发展。

1. 资金活动内部控制的基本原则①

◆ 完善资金的授权、批准、审验等制度；

◆ 加强资金的集中归口管理；

◆ 明确筹资、投资、营运等各环节职责权限和岗位分离要求；

◆定期或不定期检查和评价资金活动情况；

◆ 落实责任追究制度，保证资金安全有效运行。

企业财会部门负责资金活动的日常管理，参与投融资方案等可行性研究。总会计师或分管会计工作的负责人应当参与投融资决策过程。

企业有子公司的，应当采取合法有效措施，强化对子公司资金业务的统一监控。有条件的企业集团，应当探索财务公司、资金结算中心等资金集中管控模式。

2. 资金活动内部控制的总体要求

对资金活动的内部控制，要建立健全内部控制制度，设计科学合理、符合相关法律法规和监管要求，适应企业经济发展规律，重点突出、便于操作的业务流程，同时还要制定主要风险和关键控制点的内控措施，对资金活动风险进行严格防范和控制。

树立战略导向观念。战略是企业经营和发展的总体导向，统领着企业经营和发展的全局。企业的资金活动应当遵循相关的法律及监管要求，根据自身的发展战略，科学确定投融资及资金营运的目标和规划。

3. 完善管理与监督制度

企业应建立和完善严格的资金授权、批准、审验、责任追究等相关控制制度，加强资金活动的集中归口管理，明确筹资、投资、营运等各环节的职责权限和不相容岗位相分离的要求，规范资金活动的执行。

建立完善的监督检查和项目完成后的评价制度，跟踪资金活动内部控制的实际效果，据此修正制度、完善内部控制，并通过责任追究制度，确保资金活动安全有效地进行。

4. 严格执行管理制度

企业资金活动的管控，不仅需要完善的制度，还要严格执行。为了使资金活动内部控制制度得到切实有效的实施，企业财会部门负责资金活动的日常管理，参与投融资方案等的可行性研究。总会计师或分管会计工作的负责人应当参与投融资决策过程。企业必须识别并关注资金活动的主要风险来源和主要风险控制点，然后针对关键风险控制点制定有效的控制措施，集中精力管控关键风险。

---

① 张玉，邱胜利．企业内部控制规范性操作风险［M］．北京：企业管理出版社，2013.

5. 集中管控资金

资金的集中管控可以实现资金在企业内部的调剂余缺，降低资金的内部调拨成本，提高资金的使用效率等。科学技术尤其是信息技术的发展，为企业实现资金集中管控提供了便利条件。企业有子公司的，应当采取合法有效措施，强化对子公司资金业务的统一监控。有条件的企业集团，应当探索财务公司、资金结算中心等资金集中管控模式。

（二）资金活动业务流程图

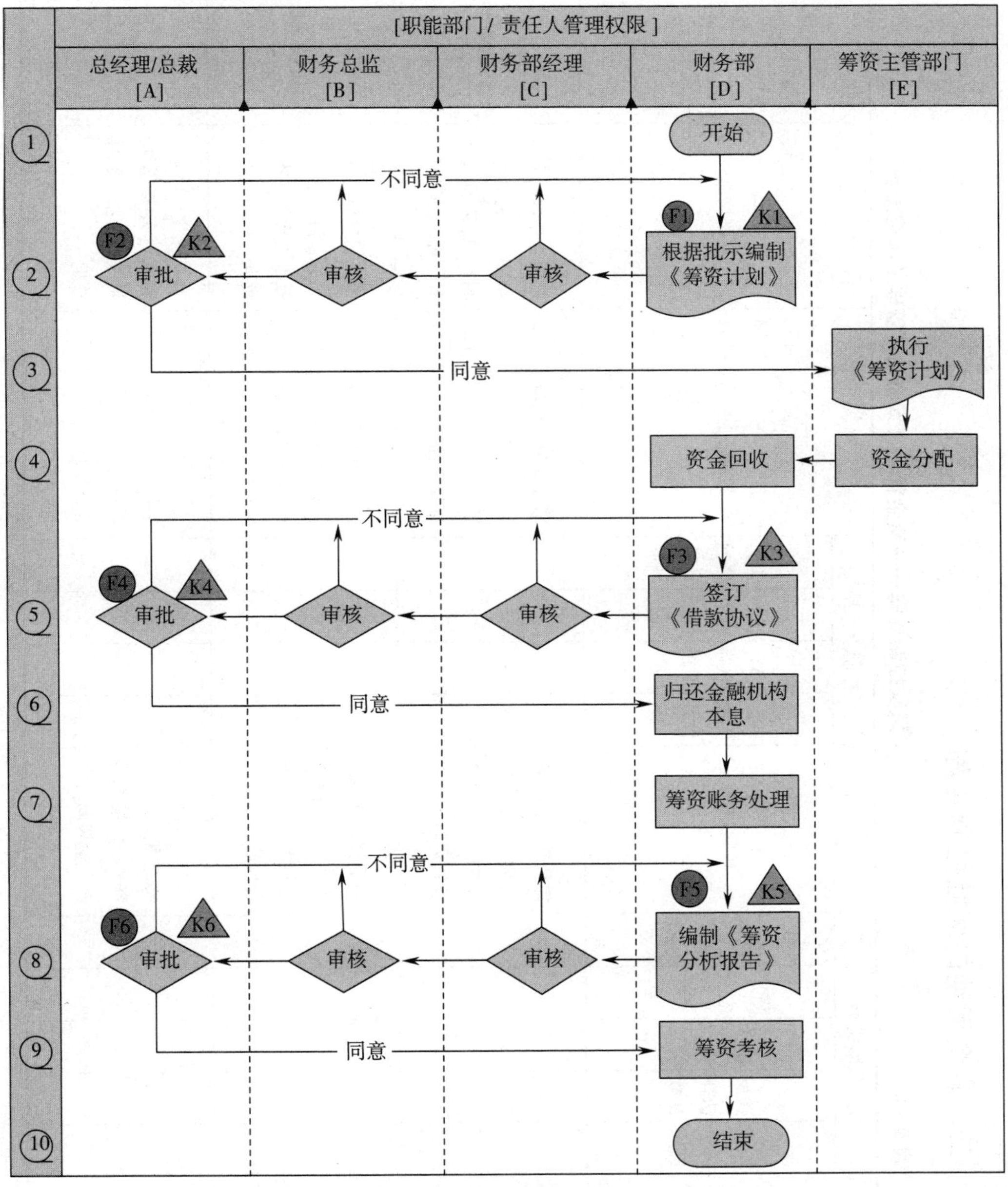

图 9-6　筹资业务管理及风控流程图

三、资金活动的风险控制矩阵

表 9－6　风险控制矩阵——资金管理（筹资活动管理及风控流程）

控制点	风险类型					风险描述	控制点类型				控制描述	关键控制点	控制措施	控制方法（自动或手工）	控制类型（发现性或预防性）	控制频率（时、日、周、月、季度、年度）	控制实施证据	控制文件的文号或名称
	经营决策风险	违反法律法规	财务报告失真	资产安全受威胁	营私舞弊风险		C：完整性控制	A：准确性控制	T：有效性控制	R：接触性控制								
F1 F2	√					筹资管理部门没有制定《筹资计划》而产生筹资风险		√			筹资管理部门应制定《筹资计划》，规范筹资业务流程	K1 K2	筹资管理部门立即制定《筹资计划》，规范筹资业务流程	手工	预防性	随时	申请书	实施《筹资计划》或文号
F3 F4	√					筹资管理部门没有签订《借款协议》，产生筹资风险		√			筹资管理部门应签订《借款协议》，控制筹资风险	K3 K4	筹资管理部门签订《借款协议》、并报告主管领导审核批准	手工	发现性	随时	申请书	实施《筹资计划》或文号
F5 F6						没有编制《筹资分析报告》而产生风险					编制《筹资分析报告》，掌握筹资信息	K5 K6	编制《筹资分析报告》报领导核批					实施《筹资计划》或文号

第七项　企业内部控制应用实例——采购业务

一、企业内部控制应用指引第7号——采购业务

制度名称	企业内部控制应用指引—第7号			发布日期	2010年
发布部门	财政部	发文号	财会11号	控制措施	采购业务

第一章　总　则

第一条　为了促进企业合理采购，满足生产经营需要，规范采购行为，防范采购风险，根据有关法律法规和《企业内部控制基本规范》，制定本指引。

第二条　本指引所称采购，是指购买物资（或接受劳务）及支付款项等相关活动。

第三条　企业采购业务至少应当关注下列风险：

（一）采购计划安排不合理，市场变化趋势预测不准确，造成库存短缺或积压，可能导致企业生产停滞或资源浪费。

（二）供应商选择不当，采购方式不合理，招投标或定价机制不科学，授权审批不规范，可能导致采购物资质次价高，出现舞弊或遭受欺诈。

（三）采购验收不规范，付款审核不严，可能导致采购物资、资金损失或信用受损。

第四条　企业应当结合实际情况，全面梳理采购业务流程，完善采购业务相关管理制度，统筹安排采购计划，明确请购、审批、购买、验收、付款、采购后评估等环节的职责和审批权限，按照规定的审批权限和程序办理采购业务，建立价格监督机制，定期检查和评价采购过程中的薄弱环节，采取有效控制措施，确保物资采购满足企业生产经营需要。

第二章　购　买

第五条　企业的采购业务应当集中，避免多头采购或分散采购，以提高采购业务效率，降低采购成本，堵塞管理漏洞。企业应当对办理采购业务的人员定期进行岗位轮换。重要和技术性较强的采购业务，应当组织相关专家进行论证，实行集体决策和审批。

企业除小额零星物资或服务外，不得安排同一机构办理采购业务全过程。

第六条　企业应当建立采购申请制度，依据购买物资或接受劳务的类型，确定归口管理部门，授予相应的请购权，明确相关部门或人员的职责权限及相应的请购和审批程序。

企业可以根据实际需要设置专门的请购部门，对需求部门提出的采购需求进行审核，并进行归类汇总，统筹安排企业的采购计划。

具有请购权的部门对于预算内采购项目，应当严格按照预算执行进度办理请购手续，并根据市场变化提出合理采购申请。对于超预算和预算外采购项目，应先履行预算调整程序，由具备相应审批权限的部门或人员审批后，再行办理请购手续。

第七条　企业应当建立科学的供应商评估和准入制度，确定合格供应商清单，与选定的供应商签订质量保证协议，建立供应商管理信息系统，对供应商提供物资或劳务的质量、价格、交货及时性、供货条件及其资信、经营状况等进行实时管理和综合评价，根据评价结果对供应商进行合理选择和调整。

企业可委托具有相应资质的中介机构对供应商进行资信调查。

第八条　企业应当根据市场情况和采购计划合理选择采购方式。大宗采购应当采用招标方式，合理确定招投标的范围、标准、实施程序和评标规则；一般物资或劳务等的采购可以采用询价或定向采购的方式并签订合同协议；小额零星物资或劳务等的采购可以采用直接购买等方式。

第九条　企业应当建立采购物资定价机制，采取协议采购、招标采购、谈判采购、询比价采购等多种方式合理确定采购价格，最大限度地减小市场变化对企业采购价格的影响。

大宗采购等应当采用招投标方式确定采购价格，其他商品或劳务的采购，应当根据市场行情制定最高采购限价，并对最高采购限价适时调整。

第十条　企业应当根据确定的供应商、采购方式、采购价格等情况拟订采购合同，准确描述合同条款，明确双方权利、义务和违约责任，按照规定权限签订采购合同。

续表

<table>
<tr><td colspan="2">企业应当根据生产建设进度和采购物资特性，选择合理的运输工具和运输方式，办理运输、投保等事宜。
第十一条　企业应当建立严格的采购验收制度，确定检验方式，由专门的验收机构或验收人员对采购项目的品种、规格、数量、质量等相关内容进行验收，出具验收证明。涉及大宗和新、特物资采购的，还应进行专业测试。
验收过程中发现的异常情况，负责验收的机构或人员应当立即向企业有权管理的相关机构报告，相关机构应当查明原因并及时处理。
第十二条　企业应当加强物资采购供应过程的管理，依据采购合同中确定的主要条款跟踪合同履行情况，对有可能影响生产或工程进度的异常情况，应出具书面报告并及时提出解决方案。
企业应当做好采购业务各环节的记录，实行全过程的采购登记制度或信息化管理，确保采购过程的可追溯性。
第三章　付　款
第十三条　企业应当加强采购付款的管理，完善付款流程，明确付款审核人的责任和权力，严格审核采购预算、合同、相关单据凭证、审批程序等相关内容，审核无误后按照合同规定及时办理付款。
企业在付款过程中，应当严格审查采购发票的真实性、合法性和有效性。发现虚假发票的，应查明原因，及时报告处理。
企业应当重视采购付款的过程控制和跟踪管理，发现异常情况的，应当拒绝付款，避免出现资金损失和信用受损。
企业应当合理选择付款方式，并严格遵循合同规定，防范付款方式不当带来的法律风险，保证资金安全。
第十四条　企业应当加强预付账款和定金的管理。涉及大额或长期的预付款项，应当定期进行追踪核查，综合分析预付账款的期限、占用款项的合理性、不可收回风险等情况，发现有疑问的预付款项，应当及时采取措施。
第十五条　企业应当加强对购买、验收、付款业务的会计系统控制，详细记录供应商情况、请购申请、采购合同、采购通知、验收证明、入库凭证、商业票据、款项支付等情况，确保会计记录、采购记录与仓储记录核对一致。
企业应当指定专人通过函证等方式，定期与供应商核对应付账款、应付票据、预付账款等往来款项。
第十六条　企业应当建立退货管理制度，对退货条件、退货手续、货物出库、退货货款回收等作出明确规定，并在与供应商的合同中明确退货事宜，及时收回退货货款。涉及符合索赔条件的退货，应在索赔期内及时办理索赔。</td></tr>
<tr><td>实施时间</td><td>自 2011 年 1 月 1 日起在境内外同时上市的公司施行，自 2012 年 1 月 1 日起在上海证券交易所、深圳证券交易所主板上市公司施行。</td></tr>
</table>

二、采购业务风控流程

众所周知，采购物资的质量和价格、供应商的选择、采购合同的订立、物资的运输、验收等供应链情况，在很大程度上决定了企业的生存与可持续发展。采购流程的环节虽然不是很复杂，但蕴藏的风险却是巨大的。《企业内部控制应用指引第 7 号——采购业务》（以下简称采购指引），对采购的主要流程进行了梳理，明确了采购业务的主要风险点，有针对性地提出了相应的控制措施。

采购是指企业购买物资（或接受劳务）及支付款项等相关活动。采购环节是企业生产经营活动的起点，既是企业“实物流”的重要组成部分，同时又与“资金流”密切相关。

美国注册舞弊稽查师协会（ACFE）将舞弊分为三类：盗用资产、腐败和虚假财务报表。其中，腐败是导致公司财产直接损失的最主要手段，而在腐败中，最常见的就是在采购过程中收受供应商的好处。

正因如此，规范采购流程、明确采购业务的关键风险点、提出针对性的控制措施，对促进企业合理采购，满足生产经营需要，规范采购行为和防范采购风险具有重要意义。

采购业务的总体要求：

（1）完善采购管理制度。企业应当结合实际情况，全面梳理采购业务流程，完善采购业务相关管理制度。企业实务中，需求部门一般根据生产经营需要向采购部门提出物资需求计划，采购部门根据该需求计划归类汇总平衡现有库存物资后，统筹安排采购计划，按规定的权限和程序审批，并明确购买、验收、付款、采购后评估等环节的职责和审批权限。确保管理流程科学合理，能够较好地保证物资和劳务供应顺畅。

（2）严格执行与监控。企业采购部门按照采购计划办理采购业务，选择供应商、确定采购价格、订立框架协议或采购合同、落实责任制，建立价格监督机制，定期检查和评价采购过程中的薄弱环节，采取有效控制措施，确保物资和劳务采购能够经济、高效地满足企业的生产经营需要。

（一）采购业务主要风险和控制措施[①]

通用电气前任董事长兼CEO杰克·韦尔奇曾说过："在一个公司里，采购和销售是仅有的产生收入的部门，其他部门产生的都是管理费用。"据调查，在目前中国工业企业的产品销售成本中，采购成本至少要占到60%左右。而政府采购数量更加庞大，据有关部门介绍，政府采购年均增长率为40%左右。如何在采购工作中杜绝舞弊，防止经济违法犯罪频频发生，这是现实经济工作中极为重要也是极为难办的一大"拦路虎"。

1. 企业采购业务需要关注的主要风险

（1）采购计划安排不合理，市场变化趋势预测不准确，造成库存短缺或积压，可能导致企业生产停滞或资源浪费。

（2）供应商选择不当，采购方式不合理，招投标或定价机制不科学，授权审批不规范，可能导致采购物资质次价高，出现舞弊或遭受欺诈。

（3）采购验收不规范，付款审核不严，可能导致采购物资、资金损失或信用受损。

---

① 张玉，邱胜利．企业内部控制规范性操作风险［M］．北京：企业管理出版社，2013.

主要控制措施：

（1）生产、经营、项目建设等部门，应当根据实际需求准确、及时编制需求计划。需求部门提出需求计划时，不能指定或变相指定供应商。对独家代理、专有、专利等特殊产品应提供相应的独家、专有资料，经专业技术部门研讨后，经具备相应审批权限的部门或人员审批。

（2）采购部门应当根据发展目标和实际需要，结合现有库存和在途情况，科学安排采购计划，防止采购过多或不能满足需要。

（3）采购计划应纳入采购预算管理，并按规定的权限和程序经相关负责人审批后，作为企业刚性指令严格执行。

2. 请购与审批

请购是指企业生产经营部门根据采购计划和实际需要，提出的采购申请。该环节的主要风险是：缺乏采购申请制度，请购审批不当或超越授权审批；对市场变化趋势预测不准确，可能造成库存短缺或积压，影响企业正常生产经营。

主要控制措施：

（1）建立采购申请制度，依据购买物资或接受劳务的类型，确定归口管理部门，授予相应的请购权，明确相关部门或人员的职责权限及相应的请购程序。企业可以根据实际需要设置专门的请购部门，对需求部门提出的采购需求进行审核，并进行归类汇总，统筹安排企业的采购计划。

（2）具有请购权的部门对于预算内采购项目，应当严格按照预算执行进度办理请购手续，并根据市场变化提出合理采购申请。对于超预算和预算外采购项目，应先履行预算调整程序，由具备相应审批权限的部门或人员审批后，再行办理请购手续。

（3）具备相应审批权限的部门或人员审批采购申请时，应重点关注采购申请内容是否准确、完整，是否符合生产经营需要，是否符合采购计划，并在采购预算范围内等。对不符合规定的采购申请，应要求请购部门调整请购内容或拒绝批准。

3. 供应商选择

供应商选择，即确定采购渠道。这是采购业务流程中非常重要的环节。该环节的主要风险是：缺乏供应商评估和准入制度以及供应商管理系统和淘汰制度，供应商评估不严和选择不当，可能导致采购物资质次价高，甚至出现采购舞弊行为等。

主要控制措施：

（1）建立科学的供应商评估和准入制度，确定合格的供应商清单，并按规定的权限和程序审核批准后，纳入供应商网络。企业可委托具有相应资质的中介机构对供应商进行资信调查。

（2）采购部门应当按照公平、公正和竞争的原则，择优确定供应商，在切实防范舞弊风险的基础上，与供应商签订质量保证协议。

（3）建立供应商管理信息系统和供应商淘汰制度，对供应商提供物资或劳务的质量、价格、交货及时性、供货条件及其资信、经营状况等进行实时管理和考核评价，根据考核评价结果，提出供应商淘汰和更换名单，经审批后对供应商进行合理选择和调整，并在供应商管理系统中作出相应记录。

4. 确定采购价格

如何以最优的“性价比”采购到符合需求的物资，是采购部门的永恒主题。该环节的主要风险是：采购定价机制不科学，采购定价方式选择不当，缺乏对重要物资品种价格的跟踪监控，引起采购价格不合理，可能造成企业资金损失。

主要控制措施：

（1）健全采购定价机制，采取协议采购、招标采购、询比价采购、动态竞价采购等多种方式，科学合理地确定采购价格。对标准化程度高、需求计划性强、价格相对稳定的物资，通过招标、联合谈判等公开、竞争方式签订框架协议。

（2）采购部门应当定期研究大宗通用重要物资的成本构成与市场价格变动趋势，确定重要物资品种的采购执行价格或参考价格。建立采购价格数据库，定期开展重要物资的市场供求形势及价格走势商情分析并合理利用。

5. 订立框架协议或采购合同

框架协议是企业与供应商之间为建立长期物资购销关系而作出的一种约定。采购合同是指企业根据采购需要、确定的供应商、采购方式、采购价格等情况与供应商签订的具有法律约束力的协议。该环节的主要风险是：框架协议签订不当可能导致物资采购不顺畅；未经授权对外订立采购合同，合同对方主体资格、履约能力等未达要求、合同内容存在重大疏漏和欺诈，可能导致企业合法权益受到侵害。

主要控制措施：

（1）对拟签订框架协议的供应商的主体资格、信用状况等进行风险评估；框架协议的签订应引入竞争制度，确保供应商具备履约能力。

（2）根据确定的供应商、采购方式、采购价格等情况，拟订采购合同，准确描述合同条款，明确双方权利、义务和违约责任，按照规定权限签署采购合同。对于影响重大、涉及较高专业技术或法律关系复杂的合同，应当组织法律、技术、财会等专业人员参与谈判，必要时可聘请外部专家参与相关工作。

（3）对重要物资验收量与合同量之间允许的差异，应当作出统一规定。

6. 管理供应过程

管理供应过程，主要是指企业建立严格的采购合同跟踪制度，科学评价供应商的供货情况，并根据合理选择的运输工具和运输方式，办理运输、投保等事宜，适时掌握物资采购供应过程的情况。该环节的主要风险是：缺乏对采购合同履行情况的有效跟踪，运输方式选择不合理，忽视运输过程保险风险，可能导致采购物资损失或无法保证供应。

主要控制措施：

（1）依据采购合同中确定的主要条款跟踪合同履行情况，对有可能影响生产或工程进度的异常情况，应出具书面报告并及时提出解决方案，采取必要措施，保证需求物资的及时供应。

（2）对重要物资建立并执行合同履约过程中的巡视、点检和监造制度。对需要监造的物资，择优确定监造单位，签订监造合同，落实监造责任人，审核确认监造大纲，审定监造报告，并及时向技术等部门通报。

（3）根据生产建设进度和采购物资特性等因素，选择合理的运输工具和运输方式，办理运输、投保等事宜。

（4）实行全过程的采购登记制度或信息化管理，确保采购过程的可追溯性。

7. 验收

验收是指企业对采购物资和劳务的检验接受，以确保其符合合同相关规定或产品质量要求。该环节的主要风险是：验收标准不明确、验收程序不规范、对验收中存在的异常情况未作处理，可能造成账实不符、采购物资损失。

主要控制措施：

（1）制定明确的采购验收标准，结合物资特性确定必检物资目录，规定此类物资出具质量检验报告后方可入库。

（2）验收机构或人员应当根据采购合同及质量检验部门出具的质量检验证明，重点关注采购合同、发票等原始单据与采购物资的数量、质量、规格型号等核对一致。对验收合格的物资，填制入库凭证，加盖物资“收讫章”，登记实物账，及时将入库凭证传递给财会部门。物资入库前，采购部门须检查质量保证书、商检证书或合格证等证明文件。验收时涉及技术性强的、大宗的和新、特物资，还应进行专业测试，必要时可委托具有检验资质的机构或聘请外部专家协助验收。

（3）对于验收过程中发现的异常情况，比如无采购合同或大额超采购合同的物资、超采购预算采购的物资、毁损的物资等，验收机构或人员应当立即向企业有权管理的相关机构报告，相关机构应当查明原因并及时处理。

（4）对于不合格物资，采购部门依据检验结果办理让步接收、退货、索赔等事宜。对延迟交货造成生产建设损失的，采购部门要按照合同约定索赔。

8. 付款

付款是指企业在对采购预算、合同、相关单据凭证、审批程序等内容审核无误后，按照采购合同规定及时向供应商办理支付款项的过程。该环节的主要风险是：付款审核不严格、付款不及时、付款方式不恰当、付款金额控制不严，可能导致企业资金损失或信用受损。

主要控制措施：

（1）加强采购付款的管理，完善付款流程，明确付款审核人的责任和权利，严格审核采购预算、合同、相关单据凭证、审批程序等相关内容，审核无误后按照合同规定及时办理付款。

（2）严格审查采购发票等票据的真实性、合法性和有效性，判断采购款项是否确实应予支付。如审查发票填制的内容是否与发票种类相符合、发票加盖的印章是否与票据的种类相符合等。

（3）重视采购付款的过程控制和跟踪管理，如果发现异常情况，应当拒绝向供应商付款，避免出现资金损失和信用受损。

（4）合理选择付款方式，并严格遵循合同规定，防范付款方式不当带来的法律风险，保证资金安全。除了不足转账起点金额的采购可以支付现金外，采购价款应通过银行办理转账。

（5）加强预付账款和定金的管理，涉及大额或长期的预付款项，应当定期进行追踪核查，综合分析预付账款的期限、占用款项的合理性、不可收回风险等情况，发现有疑问的预付款项，应当及时采取措施，尽快收回款项。

9. 退货

退货是指采购部门对不合格物资要求供应商及时更换或整改，或提出退货、索赔或折让的要求。该环节的主要风险是：缺乏退货管理制度、退货不及时等，给企业造成损失。

主要控制措施：

（1）企业应当建立退货管理制度，对退货条件、退货手续、货物出库、退货货款回收等作出明确规定，并在与供应商的合同中明确退货事宜，及时收回退货货款。

（2）采购部门接到收料单后与采购合同核对，相符则登记采购登记簿；不相符，如数量缺少则与供应商联系要求补足，如有质量问题则应考虑是退货还是要求供应商给予折让。涉及符合索赔条件的退货，企业应当在索赔期内及时办理索赔。

（3）决定退货的应填制退货通知单，授权运输部门退回，在获得物资供应站的退货单后编制借项凭单，借项凭单连同退货单送交财务部门。借项凭单内容包括供应商名称、退货数量、价格、日期以及金额计算等。

10. 会计控制

会计控制主要指采购业务会计系统控制。该环节的主要风险是：缺乏有效的采购会计系统控制，未能全面真实地记录和反映企业采购各环节的资金流和实物流情况，相关会计记录与相关采购记录、仓储记录不一致，可能导致企业采购业务未能如实反映，以及采购物资和资金受损。

主要控制措施：

（1）企业应当加强对购买、验收、付款业务的会计系统控制，详细记录供应商情况、采购申请、采购合同、采购通知、验收证明、入库凭证、退货情况、商业票据、款项支付等情况，做好采购业务各环节的记录，确保会计记录、采购记录与仓储记录核对一致。

（2）指定专人通过函证等方式，定期向供应商寄发对账函，核对应付账款、应付票据、预付账款等往来款项，对供应商提出的异议应及时查明原因，报有权管理的部门或人员批准后，作出相应调整。

11. 采购业务的后评估

由于采购业务对企业生存与发展具有重要影响，采购业务指引强调企业应当建立采购业务后评估制度，加强对购买与审批、验收与付款的过程控制和跟踪管理。发现异常情况，应当及时报告。为此，企业应当定期对物资需求计划、采购计划、采购渠道、采购价格、采购质量、采购成本、协调或合同签约与履行情况等物资采购供应活动进行专项评估和综合分析，及时发现采购业务薄弱环节，优化采购流程，同时，将物资需求计划管理、供应商管理、储备管理等方面的关键指标纳入业绩考核体系，促进物资采购与生产、销售等环节的有效衔接，不断防范采购风险，全面提高采购效能。

（二）采购活动业务流程图

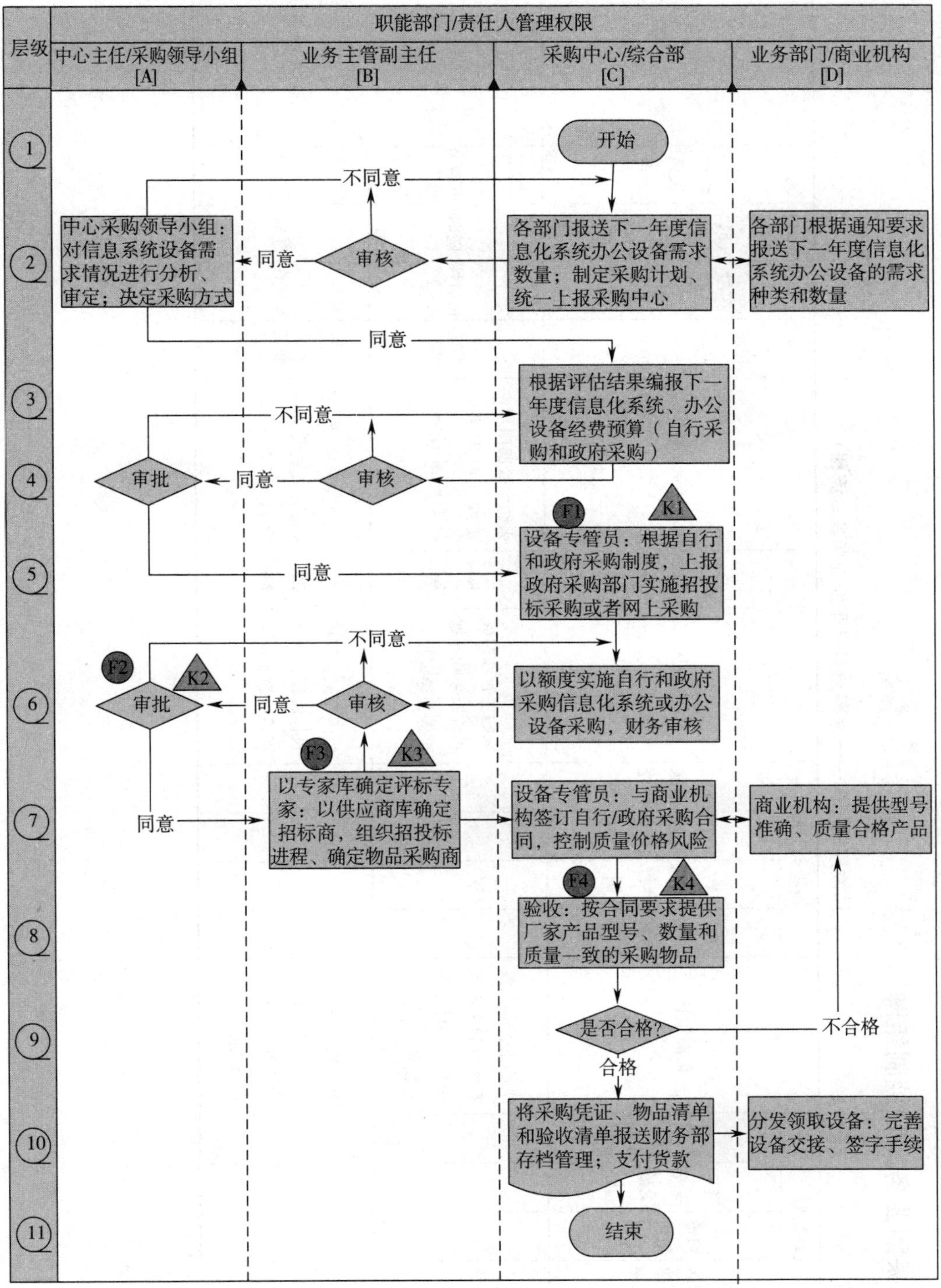

图 9－7　采购业务基本流程图

三、采购业务风险控制矩阵

表 9－7　　风险控制矩阵——采购业务（采购业务基本流程）

控制点	风险类型					风险描述	控制点类型				控制描述	关键控制点	控制措施	控制方法（自动或手工）	控制类型（发现性或预防性）	控制频率（时、日、周、月、季度、年度）	控制实施证据	控制文件的文号或名称
	经营决策风险	违反法律法规	财务报告失真	资产安全受威胁	营私舞弊风险		C：完整性控制	A：准确性控制	T：有效性控制	R：接触性控制								
F1 F2	√					采购主管部门没有将政府采购或网上采购计划报告领导		√			采购主管部门应将政府采购计划报告领导审批	K1 K2	采购主管部门制定实施《政府采购计划》报告领导审批	手工	预防性	随时	申请书	《政府采购计划》或文号
F3 F4	√					没有组织专家实施招投标流程、领导审核、产生采购风险		√			组织专家实施招投标流程、领导审核、控制采购风险	K3 K4	组织专家制定《物资采购管理制度》，控制采购风险	手工	发现性	随时	申请书	《政府采购计划》或文号

第八项 企业内部控制应用实例——资产管理

一、企业内部控制应用指引第8号——资产管理

制度名称	企业内部控制应用指引—第8号			发布日期	2010年
发布部门	财政部	发文号	财会11号	控制措施	资产管理

第一章 总 则

第一条 为了提高资产使用效能，保证资产安全，根据有关法律法规和《企业内部控制基本规范》，制定本指引。

第二条 本指引所称资产，是指企业拥有或控制的存货、固定资产和无形资产。

第三条 企业资产管理至少应当关注下列风险：

（一）存货积压或短缺，可能导致流动资金占用过量、存货价值贬损或生产中断。

（二）固定资产更新改造不够、使用效能低下、维护不当、产能过剩，可能导致企业缺乏竞争力、资产价值贬损、安全事故频发或资源浪费。

（三）无形资产缺乏核心技术、权属不清、技术落后、存在重大技术安全隐患，可能导致企业法律纠纷、缺乏可持续发展能力。

第四条 企业应当加强各项资产管理，全面梳理资产管理流程，及时发现资产管理中的薄弱环节，切实采取有效措施加以改进，并关注资产减值迹象，合理确认资产减值损失，不断提高企业资产管理水平。

企业应当重视和加强各项资产的投保工作，采用招标等方式确定保险人，降低资产损失风险，防范资产投保舞弊。

第二章 存 货

第五条 企业应当采用先进的存货管理技术和方法，规范存货管理流程，明确存货取得、验收入库、原料加工、仓储保管、领用发出、盘点处置等环节的管理要求，充分利用信息系统，强化会计、出入库等相关记录，确保存货管理全过程的风险得到有效控制。

第六条 企业应当建立存货管理岗位责任制，明确内部相关部门和岗位的职责权限，切实做到不相容岗位相互分离、制约和监督。

企业内部除存货管理、监督部门及仓储人员外，其他部门和人员接触存货，应当经过相关部门特别授权。

第七条 企业应当重视存货验收工作，规范存货验收程序和方法，对入库存货的数量、质量、技术规格等方面进行查验，验收无误方可入库。

外购存货的验收，应当重点关注合同、发票等原始单据与存货的数量、质量、规格等核对一致。涉及技术含量较高的货物，必要时可委托具有检验资质的机构或聘请外部专家协助验收。

自制存货的验收，应当重点关注产品质量，通过检验合格的半成品、产成品才能办理入库手续，不合格品应及时查明原因、落实责任、报告处理。

其他方式取得存货的验收，应当重点关注存货来源、质量状况、实际价值是否符合有关合同或协议的约定。

第八条 企业应当建立存货保管制度，定期对存货进行检查，重点关注下列事项：

（一）存货在不同仓库之间流动时应当办理出入库手续。

（二）应当按仓储物资所要求的储存条件贮存，并健全防火、防洪、防盗、防潮、防病虫害和防变质等管理规范。

（三）加强生产现场的材料、周转材料、半成品等物资的管理，防止浪费、被盗和流失。

（四）对代管、代销、暂存、受托加工的存货，应单独存放和记录，避免与本单位存货混淆。

（五）结合企业实际情况，加强存货的保险投保，保证存货安全，合理降低存货意外损失风险。

第九条 企业应当明确存货发出和领用的审批权限，大批存货、贵重商品或危险品的发出应当实行特别授权。仓储部门应当根据经审批的销售（出库）通知单发出货物。

续表

<table>
<tr><td colspan="2">
第十条　企业仓储部门应当详细记录存货入库、出库及库存情况，做到存货记录与实际库存相符，并定期与财会部门、存货管理部门进行核对。
第十一条　企业应当根据各种存货采购间隔期和当前库存，综合考虑企业生产经营计划、市场供求等因素，充分利用信息系统，合理确定存货采购日期和数量，确保存货处于最佳库存状态。
第十二条　企业应当建立存货盘点清查制度，结合本企业实际情况确定盘点周期、盘点流程等相关内容，核查存货数量，及时发现存货减值迹象。企业至少应当于每年年度终了开展全面盘点清查，盘点清查结果应当形成书面报告。
盘点清查中发现的存货盘盈、盘亏、毁损、闲置以及需要报废的存货，应当查明原因、落实并追究责任，按照规定权限批准后处置。
第三章　固定资产
第十三条　企业应当加强房屋建筑物、机器设备等各类固定资产的管理，重视固定资产维护和更新改造，不断提升固定资产的使用效能，积极促进固定资产处于良好运行状态。
第十四条　企业应当制定固定资产目录，对每项固定资产进行编号，按照单项资产建立固定资产卡片，详细记录各项固定资产的来源、验收、使用地点、责任单位和责任人、运转、维修、改造、折旧、盘点等相关内容。
企业应当严格执行固定资产日常维修和大修理计划，定期对固定资产进行维护保养，切实消除安全隐患。
企业应当强化对生产线等关键设备运转的监控，严格操作流程，实行岗前培训和岗位许可制度，确保设备安全运转。
第十五条　企业应当根据发展战略，充分利用国家有关自主创新政策，加大技改投入，不断促进固定资产技术升级，淘汰落后设备，切实做到保持本企业固定资产技术的先进性和企业发展的可持续性。
第十六条　企业应当严格执行固定资产投保政策，对应投保的固定资产项目按规定程序进行审批，及时办理投保手续。
第十七条　企业应当规范固定资产抵押管理，确定固定资产抵押程序和审批权限等。
企业将固定资产用作抵押的，应由相关部门提出申请，经企业授权部门或人员批准后，由资产管理部门办理抵押手续。
企业应当加强对接收的抵押资产的管理，编制专门的资产目录，合理评估抵押资产的价值。
第十八条　企业应当建立固定资产清查制度，至少每年进行全面清查。对固定资产清查中发现的问题，应当查明原因，追究责任，妥善处理。
企业应当加强固定资产处置的控制，关注固定资产处置中的关联交易和处置定价，防范资产流失。
第四章　无形资产
第十九条　企业应当加强对品牌、商标、专利、专有技术、土地使用权等无形资产的管理，分类制定无形资产管理办法，落实无形资产管理责任制，促进无形资产有效利用，充分发挥无形资产对提升企业核心竞争力的作用。
第二十条　企业应当全面梳理外购、自行开发以及其他方式取得的各类无形资产的权属关系，加强无形资产权益保护，防范侵权行为和法律风险。无形资产具有保密性质的，应当采取严格保密措施，严防泄露商业秘密。
企业购入或者以支付土地出让金等方式取得的土地使用权，应当取得土地使用权有效证明文件。
第二十一条　企业应当定期对专利、专有技术等无形资产的先进性进行评估，淘汰落后技术，加大研发投入，促进技术更新换代，不断提升自主创新能力，努力做到核心技术处于同行业领先水平。
第二十二条　企业应当重视品牌建设，加强商誉管理，通过提供高质量产品和优质服务等多种方式，不断打造和培育主业品牌，切实维护和提升企业品牌的社会认可度。
</td></tr>
<tr><td>实施时间</td><td>自 2011 年 1 月 1 日起在境内外同时上市的公司施行，自 2012 年 1 月 1 日起在上海证券交易所、深圳证券交易所主板上市公司施行。</td></tr>
</table>

二、资产管理业务流程

2008 年 10 月 28 日，历经十五载，《中华人民共和国企业国有资产法》终于高票通过，于 2009 年 5 月 1 日起施行。多年来，国有资产的快速流失，已成为困扰改革与发展的一个日益严重的问题。在市场经济条件下，加快国有资产管理体制改革，强化对国有资产的监管，建立约束机制，严防国有资产流失，已是经济管理工作的当务之急。而此部法律的颁布实施，能否切实将国有资产管理好、运用好、保护好，把国有资产权益实现好、维护好，堵住国有资产流失的“黑洞”，成为各界普遍关注的焦点。

资产是指企业拥有或控制的存货、固定资产和无形资产。在企业早期的资产管理实践中，如何保障货币性资产的安全是内部控制的重点。在现代企业制度下，资产业务内部控制已经从如何防范资金挪用，非法占用和实物资产被盗扩展到重点关注资产效能、充分发挥资产资源的物资基础作用。

（一）资产管理控制的重要意义①

资产作为企业重要的经济资源，是企业从事生产经营活动并实现发展战略的物质基础。资产管理贯穿于企业生产经营全过程，即通常所说的“实物流”管控，不仅包括防范资产被偷被盗、非法占用，还包括提高资产使用效能。加强各项资产管理，保证资产安全完整，提高资产使用效能，对于维持企业正常生产经营以及促进企业发展战略的实现有重要的意义。

1. 资产管理的总体要求

（1）全面梳理资产管理流程。企业应当加强各项资产管理，全面梳理资产管理流程，包括各类存货、固定资产和无形资产“从进入到退出”的各个环节，如固定资产可以从取得、验收、登记造册、投保、运行维护、更新改造、盘点、处置等环节进行梳理，确保管理流程科学合理、管理要求有效落实。

（2）查找管理薄弱环节。企业应当通过全面梳理资产管理流程，围绕存货、固定资产和无形资产方面的主要风险，全面查找资产管理中的薄弱环节和漏洞，并采取切实有效的措施加以改进，确保资产管理处于优化状态。

（3）健全和落实资产管理控制措施。企业应当对发现的薄弱环节和问题进行归类整理，深入分析，查找原因，健全和落实相关控制措施。一些企业对“实物流”管控不严，制度形同虚设，用于应付检查，实际执行是两回事。企业只有科学管理，强化控制措施，才能保证各项资产安全并发挥效能。

① 张玉，邱胜利．企业内部控制规范性操作风险［M］．北京：企业管理出版社，2013.

（4）重视投保工作。企业应当重视和加强各项资产的投保工作，采用招标等方式确定保险人，降低资产损失风险，同时要防范资产投保舞弊。

2. 资产管理的主要风险

一是国企改制过程中，有些企业的转让卖出没有经过法定程序，内外勾结造成国有资产流失。

二是改革过程中，有些企业逐步把一些优质的国有资产分离到副业中去，主业管理人员在副业参股甚至控股。这不仅是资产流失问题，更是一个腐败问题。

三是有些效益很好的国有企业的领导利用亲朋好友成立民营企业，将大量效益很好的业务转包给民营企业，自己从中获利。

四是企业内部分配不公，损失浪费严重。

五是非经营类国有资产，包括国家机关、事业单位办公楼、培训基地，大量的财政补贴等的流失问题。

（二）资产管理业务流程图

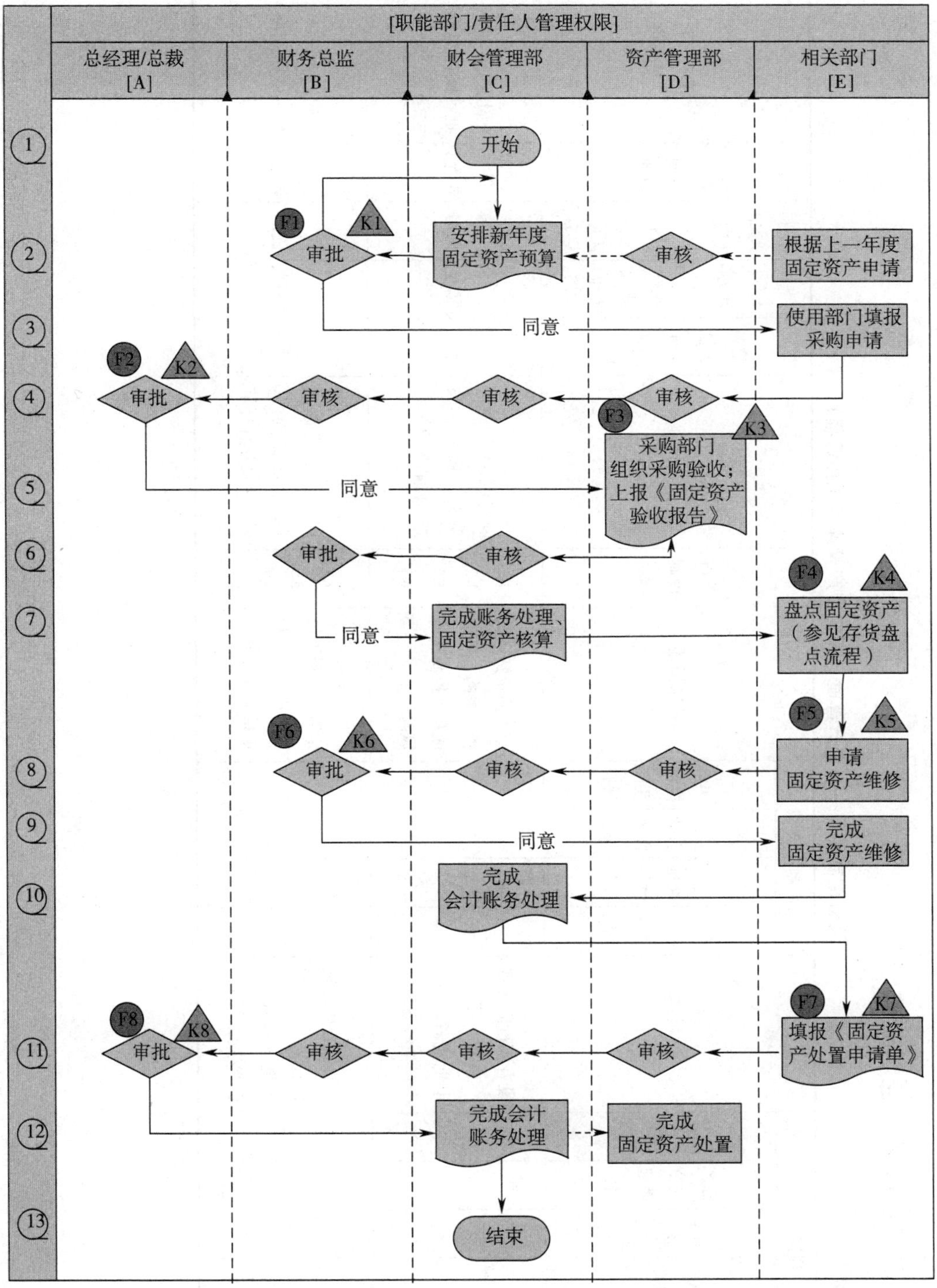

图9－8 固定资产管理及风控流程图

三、资产管理风险控制矩阵

表9-8　风险控制矩阵——资产管理（固定资产管理及风控流程）

控制点	风险类型					风险描述	控制点类型				控制描述	关键控制点	控制措施	控制方法（自动或手工）	控制类型（发现性或预防性）	控制频率（时、日、周、月、季度、年度）	控制实施证据	控制文件的文号或名称
	经营决策风险	违反法律法规	财务报告失真	资产安全受威胁	营私舞弊风险		C：完整性控制	A：准确性控制	T：有效性控制	R：接触性控制								
F1 F2 F3 F4	√					没有实行固定资产核查、采购、审批流程环节，会产生经营风险		√			定期固定资产核查、采购、审批流程，控制经营风险	K1 K2 K3 K4	制定《固定资产采购、审批、核查、验收制度》	手工	预防性	随时	申请书	《固定资产采购、审批、核查制度》或文号
F5 F6 F7 F8	√					没有实行固定资产核查、采购、审批流程环节，会产生经营风险		√			定期盘点和维修固定资产，以及审批流程环节	K5 K6 K7 K8	制定《定期盘点和维修固定资产，以及审批流程环节	手工	发现性	随时	申请书	《固定资产采购、审批、核查制度》或文号

第九项　企业内部控制应用实例——销售业务

一、企业内部控制应用指引第 9 号——销售业务

制度名称	企业内部控制应用指引—第 9 号			发布日期	2010 年
发布部门	财政部	发文号	财会 11 号	控制措施	销售业务

第一章　总　则

第一条　为了促进企业销售稳定增长，扩大市场份额，规范销售行为，防范销售风险，根据有关法律法规和《企业内部控制基本规范》，制定本指引。

第二条　本指引所称销售，是指企业出售商品（或提供劳务）及收取款项等相关活动。

第三条　企业销售业务至少应当关注下列风险：

（一）销售政策和策略不当，市场预测不准确，销售渠道管理不当等，可能导致销售不畅、库存积压、经营难以为继。

（二）客户信用管理不到位，结算方式选择不当，账款回收不力等，可能导致销售款项不能收回或遭受欺诈。

（三）销售过程存在舞弊行为，可能导致企业利益受损。

第四条　企业应当结合实际情况，全面梳理销售业务流程，完善销售业务相关管理制度，确定适当的销售政策和策略，明确销售、发货、收款等环节的职责和审批权限，按照规定的权限和程序办理销售业务，定期检查分析销售过程中的薄弱环节，采取有效控制措施，确保实现销售目标。

第二章　销　售

第五条　企业应当加强市场调查，合理确定定价机制和信用方式，根据市场变化及时调整销售策略，灵活运用销售折扣、销售折让、信用销售、代销和广告宣传等多种策略和营销方式，促进销售目标实现，不断提高市场占有率。

企业应当健全客户信用档案，关注重要客户资信变动情况，采取有效措施，防范信用风险。

企业对于境外客户和新开发客户，应当建立严格的信用保证制度。

第六条　企业在销售合同订立前，应当与客户进行业务洽谈、磋商或谈判，关注客户信用状况、销售定价、结算方式等相关内容。

重大的销售业务谈判应当吸收财会、法律等专业人员参加，并形成完整的书面记录。

销售合同应当明确双方的权利和义务，审批人员应当对销售合同草案进行严格审核。重要的销售合同，应当征询法律顾问或专家的意见。

第七条　企业销售部门应当按照经批准的销售合同开具相关销售通知。发货和仓储部门应当对销售通知进行审核，严格按照所列项目组织发货，确保货物的安全发运。企业应当加强销售退回管理，分析销售退回原因，及时妥善处理。

企业应当严格按照发票管理规定开具销售发票。严禁开具虚假发票。

第八条　企业应当做好销售业务各环节的记录，填制相应的凭证，设置销售台账，实行全过程的销售登记制度。

第九条　企业应当完善客户服务制度，加强客户服务和跟踪，提升客户满意度和忠诚度，不断改进产品质量和服务水平。

第三章　收　款

第十条　企业应当完善应收款项管理制度，严格考核，实行奖惩。销售部门负责应收款项的催收，催收记录（包括往来函电）应妥善保存；财会部门负责办理资金结算并监督款项回收。

第十一条　企业应当加强商业票据管理，明确商业票据的受理范围，严格审查商业票据的真实性和合法性，防止票据欺诈。

企业应当关注商业票据的取得、贴现和背书，对已贴现但仍承担收款风险的票据以及逾期票据，应当进行追索监控和跟踪管理。

续表

第十二条 企业应当加强对销售、发货、收款业务的会计系统控制，详细记录销售客户、销售合同、销售通知、发运凭证、商业票据、款项收回等情况，确保会计记录、销售记录与仓储记录核对一致。 企业应当指定专人通过函证等方式，定期与客户核对应收账款、应收票据、预收账款等往来款项。 企业应当加强应收款项坏账的管理。应收款项全部或部分无法收回的，应当查明原因，明确责任，并严格履行审批程序，按照国家统一的会计准则制度进行处理。	
实施时间	自 2011 年 1 月 1 日起在境内外同时上市的公司施行，自 2012 年 1 月 1 日起在上海证券交易所、深圳证券交易所主板上市公司施行。

二、销售业务内部控制流程

销售业务是指企业出售商品（或提供劳务）及收取款项等相关活动。《企业内部控制应用指引第 9 号——销售业务》以促进企业销售稳定增长、扩大市场份额为出发点，提出了销售业务应当关注的主要风险以及相应的管控措施。

（一）销售业务控制的总体要求

1. 销售业务控制的意义

企业生存、发展、壮大的过程，在某种程度上就是不断加大销售力度、扩大市场份额的过程。生产企业的产品或流通企业的商品如不能实现销售的稳定增长，售出的货款如不能足额收回或不能及时收回，必将导致企业持续经营受阻、难以为继。

规范销售行为、防范销售风险，可以促进企业扩大销售、拓宽销售渠道、提高市场占有率，对增加收入、实现企业经营目标和发展战略有重要意义。

2. 销售业务控制的总体要求

企业应建立健全销售业务管理制度，有效防范和控制经营风险，确保销售目标的实现。销售业务控制的总体要求如下：

（1）全面梳理销售业务流程。企业应当结合实际情况，全面梳理销售业务流程，认真查找各业务环节的主要风险点和管理漏洞，及时采取切实措施加以改正。

（2）完善相关管理制度。企业应当对预售业务管理现状进行全面分析与评价，完善销售业务的相关管理制度，包括销售、发货、收款等方面的制度，有效防范经营风险。

（3）查清薄弱环节。在全面梳理相关业务流程的基础上，定期检查、分析销售过程的薄弱环节，采取符合成本效益原则的销售控制措施，确保实现销售目标。

（二）销售业务主要风险及控制措施[①]

企业销售业务流程，主要包括销售计划管理、客户开发与信用管理、销售定价、

① 张玉，邱胜利．企业内部控制规范性操作风险［M］．北京：企业管理出版社，2013.

订立销售合同、发货、收款、客户服务和会计系统控制等环节。

1. 销售计划管理

销售计划是指在进行销售预测的基础上，结合企业生产能力，设定总体目标额及不同产品的销售目标额，并据此制订营销方案和实施计划，实现一定期间内的销售目标。该环节的主要风险是：销售计划缺乏或不合理，或未经授权审批，导致产品结构和生产安排不合理，库存积压，难以实现企业生产经营的良性循环。

主要控制措施：

（1）企业应根据发展战略和年度生产经营计划结合销售预测、生产能力以及客户订单情况，制订年度、月度销售计划，并按规定的权限和程序审批后下达执行。

（2）根据实际情况，定期进行销售情况分析，结合生产现状，及时调整销售计划并履行相应的审批程序。

2. 客户开发与信用管理

企业应当积极开拓市场份额，加强现有客户维护，开发潜在目标客户，对有销售意向的客户进行资信评估，根据企业自身风险承受度确定具体的信用等级。该环节的主要风险是：现有客户管理不善、潜在市场需求开发不够，可能导致客户丢失或市场拓展不力；客户档案不健全，缺乏合理的资信评估，可能导致客户选择不当，销售款项不能收回或遭受欺诈，从而影响企业的资金流转和正常经营。

主要控制措施：

（1）企业应当在进行充分市场调查的基础上，合理细分市场并确定目标市场，根据不同目标群体的具体需求，确定定价机制和信用方式，灵活运用销售折扣、销售折让、信用销售、代销和广告宣传等多种策略和营销方式，促进销售目标实现，不断提高市场占有率。

（2）建立和不断更新维护客户信用动态档案，由与销售部门相对独立的信用管理部门对客户付款情况进行持续跟踪和监控，提出划分、调整客户信用等级的方案。

（3）根据客户信用等级和企业信用政策，拟定客户赊销限额和时限，经销售、财会等部门具有相关权限的人员审批。

（4）对于境外客户和新开发客户，应当建立严格的信用保证制度。

3. 销售定价和信用方式

销售定价是指商品价格的确定、调整及相应审批。该环节的主要风险是：定价不合理；定价或调价不符合价格政策，未能结合市场供需状况、盈利测算等进行适时调整，造成价格过高或过低、销售受损；商品销售价格未经恰当审批，或存在舞弊行为，可能导致损害企业经济利益或者企业形象。

主要控制措施：

（1）企业应当加强市场调查，合理确定定价机制和信用方式，根据市场变化及时调整销售策略，定期评价产品基准价格的合理性，定价或调价需经具有相应权限人员的审核批准。

（2）灵活运用销售折扣、销售折让、信用销售、代销和广告宣传等多种策略和营销方式，促进销售目标的实现，不断提高市场占有率。

（3）产品基础价格以及销售折扣、销售折让等政策的制定应按规定程序与权限进行审核批准。销售折扣、销售折让授予的实际金额、数量、原因及对象应予以记录，并归档备查。

4. 订立销售合同

企业与客户订立销售合同，明确双方权利和义务，以此作为开展销售活动的基本依据。该环节的主要风险是：合同内容存在重大疏漏和欺诈，未经授权对外订立销售合同，可能导致企业合法权益受到侵害；销售价格、收款期限等违背企业销售政策，可能导致企业经济利益受损。

主要控制措施：

（1）企业在销售合同订立前，应当结合企业的销售政策，与客户进行业务洽谈、磋商或谈判，关注客户的信用状况、销售定价、结算方式等相关内容。重大销售业务的谈判应当吸收财务、法律的专业人员参加，并形成完整的书面记录。

（2）建立健全销售合同订立及审批管理制度，明确销售价格、结算方式、权利与义务，签订合同的范围、程序，确定审核审批程序。

（3）授权有关人员与客户签订合同，对于重要的销售合同，应当征询法律顾问或专家的意见。

5. 发货

发货是根据销售合同的约定向客户提供商品的环节。该环节的主要风险是：未经授权发货、发货不符合合同约定，或者发货程序不规范，可能导致货物损失或客户与企业的销售争议，甚至销售款项不能收回。

主要控制措施：

（1）销售部门应当按照经审核后的销售合同开具相关的销售通知交仓储部门和财会部门。

（2）仓储部门应当落实出库、计量、运输等环节的岗位责任，对销售通知进行审核，严格按照所列的发货品种和规格、发货数量、发货时间、发货方式、接货地点等，按规定时间组织发货，形成相应的发货单据，并应连续编号。

（3）应当以运输合同或条款等形式明确运输方式、商品短缺、毁损或变质的责任、到货验收方式、运输费用承担、保险等内容，货物交接环节应做好装卸和检验工作，确保货物的安全发运，由客户验收确认。

（4）应当做好发货各环节的记录，填制相应的凭证，设置销售台账，实现全过程的销售登记制度，严禁开具虚假发票。

6. 收款

收款指企业经授权发货后与客户结算的环节。按照发货时是否收到货款，可分为现销和赊销。该环节的主要风险是：企业信用管理不到位，结算方式选择不当，票据管理不善，账款回收不力，导致销售款项不能收回或遭受欺诈；收款过程中存在舞弊行为，使企业经济利益受损。

主要控制措施：

（1）结合销售政策和信用政策，选择恰当的结算方式。

（2）完善应收款项管理制度，落实责任，严格考核，实行奖惩制度。销售部门负责应收款项的催收，妥善保存催收记录（包括往来函电）；财会部门负责办理资金结算并监督款项回收。

（3）加强商业票据管理，明确商业票据的受理范围，严格审查商业票据的真实性和合法性，防止票据欺诈，并关注商业票据的取得、贴现和背书，对已贴现但仍承担收款风险的票据以及逾期票据，应当进行追索监控和跟踪管理。

7. 客户服务

客户服务是在企业与客户之间建立信息沟通机制，对客户提出的问题，企业应予以及时解答或反馈、处理，不断改进商品质量和服务水平，以提升客户满意度和忠诚度。客户服务包括产品维修、销售退回、维护升级等。该环节的主要风险是：客户服务水平低，消费者满意度不足，影响公司品牌形象，造成客户流失。

主要控制措施：

（1）建立和完善客户服务制度（包括服务内容、方式、标准等）；

（2）加强客户服务和跟踪，提升客户满意度和忠诚度；

（3）建立产品质量管理制度，加强销售、生产、研发、质量检验等相关部门之间的沟通协调；

（4）做好客户回访工作，建立客户投诉制度，不断改进产品质量和服务水平；

（5）加强销售退回控制，分析销售退回原因，并及时妥善处理。

8. 会计系统

会计系统控制是指利用记账、核对、岗位职责落实和相互分离、档案管理、工作交接程序等会计控制方法，确保企业会计信息真实、准确、完整。会计系统控制包括销售收入的确认、应收款项的管理、坏账准备的计提和冲销、销售退回的处理等内容。该环节的主要风险是：缺乏有效的销售业务会计系统控制，销售业务会计记录和处理不及时、不准确，可能导致企业账实不符、账证不符、账账不符或者账表不符，影响销售收入、销售成本、应收款项等会计核算的真实性和可靠性，不能反映企业利润和经济资源的真实情况。

主要控制措施：

（1）加强对销售、发货、收款业务的会计系统控制，详细记录销售客户、销售合同、发运凭证、商业票据、款项收回等情况，确保会计记录、销售记录与仓储记录核对一致。

（2）建立应收账款清收核查制度，销售部门应定期与客户对账，并取得书面对账凭证，财会部门负责办理资金结算并监督款项收回。

（3）及时收集应收账款相关凭证资料并妥善保管；及时要求客户提供担保；对未按时还款的客户，采取申请支付令、申请诉前保全和起诉等方式及时清收欠款。对收回的非货币性资产应经评估和恰当审批。

（4）企业对于可能成为坏账的应收账款，应当按照国家统一的会计准则规定计提坏账准备，并按照权限范围和审批程序进行审批。对确定发生的各项坏账，应当查明原因，明确责任，并在履行规定的审批程序后作出会计处理。企业核销的坏账应当进行备查登记，做到账销案存。已核销的坏账又收回时应当及时入账，防止形成账外资金。

（三）销售业务流程图

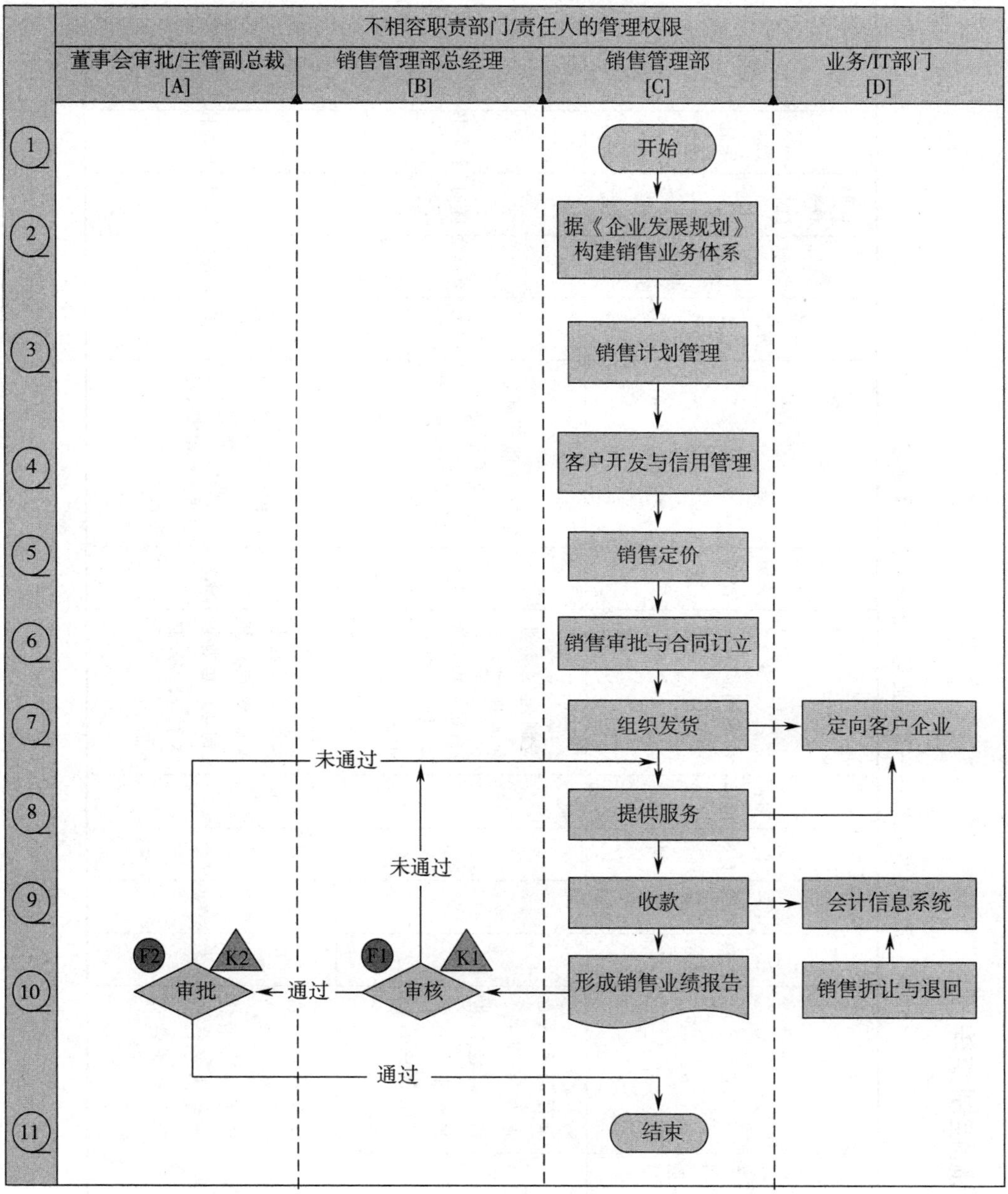

图 9－9　销售业务流程图

三、销售业务风险控制矩阵

表 9－9　　风险控制矩阵——销售业务（销售业务基本流程）

控制点	风险类型					风险描述	控制点类型				控制描述	关键控制点	控制措施	控制方法（自动或手工）	控制类型（发现性或预防性）	控制频率（时、日、周、月、季度、年度）	控制实施证据	控制文件的文号或名称
	经营决策风险	违反法律法规	财务报告失真	资产安全受威胁	营私舞弊风险		C：完整性控制	A：准确性控制	T：有效性控制	R：接触性控制								
F1	√					没有制定《企业发展规划》和《构建销售业务体系》会产生企业营运风险		√			应制定《企业发展规划》和《构建销售业务体系》，控制风险	K1	销售管理部制定《企业发展规划》或销售体系，控制风险	手工	预防性	随时	申请书	《企业发展规划》或文号
F2	√					没有制定《企业发展规划》和《构建销售业务体系》会产生企业营运风险		√			应制定《企业发展规划》和《构建销售业务体系》，控制风险	K2	销售管理部实施《企业发展规划》定期报送销售业绩报告	手工	发现性	随时	申请书	《企业发展规划》或文号

第十项　企业内部控制应用实例——研究与开发

一、企业内部控制应用指引第 10 号——研究与开发

制度名称	企业内部控制应用指引—第 10 号			发布日期	2010 年
发布部门	财政部	发文号	财会 11 号	控制措施	研究与开发

第一章　总　则

第一条　为了促进企业自主创新，增强核心竞争力，有效控制研发风险，实现发展战略，根据有关法律法规和《企业内部控制基本规范》，制定本指引。

第二条　本指引所称研究与开发，是指企业为获取新产品、新技术、新工艺等所开展的各种研发活动。

第三条　企业开展研发活动至少应当关注下列风险：

（一）研究项目未经科学论证或论证不充分，可能导致创新不足或资源浪费。

（二）研发人员配备不合理或研发过程管理不善，可能导致研发成本过高、舞弊或研发失败。

（三）研究成果转化应用不足、保护措施不力，可能导致企业利益受损。

第四条　企业应当重视研发工作，根据发展战略，结合市场开拓和技术进步要求，科学制定研发计划，强化研发全过程管理，规范研发行为，促进研发成果的转化和有效利用，不断提升企业自主创新能力。

第二章　立项与研究

第五条　企业应当根据实际需要，结合研发计划，提出研究项目立项申请，开展可行性研究，编制可行性研究报告。

企业可以组织独立于申请及立项审批之外的专业机构和人员进行评估论证，出具评估意见。

第六条　研究项目应当按照规定的权限和程序进行审批，重大研究项目应当报经董事会或类似权力机构集体审议决策。审批过程中，应当重点关注研究项目促进企业发展的必要性、技术的先进性以及成果转化的可行性。

第七条　企业应当加强对研究过程的管理，合理配备专业人员，严格落实岗位责任制，确保研究过程高效、可控。

企业应当跟踪检查研究项目进展情况，评估各阶段研究成果，提供足够的经费支持，确保项目按期、保质完成，有效规避研究失败风险。

企业研究项目委托外单位承担的，应当采用招标、协议等适当方式确定受托单位，签订外包合同，约定研究成果的产权归属、研究进度和质量标准等相关内容。

第八条　企业与其他单位合作进行研究的，应当对合作单位进行尽职调查，签订书面合作研究合同，明确双方投资、分工、权利义务、研究成果产权归属等。

第九条　企业应当建立和完善研究成果验收制度，组织专业人员对研究成果进行独立评审和验收。

企业对于通过验收的研究成果，可以委托相关机构进行审查，确认是否申请专利或作为非专利技术、商业秘密等进行管理。企业对于需要申请专利的研究成果，应当及时办理有关专利申请手续。

第十条　企业应当建立严格的核心研究人员管理制度，明确界定核心研究人员范围和名册清单，签署符合国家有关法律法规要求的保密协议。

企业与核心研究人员签订劳动合同时，应当特别约定研究成果归属、离职条件、离职移交程序、离职后保密义务、离职后竞业限制年限及违约责任等内容。

第三章　开发与保护

第十一条　企业应当加强研究成果的开发，形成科研、生产、市场一体化的自主创新机制，促进研究成果转化。

研究成果的开发应当分步推进，通过试生产充分验证产品性能，在获得市场认可后方可进行批量生产。

第十二条　企业应当建立研究成果保护制度，加强对专利权、非专利技术、商业秘密及研发过程中形成的各类涉密图纸、程序、资料的管理，严格按照制度规定借阅和使用。禁止无关人员接触研究成果。

第十三条　企业应当建立研发活动评估制度，加强对立项与研究、开发与保护等过程的全面评估，认真总结研发管理经验，分析存在的薄弱环节，完善相关制度和办法，不断改进和提升研发活动的管理水平。

续表

实施时间	自 2011 年 1 月 1 日起在境内外同时上市的公司施行，自 2012 年 1 月 1 日起在上海证券交易所、深圳证券交易所主板上市公司施行。

二、研究与开发业务流程

研究与开发是企业持久发展的不竭动力，企业应始终坚持把研究与开发作为企业发展的重要战略，紧密跟踪科技发展趋势是切实提升核心竞争力、增强企业国际竞争力的重要保证。企业要立于不败之地，必须具备核心竞争力，而核心竞争力必须靠研究开发的自主创新能力来实现。在经济全球化背景下，特别是为了抢抓后危机时期重要发展机遇，企业应坚定不移地走自主创新之路，重视和加强研究与开发，并将相关成果转化为生产力，在竞争中赢得主动权，夺得先机。研究与开发是企业增加市场竞争力和实现可持续发展的迫切需要，也是优化产业及产业升级的中心环节。

《企业内部控制应用指引第 10 号——研究与开发》（以下简称研究与开发指引）着力解决企业应如何组织本企业的研究和开发活动，核心是有效控制研究开发过程中的风险，从而为实现其发展战略确立牢固的基础。

（一）研究与开发控制的意义

研究与开发是指企业为获取新产品、新技术、新工艺等所开展的各种研发活动。研究与开发活动的主要内容包括：如何组织企业的研究和开发活动，研发过程中应关注的主要风险、总体要求、立项和审批、研究开发和保护环节的控制等。

1. 研究与开发控制的意义

创新是企业发展壮大的不竭动力和重要法宝，研究与开发是企业核心竞争力的本源，是促进企业自主创新的重要体现，是企业加快转变经济发展方式的强大推动力。钱学森同志曾经说过，科技创新就是自主研发和拥有曾经“买不到、买不起、买回来已落后”的核心技术；即使买到产品，也买不到产权；买到产权，买不到知识；买到知识，买不到人才。由此说明，创新、产权、知识、人才是核心资源，自主创新是第一要务。

加强研发活动控制，有利于促进企业提升自主创新能力，增强核心竞争力，有效控制研发风险，充分发挥科技的支撑引领作用，实现企业发展战略。

2. 研究与开发控制的总体要求

企业的研发项目不仅应当注重项目的目标与结果，还应对中间过程建立起有效的管理，采取对过程的层层控制以及有效反馈来逐步实现最终目标。研究与开发控制的总体要求如下：

（1）以战略为导向。企业应当重视研发工作，根据发展战略，结合市场开拓和技术进步的要求，科学制定研发计划，强化研发全过程管理，规范研发行为。

（2）降低研发风险。建立规范的研究与开发项目管理的流程，有效使用研发经费，保证研发质量，提高研发工作的效率与效能。

（3）注重研发成果的转化。企业研发的目的最终是将研发成果转化为促进企业发展的动力。企业应促进研发成果的转化和有效利用，不断提升企业的自主创新能力。

（二）研究与开发的主要风险及控制措施①

研究与开发的基本流程，主要涉及立项、研发过程管理、结题验收、研究成果的开发和保护等，研究与开发业务的主要风险及控制措施也围绕着这些环节识别、分析与控制。

1. 立项

立项主要包括立项申请、评审和审批。该环节的主要风险是：研发计划与国家或企业科技发展战略不匹配，研发承办单位或专题负责人不具有相应资质，研究项目未经科学论证或论证不充分，评审和审批环节把关不严，可能导致创新不足或资源浪费。

主要控制措施：

（1）建立完善的立项、审批制度，确定研究开发计划制定原则和审批人，审查承办单位或专题负责人的资质条件和评估、审批流程等。

（2）结合企业发展战略、市场及技术现状，制定研究项目开发计划。

（3）企业应当根据实际需要，结合研发计划，提出研究项目立项申请，开展可行性研究，编制可行性研究报告。企业可以组织独立于申请及立项审批之外的专业机构和人员进行评估论证，出具评估意见。

（4）研究项目应当按照规定的权限和程序进行审批，重大研究项目应当报经董事会集体审议决策。审批过程中，应当重点关注研究项目促进企业发展的必要性、技术的先进性以及成果转化的可行性。

2. 研发过程管理

研发过程是研发的核心环节。实务中，研发通常分为自主研发、委托研发和合作研发。

自主研发是指企业依靠自身的科研力量，独立完成项目，包括原始创新、集成创新和在引进消化基础上的再创新三种类型。其主要风险包括：第一，研究人员配备不合理，导致研发成本过高、舞弊或研发失败。第二，研发过程管理不善，费用失控或科技收入形成账外资产，影响研发效率，提高研发成本甚至造成资产流失。第三，多个项目同时进行时，相互争夺资源，出现资源的短期局部缺乏，可能造成

① 张玉，邱胜利．企业内部控制规范性操作风险［M］．北京：企业管理出版社，2013.

研发效率下降。第四，研究过程中未能及时发现错误，导致修正成本提高。第五，科研合同管理不善，导致权属不清，知识产权存在争议。

主要控制措施：

（1）企业应当加强对研究过程的管理，建立研发项目管理制度和技术标准，合理配备专业人员，严格落实岗位责任制，确保研究过程高效与可控。

（2）合理设计项目实施进度和组织结构，跟踪检查研究项目的进展情况，评估各阶段研究成果，确保项目按期、保质完成。

（3）建立研发费用报销制度，明确费用支付标准及审批权限，遵循不相容岗位牵制原则，完善科技经费入账管理程序，按项目正确划分资本性支出和费用性支出，准确开展会计核算，建立科技收入管理制度。

（4）开展项目中期评审，需适当调整研发计划的，经批准，应及时予以调整，不断优化研发项目管理的任务分配方式。

3. 研发外包

根据外包程度不同，研发外包可以分为委托研发和合作研发两种形式。委托研发是指企业委托具有资质的外部承办单位进行研究和开发工作，委托人全额承担研发经费、受托人交付研发成果的研发形式。合作研发是指合作双方基于研发协议，就共同的科研项目，共同开展研发工作，合作方共同出资参与、共享效益、共担风险的研发形式。

研发外包的主要风险是：委托外包单位选择不当、未签订外包合同、合同内容存在重大疏漏或欺诈等，给企业带来知识产权风险与法律诉讼风险等；合作研发还包括与合作单位沟通障碍、合作方案设计不合理、权责利不能合理分配、资源整合不当等风险。

主要控制措施：

（1）企业应遵循技术互补性原则、成本最低原则、诚信原则等甄选合作伙伴。加强委托（合作）研发单位资信、专业能力等方面管理。

（2）委托研发应采用招标、议标等方式确定受托单位，制定规范详尽的委托研发合同，明确产权归属、研究进度和质量标准等相关内容。

（3）合作研发应对合作单位进行尽职调查，签订书面合作研究合同，明确双方投资、分工、权利义务、研究成果产权归属等。

（4）加强项目的管理监督，严格控制项目费用，防止挪用、侵占等。

（5）根据项目进展情况、国内外技术最新发展趋势和市场需求变化情况，对项目的目标、内容、进度、资金进行适当调整。

4. 结题验收

结题验收是对研究过程形成的交付物进行质量验收。结题验收分检测鉴定、专家评审、专题会议等三种方式。该环节的主要风险包括：由于验收人员的技术、能力、独立性等造成验收成果与事实不符；测试与鉴定投入不足，导致测试与鉴定的不充分，不能有效地降低技术失败的风险。

主要控制措施：

（1）建立健全技术验收制度，严格执行测试程序。

（2）对验收过程中发现的异常情况应重新进行验收申请或补充进行研发，直至研发项目达到研发标准为止。

（3）落实技术主管部门验收责任，由独立的、具备专业胜任能力的测试人员进行鉴定试验，并按计划进行正式的、系统的、严格的评审。

（4）加大企业在测试和鉴定阶段的投入，对重要的研究项目可以组织外部专家参加鉴定。

5. 核心研发人员的管理

研发项目核心研发人员一般包括：产品开发团队负责人、主要研究骨干和在测试、制造、成本控制各方面承担最主要责任的业务人员等。核心研发人员掌握企业核心技术的人物，是企业研究开发正常运行的关键。加强并不断完善企业的核心研发人员管理制度，是企业研究与开发活动的重要环节。

与核心研发人员相关的主要风险是：缺乏核心研发人员管理制度；研发人员不勤勉或泄露核心技术等职业道德风险；核心研发人员离职，影响研发活动的进行；未签订劳动合同或劳动合同有重大疏漏，如对研发成果归属和离职后的保密义务等规定不清，给企业造成损失。

主要控制措施：

（1）企业应当建立严格的核心研究人员管理制度，明确界定核心研究人员的范围和名册清单，签署国家有关法律、法规要求的保密协议，从制度上约束核心研发人员可能出现的道德风险。

（2）企业应实施合理、有效的研发绩效管理，制定科学的核心研发人员激励体系，如采取股权分享方式对研发人员进行持续激励，减少离职现象。

（3）企业与核心研究人员签订劳动合同时，应当特别约定研究成果归属、离职条件、离职移交程序、离职后的保密义务、离职后的竞业限制年限及违约责任等内容。

6. 研究成果开发

研发成果开发是指企业将研究成果经过开发过程转换为企业的产品。如果开发成功，就可以获取技术优势，促进企业发展和盈利。该环节主要风险包括：研究成果转化应用不足，导致资源闲置；新产品未经充分测试，导致大批量生产不成熟或成本过高；营销策略与市场需求不符，导致营销失败。此外，还应当关注以下风险：

（1）技术风险。例如，科学技术发展速度较快，新产品开发速度赶不上科技发展速度，使新产品在开发过程中夭折；在研发成果开发中由于技术能力有限，遇到技术障碍，延误开发时机。

（2）市场风险。例如，对产品性能验证不够，开发过快，但产品市场潜力不大；国外竞争对手抢先进入市场，推出新产品，市场竞争加剧。

（3）投资风险。包括：银行贷款利率升高，投资风险增大；过分重视技术先进性而忽略对市场需求的分析，新产品的开发超出消费者的承受能力而缺乏市场需求。

主要控制措施：

（1）建立健全研究成果开发制度，促进成果及时有效转化。

（2）科学鉴定大批量生产的技术成熟度，力求降低产品成本，开发起点高、质量好的优质产品。

（3）坚持开展以市场为导向的新产品开发消费者测试，认真分析消费者的需求心理及其变化趋势。

（4）加强技术管理，建立研发项目档案，推进有关信息资源的共享和应用。

7. 研发成果保护

研发成果保护是企业研发管理工作的有机组成部分。有效的研发成果保护，可以维护研发企业的合法权益。其主要风险是：未能有效识别和保护知识产权，权属未能得到明确规范，开发出的新技术或产品被限制使用；核心研究人员缺乏管理激励制度，导致形成新的竞争对手或技术秘密外泄，使阶段性成果被竞争对手获得；研发成功后的风险。例如，对新开发的技术或产品未进行有效保护而竞争对手抢先申请专利保护，导致自主开发成果被限制使用；合作研发中未明确产权归属，导致自树竞争对手。

主要控制措施：

（1）立项申请、评估和审批阶段都应详细检索专利信息，以防自主研发成果不能使用。

（2）加强研发人员管理，签订保密协议，在劳动合同中明确离职后的保密义务等。

（3）企业与核心研究人员签订劳动合同时，应当特别约定研究成果归属、离职条件、离职移交程序、离职后保密义务、离职后竞业限制年限及违约责任等内容。

（4）建立研究成果保护制度，加强对专利权、非专利技术、商业秘密及在研发过程中形成的各类涉密图纸、程序、资料的管理，严格按照制度规定借阅和使用，禁止无关人员接触研究成果，以及依靠法律保护合法权益。

8. 研发活动评估

研发活动评估是指在研发项目通过验收一定时间之后，由各方面具备资格的代表对立项与研究、开发与保护等过程进行全面评估，衡量研发价值，总结经验，查清薄弱环节，以不断提高研发水平。该环节的主要风险是：缺乏对研发活动的评估，评估人员素质不高，评估指标选取不科学，过于片面而导致评估失败等。

主要控制措施：

（1）企业应当建立研发活动评估制度，加强对立项与研究、开发与保护等过程的全面评估，认真总结研发管理经验，分析研发管理薄弱环节，完善相关制度和办法，不断改进和提升研发活动的管理水平。

（2）增强高层管理者对评估作用的认可，从流程和制度上保证研发评估工作的开展。

（3）在人员和经费方面给予保证。企业应配置评估人员，明确评估的资金来源。

（4）根据不同类型的项目和评估目的，分别构建评估指标体系。

（5）建立使项目评估信息得以反馈和应用的机制与系统。

（三）研究与开发业务流程图

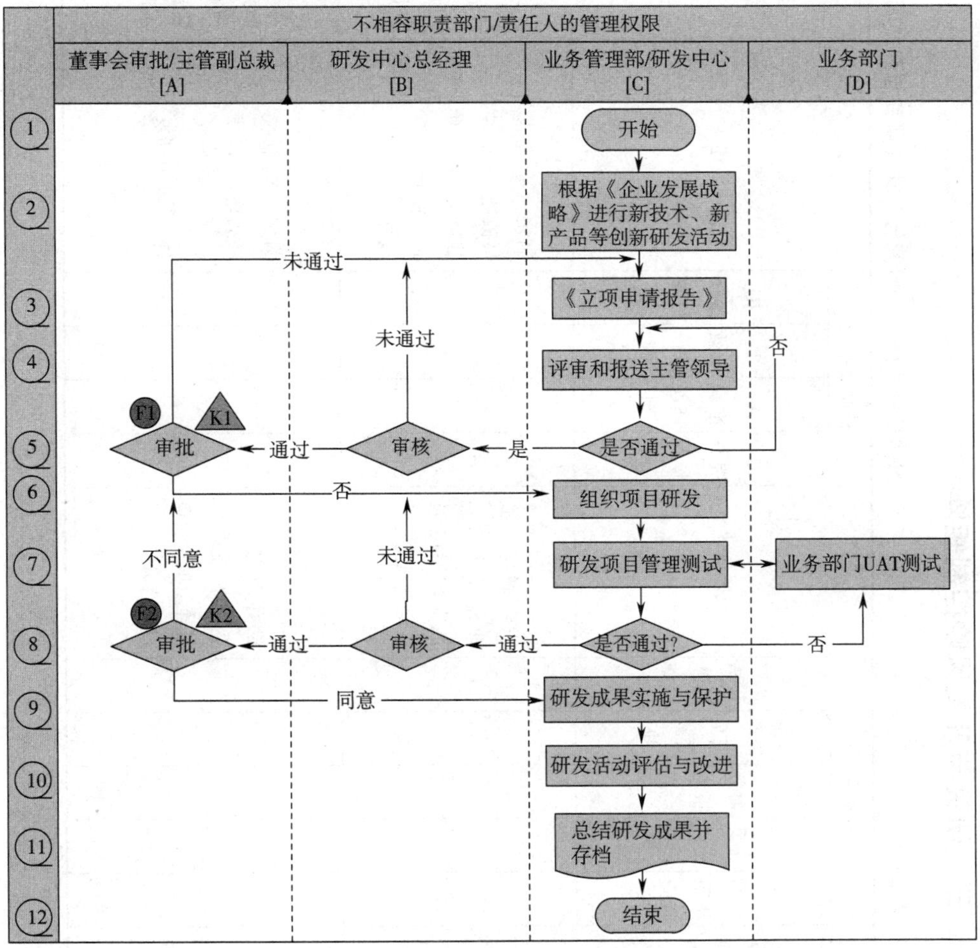

图9－10 研究与开发业务流程图

三、研究与开发风险控制矩阵

表 9－10 风险控制矩阵——研究与开发（研究与开发项目业务流程）

控制点	风险类型					风险描述	控制点类型				控制描述	关键控制点	控制措施	控制方法（自动或手工）	控制类型（发现性或预防性）	控制频率（时、日、周、月、季度、年度）	控制实施证据	控制文件的文号或名称
	经营决策风险	违反法律法规	财务报告失真	资产安全受威胁	营私舞弊风险		C：完整性控制	A：准确性控制	T：有效性控制	R：接触性控制								
F1	√					没有制定《企业发展战略》，乱建新项目会造成经营风险		√			制定《企业发展战略》，根据战略建立研发项目，控制企业风险	K1	建立《企业发展战略》，根据发展战略研究与开发项目	手工	预防性	随时	申请书	《企业发展战略》或文号
F2	√					没有制定《企业发展战略》，乱建新项目会造成经营风险		√			制定《企业发展战略》，以战略建立研发项目，保护好研发文档	K2	制定《企业发展战略》，研发项目需经过主管领导审批	手工	预防性	随时	申请书	《企业发展战略》或文号

第十一项　企业内部控制应用实例——工程项目

一、企业内部控制应用指引第11号——工程项目

制度名称	企业内部控制应用指引—第11号			发布日期	2010年
发布部门	财政部	发文号	财会11号	控制措施	工程项目

第一章　总　则

第一条　为了加强工程项目管理，提高工程质量，保证工程进度，控制工程成本，防范商业贿赂等舞弊行为，根据有关法律法规和《企业内部控制基本规范》，制定本指引。

第二条　本指引所称工程项目，是指企业自行或者委托其他单位所进行的建造、安装工程。

第三条　企业工程项目至少应当关注下列风险：

（一）立项缺乏可行性研究或者可行性研究流于形式，决策不当，盲目上马，可能导致难以实现预期效益或项目失败。

（二）项目招标暗箱操作，存在商业贿赂，可能导致中标人实质上难以承担工程项目、中标价格失实及相关人员涉案。

（三）工程造价信息不对称，技术方案不落实，概预算脱离实际，可能导致项目投资失控。

（四）工程物资质次价高，工程监理不到位，项目资金不落实，可能导致工程质量低劣，进度延迟或中断。

（五）竣工验收不规范，最终把关不严，可能导致工程交付使用后存在重大隐患。

第四条　企业应当建立和完善工程项目各项管理制度，全面梳理各个环节可能存在的风险点，规范工程立项、招标、造价、建设、验收等环节的工作流程，明确相关部门和岗位的职责权限，做到可行性研究与决策、概预算编制与审核、项目实施与价款支付、竣工决算与审计等不相容职务相互分离，强化工程建设全过程的监控，确保工程项目的质量、进度和资金安全。

第二章　工程立项

第五条　企业应当指定专门机构归口管理工程项目，根据发展战略和年度投资计划，提出项目建议书，开展可行性研究，编制可行性研究报告。

项目建议书的主要内容包括：项目的必要性和依据、产品方案、拟建规模、建设地点、投资估算、资金筹措、项目进度安排、经济效果和社会效益的估计、环境影响的初步评价等。

可行性研究报告的内容主要包括：项目概况，项目建设的必要性，市场预测，项目建设选址及建设条件论证，建设规模和建设内容，项目外部配套建设，环境保护，劳动保护与卫生防疫，消防、节能、节水，总投资及资金来源，经济、社会效益，项目建设周期及进度安排，招投标法规定的相关内容等。

企业可以委托具有相应资质的专业机构开展可行性研究，并按照有关要求形成可行性研究报告。

第六条　企业应当组织规划、工程、技术、财会、法律等部门的专家对项目建议书和可行性研究报告进行充分论证和评审，出具评审意见，作为项目决策的重要依据。

在项目评审过程中，应当重点关注项目投资方案、投资规模、资金筹措、生产规模、投资效益、布局选址、技术、安全、设备、环境保护等方面，核实相关资料的来源和取得途径是否真实、可靠和完整。

企业可以委托具有相应资质的专业机构对可行性研究报告进行评审，出具评审意见。从事项目可行性研究的专业机构不得再从事可行性研究报告的评审。

第七条　企业应当按照规定的权限和程序对工程项目进行决策，决策过程应有完整的书面记录。重大工程项目的立项，应当报经董事会或类似权力机构集体审议批准。总会计师或分管会计工作的负责人应当参与项目决策。

任何个人不得单独决策或者擅自改变集体决策意见。工程项目决策失误应当实行责任追究制度。

第八条　企业应当在工程项目立项后、正式施工前，依法取得建设用地、城市规划、环境保护、安全、施工等方面的许可。

第三章　工程招标

第九条　企业的工程项目一般应当采用公开招标的方式，择优选择具有相应资质的承包单位和监理单位。

续表

在选择承包单位时，企业可以将工程的勘察、设计、施工、设备采购一并发包给一个项目总承包单位，也可以将其中的一项或者多项发包给一个工程总承包单位，但不得违背工程施工组织设计和招标设计计划，将应由一个承包单位完成的工程肢解为若干部分发包给几个承包单位。

企业应当依照国家招投标法的规定，遵循公开、公正、平等竞争的原则，发布招标公告，提供载有招标工程的主要技术要求、主要合同条款、评标的标准和方法，以及开标、评标、定标的程序等内容的招标文件。

企业可以根据项目特点决定是否编制标底。需要编制标底的，标底编制过程和标底应当严格保密。

在确定中标人前，企业不得与投标人就投标价格、投标方案等实质性内容进行谈判。

第十条 企业应当依法组织工程招标的开标、评标和定标，并接受有关部门的监督。

第十一条 企业应当依法组建评标委员会。评标委员会由企业的代表和有关技术、经济方面的专家组成。评标委员会应当客观、公正地履行职务、遵守职业道德，对所提出的评审意见承担责任。

企业应当采取必要的措施，保证评标在严格保密的情况下进行。评标委员会应当按照招标文件确定的标准和方法，对投标文件进行评审和比较，择优选择中标候选人。

第十二条 评标委员会成员和参与评标的有关工作人员不得透露对投标文件的评审和比较、中标候选人的推荐情况以及与评标有关的其他情况，不得私下接触投标人，不得收受投标人的财物或者其他好处。

第十三条 企业应当按照规定的权限和程序从中标候选人中确定中标人，及时向中标人发出中标通知书，在规定的期限内与中标人订立书面合同，明确双方的权利、义务和违约责任。

企业和中标人不得再行订立背离合同实质性内容的其他协议。

第四章 工程造价

第十四条 企业应当加强工程造价管理，明确初步设计概算和施工图预算的编制方法，按照规定的权限和程序进行审核批准，确保概预算科学合理。

企业可以委托具备相应资质的中介机构开展工程造价咨询工作。

第十五条 企业应当向招标确定的设计单位提供详细的设计要求和基础资料，进行有效的技术、经济交流。

初步设计应当在技术、经济交流的基础上，采用先进的设计管理实务技术，进行多方案比选。

施工图设计深度及图纸交付进度应当符合项目要求，防止因设计深度不足、设计缺陷，造成施工组织、工期、工程质量、投资失控以及生产运行成本过高等问题。

第十六条 企业应当建立设计变更管理制度。设计单位应当提供全面、及时的现场服务。因过失造成设计变更的，应当实行责任追究制度。

第十七条 企业应当组织工程、技术、财会等部门的相关专业人员或委托具有相应资质的中介机构对编制的概预算进行审核，重点审查编制依据、项目内容、工程量的计算、定额套用等是否真实、完整和准确。

工程项目概预算按照规定的权限和程序审核批准后执行。

第五章 工程建设

第十八条 企业应当加强对工程建设过程的监控，实行严格的概预算管理，切实做到及时备料，科学施工，保障资金，落实责任，确保工程项目达到设计要求。

第十九条 按照合同约定，企业自行采购工程物资的，应当按照《企业内部控制应用指引第7号——采购业务》等相关指引的规定，组织工程物资采购、验收和付款；由承包单位采购工程物资的，企业应当加强监督，确保工程物资采购符合设计标准和合同要求。严禁不合格工程物资投入工程项目建设。

重大设备和大宗材料的采购应当根据有关招标采购的规定执行。

第二十条 企业应当实行严格的工程监理制度，委托经过招标确定的监理单位进行监理。工程监理单位应当依照国家法律法规及相关技术标准、设计文件和工程承包合同，对承包单位在施工质量、工期、进度、安全和资金使用等方面实施监督。

工程监理人员应当具备良好的职业操守，客观公正地执行监理任务，发现工程施工不符合设计要求、施工技术标准和合同约定的，应当要求承包单位改正；发现工程设计不符合建筑工程质量标准或者合同约定的质量要求的，应当报告企业要求设计单位改正。

未经工程监理人员签字，工程物资不得在工程上使用或者安装，不得进行下一道工序施工，不得拨付工程价款，不得进行竣工验收。

续表

第二十一条　企业财会部门应当加强与承包单位的沟通，准确掌握工程进度，根据合同约定，按照规定的审批权限和程序办理工程价款结算，不得无故拖欠。 **第二十二条**　企业应当严格控制工程变更，确需变更的，应当按照规定的权限和程序进行审批。 重大的项目变更应当按照项目决策和概预算控制的有关程序和要求重新履行审批手续。 因工程变更等原因造成价款支付方式及金额发生变动的，应当提供完整的书面文件和其他相关资料，并对工程变更价款的支付进行严格审核。 **第六章　工程验收** **第二十三条**　企业收到承包单位的工程竣工报告后，应当及时编制竣工决算，开展竣工决算审计，组织设计、施工、监理等有关单位进行竣工验收。 **第二十四条**　企业应当组织审核竣工决算，重点审查决算依据是否完备，相关文件资料是否齐全，竣工清理是否完成，决算编制是否正确。 企业应当加强竣工决算审计，未实施竣工决算审计的工程项目，不得办理竣工验收手续。 **第二十五条**　企业应当及时组织工程项目竣工验收。交付竣工验收的工程项目，应当符合规定的质量标准，有完整的工程技术经济资料，并具备国家规定的其他竣工条件。 验收合格的工程项目，应当编制交付使用财产清单，及时办理交付使用手续。 **第二十六条**　企业应当按照国家有关档案管理的规定，及时收集、整理工程建设各环节的文件资料，建立完整的工程项目档案。 **第二十七条**　企业应当建立完工项目后评估制度，重点评价工程项目预期目标的实现情况和项目投资效益等，并以此作为绩效考核和责任追究的依据。	
实施时间	自 2011 年 1 月 1 日起在境内外同时上市的公司施行，自 2012 年 1 月 1 日起在上海证券交易所、深圳证券交易所主板上市公司施行。

二、工程项目业务流程

重大工程项目往往体现企业发展战略和中长期发展规划，对于提高企业再生产能力和支撑保障能力、促进企业可持续发展具有关键作用。国有及国有控股大型企业的重大工程项目，在调整经济结构、转变经济发展方式、促进产业升级和技术进步中更是举足轻重。针对工程项目的特点和存在的问题，《企业内部控制应用指引第 11 号——工程项目》（以下简称工程项目指引）对全面强化工程风险管控，提高工程质量提出了一系列管控措施。

（一）工程项目控制的意义

工程项目是指企业自行或者委托其他单位所进行的建造、安装工程，主要包括以扩大生产能力或新增工程效益为主要目的的新建、扩建项目和以改进技术、增加产品品种、提高质量和安全、治理“三废”、节约资源为主要目的的更新改造项目。

1. 工程项目控制的意义

工程项目体现着企业发展战略，对企业提高生产能力、促进产业升级和技术进步有重要作用。同时，由于工程项目一般投入大、周期长、涉及环节和部门单位多，出现问题的可能性也较大，因而对企业的发展影响重大。加强工程项目管理，对提高工程质量、保证工程进度、控制工程成本、防范商业贿赂等舞弊行为，从而实现企业战略和中长期发展规划有重要意义。

2. 工程项目控制的总体要求

（1）全面梳理工程项目业务流程。全面梳理工程项目各个环节可能存在的风险点，界定关键控制点，规范工程立项、招标、造价、建设、验收等环节的业务流程。确保业务流程设计符合法规要求，保证工程项目工作顺畅进行。

（2）明确职责权限和不相容岗位分离。工程项目业务复杂，不仅涉及众多内部职能部门，如规划发展部门、工程管理部门、设计部门、物资采购部门、财会部门等，还涉及外包施工单位、监理单位等外部相关主体。企业应当健全工程项目管理组织体系，明确相关部门和岗位的职责权限，做到可行性研究与决策、概预算编制与审核、项目实施与价款支付、竣工决算与审计等不相容职务相互分离相互制约。

3. 完善工程项目的各项管理制度

企业应当结合业务流程、职责权限、工程项目运行的薄弱环节以及管理要求，形成具有规范性和约束力的工程项目管理制度，更好地履行管控职能。企业应当建立和完善工程项目质量控制、进度控制制度、预算控制制度、招投标制度、物资采购制度、合同管理，施工现场管理、档案管理、项目考核与评价等制度，并强化工程建设全过程的监控，以确保各项制度的有效执行，保证工程项目的质量、进度和资金安全。

（二）工程项目主要风险及控制措施①

工程项目业务流程包括工程立项、工程设计、工程招标、工程建设和竣工验收和项目后评估六大环节。下面逐一介绍这六个环节的工作内容，涉及的主要风险与控制措施。

1. 工程立项

工程立项属于项目决策过程，是对拟建项目的必要性和可行性进行技术经济论证，对不同建设方案进行技术经济比较并作出判断和决定的过程。立项决策正确与否，直接关系到项目建设成败。工程立项阶段主要包括编制项目建议书、可行性研究、立项评审和立项决策 4 个环节。

第一，编制项目建议书。

项目建议书主要对拟建项目提出框架性总体设想。项目建议书的主要内容包括：项目的必要性和依据、产品方案、拟建规模、建设地点、投资估算、资金筹措、项目进度安排、经济效果和社会效益的估计、环境影响的初步评价等。

该环节的主要风险：工程项目与企业发展战略与国家产业政策不符；项目建议书内容不完整、不合规，如拟建规模不明确以及投资估算、资金筹措与项目进度安

---

① 张玉，邱胜利．企业内部控制规范性操作风险［M］．北京：企业管理出版社，2013.

排不协调等。

主要控制措施：

（1）企业应当指定专门机构归口管理工程项目，并根据发展战略和年度投资计划，结合国家产业政策，提出项目建议书。

（2）规定项目建议书的主要内容和编制要求，对项目建议书的内容充分地进行分析论证。在编制过程中，要对工程质量标准、投资规模和进度计划等进行分析论证，做到协调平衡。

（3）对于专业性较强和较为复杂的工程项目，可以委托专业机构进行工程投资分析，编制项目建议书。

（4）企业决策机构应当对项目建议书进行集体审议，必要时，可以成立专家组或委托专业机构进行评审；承担评审任务的专业机构不得参与项目建议书的编制。

（5）根据国家规定应当报批的项目建议书必须及时报批并取得有效批文。

第二，可行性研究。

可行性研究是对建设项目在技术、财务、经济、政策支持、外部协作等方面进行全面分析，为立项决策提供依据。可行性研究报告的内容主要包括：项目概况；项目建设的必要性和市场预测；项目建设选址及建设条件论证；建设规模和建设内容；项目外部配套建设；环境保护，劳动保护与卫生防疫，消防、节能和节水等要求，总投资及资金来源，经济、社会效益，项目建设周期及进度安排以及《中华人民共和国招标投标法》规定的相关内容等。

该环节的主要风险是：缺乏可行性研究，或可行性研究流于形式，导致决策不当，难以实现预期效益，甚至可能导致项目失败；可行性研究的深度达不到质量标准和实际要求，无法为项目决策提供充分、可靠的依据。

主要控制措施：

（1）企业应当根据国家和行业有关规定以及本企业实际，确定可行性研究报告的内容和格式，明确编制要求。

（2）委托专业机构进行可行性研究的，应当制定专业机构的选择标准，确保可行性研究科学、准确、公正。

（3）切实做到投资、质量和进度控制的有机统一，即技术先进性和经济可行性要有机结合。建设标准要符合企业实际情况和财力、物力的承受能力，技术要先进适用，同时也应避免盲目追求技术先进而造成投资损失浪费。

第三，立项评审。

企业应当组织规划、工程、技术、财会、法律等部门的专家对项目建议书和可行性研究报告进行充分论证和评审，出具评审意见，作为项目决策的重要依据。

该环节的主要风险：项目评审流于形式、评审不科学、不规范等，可能造成决策失误。

主要控制措施：

（1）企业应当组建项目评审组或委托具有资质的专业机构对可行性研究报告进行评审，并出具评审意见。项目评审应实行问责制，评审组成员要对其出具的评审意见承担责任。

（2）在项目评审过程中，应当重点关注项目投资方案、投资规模、资金筹措、生产规模、投资效益、布局选址技术、安全、设备、环境保护等方面，核实相关资料的来源和取得途径是否真实、可靠和完整，特别要对经济技术可行性进行深入分析和全面论证。

（3）从事项目可行性研究的专业机构不得再从事可行性研究报告的评审。

第四，立项决策。

建设项目可行性研究报告的评审意见是项目决策的重要依据。

该环节的主要风险是：项目决策机制流于形式，误导项目决策；权限配置不合理，或者决策程序不规范，导致决策失误，给企业带来巨大经济损失；缺乏责任追究制度等。

主要控制措施：

（1）对建设项目可行性研究报告，评审意见的决策机制不能简单采用"少数服从多数"原则，而要充分兼顾项目投资、质量、进度各方面的不同意见。

（2）企业应当按照规定的权限和程序对工程项目进行决策，决策过程必须有完整的书面记录，并实行决策责任追究制度。重大工程项目应当报经董事会或者类似决策机构集体审议批准，任何个人不得单独决策或者擅自改变集体决策意见，防止出现"一言堂""一支笔"。

工程项目立项后、工程项目决策正式施工前，企业还应当依法取得建设用地、城市规划、环境保护、安全、施工等方面的许可。例如：通过"招标、拍卖、挂牌"等方式获得土地使用权，向人防主管部门报批人防规划设计，向园林主管部门报批绿化规划方案，在开工前向建设行政主管部门申请办理施工许可证等。

2. 工程设计

项目立项后，设计阶段是影响工程投资最主要的阶段，能否保证工程质量，加快建设进度，节省工程投资，设计工作十分重要。根据国家规定，一般工业项目设计可按初步设计和施工图设计两个阶段进行，对于技术上复杂、在设计时有一定难度的工程，可以按初步设计、技术设计和施工图设计三个阶段进行。对于大型建设项目，如大型矿区、油田等的设计除按上述规定分为三个阶段外，还应进行总体规划设计或总体设计；对于小型工程项目，经项目相关部门同意，可以简化为施工图设计一个阶段。

第一，初步设计。

初步设计是整个设计构思基本形成的过程，主要明确建设的技术可行性和经济合理性，同时确定主要技术方案、工程总造价等。编制初步设计概算是初步设计阶段的一项重要工作，即计算从筹建到竣工验收、交付使用的预期造价。

该环节存在的主要风险是：设计单位不符合项目资质要求；初步设计未进行多方案比选；设计人员对相关资料研究不透彻，初步设计出现较大疏漏；设计深度不足，造成施工组织不周密、工程质量存在隐患、投资失控以及投产后运行成本过高等。

主要控制措施：

（1）企业应当引入竞争机制，尽量采用招标方式确定设计单位，根据项目特点选择具有相应资质和经验的设计单位。

（2）企业应当向设计单位提供开展设计所需的详细的基础资料，并进行有效的技术经济交流，避免因资料不完整造成设计保守、投资失控等问题。

（3）建立严格的初步设计审查和批准制度，通过严格的复核、专家评议等制度，层层把关，确保评审工作质量。在初步设计审查中，技术方案是审查的核心和重点，重大技术方案必须进行技术经济分析比较、多方案比选。此外，还应关注初步设计规模是否与可行性研究报告、设计任务书一致，有无夹带项目、超规模、超面积和超标准的问题。

第二，施工图设计。

施工图设计是通过图纸把设计者的意图和全部设计结果呈现出来，作为施工建造的依据。与施工图设计关联的是施工图预算。施工图预算是施工单位投标报价的重要参考依据。

该环节存在的主要风险是：概预算严重脱离实际，导致项目投资失控；工程设计与后续施工未有效衔接或过早衔接，导致技术方案未得到有效落实，影响工程质量，或造成工程变更，发生重大经济损失。

主要控制措施：

（1）企业应当建立严格的概预算编制与审核制度。应当组织工程、技术、财会等部门的相关专业人员或委托具有相应资质的中介机构对编制的概预算进行审核，重点审查编制依据、项目内容、工程量的计算、定额套用等是否真实、完整和准确，确保概预算的科学合理。

（2）建立严格的施工图设计管理制度和交底制度，且按项目要求的进度交付施工图设计深度及图纸，提高设计质量，防止设计深度不足或设计缺陷带来的问题。

（3）建立设计变更管理制度。设计单位应当提供全面、及时的现场服务，避免设计与施工相脱节的现象发生，减少设计变更的发生。因设计单位的过失造成设计变更的应当进行责任追究。

（4）企业应当严格按照国家法律法规和本单位管理要求执行各项设计报批要求，上一环节尚未批准的，不得进入下一环节，杜绝出现边勘察、边设计、边施工的“三边”现象。

（5）引入设计监理，提高设计质量。

3. 工程招标

工程招标是指企业（招标人）在立项之后、项目发包之前，依照法定程序，以公开招标或邀请招标等方式，鼓励潜在的投标人依据招标文件参与竞争，通过评标择优选定中标人的一种经济活动。实行招投标是提高工程项目建设相关工作公开性、公平性、公正性和透明度的重要制度安排，是防范和遏制工程领域商业贿赂的有效举措。

企业的工程项目一般应当采用公开招标的方式，择优选择具有相应资质的施工单位和监理单位。招标过程包括招标、投标、开标、评标和定标5个主要环节。

第一，招标。

招标工作包括前期准备和招标公告、资格预审公告的编制与发布。

该环节存在的主要风险是：招标人肢解建设项目，致使招标项目不完整，或逃避公开招标；投标资格条件因人而设，未做到公平、合理，可能导致中标人并非最优选择；相关人员违法违纪泄露标底，存在舞弊行为。

主要控制措施：

（1）企业应当按照《中华人民共和国招标投标法》《工程建设施工招标投标管理办法》等相关法律法规，结合本单位实际情况，本着公开、公正、平等竞争的原则，建立健全本单位的招投标管理制度，明确应当进行招标的工程项目范围、招标方式、招标程序，以及投标、开标、评标、定标等各环节的管理要求。

（2）工程立项后，对于是否决定采用招标，以及招标方式、标段划分等，应由企业工程管理部门牵头提出建设计划，报经企业招标决策机构集体审议通过后执行。

（3）企业确需划分标段组织招标的，应当进行科学分析和评估，提出专业意见；划分标段时，应当考虑项目的专业要求、管理要求、对工程投资的影响以及各项工作的衔接，不得违背工程施工组织设计和招标设计计划，将应由一个施工单位完成的工程肢解为若干部分发包给几个施工单位。

（4）遵循公开、公正、平等竞争的原则，发布招标公告，提供包含招标工程的主要技术要求、主要合同条款、评标的标准和方法以及开标、评标、定标的程序等内容的招标文件。

（5）招标公告的编制要公开、透明，严格根据项目特点确定投标人的资格要求，不得根据“意向中标人”的实际情况确定投标人资格要求。企业不具备自行招标能力的，应当委托具有相应资质的招标机构代理招标。

（6）企业应当根据项目特点决定是否编制标底；需要编制标底的，标底编制过程和标底应当严格保密。

第二，投标。

投标主要包括项目现场考察、投标预备会、投标文件的编制和递交。招标人可以根据招标项目的具体情况，组织投标人考察项目现场，以便投标人更为深入地了解项目情况。招标人可以召开投标预备会，解答投标人对工程项目提出的具体问题。

该阶段存在的主要风险是：招标人与投标人串通投标，或投标人之间串通舞弊；投标人的资质条件不符合要求或挂靠、冒用他人名义投标，可能导致工程质量难以达到规定标准等。

主要控制措施：

（1）科学编制招标公告，合理确定投标人资格要求，尽量扩大潜在投标人的范围，增强市场竞争性。在确定中标人前，企业工程项目管理部门不得与投标人就投标价格、投标方案等实质性内容进行谈判。

（2）对投标人的信息采取严格的保密措施，防止投标人之间的串通舞弊。

（3）严格按照招标公告或资格预审文件中确定的投标人资格条件对投标人进行实质审查，通过查验资质原件、实地考察，或到工商和税务机关调查核实等方式，确定投标人的实际资质，预防假资质中标。

（4）企业应当履行完备的标书签收、登记和保管手续。签收人要记录投标文件签收日期、地点和密封状况，签收标书后应将投标文件存放在安全保密的地方，任何人不得在开标前开启投标文件。

第三，开标、评标和定标。

投标工作结束后，企业应当组织开标、评标和定标。开标时间和地点应当在招标文件中预先确定。评标由招标人依法组建的评标委员会负责。评标委员会应当按照招标文件确定的评标标准和方法，对投标文件进行评审和比较，推荐合格的中标候选人。企业应当按照规定的权限和程序从中标候选人中确定中标人，向中标人发出中标通知书。

开标、评标和定标环节存在的主要风险是：开标不公开、不透明，损害投标人利益；评标委员会成员缺乏专业水平，或者企业向评标委员会施加影响，致使评标流于形式；评标委员会成员与投标人串通作弊，损害招标人利益。

主要控制措施：

（1）开标过程应邀请所有投标人或其代表出席，并委托公证机构进行检查和公证。

（2）依法组建评标委员会，确保其成员具有较高的职业道德水平，并具备招标项目专业知识和丰富经验。评标委员会成员名单在中标结果确定前应当严格保密。评标委员会成员和参与评标的有关工作人员不得私下接触投标人，不得收受投标人任何形式的商业贿赂。

（3）企业应当为保证评标委员会独立、客观地进行评标工作创造良好条件，不得向评标委员会成员施加影响，干扰其客观评判。

（4）评标委员会应当在评标报告中详细说明每位成员的评价意见以及集体评审结果，对于中标候选人和落标人要分别陈述具体理由。每位成员应对其出具的评审意见承担个人责任。

（5）中标候选人是1个以上单位时，招标人应当按照规定的程序和权限，由决策机构审议决定中标人。

第四，签订施工合同。

中标人确定后，企业应当在规定期限内同中标人订立书面合同，双方不得另行订立背离招标文件实质性内容的其他协议。

该环节存在的主要风险是：合同内容不完整、不清楚，或者订立了背离招标文件实质性内容的合同。

主要控制措施：

（1）企业应当制定工程合同管理制度，明确各部门在工程合同管理和履行中的职责，严格按照合同行使权利和履行义务。

（2）企业应当在规定的期限内与中标人订立书面合同，明确双方的权利、义务和违约责任。企业和中标人不得再行订立背离合同实质性内容的其他协议。

（3）建设工程施工合同、各类分包合同、工程项目施工内部施工合同应当按照国家或本企业制定的示范文本的内容填写，清楚列明质量、进度、资金、安全等各项具体标准，有施工图纸的，施工图纸是合同的重要附件，与合同具有同等法律效力。

（4）企业应当建立合同履行执行情况台账，记录合同的实际履约情况，并随时督促对方当事人及时履行其义务，企业的履约情况也应及时做好记录并经对方确认。

4. 工程建设

工程建设指的是工程建设实施，即施工阶段。建设成本、进度和质量的具体控制主要发生在这一阶段。工程建设阶段的主要工作包括工程物资采购、工程监理、工程价款结算、工程变更等。

第一，工程物资采购。

工程物资包括材料和设备。工程物资采购分为自行采购和施工单位采购。材料和设备采购一般占到工程总造价的60%以上，对工程投资、进度、质量等具有重大影响。为了保证项目顺利进行，要按照施工进度需要，及时购置材料和设备。

该环节存在的主要风险是：工程物资采购过程控制不力，材料和设备质次价高，不符合设计标准和合同要求，对施工单位采购物资监督不足，影响工程质量和进度。

主要控制措施：

（1）重大设备和大宗材料的采购应当采用招标方式。

（2）企业自行采购工程物资的，可以参照采购业务控制的相关内容办理。

（3）对于由施工单位购买的工程物资，企业应当采取必要措施加强监督，确保工程物资符合设计标准和合同要求。在施工合同中，企业应具体说明建筑材料和设备应达到的质量标准，明确责任追究方式。对于施工单位提供的重要材料和工程设备，应由监理机构进行检验，查验材料合格证明和产品合格证书，一般材料要进行抽检，严禁不合格工程物资投入工程项目建设。

第二，工程监理。

工程监理是指具有相关资质的监理单位受企业的委托，依据国家批准的工程项目建设文件、有关工程建设的法律、法规和工程建设监理合同及其他工程建设合同，代替企业对承建单位的工程建设实施监控的一种专业化服务活动。工程监理本身就是工程中一项重要的监控措施，它与建设期间的其他工作是紧密联系在一起的。

该环节存在的主要风险是：工程监理单位监督不力，流于形式，不利于确保工程的进度、质量和安全。

主要控制措施：

（1）工程监理单位应当依照国家法律、法规及相关技术标准、设计文件和工程施工合同，对施工单位在施工质量、工期、进度、安全和资金使用等方面实施监督。

（2）监理单位应当建立监理进度控制体系，明确相关程序、要求和责任。

（3）监理单位接受委任后应组建现场监理机构，并在发布开工通知前进驻工地，及时开展监理工作。

（4）工程监理人员应具备良好的职业操守，客观公正地执行监理任务。发现工程施工不符合设计要求、施工技术标准和合同约定的，应当要求施工单位改正；发现工程设计不符合建筑工程质量标准或者合同约定的质量要求的，应当报告企业，要求设计单位改正。

（5）未经工程监理人员签字，工程物资不得在工程上使用或者安装，不得进行下一道施工工序，不得拨付工程价款，不得进行竣工验收。

第三，工程价款结算。

企业与施工单位之间的工程价款结算是建设期间的一项重要内容。根据财政部、原建设部《建设工程价款结算暂行办法》的规定，工程价款结算是指对建设工程的发包施工合同价款进行约定和依据合同约定进行工程预付款、工程进度款、工程竣工价款结算的活动。

该环节存在的主要风险是：建设资金使用管理混乱、项目资金不落实，影响工程进度；工程进度计算不准确、价款结算不及时等。

主要控制措施：

（1）企业应当建立完善的工程价款结算制度，明确工作流程和职责权限划分，并切实遵照执行。建立成本费用支出审批制度，对建设资金的使用进行管理。

（2）资金筹集和使用应与工程进度协调一致，企业应当根据项目组成（分部、分项工程）结合时间进度编制资金使用计划，作为资产管控和工程价款结算的重要依据。

（3）企业财会部门应当加强与施工单位和监理机构的沟通，准确掌握工程进度，开展工程项目核算，确保财务报表能够准确、全面地反映资产价值。企业财会部门应认真审核相关凭证，严格按合同规定的付款方式付款，既不应违规预支，也不得无故拖欠。

（4）施工过程中，如果工程的实际成本突破了工程项目预算，企业应当及时分析原因，按照规定的程序予以处理。

第四，工程变更。

工程建设周期通常较长。在建设过程中由于某些情况发生变化，有时需要对工程进行必要变更。工程变更包括工程量变更、项目内容的变更、进度计划的变更、施工条件的变更等，但最终往往表现为设计变更。

该环节存在的主要风险是：现场控制不当，工程变更频繁，导致费用超支、工期延误；变更程序不规范、变更缺乏审核或审核不严等。

主要控制措施：

（1）企业应当建立严格的工程变更审批制度，严格控制工程变更。确需变更的，应当按照规定的权限和程序进行审批。

（2）重大的项目变更应当按照项目决策和概预算控制的有关程序和要求重新履行审批手续。工程变更获得批准后，应尽快落实变更设计和施工，施工单位应在规定期限内全面落实变更指令。

（3）因工程变更等原因造成价款支付方式及金额发生变动的，应当提供完整的书面文件和其他相关资料，并对工程变更价款的金额变动进行严格审核。

（4）因人为原因导致的工程变更，如设计失误、施工缺陷等，应当追究当事单位和人员的责任。

（5）对工程变更价款的支付实施更为严格的审批制度，变更文件必须齐备，变更工程量的计算必须经过监理机构复核并签字确认，防止施工单位虚列工程费用。

5. 竣工验收

竣工验收是指工程项目竣工后由企业会同设计、施工、监理单位以及工程质量监督部门等，对该项目是否符合规划设计要求以及建筑施工和设备安装质量进行全面检验的过程。企业收到施工单位的工程竣工报告后，应当及时编制竣工决算，开展竣工决算审计，组织设计、施工、监理等有关单位进行竣工验收。竣工决算是办理固定资产交付使用手续的依据。

竣工验收环节存在的主要风险是：竣工验收不规范，质量检验把关不严或者相关资料不齐全，可能导致工程存在重大质量隐患；虚报项目投资完成额、虚列建设成本或者隐匿结余资金，竣工决算失真，如虚报项目投资完成额、虚列建设成本等；固定资产达到预定可使用状态后，未及时进行估价、结转。

主要控制措施：

（1）企业应当健全竣工验收各项管理制度，明确竣工验收的条件、标准、程序、组织管理和责任追究等。

（2）企业应当组织审核竣工决算，重点审查决算依据是否完备、相关文件资料是否齐全、竣工清理是否完成、决算编制是否正确。未实施竣工决算审计的工程项目，不得办理竣工验收手续。竣工验收必须履行规定的程序，至少应经过施工单位初检、监理机构审核、正式竣工验收三个程序。

（3）正式竣工验收前，根据合同规定应当进行试运行的，应当由企业、监理单位和施工单位共同参与试运行。试运行符合要求的，才能进行正式验收。

（4）交付竣工验收的工程项目，应当符合规定的质量标准，有完整的工程技术经济资料，并具备国家规定的其他竣工条件。

（5）企业应当按照国家有关档案管理的规定，及时收集、整理工程建设各环节的文件资料，建立完整的工程项目档案。

6. 工程项目后评估

工程项目后评估是指在建设项目已经完成并运行一段时间后，对项目的目的、执行过程、效益、作用和影响进行系统的、客观的分析和总结的一种技术经济活动，重点评价和综合分析完工工程项目预期目标的实现情况和工程项目投资效益以及各个环节风险控制状况等。

工程项目后评估本身就是一项重要的管控措施，项目后评估通常安排在工程项目竣工验收后 6 个月或 1 年后，多为效益后评价和过程后评价。企业应当建立健全完工项目的后评估制度，采取切实有效措施，保证项目后评估的公开、客观和公正。原则上，凡是承担项目可行性研究报告编制、立项决策、设计、监理、施工等业务的机构不得从事该项目的后评估工作，以保证工程项目后评估的独立性。此外，企业要严格落实工程项目决策及执行相关环节责任追究制度，工程项目后评估结果应当作为绩效考核和责任追究的依据。

（三）工程项目业务流程图

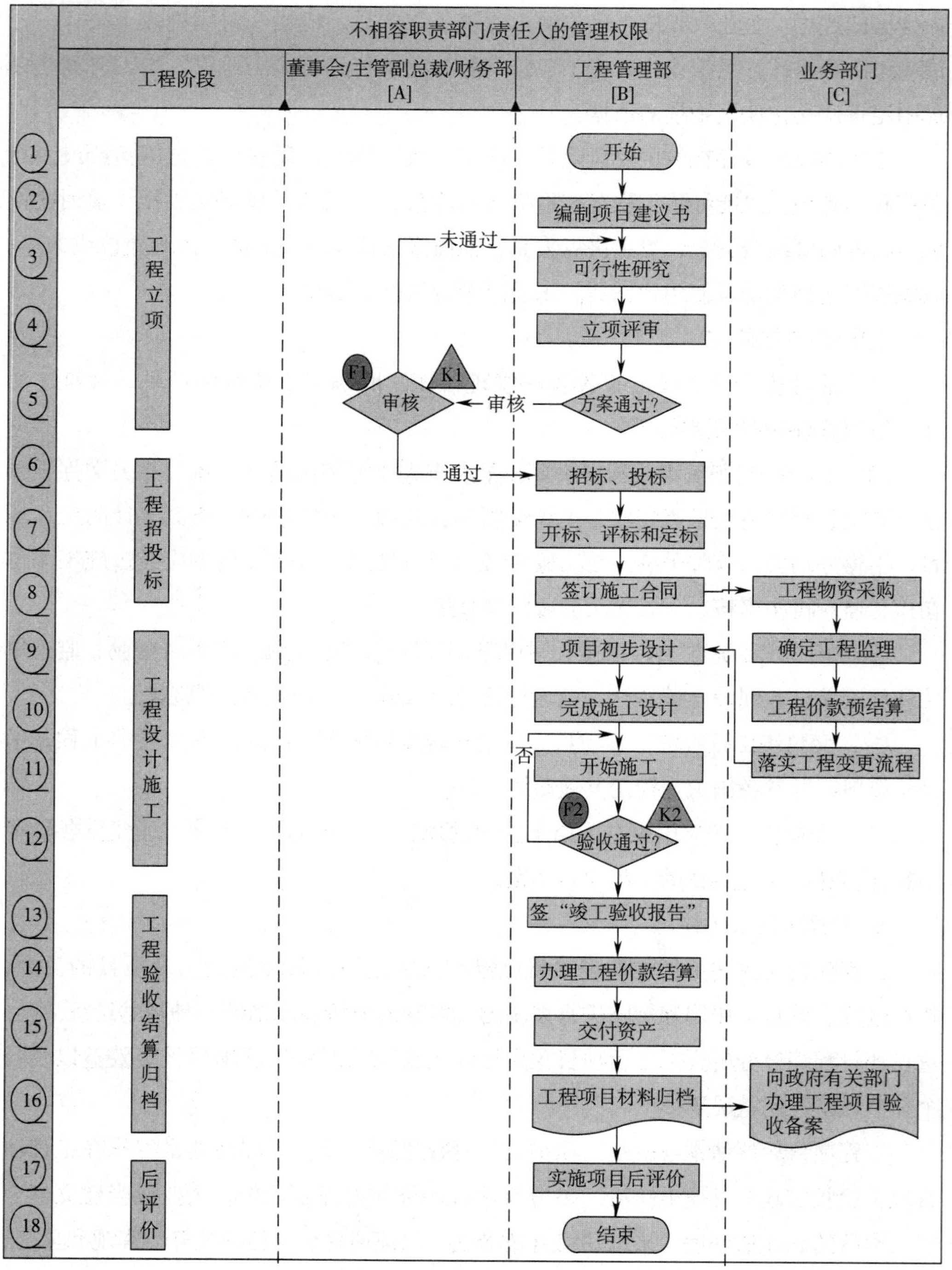

图9－11　工程项目业务流程图

三、工程项目风险控制矩阵

表 9－11　　风险控制矩阵——工程项目（工程项目业务流程）

控制点	风险类型					风险描述	控制点类型				控制描述	关键控制点	控制措施	控制方法（自动或手工）	控制类型（发现性或预防性）	控制频率（时、日、周、月、季度、年度）	控制实施证据	控制文件的文号或名称
	经营决策风险	违反法律法规	财务报告失真	资产安全受威胁	营私舞弊风险		C：完整性控制	A：准确性控制	T：有效性控制	R：接触性控制								
F1	√					由于工程项目管理部没有严格项目立项流程，造成项目风险		√			工程项目管理部将工程项目申报、可行性研究报领导审批	K1	工程项目管理部制定《工程项目招投标管理规定》	手工	预防性	随时	申请书	《工程项目招投标管理规定》或文号
F2	√					由于工程项目管理部没有严格项目立项流程，造成项目风险		√			工程项目管理部将工程项目申报、可行性研究报领导审批	K2	项目管理部以《工程项目招投标管理规定》验收工程项目	手工	预防性	随时	申请书	《工程项目招投标管理规定》或文号

第十二项　企业内部控制应用实例——担保业务

一、企业内部控制应用指引第12号——担保业务

制度名称	企业内部控制应用指引—第12号			发布日期	2010年
发布部门	财政部	发文号	财会11号	控制措施	担保业务

第一章　总　则

第一条　为了加强企业担保业务管理，防范担保业务风险，根据《中华人民共和国担保法》等有关法律法规和《企业内部控制基本规范》，制定本指引。

第二条　本指引所称担保，是指企业作为担保人按照公平、自愿、互利的原则与债权人约定，当债务人不履行债务时，依照法律规定和合同协议承担相应法律责任的行为。

第三条　企业办理担保业务至少应当关注下列风险：

（一）对担保申请人的资信状况调查不深，审批不严或越权审批，可能导致企业担保决策失误或遭受欺诈。

（二）对被担保人出现财务困难或经营陷入困境等状况监控不力，应对措施不当，可能导致企业承担法律责任。

（三）担保过程中存在舞弊行为，可能导致经办审批等相关人员涉案或企业利益受损。

第四条　企业应当依法制定和完善担保业务政策及相关管理制度，明确担保的对象、范围、方式、条件、程序、担保限额和禁止担保等事项，规范调查评估、审核批准、担保执行等环节的工作流程，按照政策、制度、流程办理担保业务，定期检查担保政策的执行情况及效果，切实防范担保业务风险。

第二章　调查评估与审批

第五条　企业应当指定相关部门负责办理担保业务，对担保申请人进行资信调查和风险评估，评估结果应出具书面报告。企业也可委托中介机构对担保业务进行资信调查和风险评估工作。

企业在对担保申请人进行资信调查和风险评估时，应当重点关注以下事项：

（一）担保业务是否符合国家法律法规和本企业担保政策等相关要求。

（二）担保申请人的资信状况，一般包括：基本情况、资产质量、经营情况、偿债能力、盈利水平、信用程度、行业前景等。

（三）担保申请人用于担保和第三方担保的资产状况及其权利归属。

（四）企业要求担保申请人提供反担保的，还应当对与反担保有关的资产状况进行评估。

第六条　企业对担保申请人出现以下情形之一的，不得提供担保：

（一）担保项目不符合国家法律法规和本企业担保政策的。

（二）已进入重组、托管、兼并或破产清算程序的。

（三）财务状况恶化、资不抵债、管理混乱、经营风险较大的。

（四）与其他企业存在较大经济纠纷，面临法律诉讼且可能承担较大赔偿责任的。

（五）与本企业已经发生过担保纠纷且仍未妥善解决的，或不能及时足额交纳担保费用的。

第七条　企业应当建立担保授权和审批制度，规定担保业务的授权批准方式、权限、程序、责任和相关控制措施，在授权范围内进行审批，不得超越权限审批。重大担保业务，应当报经董事会或类似权力机构批准。

经办人员应当在职责范围内，按照审批人员的批准意见办理担保业务。对于审批人超越权限审批的担保业务，经办人员应当拒绝办理。

第八条　企业应当采取合法有效的措施加强对子公司担保业务的统一监控。企业内设机构未经授权不得办理担保业务。

企业为关联方提供担保的，与关联方存在经济利益或近亲属关系的有关人员在评估与审批环节应当回避。

对境外企业进行担保的，应当遵守外汇管理规定，并关注被担保人所在国家的政治、经济、法律等因素。

续表

<table>
<tr><td colspan="2">第九条　被担保人要求变更担保事项的，企业应当重新履行调查评估与审批程序。
第三章　执行与监控
第十条　企业应当根据审核批准的担保业务订立担保合同。担保合同应明确被担保人的权利、义务、违约责任等相关内容，并要求被担保人定期提供财务报告与有关资料，及时通报担保事项的实施情况。
担保申请人同时向多方申请担保的，企业应当在担保合同中明确约定本企业的担保份额和相应的责任。
第十一条　企业担保经办部门应当加强担保合同的日常管理，定期监测被担保人的经营情况和财务状况，对被担保人进行跟踪和监督，了解担保项目的执行、资金的使用、贷款的归还、财务运行及风险等情况，确保担保合同有效履行。
担保合同履行过程中，如果被担保人出现异常情况，应当及时报告，妥善处理。
对于被担保人未按有法律效力的合同条款偿付债务或履行相关合同项下的义务的，企业应当按照担保合同履行义务，同时主张对被担保人的追索权。
第十二条　企业应当加强对担保业务的会计系统控制，及时足额收取担保费用，建立担保事项台账，详细记录担保对象、金额、期限、用于抵押和质押的物品或权利以及其他有关事项。
企业财会部门应当及时收集、分析被担保人担保期内经审计的财务报告等相关资料，持续关注被担保人的财务状况、经营成果、现金流量以及担保合同的履行情况，积极配合担保经办部门防范担保业务风险。
对于被担保人出现财务状况恶化、资不抵债、破产清算等情形的，企业应当根据国家统一的会计准则制度规定，合理确认预计负债和损失。
第十三条　企业应当加强对反担保财产的管理，妥善保管被担保人用于反担保的权利凭证，定期核实财产的存续状况和价值，发现问题及时处理，确保反担保财产安全完整。
第十四条　企业应当建立担保业务责任追究制度，对在担保中出现重大决策失误、未履行集体审批程序或不按规定管理担保业务的部门及人员，应当严格追究相应的责任。
第十五条　企业应当在担保合同到期时，全面清查用于担保的财产、权利凭证，按照合同约定及时终止担保关系。
企业应当妥善保管担保合同、与担保合同相关的主合同、反担保函或反担保合同，以及抵押、质押的权利凭证和有关原始资料，切实做到担保业务档案完整无缺。</td></tr>
<tr><td>实施时间</td><td>自 2011 年 1 月 1 日起在境内外同时上市的公司施行，自 2012 年 1 月 1 日起在上海证券交易所、深圳证券交易所主板上市公司施行。</td></tr>
</table>

二、担保业务流程

我国上市公司担保业务增速快、金额大、风险高、违规情况较为严重。另有研究资料表明，仅 2001 年至 2004 年，平均每年新增 121 家上市公司涉及担保事项，年均增速达到 35%；截至 2004 年 10 月，837 家沪市上市公司中，有 180 家存在违规担保情况，涉及金额为 279.98 亿元，违规担保金额占上市公司担保总额的 26.72%；在深市 505 家上市公司中，涉及担保的公司有 311 家，担保总额达 420 亿元，其中违规担保金额为 131 亿元，占担保总额的 31.19%。《企业内部控制指引第 12 号——担保业务》（以下简称担保业务指引）、在梳理担保业务流程、分析担保业务风险的基础上，提出了一系列针对性的管控措施。

（一）担保业务的特征

担保是指企业作为担保人按照公平、自愿、互利的原则与债权人约定，当债务人不履行债务时，依照法律规定和合同协议承担相应法律责任的行为。

1. 担保业务的“双刃剑”特征

担保制度起源于商品交易活动，但早期的简单商品交易，往往是以物易物，或者是钱货两清的即时交易，交易主体间失信问题不突出，也就没有担保的必要。随着商品交换形式不断发展，非即时交易大量出现，商品和货币的交付有了时间差，债权债务应运而生，随之而来的问题就是，在对债务人没有百分之百信赖的情形下，债权人需要通过某种方式确保债权的实现，而担保制度正好满足了这种需要。在现代市场经济中，担保制度一方面有利于银行等债权人降低贷款风险，另一方面使债权人与债务人之间形成了稳定可靠的资金供需关系。

但是，必须看到担保业务具有“双刃剑”特征，一些企业包括上市公司陷入担保怪圈和旷日持久的诉讼拉锯战，导致重大经济损失案件时有发生。财政部会计司发布的《我国上市公司 2007 年执行新会计准则情况分析报告》显示，在 1570 家上市公司中，有 287 家存在预计负债，占 18. 28%，这 287 家上市公司 2007 年确认的预计负债总额为 148. 50 亿元，其中，因担保事项确认的预计负债达到 22. 26 亿元，占到了 14. 99%。

加强企业担保业务管理，防范担保业务风险，对于维护企业利益和维持正常经营有重要的意义。

2. 担保业务控制的总体要求

担保业务是企业的一项或有债务，它关系到企业资金运转和生死存亡。对担保业务控制的总体要求如下：

（1）完善担保业务管理制度。企业应当依法制定和完善担保业务政策及相关管理制度，如调查评估制度、审批制度、担保合同管理制度等，明确担保的对象、范围、方式、条件、程序、担保限额和禁止担保等事项。

（2）规范担保业务各环节工作流程。企业应规范调查评估、审核批准、担保执行等环节的工作流程，按照政策、制度、流程办理担保业务。

（3）定期检查执行情况。企业应当定期检查担保政策的执行情况及效果，切实防范担保业务风险。

（二）担保业务的主要风险及控制措施①

1. 受理申请

受理担保申请是办理担保业务的第一道关口。

该环节的主要风险是：企业担保政策和相关管理制度不健全，导致难以对担保申请人提出的担保申请进行初步评价和审核；或者虽然建立了担保政策和相关管理

① 张玉，邱胜利．企业内部控制规范性操作风险［M］．北京：企业管理出版社，2013.

制度，但对担保申请人提出担保申请审查把关不严，导致申请受理流于形式。

主要控制措施：

（1）企业应依法制定和完善本企业的担保政策和相关管理制度，明确担保的对象、范围、方式、条件、程序、担保限额和禁止担保的事项。

（2）严格按照担保政策和相关管理制度对担保申请人提出的担保申请进行审核。审视担保申请人与本企业的业务关系，及其整体实力、经营状况、信用水平等情况。比如，担保申请人是否属于可以提供担保的对象。一般而言，对于与本企业存在密切业务关系从而需要互保的企业、与本企业有潜在重要业务关系的企业、本企业的子公司及具有控制关系的其他企业等，可以考虑提供担保，反之，则必须十分慎重。

2. 调查评估

企业在受理担保申请后，应当指定相关部门负责办理担保业务，对担保申请人进行资信调查和风险评估。这是办理担保业务中不可或缺的重要环节，在相当程度上影响甚至决定担保业务的未来走向。

该环节的主要风险是：对担保申请人的资信调查不深入、不透彻，对担保项目的风险评估不全面、不科学，导致企业担保决策失误或遭受欺诈，为担保业务埋下巨大隐患。

主要控制措施：

（1）委派具备胜任能力的专业人员开展调查和评估。调查评估人员与担保业务审批人员应当分离。担保申请人为企业关联方的，与关联方存在经济利益或近亲属关系的有关人员不得参与调查评估。

（2）企业可以自行对担保申请人进行资信调查和风险评估，也可以委托中介机构承担这一工作，同时应加强对中介机构工作情况的监控。

企业在对担保申请人进行资信调查和风险评估时，应当重点关注以下事项：

①担保业务是否符合国家法律、法规和本企业担保政策等相关要求。

②担保申请人的资信状况，一般包括基本情况、资产质量、经营情况、偿债能力、盈利水平、信用程度、行业前景等。

③担保申请人用于担保和第三方担保的资产状况及其权利归属。

④企业要求担保申请人提供反担保的，还应当对与反担保有关的资产状况进行调查了解，务求真实准确。

（3）对担保项目经营前景和盈利能力进行合理预测，应当重视企业整体的资信状况和担保项目的预期运营情况，这是构成判断担保申请人偿债能力的两大重要方面。

（4）明确划定不予担保的“红线”提示情况，并结合调查评估情况作出判断。

对于以担保业务指引中规定的5类情形不予担保：

①担保项目不符合国家法律、法规和本企业担保政策的；

②已进入重组、托管、兼并或破产清算程序的；

③财务状况恶化、资不抵债、管理混乱、经营风险较大的；

④与其他企业存在较大经济纠纷，面临法律诉讼且可能承担较大赔偿责任的；

⑤与本企业已经发生过担保纠纷且仍未妥善解决的，或不能及时足额交纳担保费用的。

几类特定担保的专门要求：

①对子公司担保业务实施统一监控。

②为关联方提供担保的，与关联方存在经济利益或近亲属关系的有关人员在评估与审批环节应当回避。

③对境外企业进行担保的，应当遵守外汇管理规定，并关注被担保人所在国家的政治、经济、法律等因素。

形成书面评估报告：

全面反映调查评估情况，为担保决策提供第一手资料。企业应当规范评估报告的形式和内容，妥善保管评估报告，并作为日后追究有关人员担保责任的重要依据。

3. 审批

审批环节在担保业务中具有承上启下的作用，它既是对调查评估结果的判断和认定，也是担保业务能否进入实际执行阶段的必经之路。

企业应当根据《公司法》等国家法律法规，结合企业章程和有关管理制度，明确重大担保业务的判断标准、审批权限和程序。上市公司的重大对外担保，应取得董事会全体成员2/3以上签署同意或者经股东大会批准，未经董事会或者类似权力机构批准，不得对外提供重大担保。

该环节的主要风险是：授权审批制度不健全，导致对担保业务的审批不规范；审批不严格或者越权审批，导致担保决策出现重大疏漏，可能引发严重后果；对关联方的担保审批不规范；忽略对变更担保的管理；审批过程存在舞弊行为，可能导致经办审批等相关人员涉案或企业利益受损。

主要控制措施：

（1）企业应当建立担保授权和审批制度，明确担保业务的授权批准方式、权限、程序、责任和相关控制措施，规定各层级人员应当在授权范围内进行审批，不得超越权限审批。企业内设机构不得以企业名义对外提供担保，对于审批人超越权限审批的担保业务，经办人员应当拒绝办理。

（2）建立和完善重大担保业务的集体决策审批制度，明确重大担保业务的判断标准、审批权限和程序。重大担保业务应当报经董事会或类似权力机构批准。

（3）认真审查对担保申请人的调查评估报告，在充分了解掌握有关情况的基础上，权衡比较本企业净资产状况、担保限额与担保申请人提出的担保金额，确保将担保金额控制在企业设定的担保限额之内。

（4）企业为关联方提供担保的，与关联方存在经济利益或近亲属关系的有关人员在评估与审批环节应当回避。

（5）从严办理担保变更审批。被担保人要求变更担保事项的，企业应当重新履行调查评估程序，根据新的调查评估报告重新履行审批手续。

4. 订立担保合同

担保合同是审批机构同意办理担保业务的直接体现，也是约定担保双方权利义务的基础载体。

该环节的主要风险是：未订立担保合同、或者未经授权对外订立担保合同，或者担保合同内容存在重大疏漏和欺诈，可能导致企业诉讼失败、权利追索被动、经济利益和形象信誉受损。

主要控制措施：

（1）企业应当根据审核批准的担保业务订立担保合同。合同订立经办人必须在授权的范围内办理担保业务。

（2）认真审核合同条款，确保担保合同条款内容完整、表述严谨准确、相关手续齐备。担保合同应明确被担保人的权利、义务、违约责任等相关内容，并要求被担保人定期提供财务报告与有关资料，及时通报担保事项的实施情况。如果担保申请人同时向多方申请担保的，企业应当在担保合同中明确约定本企业的担保份额和相应的责任。

（3）实行担保合同会审联签。企业应当鼓励担保业务经办单位会同法律部门、财会部门、内审部门等参与担保合同会审联签，增强担保合同的合法性、规范性、完备性，以降低担保合同存在重大疏漏或欺诈的风险。

（4）加强对身份证明和印章的管理，保证担保合同用章用印符合当事人真实意愿，杜绝身份证明和印章被盗用而进行对外担保，从而造成担保损失。

（5）规范担保合同记录、传递和保管，确保担保合同运转轨迹清晰完整、有案可查。在这一方面需注意事项提示如下：

①经办人要会同法律部门或咨询法律专家以保证担保合同条款完整、准确无误，符合《合同法》《担保法》等法律法规的要求，以避免事后产生合同纠纷。严格杜绝在空白担保书上签字、盖章，出具担保。

②担保的金额和期限应大写，以防止担保申请人和受益方在担保金额和有关条

文上任意变动，加大风险。

③合同文本页码需连续编号，并加盖骑缝章。

④担保合同签订后，担保业务部门要及时把签订的担保合同等担保资料传递给财务部门，财务部门对担保业务部门签订的担保合同进行编号，确保对担保业务进行充分及时记录。

5. 日常管理

担保合同的签订标志着企业的担保权利和担保责任进入法律意义上的实际履行阶段。切实加强对担保合同执行情况的日常监控，通过及时、准确、全面地掌握被担保人的经营状况、财务状况和担保项目运行情况，最大限度地实现企业担保权益，最大限度地降低企业担保责任，是一项艰巨而重要的任务。

该环节的主要风险是：重合同签订，轻后续管理，对担保合同履行情况疏于监控或监控不当，导致企业不能及时发现和妥善应对被担保人的异常情况，可能延误处置时机，加剧担保风险，加重经济损失。

主要控制措施：

（1）加强担保合同的日常管理。指定专人定期监测被担保人的经营情况和财务状况，对被担保人进行跟踪和监督，了解担保项目的执行、资金的使用、贷款的归还、财务运行及风险等情况，确保担保合同有效履行。

（2）企业财会部门要及时，最好是按月或者按季收集、分析被担保人担保期内的财务报告等相关资料，持续关注被担保人的财务状况、经营成果、现金流量以及担保合同的履行情况，积极配合担保经办部门防范担保业务风险。

（3）及时报告被担保人异常情况和重要信息。企业有关部门和人员在实施日常监控过程中一旦发现被担保人存在经营困难、债务沉重，或者违反担保合同的其他情况，应当在第一时间向企业有关管理人员作出报告，以便于及时采取有针对性的应对措施。

6. 会计系统控制

担保业务直接涉及担保财产、费用收取、财务分析、债务承担、会计处理和相关信息披露等，决定了会计控制在担保业务经办中具有举足轻重的重要作用。

该环节的主要风险是：会计系统控制不力，可能导致担保业务记录残缺不全，日常监控难以奏效，或者担保会计处理和信息披露不符合有关监管要求，可能引发行政处罚。

主要控制措施：

（1）健全担保业务经办部门与财会部门的信息沟通机制，促进担保信息及时有效沟通。财会部门积极配合担保经办部门防范担保业务风险。

（2）财会部门应建立担保事项台账，详细记录担保对象、金额、期限、用于抵押和质押的物品或权利以及其他有关事项；同时，及时足额收取担保费用，维护企业担保权。

（3）严格按照国家统一的会计准则制度进行担保会计处理，财会部门应及时收集、分析被担保人担保期内经审计的财务报告等相关资料，持续关注被担保人的财务状况、经营成果、现金流量以及担保合同履行情况，发现被担保人出现财务状况恶化、资不抵债、破产清算等情形的，应当合理确认预计负债和损失。属于上市公司的，应根据相关制度对担保事项进行公告。

7. 反担保财产管理

所谓反担保是指债务人或第三人向担保人做出保证或设定物的担保，在担保人因清偿债务人的债务而遭受损失时，向担保人做出清偿。

该环节的主要风险是：对反担保的权利凭证保管不善、缺乏对反担保财产的有效监控等；缺乏担保业务责任追究制度，或者制度执行流于形式。

主要控制措施：

（1）加强对反担保财产的管理，妥善保管被担保人用于反担保的权利凭证，定期核实财产的存续状况和价值，发现问题及时处理，确保反担保财产安全、完整。

（2）夯实担保合同基础管理，妥善保管担保合同、与担保合同相关的主合同、反担保函或反担保合同，以及抵押、质押的权利凭证和有关原始资料，做到担保业务档案完整无缺。企业应当在担保合同到期时，全面清查用于担保的财产、权利凭证，按照合同约定及时终止担保关系。

8. 代为清偿和权利追索

被担保人在担保期间如顺利履行了偿债义务，且向担保企业及时足额支付了担保费用，担保合同一般应予终止，担保双方可以解除担保权利责任。如被担保人无法偿还到期债务，"连累"担保企业不得不按照担保合同约定承担清偿债务的责任。因此，在代为清偿后依法主张对被担保人的追索权，成为担保企业降低担保损失的最后一道屏障。

该环节的主要风险是：未及时终止担保关系，使担保展期；违背担保合同约定不履行代为清偿义务，可能被银行等债权人诉诸法律成为连带被告，影响企业形象和声誉；承担代为清偿义务后向被担保人追索权利不力，可能造成较大经济损失；缺乏担保业务责任追究制度等。

主要控制措施：

（1）强化法制意识和责任观念，在被担保人确实无力偿付债务或履行相关合同义务时，自觉按照担保合同承担代偿义务，维护企业诚实守信的市场形象。

（2）运用法律武器向被担保人追索赔偿权利，在此过程中，企业担保业务经办部门、财会部门、法律部门等应当通力合作，做到在司法程序中举证有力；同时，依法处置被担保人的反担保财产，严控担保风险，尽力减少企业经济损失。

（3）启动担保业务后评估工作，严格落实担保业务责任追究制度，对在担保中出现重大决策失误、未履行集体审批程序或不按规定管理担保业务的部门及人员，严格追究其行政责任和经济责任，不断完善担保业务内控制度，促进企业健康稳健发展。

（三）担保业务流程图

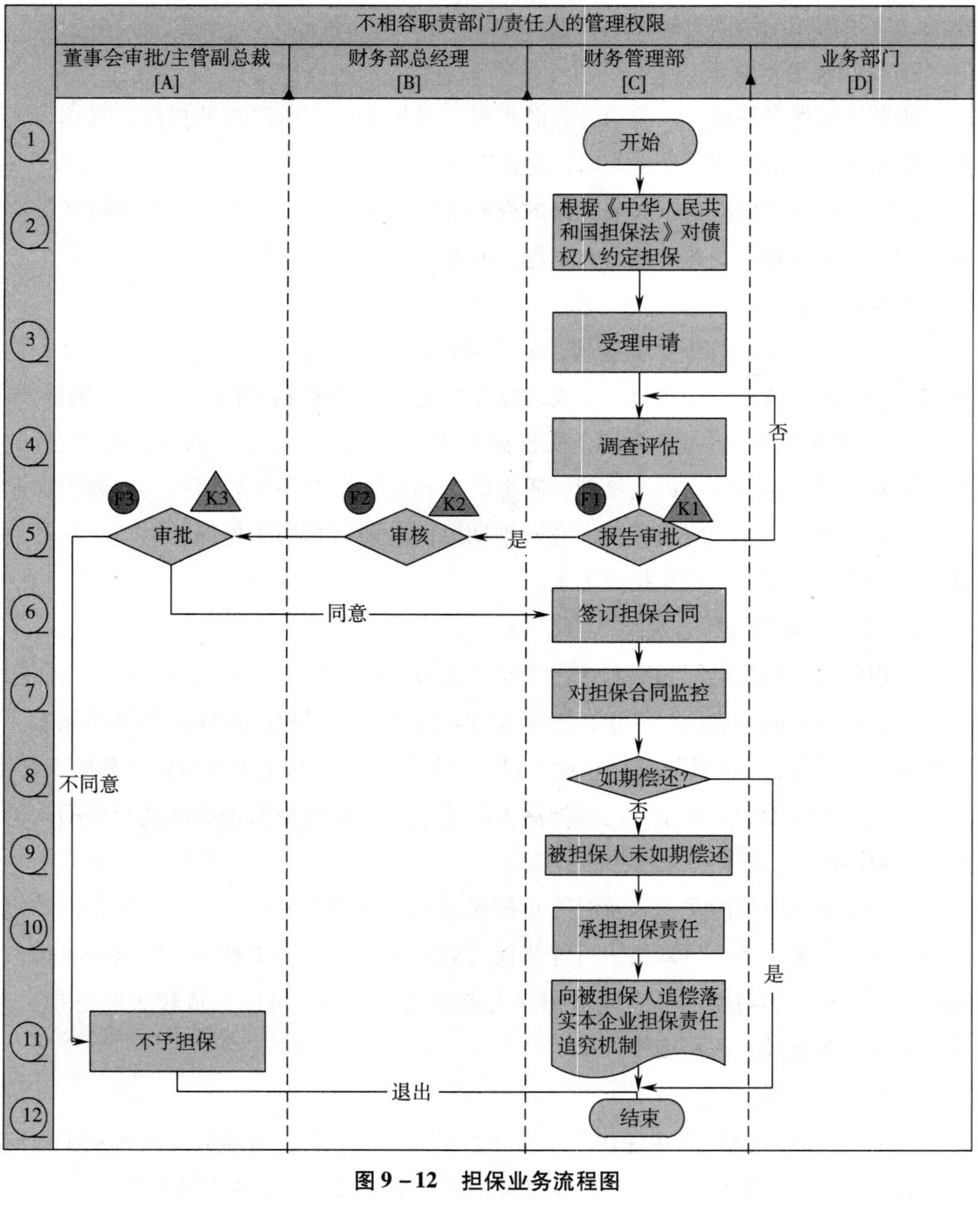

图9-12 担保业务流程图

三、担保业务风险控制矩阵

表 9－12 风险控制矩阵——担保业务（担保业务流程）

控制点	风险类型					风险描述	控制点类型				控制描述	关键控制点	控制措施	控制方法（自动或手工）	控制类型（发现性或预防性）	控制频率（时、日、周、月、季度、年度）	控制实施证据	控制文件的文号或名称
	经营决策风险	违反法律法规	财务报告失真	资产安全受威胁	营私舞弊风险		C：完整性控制	A：准确性控制	T：有效性控制	R：接触性控制								
F1	√					在履行担保业务时没有按照《中华人民共和国担保法》会产生风险		√			在履行担保业务时要严格按照《中华人民共和国担保法》开展业务	K1	财务管理部根据《中华人民共和国担保法》制定相关担保制度合同	手工	预防性	随时	申请书	《中华人民共和国担保法》或文号名称
F2 F3	√					在履行担保业务时没有按照《中华人民共和国担保法》会产生风险		√			履行担保业务要严格按照《中华人民共和国担保法》审批业务	K2 K3	领导层严格按照《中华人民共和国担保法》审批担保业务	手工	发现性	随时	申请书	《中华人民共和国担保法》或文号名称

第十三项　企业内部控制应用实例——业务外包

一、企业内部控制应用指引第13号——业务外包

制度名称	企业内部控制应用指引—第13号			发布日期	2010年
发布部门	财政部	发文号	财会11号	控制措施	业务外包

第一章　总　则

第一条　为了加强业务外包管理，规范业务外包行为，防范业务外包风险，根据有关法律法规和《企业内部控制基本规范》，制定本指引。

第二条　本指引所称业务外包，是指企业利用专业化分工优势，将日常经营中的部分业务委托给本企业以外的专业服务机构或其他经济组织（以下简称承包方）完成的经营行为。

本指引不涉及工程项目外包。

第三条　企业应当对外包业务实施分类管理，通常划分为重大外包业务和一般外包业务。重大外包业务是指对企业生产经营有重大影响的外包业务。

外包业务通常包括：研发、资信调查、可行性研究、委托加工、物业管理、客户服务、IT服务等。

第四条　企业的业务外包至少应当关注下列风险：

（一）外包范围和价格确定不合理，承包方选择不当，可能导致企业遭受损失。

（二）业务外包监控不严、服务质量低劣，可能导致企业难以发挥业务外包的优势。

（三）业务外包存在商业贿赂等舞弊行为，可能导致企业相关人员涉案。

第五条　企业应当建立和完善业务外包管理制度，规定业务外包的范围、方式、条件、程序和实施等相关内容，明确相关部门和岗位的职责权限，强化业务外包全过程的监控，防范外包风险，充分发挥业务外包的优势。

企业应当权衡利弊，避免核心业务外包。

第二章　承包方选择

第六条　企业应当根据年度生产经营计划和业务外包管理制度，结合确定的业务外包范围，拟定实施方案，按照规定的权限和程序审核批准。

总会计师或分管会计工作的负责人应当参与重大业务外包的决策。

重大业务外包方案应当提交董事会或类似权力机构审批。

第七条　企业应当按照批准的业务外包实施方案选择承包方。承包方至少应当具备下列条件：

（一）承包方是依法成立和合法经营的专业服务机构或其他经济组织，具有相应的经营范围和固定的办公场所。

（二）承包方应当具备相应的专业资质，其从业人员符合岗位要求和任职条件，并具有相应的专业技术资格。

（三）承包方的技术及经验水平符合本企业业务外包的要求。

第八条　企业应当综合考虑内外部因素，合理确定外包价格，严格控制业务外包成本，切实做到符合成本效益原则。

第九条　企业应当引入竞争机制，遵循公开、公平、公正的原则，采用适当方式，择优选择外包业务的承包方。采用招标方式选择承包方的，应当符合招投标法的相关规定。

企业及相关人员在选择承包方的过程中，不得收受贿赂、回扣或者索取其他好处。承包方及其工作人员不得利用向企业及其工作人员行贿、提供回扣或者给予其他好处等不正当手段承揽业务。

第十条　企业应当按照规定的权限和程序从候选承包方中确定最终承包方，并签订业务外包合同。业务外包合同内容主要包括：外包业务的内容和范围，双方权利和义务，服务和质量标准，保密事项费用结算标准和违约责任等事项。

第十一条　企业外包业务需要保密的，应当在业务外包合同或者另行签订的保密协议中明确规定承包方的保密义务和责任，要求承包方向其从业人员提示保密要求和应承担的责任。

续表

<table>
<tr><td colspan="2">第三章　业务外包实施
第十二条　企业应当加强业务外包实施的管理，严格按照业务外包制度、工作流程和相关要求，组织开展业务外包，并采取有效的控制措施，确保承包方严格履行业务外包合同。
第十三条　企业应当做好与承包方的对接工作，加强与承包方的沟通与协调，及时搜集相关信息，发现和解决外包业务日常管理中存在的问题。
对于重大业务外包，企业应当密切关注承包方的履约能力，建立相应的应急机制，避免业务外包失败造成本企业生产经营活动中断。
第十四条　企业应当根据国家统一的会计准则制度，加强对外包业务的核算与监督，做好业务外包费用结算工作。
第十五条　企业应当对承包方的履约能力进行持续评估，有确凿证据表明承包方存在重大违约行为，导致业务外包合同无法履行的，应当及时终止合同。
承包方违约并造成企业损失的，企业应当按照合同对承包方进行索赔，并追究责任人责任。
第十六条　业务外包合同执行完成后需要验收的，企业应当组织相关部门或人员对完成的业务外包合同进行验收，出具验收证明。
验收过程中发现异常情况，应当立即报告，查明原因，及时处理。</td></tr>
<tr><td>实施时间</td><td>自 2011 年 1 月 1 日起在境内外同时上市的公司施行，自 2012 年 1 月 1 日起在上海证券交易所、深圳证券交易所主板上市公司施行。</td></tr>
</table>

二、业务外包流程

业务外包是指企业利用专业化分工优势，将日常经营中的部分业务委托给本企业以外的专业服务机构或其他经济组织（以下简称承包方）完成的经营行为。《企业内部控制应用指引第 13 号——业务外包》，对于规范业务外包行为，防范外包业务风险，具有重要意义。

（一）业务外包控制的意义

企业竞争力优势来源于以比对手更低的成本、更快的速度去发展自己的核心能力。任何企业拥有的资源都是有限的，不可能在所有业务领域都取得竞争优势，因而必须将有限的资源集中在核心业务和发展核心能力上。对核心竞争力的注重必然要求企业将其非核心竞争力业务外包给其他企业，这就是外包战略。随着社会主义市场经济发展及国际产业分工呈精细化趋势，我国业务外包市场必将有较大发展。

1. 业务外包控制的意义

业务外包的理论依据是：企业可以通过集中经营做好擅长领域的业务，并以较低的价格从外部购买他们不擅长的业务来获得竞争优势，即以较低的成本来获得较高质量的产品和服务。

外包业务通常包括研发、资信调查、可行性研究、委托加工、物业管理、客户服务、IT 服务等。

加强业务外包管理的重要意义体现在以下几个方面：

（1）业务外包能够使企业专注核心业务。企业实施业务外包，可以将非核心业务转移出去，借助外部资源的优势来弥补和改善自己的弱势，从而把主要精力放在企业的核心业务上。根据自身特点，专门从事某一领域、某一专门业务，从而形成自己的核心竞争力。

（2）随着业务的快速发展，业务外包是集团实现企业战略转型的一个重要条件，加强对外合作是企业不断扩大自身优势的必然选择。选择与拥有比本企业更有效、更经济地完成某项业务的技术和知识的外包专业公司合作，有利于增强企业的竞争优势，降低成本，提高效率。

（3）随着企业内部控制体系建设的深入推进，风险评估、业务流程梳理、成本管理控制、内部监督与自我评价的要求更加规范和严格，需要更为专业化的机构与具备专业胜任能力的人士，协助企业做好各项工作。在此情况下，企业整合利用外部的专业化资源，是提升内部控制体系有效性的便捷途径。

2. 业务外包控制的总体要求

随着公司面临越来越大整合各方面业务资源的压力，外包的使用逐渐增多，并日益作为内部流程的一个常用备选方案。外包的本质是把原先内部生产的某些产品或服务转移至外部供应源，任何非核心流程可以外部采购，企业应当权衡利弊，避免将与核心能力关联紧密的业务外包。

（1）企业的业务外包活动的主要特点

第一，外包偏向于后台业务。在新经济时代，市场瞬息万变，企业生存的基本准则就是能及时获取终端信息，随市而变。为了把握终端市场，把准市场脉搏，许多企业对前台业务，都是亲力亲为，强化服务，而将后台业务，离市场较远的业务外包出去。

第二，外包偏向于机械性业务。当今的信息社会，产品的生命周期缩短、品种增加、批量减小，顾客对产品的交货周期、价格和质量的要求也越来越高。在这种背景下，满足个性化需求，已成为企业重中之重。为此，企业要将机械性、重复性的业务，通过数字化、软件化外包出去。

第三，外包业务偏向于非现场业务。企业的重要业务需要现场作业，必须由企业自身完成，对于那些非现场的或者以网络为平台的业务，可实施外包。企业可以通过互联网，与合作伙伴之间应用信息技术实现彼此的资料互换、信息共享。

（2）业务外包控制的总体要求

第一，企业应当建立和完善业务外包管理制度，规定业务外包的范围、方式、条件、程序和实施等相关内容，明确相关部门和岗位的职责权限。

第二，强化业务外包全过程的监控，包括对制订外包实施方案、审核批准、选择承包方、签订业务外包合同、外包过程管理、验收等环节的监控，防范外包风险，充分发挥业务外包的优势。

第三，企业在确定业务外包方式时，应以成本效益为基础，综合考虑业务运营的具体特点，外包市场成熟程度，公司管控水平等因素，选择最有利于企业的外包方式。

（3）业务外包的主要类型

一是研发外包。研发外包是利用外部资源弥补自己开发能力的不足。

二是生产外包。生产外包是企业将自己的资源专注在新产品的开发、设计和销售上，企业不再拥有自己的生产厂房和设备，而将生产及与生产过程的相关研究"外包"给其他的合同生产企业。

三是物流外包。物流外包是企业将物流活动"外包"给专业的物流公司来完成。

四是除核心业务外的完全业务外包，即非核心业务全部"外包"，本企业只从事具有竞争优势的核心业务。

五是全球范围业务外包。要参与世界经济范围内竞争，企业必须在全球范围内寻求业务外包的机会。

（二）业务外包的主要风险及控制措施①

业务外包流程主要包括制定业务外包实施方案、审核批准、选择承包方、签订业务外包合同、组织实施业务外包活动、业务外包过程管理、验收、会计控制等环节。

1. 制定业务外包实施方案

制定业务外包实施方案是指企业根据年度生产经营计划和业务外包管理制度，结合确定的业务外包范围，制定实施方案。

该环节的主要风险是：企业缺乏业务外包管理制度，导致制定实施方案时无据可依；业务外包管理制度未明确业务外包范围，可能导致有关部门在制定实施方案时，将不宜外包的核心业务进行外包；实施方案不合理、不符合企业生产经营特点或内容不完整，可能导致业务外包失败。

主要控制措施：

（1）建立和完善业务外包管理制度，根据各类业务与核心主业的关联度、企业对外包业务的控制程度以及外部市场成熟度等标准，合理确定业务外包的范围，并根据是否对企业生产经营有重大影响对外包业务实施分类管理，以突出管控重点，同时明确规定业务外包的方式、条件、程序和实施等相关内容。

（2）严格按照业务外包管理制度规定的业务外包范围、方式、条件、程序和实施等内容制定实施方案，避免将核心业务外包，同时确保方案的完整性。

（3）根据企业年度预算以及生产经营计划，对实施方案的重要方面进行深入评

---

① 张玉，邱胜利．企业内部控制规范性操作风险［M］．北京：企业管理出版社，2013.

估以及复核，包括承包方的选择方案、外包业务的成本效益及风险、外包合同期限、外包方式、员工培训计划等，确保方案的可行性。

（4）认真听取外部专业人员对业务外包的意见，并根据其合理化建议完善实施方案。

2. 审核批准

审核批准是指企业应当按照规定的权限和程序审核批准业务外包实施方案。

该环节的主要风险是：审批制度不健全，导致对业务外包的审批不规范；审批不严格或者越权审批，导致业务外包决策出现重大疏漏，可能引发严重后果；未能对业务外包实施方案是否符合成本效益原则进行合理审核，以及作出恰当判断，导致业务外包不经济。

主要控制措施：

（1）建立和完善业务外包的审核批准制度。明确授权批准的方式、权限、程序、责任和相关控制措施，规定各层级人员应当在授权范围内进行审批，不得超越权限审批。

（2）在对业务外包实施方案进行审查和评价时，应当着重对比分析该业务项目在自营与外包情况下的风险和收益，确定外包的合理性和可行性。

（3）总会计师或企业分管会计工作的负责人应当参与重大业务外包的决策，对业务外包的经济效益作出合理评价。

（4）对于重大业务外包方案，应当提交董事会或类似权力机构审批。

3. 选择承包方

选择承包方是指企业应当按照批准的业务外包实施方案选择承包方。

该环节的主要风险是：承包方不是合法设立的法人主体，缺乏应有的专业资质，从业人员也不具备应有的专业技术资格，缺乏从事相关项目的经验，导致企业遭受损失甚至陷入法律纠纷；外包价格不合理，业务外包成本过高，导致难以发挥业务外包的优势；存在接受商业贿赂的舞弊行为，导致相关人员涉案。

主要控制措施：

（1）选择的承包方至少应当具备下列条件：

①承包方是依法成立和合法经营的专业服务机构或其他经济组织，具有相应的经营范围和固定的办公场所。

②承包方应当具备相应的专业资质，其从业人员符合岗位要求和任职条件，并具有相应的专业技术资格。

③承包方的技术及经验水平符合本企业业务外包的要求。

（2）综合考虑内外部因素，合理确定外包价格，严格控制业务外包成本，切实做到符合成本效益原则。

（3）引入竞争机制，遵循公开、公平、公正的原则，采用适当的方式，择优选择承包方。

（4）按照规定的程序和权限从候选承包方中做出选择，建立严格的回避制度和监督处罚制度，避免企业及相关人员在选择承包方的过程中出现受贿和舞弊行为。

4. 签订业务外包合同

确定承包方后，企业应当及时与选定的承包方签订业务外包合同，约定业务外包的内容和范围，双方的权利和义务，服务和质量标准，保密事项，费用结算标准和违约责任等事项。

该环节的主要风险是：合同条款未能针对业务外包风险做出明确的约定，对承办方的违约责任界定不够清晰，导致企业陷入合同纠纷和诉讼；合同约定的业务外包价格不合理或成本费用过高，导致企业遭受损失；合同内容存在重大疏漏或欺诈；业务外包需要保密的，承包方的保密义务和责任不明确。

主要控制措施：

（1）与承包方签订业务外包合同，明确外包业务的内容和范围、双方权利和义务、服务和质量标准、保密事项、费用结算标准和违约责任等事项。

（2）企业外包业务需要保密的，应当在业务外包合同或者另行签订的保密协议中明确规定承包方的保密义务和责任，要求承包方向其从业人员提示保密要求和应承担的责任。

（3）在合同的权利和义务方面，明确企业有权督促承包方改进服务流程和方法，承包方有责任按照合同协议规定的方式和频率，将外包实施的进度和现状告知企业，并对存在问题进行有效沟通。

5. 组织实施业务外包

企业在组织实施业务外包时，应当根据业务外包合同条款，落实双方应投入的人力资源、资金、硬件及专有资产等，明确承包方提供服务或产品的工作流程、模式、职能架构、项目实施计划等内容。

该环节的主要风险是：组织实施业务外包的工作不充分或未落实到位，与承包方的对接工作不到位，沟通协调不力；缺乏对承包方履约能力的持续评估及应急机制，造成业务外包失败和生产经营活动中断；导致难以实现业务外包的目标，对承包方的索赔不力。

主要控制措施：

（1）严格按照业务外包制度、工作流程和相关要求，组织开展业务外包并采取有效的控制措施，确保承包方严格履行业务外包合同。

（2）做好与承包方的对接工作，加强与承包方的沟通与协调，及时搜集相关信息，发现和解决外包业务日常管理中存在的问题。

（3）对承包方的履约能力进行持续评估，有确凿证据表明承包方存在重大违约行为、导致业务外包合同无法履行的，应当及时终止合同。

对于重大业务外包，应建立相应的应急机制，避免业务外包失败造成本企业生产经营活动中断。

（4）承包方违约并造成企业损失的，企业应当按照合同对承包方进行索赔，并追究责任人的责任。

6. 业务外包过程管理

根据业务外包合同的约定，承包方会采取在特定时点向企业一次性交付产品或在一定时间内持续提供服务的方式交付业务外包成果。由于承包方交付成果的方式不同，业务外包过程也有所不同。前者的业务外包过程是指承包方对产品的设计制造过程。后者的业务外包过程是指承包方持续提供服务的过程。

该环节的主要风险是：承包方在合同期内因市场变化等原因不能保持履约能力，无法继续按照合同约定履行义务，导致业务外包失败和本企业经营生产活动中断；承包方出现未按照合同约定的质量要求继续提供合格的产品或服务等违约行为，导致企业难以发挥业务外包优势，甚至遭受重大损失；业务外包过程管理不力，导致商业秘密泄露。

主要控制措施：

（1）在承包方提供服务或制造产品的过程中，密切关注重大业务外包承包方的履约能力，采取承包方动态管理方式，对承包方开展日常绩效评价和定期考核。

（2）对承包方的履约能力进行持续评估，包括承包方对该项目的投入是否能够支持产品或者服务质量能否达到企业预期目标，承包方自身的财务状况、生产能力、技术创新能力能否满足该项目的要求。

（3）建立即时监控机制，一旦发现偏离合同目标等情况，应及时要求承包方调整改正。

（4）对重大业务外包的各种意外情况作出充分预计，建立相应的应急机制，制定临时应急替代方案，避免业务外包失败造成企业生产经营活动中断。

（5）有确凿证据表明承包方存在重大违约行为，并导致外包合同无法履行的，应当及时终止合同，并指定有关部门按照法律程序向承包方索赔。

（6）切实加强对业务外包过程中形成的商业信息资料的管理。

7. 验收

在业务外包合同执行完成后需要验收的，企业应当组织相关部门或人员对完成的业务外包合同进行验收。

该环节的主要风险是：验收方式与业务外包成果交付方式不匹配，验收标准不明确，验收程序不规范，使验收工作流于形式，不能及时发现业务外包质量低劣等情况，对验收中异常情况的处理不及时，可能导致企业遭受损失。

主要控制措施：

（1）根据承包方业务外包成果交付方式的特点，制定不同的验收方式。一般而言，可以对最终产品或服务进行一次性验收，也可以在整个外包过程中分阶段验收。

（2）根据业务外包合同的约定，结合在日常绩效评价基础上对外包业务质量是否达到预期目标的总体评价，确定验收标准。

（3）组织有关职能部门、财会部门、质量控制部门等的相关人员，严格按照验收标准对承包方交付的产品或服务进行审查和全面测试，确保产品或服务符合需求，并出具验收证明。

（4）验收过程中发现异常情况的，应当立即报告，查明原因，视问题的严重性与承包方协商采取恰当的补救措施，并依法索赔。

（5）根据验收结果对业务外包是否达到预期目标作出总体评价，据此对业务外包管理制度和流程进行改进和优化。

8. 会计系统控制

会计控制是指企业应当根据国家统一的会计准则制度，加强对外包业务的核算与监督，并做好外包费用结算工作。

该环节的主要风险是：缺乏有效的业务外包会计系统控制，未能全面真实地记录和反映企业业务外包各环节的资金流和实物流情况，可能导致企业资产流失或贬损；业务外包相关会计处理不当，可能导致财务报告信息失真；结算审核不严格、支付方式不恰当、金额控制不严，可能导致企业资金损失或信用受损。

主要控制措施：

（1）企业财会部门应当根据国家统一的会计准则制度，对业务外包过程中交由承包方使用的资产、涉及资产负债变动的事项以及外包合同诉讼等加强核算与监督。

（2）根据企业会计准则制度的规定，结合外包业务特点和企业管理机制，建立完善外包成本的会计核算方法，进行有关会计处理，并在财务报告中进行必要、充分的披露。

（3）严格按照合同约定，做好业务外包费用的结算工作。

（三）业务外包流程图

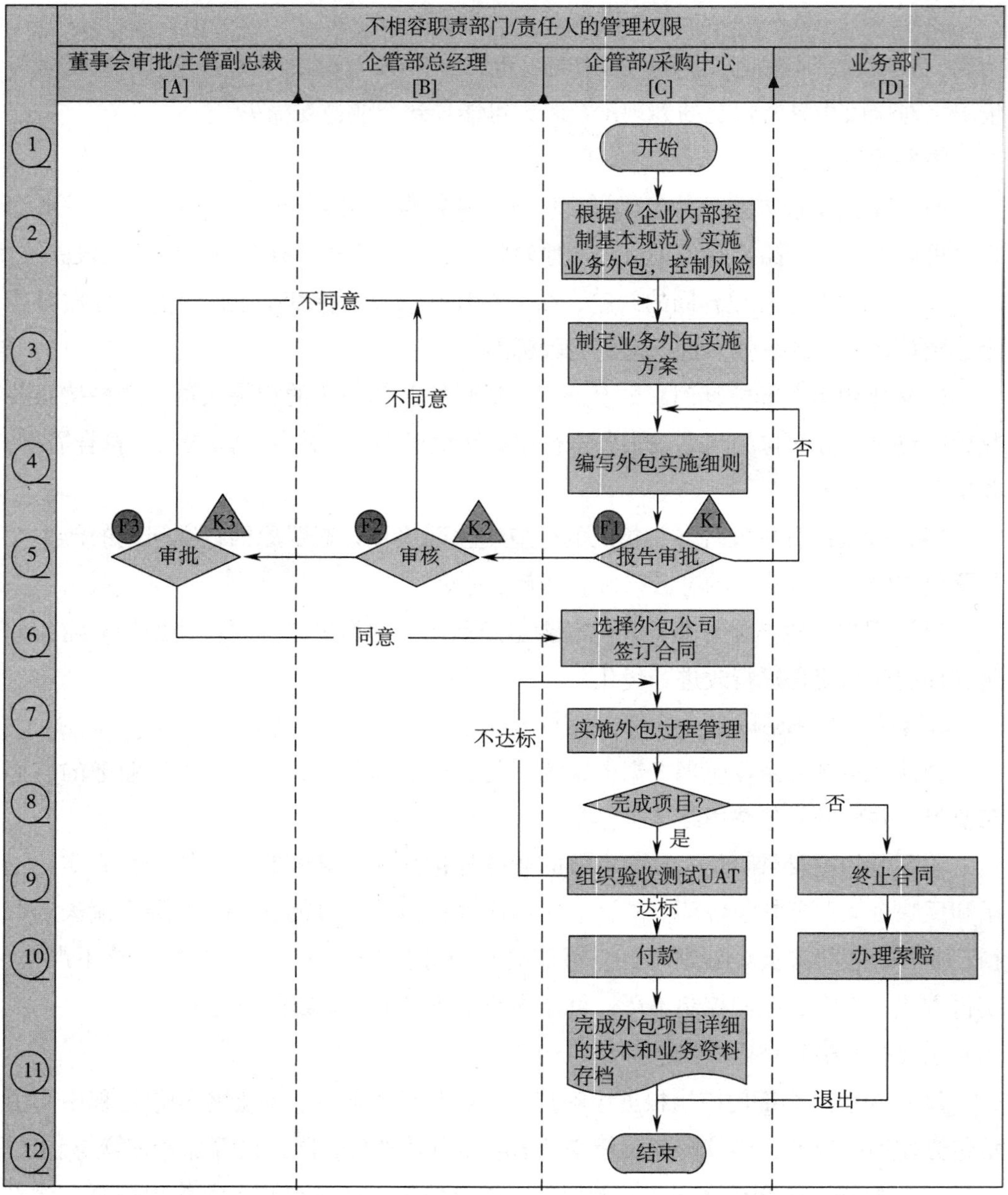

图 9－13　业务外包流程图

三、业务外包风险控制矩阵

表 9－13　　风险控制矩阵——业务外包（业务外包基本流程）

控制点	风险类型					风险描述	控制点类型				控制描述	关键控制点	控制措施	控制方法（自动或手工）	控制类型（发现性或预防性）	控制频率（时、日、周、月、季度、年度）	控制实施证据	控制文件的文号或名称
	经营决策风险	违反法律法规	财务报告失真	资产安全受威胁	营私舞弊风险		C：完整性控制	A：准确性控制	T：有效性控制	R：接触性控制								
F1	√					没有按照《企业内部控制基本规范》履行业务外包，会产生营运风险		√			按照《企业内部控制基本规范》管理业务外包项目，控制营运风险	K1	企管部采购中心应按照《企业内部控制基本规范》，签订工程外包合同	手工	预防性	随时	申请书	《企业内部控制基本规范》
F2 F3	√					领导层没有按照《企业内部控制基本规范》审批业务外包，会产生营运风险		√			领导层按照《企业内部控制基本规范》审批业务外包项目，控制营运风险	K2 K3	企业主管领导严格按照《企业内部控制基本规范》审批工程外包合同	手工	预防性	随时	申请书	《企业内部控制基本规范》

第十四项　企业内部控制应用实例——财务报告

一、企业内部控制应用指引第 14 号——财务报告

制度名称	企业内部控制应用指引—第 14 号			发布日期	2010 年
发布部门	财政部	发文号	财会 11 号	控制措施	财务报告

第一章　总　则

第一条　为了规范企业财务报告，保证财务报告的真实、完整，根据《中华人民共和国会计法》等有关法律法规和《企业内部控制基本规范》，制定本指引。

第二条　本指引所称财务报告，是指反映企业某一特定日期财务状况和某一会计期间经营成果、现金流量的文件。

第三条　企业编制、对外提供和分析利用财务报告，至少应当关注下列风险：

（一）编制财务报告违反会计法律法规和国家统一的会计准则制度，可能导致企业承担法律责任和声誉受损。

（二）提供虚假财务报告，误导财务报告使用者，造成决策失误，干扰市场秩序。

（三）不能有效利用财务报告，难以及时发现企业经营管理中存在的问题，可能导致企业财务和经营风险失控。

第四条　企业应当严格执行会计法律法规和国家统一的会计准则制度，加强对财务报告编制、对外提供和分析利用全过程的管理，明确相关工作流程和要求，落实责任制，确保财务报告合法合规、真实完整和有效利用。

总会计师或分管会计工作的负责人负责组织领导财务报告的编制、对外提供和分析利用等相关工作。

企业负责人对财务报告的真实性、完整性负责。

第二章　财务报告的编制

第五条　企业编制财务报告，应当重点关注会计政策和会计估计，对财务报告产生重大影响的交易和事项的处理应当按照规定的权限和程序进行审批。

企业在编制年度财务报告前，应当进行必要的资产清查、减值测试和债权债务核实。

第六条　企业应当按照国家统一的会计准则制度规定，根据登记完整、核对无误的会计账簿记录和其他有关资料编制财务报告，做到内容完整、数字真实、计算准确，不得漏报或者随意进行取舍。

第七条　企业财务报告列示的资产、负债、所有者权益金额应当真实可靠。

各项资产计价方法不得随意变更，如有减值，应当合理计提减值准备，严禁虚增或虚减资产。

各项负债应当反映企业的现时义务，不得提前、推迟或不确认负债，严禁虚增或虚减负债。

所有者权益应当反映企业资产扣除负债后由所有者享有的剩余权益，由实收资本、资本公积、留存收益等构成。企业应当做好所有者权益保值增值工作，严禁虚假出资、抽逃出资、资本不实。

第八条　企业财务报告应当如实列示当期收入、费用和利润。

各项收入的确认应当遵循规定的标准，不得虚列或者隐瞒收入，推迟或提前确认收入。

各项费用、成本的确认应当符合规定，不得随意改变费用、成本的确认标准或计量方法，虚列、多列、不列或者少列费用、成本。

利润由收入减去费用后的净额、直接计入当期利润的利得和损失等构成。不得随意调整利润的计算、分配方法，编造虚假利润。

第九条　企业财务报告列示的各种现金流量由经营活动、投资活动和筹资活动的现金流量构成，应当按照规定划清各类交易和事项的现金流量的界限。

第十条　附注是财务报告的重要组成部分，对反映企业财务状况、经营成果、现金流量的报表中需要说明的事项，作出真实、完整、清晰的说明。

企业应当按照国家统一的会计准则制度编制附注。

第十一条　企业集团应当编制合并财务报表，明确合并财务报表的合并范围和合并方法，如实反映企业集团的财务状况、经营成果和现金流量。

续表

<table>
<tr><td colspan="2">
第十二条　企业编制财务报告，应当充分利用信息技术，提高工作效率和工作质量，减少或避免编制差错和人为调整因素。
第三章　财务报告的对外提供
第十三条　企业应当依照法律法规和国家统一的会计准则制度的规定，及时对外提供财务报告。
第十四条　企业财务报告编制完成后，应当装订成册，加盖公章，由企业负责人、总会计师或分管会计工作的负责人、财会部门负责人签名并盖章。
第十五条　财务报告须经注册会计师审计的，注册会计师及其所在的事务所出具的审计报告，应当随同财务报告一并提供。
企业对外提供的财务报告应当及时整理归档，并按有关规定妥善保存。
第四章　财务报告的分析利用
第十六条　企业应当重视财务报告分析工作，定期召开财务分析会议，充分利用财务报告反映的综合信息，全面分析企业的经营管理状况和存在的问题，不断提高经营管理水平。
企业财务分析会议应吸收有关部门负责人参加。总会计师或分管会计工作的负责人应当在财务分析和利用工作中发挥主导作用。
第十七条　企业应当分析企业的资产分布、负债水平和所有者权益结构，通过资产负债率、流动比率、资产周转率等指标分析企业的偿债能力和营运能力；分析企业净资产的增减变化，了解和掌握企业规模和净资产的不断变化过程。
第十八条　企业应当分析各项收入、费用的构成及其增减变动情况，通过净资产收益率、每股收益等指标，分析企业的盈利能力和发展能力，了解和掌握当期利润增减变化的原因和未来发展趋势。
第十九条　企业应当分析经营活动、投资活动、筹资活动现金流量的运转情况，重点关注现金流量能否保证生产经营过程的正常运行，防止现金短缺或闲置。
第二十条　企业定期的财务分析应当形成分析报告，构成内部报告的组成部分。
财务分析报告结果应当及时传递给企业内部有关管理层级，充分发挥财务报告在企业生产经营管理中的重要作用。
</td></tr>
<tr><td>实施时间</td><td>自 2011 年 1 月 1 日起在境内外同时上市的公司施行，自 2012 年 1 月 1 日起在上海证券交易所、深圳证券交易所主板上市公司施行。</td></tr>
</table>

二、财务报告业务流程

财务报告是企业投资者、债权人作出科学投资、信贷决策的重要依据。为了防范和化解企业法律责任，确保财务报告信息真实可靠，提升企业治理和经营管理水平，促进资本市场和市场经济健康可持续发展，应当强化财务报告内部控制。《企业内部控制应用指引第 14 号——财务报告》（以下简称财务报告内部控制指引）旨在引导和规范企业加强财务报告内部控制，防范财务报告风险，提高财务报告质量，夯实企业发展基础。

（一）财务报告控制的意义

财务报告是指企业对外提供的反映企业某一特定日期财务状况和某一会计期间经营成果、现金流量等会计信息的文件。财务报告包括财务报表及其附注和其他应当在财务报告中披露的相关信息和资料。

1. 财务报告控制的意义

加强财务报告编制、对外提供和分析利用全过程内部控制，确保财务报告合法合规、真实完整和有效利用，意义重大。财务报告内部控制有效性是实现企业内部控制目标的价值体现。加强财务报告内部控制有助于提高会计信息质量，防范企业因不当编制与披露行为对财务报告产生的负面影响，及时满足财务报告使用者的需求；有助于防范和化解企业的法律责任，降低财务报告错误表述和违反法律法规要求的风险；有助于分析企业经营管理状况，确保财务报告有效利用，提升经营管理水平，促进企业实现发展战略。

2. 财务报告控制的总体要求

财务报告内部控制指引全面梳理了财务报告编制、对外提供、分析利用的主要流程，明确财务报告的主要风险，提出了相应的控制目标和控制措施。

（1）规范财务报告控制流程。企业应当严格执行会计法律、法规和国家统一的会计准则和制度，加强对财务报告编制、对外提供和分析利用全过程的管理，明确相关工作流程和要求，落实责任制。总会计师或分管会计工作的负责人负责组织领导财务报告的编制、对外提供和分析利用等相关工作。企业负责人对财务报告的真实性、完整性负责。

（2）健全各环节的授权批准制度。企业应健全财务报告编制、对外提供和分析利用各环节的授权批准制度，如重大会计事项的审批、会计政策与会计估计的审批、重大交易和事项会计处理的审批，对财务报告内容的审核审批等。为此，应做好以下几项工作：

第一，根据经济业务性质、组织机构设置和管理层级安排，建立分级管理制度。

第二，规范审核审批的手续和流程，确保报送和进行审核审批的级别符合所授的管理权限、申报材料翔实完整，签字盖章齐全、用印用章符合要求，切实履行检查审核义务而非流于形式等。

第三，建立相关政策，限制对现有财务报告流程进行越权操作。任何越权操作行为，必须另行授权审批后方能进行，且授权审批文件应妥善归档。

3. 建立日常信息核对制度

企业应当建立日常信息核对制度，防范出于主观故意的编造虚假交易，虚构收入、费用的风险，以及由于会计人员业务能力不足导致的会计记录与实际业务发生的金额、内容不符的风险，保证账证相符、账账相符、账实相符、账表相符等，确保会计记录的数字真实、内容完整、计算准确、依据充分、期间适当。

4. 充分利用会计信息技术

企业应当充分利用信息技术，提高工作效率和工作质量，减少或避免编制差错和人为调整因素。同时，企业也应当注意防范信息技术所带来的特有风险。为此，要做好以下几项工作：

（1）定期更新和维护会计信息系统，确保取数、计算公式以及数据勾稽关系准确无误；

（2）建立访问安全制度，操作权限、信息使用、信息管理应当有明确规定，确保财务报告数据安全保密，防止对数据的非法修改和删除；

（3）对正在使用的会计核算软件进行修改、对通用会计软件进行升级和对计算机硬件设备进行更换时，企业应有规范的审批流程，并采取替代性措施确保财务报告数据的连续性；

（4）做好数据源的管理，保证原始数据从录入环节的真实、准确、完整，满足财务分析的需要；

（5）制定业务操作规范，保证系统各项技术和业务配置维护符合会计准则要求和内部管理规定，月结和年结流程规范、及时，等等；

（6）指定专人负责信息化会计档案的管理，定期备份，做好防消磁、防火、防潮和防尘等工作；对于存储介质保存的会计档案，应当定期检查，防止由于介质损坏而使会计档案丢失。

（二）财务报告的主要风险及控制措施①

企业编制、对外提供和分析利用财务报告，至少应当关注下列风险：

（1）编制财务报告违反会计法律法规和国家统一的会计准则制度，可能导致企业承担法律责任和声誉受损；

（2）提供虚假财务报告，欺骗财务报告使用者，造成决策失误，干扰市场秩序；

（3）不能有效利用财务报告，难以及时发现企业经营管理中存在的问题，可能导致企业财务和经营风险失控。

1. 财务报告编制阶段

财务报告编制阶段有 6 个关键控制点：即制定财务报告编制方案、确定重大事项的会计处理办法、清查核实资产和负债、结账、编制个别财务报告、编制合并财务报告。

第一，制定财务报告编制方案。

企业财会部门应在财务报告编制前制定财务报告编制方案，明确财务报告编制方法、编制程序、职责分工以及时间安排等。

该环节的主要风险是：会计政策和会计估计使用不当或不符合法律、法规；重要会计政策、会计估计变更未经审批；各部门职责分工不清，导致数据传递出现差错、

① 张玉，邱胜利．企业内部控制规范性操作风险［M］．北京：企业管理出版社，2013.

遗漏、格式不一致；各步骤时间安排不明确，延误编制进度，违反相关报送要求等。

主要控制措施：

（1）按照国家最新会计准则和制度，结合企业实际情况，选择恰当的会计政策和会计估计方法。

（2）重要会计政策和会计估计的调整要按照规定的权限审批。

（3）明确各部门职责分工。总会计师或分管会计工作的领导负责组织领导，财会部门负责编制，相关部门负责提供所需信息；合理安排编制时间，保证编制进度。

（4）建立完备的信息沟通渠道，将内部会计规章制度和财务流程、会计科目表和相关文件及时有效地传达至相关人员，使其了解相关职责要求、掌握适当的会计知识、会计政策并加以执行。

（5）通过内部审计等监督方式，定期进行测试，保证会计政策有效执行，且在不同业务部门、不同期间内保持一致性。

（6）应根据财务报告的报送要求，倒排工时，为各步骤设置关键时间点，并由财会部门负责督促和考核各部门的工作进度，及时进行提醒，对未能及时完成的进行相关处罚。

第二，确定重大事项的会计处理。

在编制财务报告前，企业应当确认对当期有重大影响的主要事项，并确定重大事项的会计处理办法。

该环节的主要风险是：重大事项，如债务重组、非货币性交易、公允价值的计量、收购兼并、资产减值等的会计处理不合理，或者未经过审批，导致会计信息扭曲，无法如实反映企业实际情况。

主要控制措施：

（1）企业应建立重大事项的处理流程，报适当管理层审批后，予以执行。重大事项的会计处理通常包括：以前年度审计调整以及相关事项对当期的影响、会计准则制度的变化及对财务报告的影响、新增业务和其他新发生的事项及对财务报告的影响、年度内合并（汇总）报告范围的变化及对财务报告的影响等。

（2）及时沟通需要专业判断的重大会计事项并确定相应会计处理。企业应规定下属各部门、各单位人员及时将重大事项信息报告至同级财会部门；财会部门应定期研究、分析并与相关部门组织沟通重大事项的会计处理，逐级报请总会计师或分管会计工作的负责人审批后下达各相关单位执行。特别是资产减值损失、公允价值计量等涉及重大判断和估计时，财会部门应定期与资产管理部门进行沟通。

第三，清查资产核实负债。

企业应在编制财务报告前，组织财务和相关部门进行资产清查、减值测试和债权债务核实工作。

该环节的主要风险是：资产、负债账实不符，虚增或虚减资产、负债；资产计价方法随意变更；提前、推迟甚至不确认资产、负债等。

主要控制措施：

（1）制定资产清查、负债核实计划，明确人员配备、时间和工作进度，确定实物资产盘点的具体方法和过程，同时做好业务准备工作。

（2）做好各项资产、负债的清查、核实工作，包括：与银行核对账单、现金盘点、票据核对、固定资产盘点，明确资产权属，与债权债务单位通过函证等进行结算款项核查等。

（3）对清查过程中发现的差异，应当分析原因，提出处理意见，取得合法证据和按照规定权限审批，将清查、核实的结果及其处理办法向企业的董事会报告，并根据国家统一的会计准则制度的规定进行相应的会计处理。

第四，结账。

在编制年度财务报告前，应在日常定期核对信息的基础上完成对账、调账、差错更正等业务，然后实施关账操作。

该环节的主要风险是：账务处理存在错误，导致账证、账账不符；虚列或隐瞒收入，推迟或提前确认收入；随意改变费用、成本的确认标准或计量方法，虚列、多列、不列或者少列费用、成本；结账的时间、程序不符合相关规定；关账后又随意打开已关闭的会计期间等。

主要控制措施：

（1）核对各会计账簿记录与会计凭证的内容和金额是否一致，记账方向是否相符。

（2）检查相关账务处理是否符合国家统一的会计制度和企业制定的核算方法。

（3）调整有关账项，合理确定本期应计的收入和费用。

（4）检查是否存在因会计差错、会计政策变更等原因需要调整前期或者本期相关项目。对于调整项目，需取得和保留审批文件，以保证调整有据可依。

（5）不得为了赶编财务报告而提前结账，或把本期发生的经济业务事项延至下期登账，也不得先编财务报告后结账，应在当期所有交易或事项处理完毕并经财会部门负责人审核签字确认后，实施关账和结账操作。

（6）如果在关账之后需要重新打开已关闭的会计期间，须填写相应的申请表，经总会计师或分管会计工作的负责人审批后进行。

第五，编制个别财务报告。

企业应当按照国家统一的会计准则制度规定的财务报告格式和内容，根据登记完整、核对无误的会计账簿记录和其他有关资料编制财务报告，做到内容完整、数字真实、计算准确，不得漏报或者任意进行取舍。

该环节的主要风险是：提供虚假财务报告，误导财务报告使用者，造成决策失误，干扰市场秩序；报表数据不完整、不准确；报表种类不完整；附注内容不完整等。

主要控制措施：

（1）企业财务报告列示的资产、负债、所有者权益金额应当真实可靠。具体要求如下：

——各项资产计价方法不得随意变更，如有减值，应当合理计提减值准备，严禁虚增或虚减资产。

——各项负债应当反映企业的现时义务，不得提前、推迟或不确认负债，严禁虚增或虚减负债。

——所有者权益应当反映企业资产扣除负债后由所有者享有的剩余权益，由实收资本、资本公积、留存收益等构成。企业应做好所有者权益的保值增值工作，严禁虚假出资、抽逃出资、资本不实等。

（2）企业财务报告应当如实列示当期收入、费用和利润。具体要求如下：

——各项收入的确认应当遵循规定的标准，不得虚列或者隐瞒收入，推迟或提前确认收入。

——各项费用、成本的确认应当符合规定，不得随意改变费用、成本的确认标准或计量方法，不得虚列、多列、不列或者少列费用、成本。

——利润由收入减去费用后的净额、直接计入当期利润的利得和损失等构成。不得随意调整利润的计算、分配方法，编造虚假利润。

（3）企业财务报告列示的各种现金流量由经营活动、投资活动和筹资活动的现金流量构成，应当按照规定划清各类交易和事项的现金流量的界限。

（4）按照岗位分工和规定的程序编制财务报告。

（5）按照国家统一的会计准则制度编制附注。检查担保、诉讼、未决事项、资产重组等重大或有事项是否在附注中得到反映和披露。

（6）财会部门负责人审核报表内容和种类的真实、完整性，通过后予以上报。

第六，编制合并财务报告。

企业集团应当编制合并财务报告，分级收集合并范围内分公司及内部核算单位的财务报告并审核，进而合并全资及控股公司财务报告，如实反映企业集团的财务状况、经营成果和现金流量。

该环节的主要风险是：合并范围不完整、合并方法不正确；合并内部交易和事项不完整；合并抵销分录不准确等。

主要控制措施：

（1）按照会计准则和制度，明确合并财务报表的合并范围和合并方法。

（2）财会部门收集、审核下级单位财务报告，并汇总出本级次的财务报告，经汇总单位财会部门负责人审核。

（3）财会部门制定内部交易和事项的核对表及填制要求，报财会部门负责人审批后，下发给纳入合并范围的各单位。

（4）合并抵销分录应有相应的标准文件和证据进行支持，由财会部门负责人审核。

（5）对合并抵销分录实行交叉复核制度，具体编制人完成调整分录后即提交相应复核人进行审核，审核通过后才可录入试算平衡表。通过交叉复核，保证合并抵销分录的真实性和完整性。

2. 财务报告的对外提供

财务报告对外提供阶段有 3 个关键控制点：即财务报告对外提供前的审核、财务报告对外提供前的审计、财务报告的对外提供。

第一，财务报告对外提供前的审核。

财务报告对外提供前，财务部门负责人需要审核财务报告的准确性；总会计师或分管会计工作的负责人需要审核财务报告的真实性、完整性、合法合规性；企业负责人需要审核财务报告整体的合法合规性，并分别签名盖章。

该环节的主要风险是：在财务报告对外提供前未按规定程序进行审核，对财务报告内容的真实性、完整性以及合规性等审核不充分。

主要控制措施：

（1）企业应严格按照规定的财务报告编制中的审批程序，由各级负责人逐级把关，对财务报告内容的真实性、完整性，格式的合规性等予以审核。

（2）企业应保留审核记录，建立责任追究制度。

（3）财务报告在对外提供前应当装订成册，加盖公章，并由企业负责人、总会计师或分管会计工作的负责人、财会部门负责人签名并盖章。

第二，财务报告对外提供前的审计。

《公司法》等法律法规规定了公司应编制的年度财务报告需依法经会计师事务所审计，审计报告应随同财务报告一并对外提供。《关于会计师事务所从事证券、期货相关业务有关问题的通知》等还对为特定公司进行审计的会计师事务所的资格进行了规定。因此，相关企业需按规定在财务报告对外提供前，选择具有相关业务资格的会计师事务所进行审计。

该环节的主要风险是：财务报告对外提供前未经审计，审计机构不符合相关法律法规的规定，审计机构与企业串通舞弊。

主要控制措施：

（1）企业应根据相关法律法规的规定，选择符合资质的会计师事务所对财务报告进行审计。

（2）企业不得干扰审计人员的正常工作，并应对审计意见予以落实。

（3）注册会计师及其所在的事务所出具的审计报告，应随财务报告一并提供。

第三，财务报告的对外提供。

一般企业的财务报告经完整审核并签名盖章后即可对外提供。上市公司还需经董事会和监事会审批通过后方能对外提供，财务报告应与审计报告一同向投资者、债权人、政府监管部门等报送。

该环节的主要风险是：（1）对外提供未遵循相关法律法规的规定，导致承担相应的法律责任；（2）对外提供的财务报告的编制基础、编制依据、编制原则和方法不一致，影响各方对企业情况的判断和经济决策的作出；（3）未能及时对外报送财务报告，导致财务报告信息的使用价值降低，同时也违反有关法律法规；（4）财务报告在对外提供前提前泄露或使不应知晓的对象获悉，导致发生内幕交易等，使投资者或企业本身蒙受损失。

主要控制措施：

（1）在企业相关制度中明确财务报告对外提供的对象，并由企业负责人监督。例如：国有企业应当依法定期向监事会提供财务报告，至少每年一次向本企业的职工代表大会公布财务报告。上市公司的财务报告需经董事会、监事会审核通过后向全社会提供。

（2）严格按照规定的财务报告编制中的审批程序，由财会部门负责人、总会计师和企业负责人逐级把关，对财务报告内容的真实性、完整性，格式的合规性等予以审核，确保提供给投资者、债权人、政府监管部门、社会公众等各方面的财务报告的编制基础、编制依据、编制原则和方法完全一致。

（3）严格遵守相关法律法规和国家统一的会计准则制度对报送时间的要求，在财务报告的编制、审核、报送流程的每一步骤设置时间点，对未能按时及时完成的相关人员进行处罚。

（4）设置严格的保密程序，对能够接触财务报告信息的人员进行权限设置，保证财务报告信息在对外提供前控制在适当的范围。并对财务报告信息的访问情况予以记录，及时发现可能的泄密行为和相应的责任人。

（5）对外提供的财务报告应当及时整理归档，并按有关规定妥善保存。

3. 财务报告的分析利用

财务报告分析利用阶段有 3 个关键控制点：制定财务分析制度、编写财务分析报告、整改落实。

第一，制定财务分析制度。

财会部门应在对企业基本情况进行分析研究的基础上，提出财务报告分析制度草案，并经财会部门负责人、总会计师和企业负责人检查、修改、审批。

该环节的主要风险是：制定的财务分析制度不符合企业实际情况，财务分析制度未充分利用企业现有资源，财务分析的流程、要求不明确，财务分析制度未经审批等。

主要控制措施：

（1）企业在对基本情况分析时，重点了解企业的背景、组织结构、产品销售及财务资产变动情况及财务管理活动。

（2）在制定财务报告分析制度时，应重点关注：财务报告分析的时间、组织形式、参加的部门和人员；财务报告分析的内容、步骤、分析方法和指标体系；财务报告分析报告的编写要求等。

（3）财务报告分析制度草案经由财会部门负责人、总会计师和企业负责人检查、修改和审批之后，根据制度设计的要求进行试行，发现问题及时总结上报。

（4）财会部门根据试行情况进行修正，确定最终的财务报告分析制度文稿，并经财会部门负责人和企业负责人、总会计师进行最终的审批。

第二，编写财务分析报告。财会部门应按照财务分析制度定期编写财务分析报告，并通过定期召开财务分析会议等形式对分析报告的内容予以完善，以充分利用财务报告反映的综合信息，全面分析企业的经营管理状况和存在的问题，不断提高经营管理水平。

该环节的主要风险是：财务分析报告的目的不明确，分析方法不正确；财务分析报告的内容不完整，未对本期生产经营活动中发生的重大事项做专门分析；财务分析局限于财会部门，未充分利用相关部门的资源，影响质量和可用性；财务分析报告未经审核等。

主要控制措施：

（1）企业应当重视财务报告的分析工作，定期召开财务分析会议，充分利用财务报告反映的综合信息，全面分析企业的经营管理状况和存在的问题，不断提高经营管理水平。

（2）明确编写财务分析报告的目的，运用正确的财务分析方法，并能充分、灵活地运用各项资料。财务报告分析内容包括：资产负债表的分析，对企业的资产分布、负债水平和所有者权益结构、偿债能力和营运能力、净资产的增减变化和增值过程进行分析；利润表分析的内容主要包括：分析各项收入、费用的构成及增减变动情况，分析企业的营业利润、利润总额和净利润的增减变动情况；现金流量表分析内容包括：分析企业经营活动、投资活动、筹资活动现金流量的运转情况，重点关注现金流量能否保证生产经营过程的正常运行，防止现金短缺或闲置。

（3）财会部门负责人审核财务分析报告的准确性，判断是否需要对特殊事项进行补充说明，并对财务分析报告进行补充说明。对生产经营活动中的重要资料、重大事项以及与上年同期数据相比有较大差异的情况要做重点说明。

（4）企业财务分析会议应吸收有关部门负责人参加，对各部门提出的意见，财会部门应充分沟通、分析，进而修改完善财务分析报告。

（5）修订后的分析报告应及时报送企业负责人，企业负责人负责审批分析报告，并据此进行决策，对于存在的问题及时采取措施。

第三，整改落实。

财会部门应将经过企业负责人审批的报告及时报送各部门负责人，各部门负责人根据分析结果进行决策和整改落实。

该环节的主要风险是：财务分析报告的内容传递不畅，有关部门未能及时获悉；各部门对财务分析报告不够重视，未对其中的意见进行整改落实。

主要控制措施：

（1）财务分析报告结果应当及时传递给企业内部有关管理层级，并根据分析报告的意见，明确各部门的职责，予以落实。财务部门负责监督、跟踪责任部门的整改落实情况。

（2）定期的财务分析报告应构成内部报告的组成部分，并充分利用信息技术和现有内部报告体系在各个层级上进行沟通。责任部门要落实整改要求，并及时向有关负责人反馈落实情况。

（三）财务报告业务流程图

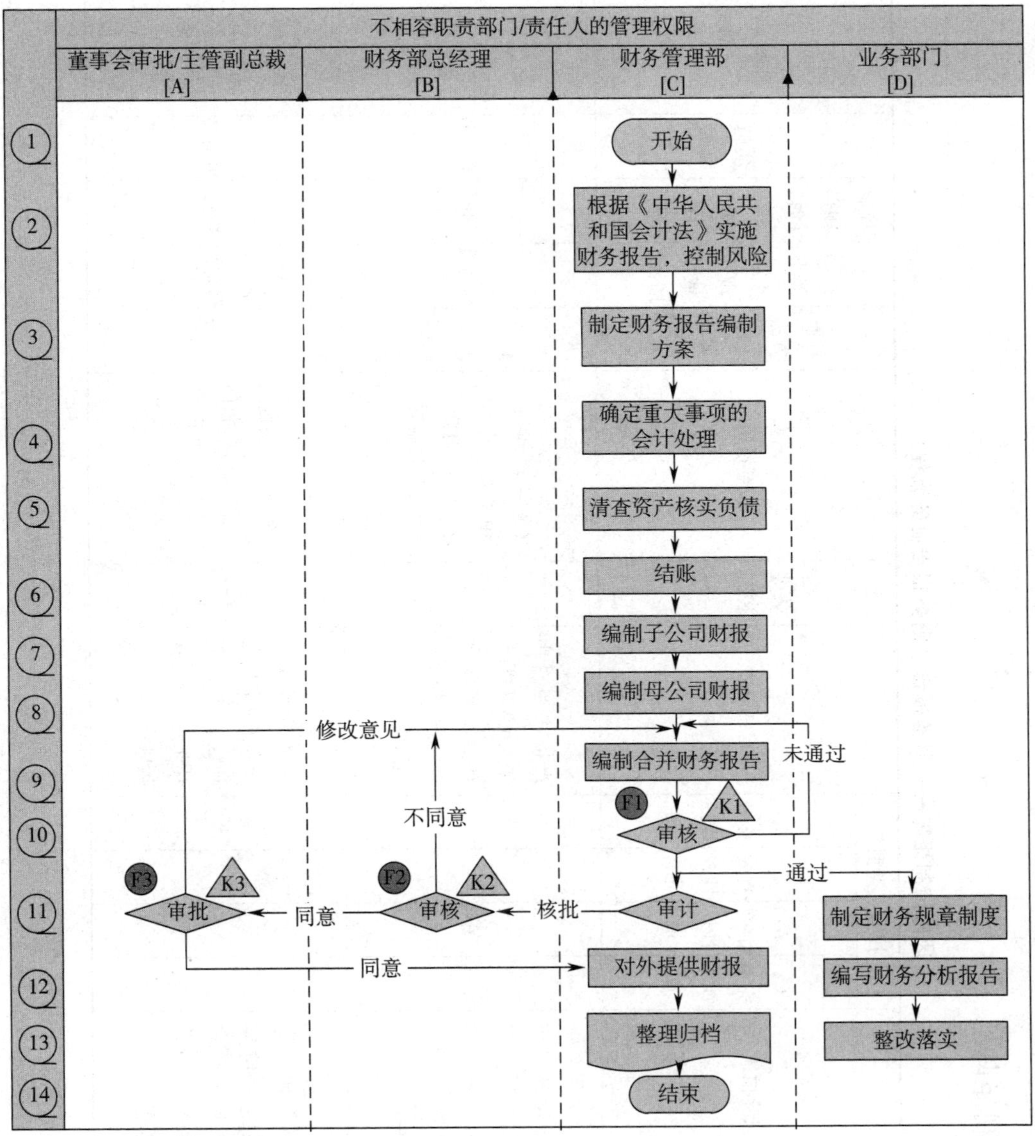

图 9－14　财务报告业务流程图

三、财务报告风险控制矩阵

表 9－14　　风险控制矩阵——财务报告（财务报告业务流程）

控制点	风险类型					风险描述	控制点类型				控制描述	关键控制点	控制措施	控制方法（自动或手工）	控制类型（发现性或预防性）	控制频率（时、日、周、月、季度、年度）	控制实施证据	控制文件的文号或名称
	经营决策风险	违反法律法规	财务报告失真	资产安全受威胁	营私舞弊风险		C：完整性控制	A：准确性控制	T：有效性控制	R：接触性控制								
F1	√					没有按照《中华人民共和国会计法》实施会计业务，造成营运风险		√			严格按照《中华人民共和国会计法》实施会计业务，控制营运风险	K1	财务管理部按照《中华人民共和国会计法》制定相关会计管理制度	手工	预防性	随时	申请书	《中华人民共和国会计法》或文号
F2 F3	√					没有按照《中华人民共和国会计法》审批会计业务，造成营运风险		√			严格按照《中华人民共和国会计法》审批会计业务，控制营运风险	K2 K3	主管领导严格按照《中华人民共和国会计法》批准会计业务	手工	预防性	随时	申请书	《中华人民共和国会计法》或文号

第三节　信息科技层面内部控制应用实务指南

第十五项　企业内部控制应用实例——全面预算

一、企业内部控制应用指引第 15 号——全面预算

制度名称	企业内部控制应用指引—第 15 号			发布日期	2010 年
发布部门	财政部	发文号	财会 11 号	控制措施	全面预算

第一章　总　则

第一条　为了促进企业实现发展战略，发挥全面预算管理作用，根据有关法律法规和《企业内部控制基本规范》，制定本指引。

第二条　本指引所称全面预算，是指企业对一定期间经营活动、投资活动、财务活动等作出的预算安排。

第三条　企业实行全面预算管理，至少应当关注下列风险：

（一）不编制预算或预算不健全，可能导致企业经营缺乏约束或盲目经营。

（二）预算目标不合理、编制不科学，可能导致企业资源浪费或发展战略难以实现。

（三）预算缺乏刚性、执行不力、考核不严，可能导致预算管理流于形式。

第四条　企业应当加强全面预算工作的组织领导，明确预算管理体制以及各预算执行单位的职责权限、授权批准程序和工作协调机制。

企业应当设立预算管理委员会履行全面预算管理职责，其成员由企业负责人及内部相关部门负责人组成。

预算管理委员会主要负责拟定预算目标和预算政策，制定预算管理的具体措施和办法，组织编制、平衡预算草案，下达经批准的预算，协调解决预算编制和执行中的问题，考核预算执行情况，督促完成预算目标。预算管理委员会下设预算管理工作机构，由其履行日常管理职责。预算管理工作机构一般设在财会部门。

总会计师或分管会计工作的负责人应当协助企业负责人负责企业全面预算管理工作的组织领导。

第二章　预算编制

第五条　企业应当建立和完善预算编制工作制度，明确编制依据、编制程序、编制方法等内容，确保预算编制依据合理、程序适当、方法科学，避免预算指标过高或过低。

企业应当在预算年度开始前完成全面预算草案的编制工作。

第六条　企业应当根据发展战略和年度生产经营计划，综合考虑预算期内经济政策、市场环境等因素，按照上下结合、分级编制、逐级汇总的程序，编制年度全面预算。

企业可以选择或综合运用固定预算、弹性预算、滚动预算等方法编制预算。

第七条　企业预算管理委员会应当对预算管理工作机构在综合平衡基础上提交的预算方案进行研究论证，从企业发展全局角度提出建议，形成全面预算草案，并提交董事会。

第八条　企业董事会审核全面预算草案，应当重点关注预算科学性和可行性，确保全面预算与企业发展战略、年度生产经营计划相协调。

企业全面预算应当按照相关法律法规及企业章程的规定报经审议批准。批准后，应当以文件形式下达执行。

第三章　预算执行

第九条　企业应当加强对预算执行的管理，明确预算指标分解方式、预算执行审批权限和要求、预算执行情况报告等，落实预算执行责任制，确保预算刚性，严格预算执行。

续表

<table>
<tr><td colspan="2">第十条　企业全面预算一经批准下达，各预算执行单位应当认真组织实施，将预算指标层层分解，从横向和纵向落实到内部各部门、各环节和各岗位，形成全方位的预算执行责任体系。
企业应当以年度预算作为组织、协调各项生产经营活动的基本依据，将年度预算细分为季度、月度预算，通过实施分期预算控制，实现年度预算目标。
第十一条　企业应当根据全面预算管理要求，组织各项生产经营活动和投融资活动，严格预算执行和控制。
企业应当加强资金收付业务的预算控制，及时组织资金收入，严格控制资金支付，调节资金收付平衡，防范支付风险。对于超预算或预算外的资金支付，应当实行严格的审批制度。
企业办理采购与付款、销售与收款、成本费用、工程项目、对外投融资、研究与开发、信息系统、人力资源、安全环保、资产购置与维护等业务和事项，均应符合预算要求。涉及生产过程和成本费用的，还应执行相关计划、定额、定率标准。
对于工程项目、对外投融资等重大预算项目，企业应当密切跟踪其实施进度和完成情况，实行严格监控。
第十二条　企业预算管理工作机构应当加强与各预算执行单位的沟通，运用财务信息和其他相关资料监控预算执行情况，采用恰当方式及时向决策机构和各预算执行单位报告、反馈预算执行进度、执行差异及其对预算目标的影响，促进企业全面预算目标的实现。
第十三条　企业预算管理工作机构和各预算执行单位应当建立预算执行情况分析制度，定期召开预算执行分析会议，通报预算执行情况，研究、解决预算执行中存在的问题，提出改进措施。
企业分析预算执行情况，应当充分收集有关财务、业务、市场、技术、政策、法律等方面的信息资料，根据不同情况分别采用比率分析、比较分析、因素分析等方法，从定量与定性两个层面充分反映预算执行单位的现状、发展趋势及其存在的潜力。
第十四条　企业批准下达的预算应当保持稳定，不得随意调整。由于市场环境、国家政策或不可抗力等客观因素，导致预算执行发生重大差异确需调整预算的，应当履行严格的审批程序。
第四章　预算考核
第十五条　企业应当建立严格的预算执行考核制度，对各预算执行单位和个人进行考核，切实做到有奖有惩、奖惩分明。
第十六条　企业预算管理委员会应当定期组织预算执行情况考核，将各预算执行单位负责人签字上报的预算执行报告和已掌握的动态监控信息进行核对，确认各执行单位预算完成情况。必要时，实行预算执行情况内部审计制度。
第十七条　企业预算执行情况考核工作，应当坚持公开、公平、公正的原则，考核过程及结果应有完整的记录。</td></tr>
<tr><td>实施时间</td><td>自 2011 年 1 月 1 日起在境内外同时上市的公司施行，自 2012 年 1 月 1 日起在上海证券交易所、深圳证券交易所主板上市公司施行。</td></tr>
</table>

二、全面预算业务流程

全面预算通过将企业的资金流与实物流、业务流程、信息流和人力资源流相结合，将企业内部责、权、利关系全面规范，优化配置企业资源配置，成为促进企业实现发展战略的重要抓手。《企业内部控制应用指引第 15 号——全面预算》（以下简称全面预算指引），旨在引导和规范企业加强全面预算管理各环节的风险控制，促进全面预算管理在推动企业实现发展战略过程中发挥积极作用。

（一）加强全面预算管理的重要意义

全面预算管理自 20 世纪初在美国诞生以来，很快成为西方大型工商企业标准化的作业程序。时至今日，全面预算不仅成为西方发达国家基础性的管理制度，而且其管理理念和方法在我国企业中也得到了广泛运用。正如美国著名管理学家戴维·奥利所指出的那样：全面预算管理是为数不多的几个能把组织的所有关键问题融合于一个体系之中的管理控制方法之一。

1. 加强全面预算管理的意义

全面预算是指企业对一定期间经营活动、投资活动、财务活动等作出的预算安排。全面预算作为一种全方位、全过程、全员参与编制与实施的预算管理模式，凭借其计划、协调、控制、激励、评价等综合管理功能，整合和优化配置企业资源，提升企业运行效率，成为促进实现企业发展战略的重要途径。

加强全面预算管理的意义在于：首先，全面预算是企业实施内部控制、防范风险的重要手段与措施。全面预算的制定与实施过程，是企业不断用量化的工具，使自身所处的经营环境与拥有的资源与企业发展目标保持动态平衡的过程，也是企业在此过程中对其所面临的各种风险进行识别、预测、评估与控制的过程。其次，全面预算是企业实现发展战略和年度经营目标的有效方法及工具。通过实施全面预算，企业将根据发展战略制定的年度经营目标进行分解、落实，可以使企业长期战略规划和年度具体行动方案紧密结合，从而实现“化战略为行动”，确保企业发展战略的实现。最后，全面预算是以经营目标为起点，以利润效益为目标、以资金流量为纽带、以成本费用控制为重点、以责任报告信息为基础，以经营预算、财务预算指标为依据的企业管理模式。全面预算编制和执行过程就是将企业有限的资源加以整合，协调分配到能够提高经营效率和效果的业务活动中，从而实现企业资源的优化配置，提高资源的价值创造能力，提高企业的经济效益。

2. 全面预算的组成与基本概念

全面预算管理是涉及“全方位、全进程、全员”的一项庞大、复杂的系统工程。建立健全预算管理组织体和运行机制，是有效开展全面预算管理最重要的基础和保障。

（1）全面预算的组成与勾稽关系

全面预算是由经营预算（也称业务预算）、资本预算与财务预算等一系列预算组成相互衔接和勾稽的综合预算体系。

经营预算是明确所有的日常经营活动，如销售、采购、生产等需要多少资源以及如何获得和使用这些资源的计划，如销售预算、采购预算、生产预算等。

资本预算包括投资预算和筹资预算两类。资本预算是公司对将要进行的长期工程和将要引进的固定资产等的投资和筹资计划，如研究与开发预算、固定资产投资预算、银行借款预算等。

财务预算是一系列专门反映公司未来一定预算期内预计财务状况和经营成果，以及现金收支等价值指标的各种预算的总称。财务预算具体包括预计资产负债表、预计利润表和现金收支预算等内容。

（2）全面预算管理的基本观念

全面预算管理的基本观念包括整体观念、全面观念、计划观念、责任观念和弹性观念。

3. 全面预算管理是一种全新管理机制

全面预算管理作为一种全新管理机制，其特点体现在以下几个方面：

（1）全面预算管理涉及法人治理结构：权力机构、决策机构、执行机构、监督机构。

（2）全面预算是与企业发展战略相配合的战略保障体系。

（3）全面预算是与整合企业实物流、资金流、信息流和人力资源流要求相一致的经营指标体系（价值指标为主体）。

（4）与日常经营、管理过程相渗透的行为规范与标准体。企业每个月、每季度要对各部门的业绩作出评估。通过严格的业绩管理和预算承诺制度实现对各销售单元的月度业绩考核和季度业绩审议，从而确保预算得到确实执行和年度经营目标的最终实现。

（5）全面预算与期终总结相关的业绩评价及薪酬计划的关系如下图所示。[①]

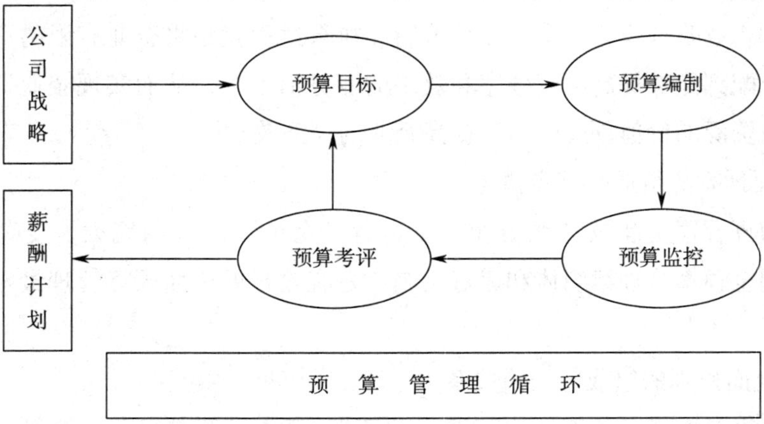

全面预算与业绩评价及薪酬计划的关系

4. 全面预算应关注的风险

全面预算管理应关注的主要风险是：不编制预算或预算不健全，可能导致企业经营缺乏约束或盲目经营；预算编制不科学、不合理，可能导致企业资源浪费或发展战

① 张玉，邱胜利．企业内部控制规范性操作风险［M］．北京：企业管理出版社，2013.

略难以实现；预算缺乏刚性、执行不力、考核不严，可能导致预算管理流于形式。

预算编制不科学或不合理，主要是因为企业目标或发展战略不明确或不切合实际，由此导致在企业预算编制和执行方面出现以下问题：

- 预算指标单一，未建立科学的指标体系。
- 预算指标一年一定，年年加码。
- 下级往往在上报预算时留有余地。
- 资金分配原则不明确，层层讨价还价。
- 临近期末时，各单位尽量用完预算额度。

《企业内部控制基本规范》第三十三条规定，预算控制要求企业实施全面预算管理制度，明确各责任单位在预算管理中的职责权限，规范预算的编制、审定、下达和执行程序，强化预算约束。

为此，企业要制定企业目标和发展战略、建立预算制度、建立预算组织体系、确立预算指标体系、实行预算动态管理、预算考核要结合薪酬计划。总之，要明确做什么，怎么做以及如何落实全面预算管理的具体做法。通过预算控制，企业可以规范组织的目标和经济行为过程，调整与修正管理行为与目标偏差，保证各级目标、策略、政策和规划的实现。

（二）全面预算的主要风险与控制措施

企业全面预算业务的基本流程一般包括预算编制、预算执行和预算考核3个阶段。

1. 预算编制

预算编制阶段主要由预算编制、预算审批和预算下达3个环节构成。预算编制是企业实施全面预算管理的起点；预算审批是指企业全面预算应该按照《公司法》等相关法律、法规及企业章程的规定报经审议批准；预算下达是指企业全面预算经过审议批准后应及时以文件形式下达执行。

预算编制是企业预算总目标的具体落实以及将其分解为责任目标并下达给预算执行者的过程。预算编制是预算控制循环的一个重要环节，预算编制质量的高低直接影响预算执行的结果，也影响对预算执行者的绩效考评。因此，预算编制应根据企业实际需要选用合理的方法进行。

主要风险：

（1）预算编制以财务部门为主，业务部门参与度较低，可能导致预算编制不合理，预算管理责、权、利不匹配；预算编制范围和项目不全面，各个预算之间缺乏整合，可能导致全面预算难以形成。

（2）预算编制所依据的相关信息不足，可能导致预算目标与战略规划、经营计划、市场环境、企业实际等相脱离；预算编制基础数据不足，可能导致预算编制准确率降低。

（3）预算编制程序不规范，横向、纵向信息沟通不畅，可能导致预算目标缺乏准确性、合理性和可行性。

（4）预算编制方法选择不当，或强调采用单一的方法，可能导致预算目标缺乏科学性和可行性。

（5）预算目标及指标体系设计不完整、不合理、不科学，可能导致预算管理在实现发展战略和经营目标、促进绩效考评等方面的功能难以有效发挥。

（6）编制预算的时间太早或太晚，可能导致预算准确性不高，或影响预算的执行。

主要控制措施：

（1）全面性控制。企业需要明确各个部门、单位的预算编制责任，将各个部门、单位的业务活动全部纳入预算管理；将企业经营、投资、财务等各项经济活动的各个方面、各个环节都纳入预算编制范围，形成由经营预算、投资预算、筹资预算、财务预算等一系列预算组成的相互衔接和勾稽的综合预算体系。

（2）预算编制依据和基础管理控制。全面预算编制的依据是企业战略规划、年度生产经营计划、企业内外部经营环境、企业上一期间的预算执行情况等，确保预算编制真正成为战略规划和年度经营计划的年度具体行动方案，符合企业生产经营活动的客观实际。此外，要重视和加强预算编制基础管理工作，包括历史资料记录、定额制定与管理、标准化工作、会计核算等，确保预算编制以可靠、翔实、完整的基础数据为依据。

（3）预算编制程序控制。企业应当按照上下结合、分级编制、逐级汇总的程序，编制年度全面预算，按照全面预算实施主体工作的基本步骤进行编制程序控制。

（4）预算编制方法控制。企业应当本着遵循经济活动规律，充分考虑符合企业自身经济业务特点、基础数据管理水平、生产经营周期和管理需要的原则，选择或综合运用固定预算、弹性预算、滚动预算等方法编制预算。预算编制方式通常采用自上而下、自下而上、上下结合的主动参与性编制方式。

（5）预算目标及指标体系设计控制。一是按照“财务指标为主体、非财务指标为补充”的原则设计预算指标体系；二是将企业的战略规划、经营目标体现在预算指标体系中；三是将企业产、供、销、投融资等各项活动的各个环节、各个方面的内容都纳入预算指标体系；四是将预算指标体系与绩效评价指标协调一致；五是按照各责任中心在工作性质、权责范围、业务活动特点等方面的不同，设计不同或各有侧重的预算指标体系。

（6）预算编制时间控制。企业可以根据自身规模大小、组织结构和产品结构的复杂性、预算编制工具和熟练程度、全面预算开展的深度和广度等因素，确定合适的全面预算编制时间，并应当在预算年度开始前完成全面预算草案的编制工作。

2. 预算执行

预算执行是全面预算的核心环节。预算执行即预算的具体实施，它是预算目标能否实现的关键。预算执行主要包括预算指标的分解和责任落实、预算执行控制、预算分析和预算调整等 4 部分。

预算管理委员会以董事会批准的企业年预算为依据，分解预算指标，将整个企业的预算分解为各责任中心的预算，并下达给各责任中心，以此来约束和考评责任主体；各责任中心按下达的预算为依据，安排生产经营活动，并指定专门预算管理员登记预算台账，形成预算执行统计记录，定期与财务部门核对；在预算执行的过程中，对于预算内支出按照预先授权审批，对于预算外支出需要提交预算管理委员会审议；财务部门对各责任中心的日常业务进行财务监督和审核，重点是财务支出的审核，尤其是成本支出和资本支出。

（1）预算指标的分解和责任落实

主要风险：

预算指标分解不够详细、具体，可能导致企业的某些岗位和环节缺乏预算执行和控制依据；预算指标分解与业绩考核体系不匹配，可能导致预算执行不力；预算责任体系缺失或不健全，可能导致预算责任无法落实，预算缺乏强制性与严肃性；预算责任与执行单位或个人的控制能力不匹配，可能导致预算目标难以实现。

主要控制措施：

①企业全面预算一经批准下达，各预算执行单位应当认真组织实施，将预算指标层层分解，横向将预算指标分解为若干相互关联的因素，寻找影响预算目标的关键因素并加以控制；纵向将各项预算指标层层分解落实到最终的岗位和个人，明确责任部门和最终责任人；时间上将年度预算指标分解细化为季度、月度预算，通过实施分期预算控制，实现年度预算目标。

②建立预算执行责任制度，对照已确定的责任指标，定期或不定期地对相关部门及人员责任指标完成情况进行检查，实施考评。可以通过签订预算目标责任书等形式明确各预算执行部门的预算责任。

③分解预算指标和建立预算执行责任制应当遵循定量化、全局性、可控性原则，即：预算指标的分解要明确、具体，便于执行和考核；预算指标的分解要有利于企业经营总目标的实现；赋予责任部门和责任人的预算指标应当是通过该责任部门或责任人的努力可以达到的，责任部门或责任人以其责权范围为限，对预算指标负责。

（2）预算执行控制

企业应当从严把握预算执行控制的基本原则，预算执行控制的主要内容以预算为标准实施严格控制，预算执行控制的主要方法是预算报告和差异分析。

主要风险：

缺乏严格的预算执行授权审批制度，可能导致预算执行随意；预算审批权限及程序混乱，可能导致越权审批、重复审批，降低预算执行效率和严肃性；预算执行过程中缺乏有效监控，可能导致预算执行不力，预算目标难以实现；缺乏健全有效的预算反馈和报告体系，可能导致预算执行情况不能及时反馈和沟通，预算差异得不到及时分析，预算监控难以发挥作用。

主要控制措施：

①加强资金收付业务的预算控制，及时组织资金收入，严格控制资金支付，调节资金收付平衡，防范支付风险。

②严格资金支付业务的审批控制，及时制止不符合预算目标的经济行为，确保各项业务和活动都在授权的范围内运行。企业应当就涉及资金支付的预算内事项、超预算事项、预算外事项建立规范的授权批准制度和程序，避免越权审批、违规审批、重复审批现象的出现。对于预算内非常规或金额较大事项，应经过较高的授权批准层（如总经理）审批。对于超预算或预算外事项，应当实行严格、特殊的审批程序，一般须报经总经理办公会或类似权力机构审批；金额较大的，还应报经预算管理委员会或董事会审批。预算执行单位提出超预算或预算外资金支付申请，应当提供有关发生超预算或预算外支付的原因、依据、金额测算等资料。

③建立预算执行实时监控制度，及时发现和纠正预算执行中的偏差。确保企业办理采购与付款、销售与收款、成本费用、工程项目、对外投融资、研究与开发、信息系统、人力资源、安全环保、资产购置与维护等各项业务和事项，均符合预算要求；对于涉及生产过程和成本费用的，还应严格执行相关计划、定额、定率标准。

④建立重大预算项目特别关注制度。对于工程项目、对外投融资等重大预算项目，企业应当密切跟踪其实施进度和完成情况，实行严格监控。对于重大的关键性预算指标，也要密切跟踪、检查。

⑤建立预算执行情况预警机制，科学选择预警指标，合理确定预警范围，及时发出预警信号，积极采取应对措施。有条件的企业，应当推进和实施预算管理的信息化，通过现代电子信息技术手段控制和监控预算执行，提高预警与应对水平。

⑥建立健全预算执行情况内部反馈和报告制度，确保预算执行信息传输及时、畅通、有效。预算管理工作机构应当加强与各预算执行单位的沟通，运用财务信息和其他相关资料监控预算执行情况，采用恰当方式及时向预算管理委员会和各预算执行单位报告、反馈预算执行进度、执行差异及其对预算目标的影响，促进企业全面预算目标的实现。

（3）预算分析

主要风险：

预算分析不正确、不科学、不及时，可能削弱预算执行控制的效果，或可能导致预算考评不客观、不公平；对预算差异原因的解决措施不得力，可能导致预算分析形同虚设。

主要控制措施：

①企业预算管理工作机构和各预算执行单位应当建立预算执行情况分析制度，定期召开预算执行分析会议，通报预算执行情况，研究、解决预算执行中存在的问题，认真分析原因，提出改进措施。

②加强对预算分析流程和方法的控制，确保预算分析结果准确、合理。预算分析流程一般包括确定分析对象、收集资料、确定差异及分析原因、提出措施及反馈报告等环节。

③采取恰当措施处理预算执行偏差。企业应针对造成预算差异的不同原因采取不同的处理措施：因内部执行导致的预算差异，应分清责任归属，与预算考评和奖惩挂钩，并将责任单位或责任人的改进措施的实际执行效果纳入业绩考核；因外部环境变化导致的预算差异，应分析该变化是否长期影响企业发展战略的实施，并作为下期预算编制的影响因素。

（4）预算调整

主要风险：

预算调整依据不充分、方案不合理、审批程序不严格，可能导致预算调整随意、频繁，预算失去严肃性和“硬约束”。

主要控制措施：

①明确预算调整条件。由于市场环境、国家政策或不可抗力等客观因素，导致预算执行发生重大差异确需调整预算的，应当履行严格的审批程序。企业应当在有关预算管理制度中明确规定预算调整的条件。

②强化预算调整原则。一是预算调整应当符合企业发展战略、年度经营目标和现实状况，重点放在预算执行中出现的重要的、非正常的、不符合常规的关键性差异方面；二是预算调整方案应当客观、合理、可行，在经济上能够实现最优化；三是预算调整应当谨慎，调整频率应予以严格控制，年度调整次数应尽量少。

③规范预算调整程序，严格审批。调整预算一般由预算执行单位逐级向预算管理委员会提出书面申请，详细说明预算调整理由、调整建议方案、调整前后预算指标的比较、调整后预算指标可能对企业预算总目标的影响等内容。预算管理工作机构应当对预算执行单位提交的预算调整报告进行审核分析，集中编制企业年度预算

调整方案，提交预算管理委员会。预算管理委员会应当对年度预算调整方案进行审议，根据预算调整事项性质或预算调整金额的不同，根据授权进行审批，或提交原预算审批机构审议批准，然后下达执行。

企业预算管理委员会或董事会审批预算调整方案时，应当依据预算调整条件，并考虑预算调整原则严格把关，对于不符合预算调整条件的，坚决予以否决；对于预算调整方案欠妥的，应当协调有关部门和单位研究改进方案，并责成预算管理工作机构予以修改后再履行审批程序。

3. 预算考核

预算考核是对企业内部各级责任部门或责任中心预算执行结果进行评价，将预算的评价结果与预算执行者的薪酬相挂钩，实行奖惩制度，即预算激励。预算考核应该科学合理、公开公正，确保预算目标的实现，真正发挥预算管理的作用。

主要风险：

预算考核不严格、不合理、不到位，可能导致预算目标难以实现、预算管理流于形式。其中，预算考核是否合理受到考核主体和对象的界定是否合理、考核指标是否科学、考核过程是否公开透明、考核结果是否客观公正、奖惩措施是否公平合理且能够落实等因素的影响。

主要控制措施：

（1）建立健全预算执行考核制度。一是建立严格的预算执行考核制度，对各预算执行单位和个人进行考核，将预算目标执行情况纳入考核和奖惩范围，切实做到有奖有惩、奖惩分明。二是制定有关预算执行考核的制度或办法，并认真、严格地组织实施。三是定期组织实施预算考核，预算考核的周期一般应当与年度预算细分周期相一致，即一般按照月度、季度实施考评，预算年度结束后再进行年度总考核。

（2）合理界定预算考核主体和考核对象。预算考核主体分为两个层次：预算管理委员会和内部各级预算责任单位。预算考核对象为企业内部各级预算责任单位和相关个人。界定预算考核主体和考核对象应当主要遵循以下原则：一是上级考核下级原则，即由上级预算责任单位对下级预算责任单位实施考核；二是逐级考核原则，即由预算执行单位的直接上级对其进行考核，间接上级不能隔级考核间接下级；三是预算执行与预算考核相互分离原则，即预算执行单位的预算考核应由其直接上级部门来进行，而绝不能自己考核自己。

（3）科学设计预算考核指标体系。应主要把握以下原则：预算考核指标要以各责任中心承担的预算指标为主，同时本着相关性原则，增加一些全局性的预算指标和与其关系密切的相关责任中心的预算指标；考核指标应以定量指标为主，同时根据实际情况辅之以适当的定性指标；考核指标应当具有可控性、可达到性和明晰性。

（4）按照公开、公平、公正原则实施预算考核。一是考核程序、考核标准、奖惩办法、考核结果等及时公开；二是考核结果要客观公正。必要时，对预算执行情况实行内部审计；三是预算考核的结果应当与各执行单位以及员工的薪酬、职位等进行挂钩，实施预算奖惩。企业设计预算奖惩方案时，应当以实现全面预算目标为首要原则，同时还应遵循公平合理、奖罚并存的原则。奖惩方案要注意各部门利益分配的合理性，要根据各部门承担的工作难易程度和技术含量合理确定奖励差距，防止奖惩实施中的人情添加因素。

（三）企业全面预算业务流程图

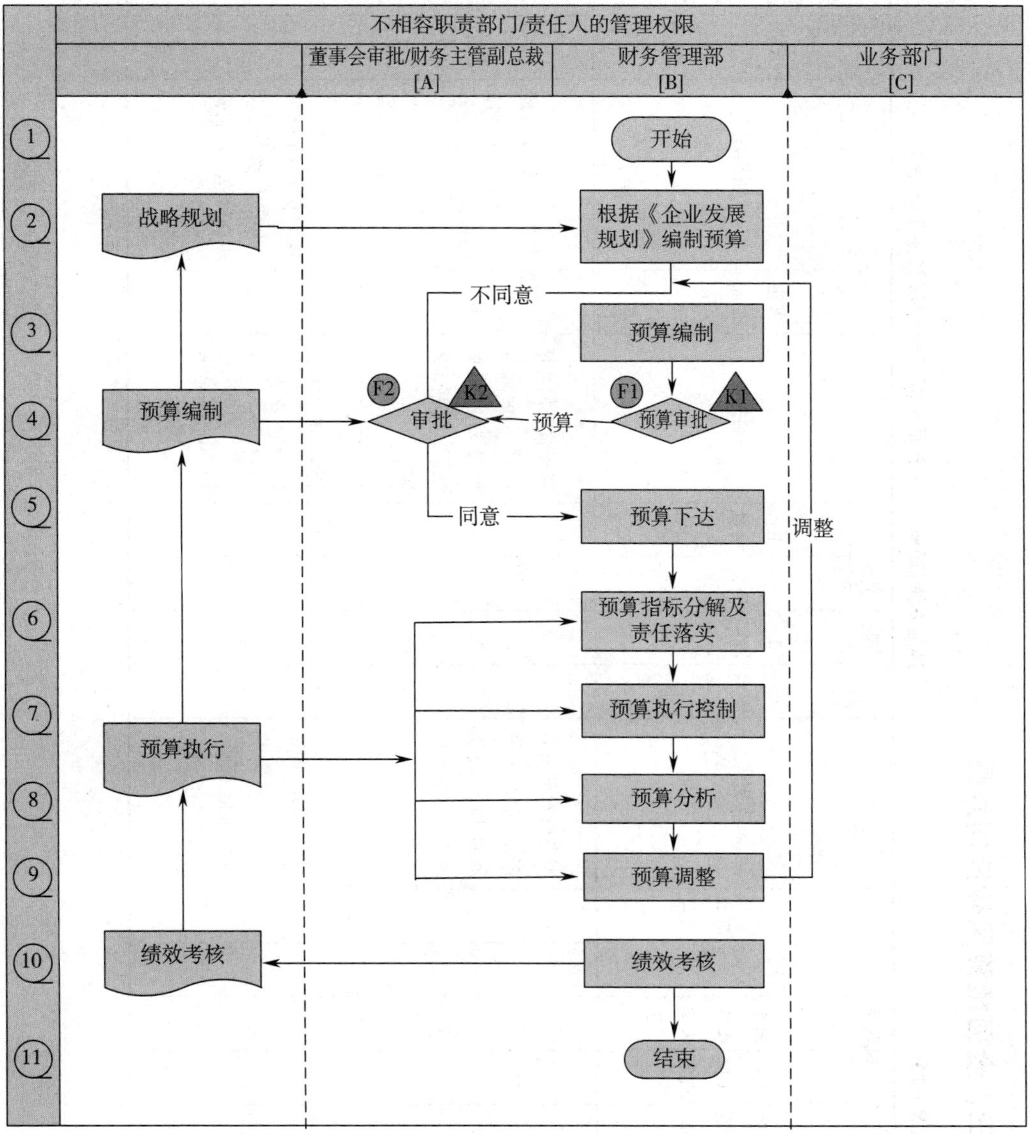

图 9－15　企业全面预算业务流程图

三、全面预算风险控制矩阵

表 9－15　　风险控制矩阵——全面预算（全面预算业务流程）

控制点	风险类型					风险描述	控制点类型				控制描述	关键控制点	控制措施	控制方法（自动或手工）	控制类型（发现性或预防性）	控制频率（时、日、周、月、季度、年度）	控制实施证据	控制文件的文号或名称
	经营决策风险	违反法律法规	财务报告失真	资产安全受威胁	营私舞弊风险		C：完整性控制	A：准确性控制	T：有效性控制	R：接触性控制								
F1	√					财务管理部没有按照《企业发展规划》编制预算，造成营运风险		√			财务管理部严格按照《企业发展规划》编制预算，控制营运风险	K1	财务管理部按照《企业发展规划》编制预算，控制营运风险	手工	预防性	随时	申请书	《企业发展规划》或文号
F2	√					领导层没有按照《企业发展规划》审批预算，造成营运风险		√			领导层应严格按照《企业发展规划》审批预算，控制营运风险	K2	领导层严格按照《企业发展规划》审批预算，控制营运风险	手工	预防性	随时	申请书	《企业发展规划》或文号

第十六项　企业内部控制应用实例——合同管理

一、企业内部控制应用指引第16号——合同管理

制度名称	企业内部控制应用指引—第16号			发布日期	2010年
发布部门	财政部	发文号	财会11号	控制措施	合同管理

第一章　总　则

第一条　为了促进企业加强合同管理，维护企业合法权益，根据《中华人民共和国合同法》等有关法律法规和《企业内部控制基本规范》，制定本指引。

第二条　本指引所称合同，是指企业与自然人、法人及其他组织等平等主体之间设立、变更、终止民事权利义务关系的协议。

企业与职工签订的劳动合同，不适用本指引。

第三条　企业合同管理至少应当关注下列风险：

（一）未订立合同、未经授权对外订立合同、合同对方主体资格未达要求、合同内容存在重大疏漏和欺诈，可能导致企业合法权益受到侵害。

（二）合同未全面履行或监控不当，可能导致企业诉讼失败、经济利益受损。

（三）合同纠纷处理不当，可能损害企业利益、信誉和形象。

第四条　企业应当加强合同管理，确定合同归口管理部门，明确合同拟定、审批、执行等环节的程序和要求，定期检查和评价合同管理中的薄弱环节，采取相应控制措施，促进合同有效履行，切实维护企业的合法权益。

第二章　合同的订立

第五条　企业对外发生经济行为，除即时结清方式外，应当订立书面合同。合同订立前，应当充分了解合同对方的主体资格、信用状况等有关内容，确保对方当事人具备履约能力。

对于影响重大、涉及较高专业技术或法律关系复杂的合同，应当组织法律、技术、财会等专业人员参与谈判，必要时可聘请外部专家参与相关工作。

谈判过程中的重要事项和参与谈判人员的主要意见，应当予以记录并妥善保存。

第六条　企业应当根据协商、谈判等的结果，拟订合同文本，按照自愿、公平原则，明确双方的权利义务和违约责任，做到条款内容完整，表述严谨准确，相关手续齐备，避免出现重大疏漏。

合同文本一般由业务承办部门起草、法律部门审核。重大合同或法律关系复杂的特殊合同应当由法律部门参与起草。国家或行业有合同示范文本的，可以优先选用，但对涉及权利义务关系的条款应当进行认真审查，并根据实际情况进行适当修改。

合同文本须报经国家有关主管部门审查或备案的，应当履行相应程序。

第七条　企业应当对合同文本进行严格审核，重点关注合同的主体、内容和形式是否合法，合同内容是否符合企业的经济利益，对方当事人是否具有履约能力，合同权利和义务、违约责任和争议解决条款是否明确等。

企业对影响重大或法律关系复杂的合同文本，应当组织内部相关部门进行审核。相关部门提出不同意见的，应当认真分析研究，慎重对待，并准确无误地加以记录；必要时应对合同条款作出修改。内部相关部门应当认真履行职责。

第八条　企业应当按照规定的权限和程序与对方当事人签署合同。正式对外订立的合同，应当由企业法定代表人或由其授权的代理人签名或加盖有关印章。授权签署合同的，应当签署授权委托书。

属于上级管理权限的合同，下级单位不得签署。下级单位认为确有需要签署涉及上级管理权限的合同，应当提出申请，并经上级合同管理机构批准后办理。上级单位应当加强对下级单位合同订立、履行情况的监督检查。

第九条　企业应当建立合同专用章保管制度。合同经编号、审批及企业法定代表人或由其授权的代理人签署后，方可加盖合同专用章。

续表

第十条 企业应当加强合同信息安全保密工作，未经批准，不得以任何形式泄露合同订立与履行过程中涉及的商业秘密或国家机密。 **第三章 合同的履行** **第十一条** 企业应当遵循诚实信用原则严格履行合同，对合同履行实施有效监控，强化对合同履行情况及效果的检查、分析和验收，确保合同全面有效履行。 合同生效后，企业就质量、价款、履行地点等内容与合同对方没有约定或者约定不明确的，可以协议补充；不能达成补充协议的，按照国家相关法律法规、合同有关条款或者交易习惯确定。 **第十二条** 在合同履行过程中发现有显失公平、条款有误或对方有欺诈行为等情形，或因政策调整、市场变化等客观因素，已经或可能导致企业利益受损，应当按规定程序及时报告，并经双方协商一致，按照规定权限和程序办理合同变更或解除事宜。 **第十三条** 企业应当加强合同纠纷管理，在履行合同过程中发生纠纷的，应当依据国家相关法律法规，在规定时效内与对方当事人协商并按规定权限和程序及时报告。 合同纠纷经协商一致的，双方应当签订书面协议。合同纠纷经协商无法解决的，应当根据合同约定选择仲裁或诉讼方式解决。 企业内部授权处理合同纠纷的，应当签署授权委托书。纠纷处理过程中，未经授权批准，相关经办人员不得向对方当事人作出实质性答复或承诺。 **第十四条** 企业财会部门应当根据合同条款审核后办理结算业务。未按合同条款履约的，或应签订书面合同而未签订的，财会部门有权拒绝付款，并及时向企业有关负责人报告。 **第十五条** 合同管理部门应当加强合同登记管理，充分利用信息化手段，定期对合同进行统计、分类和归档，详细登记合同的订立、履行和变更等情况，实行合同的全过程封闭管理。 **第十六条** 企业应当建立合同履行情况评估制度，至少于每年年末对合同履行的总体情况和重大合同履行的具体情况进行分析评估，对分析评估中发现合同履行中存在的不足，应当及时加以改进。 企业应当健全合同管理考核与责任追究制度。对合同订立、履行过程中出现的违法违规行为，应当追究有关机构或人员的责任。	
实施时间	自 2011 年 1 月 1 日起在境内外同时上市的公司施行，自 2012 年 1 月 1 日起在上海证券交易所、深圳证券交易所主板上市公司施行。

二、合同管理业务流程

加强企业合同管理既是企业内部控制的重要手段，又是企业维护合法权益，保证营运安全，控制财务风险，提高企业经营管理水平的重要基础。《企业内部控制应用指引第 16 号——合同管理》（以下简称《合同管理指引》）全面梳理了合同管理的主要流程，揭示了与合同管理有关的主要风险，有针对性地提出了相应控制措施。

（一）加强合同管理控制的重要意义

合同是企业与自然人、法人及其他组织等平等主体之间设立、变更、终止民事权利义务关系的协议。加强合同管理，有利于规范、约束市场主体交易行为，优化资源配置，维护市场秩序。

1. 加强合同管理的意义

在市场经济环境中，合同已成为企业最常见的契约形式，甚至可以说，市场经济就是合同经济。然而，合同管理往往又是企业内部控制中最为疏忽和薄弱的环节。

加强合同管理对于企业防范和降低合同风险、促进长期可持续发展具有重要意义。具体而言，加强合同管理有助于防范企业法律风险，维护市场秩序和企业合法权益；有助于降低企业营运风险，优化资源配置，提高经营管理水平；有助于控制企业财务风险，提升资金使用效率。

2.《合同管理指引》的适用范围

《合同管理指引》对合同的定义作出了明确的规定，“合同是指企业与自然人、法人及其他组织等平等主体之间设立、变更、终止民事权利义务关系的协议”。其中不包括企业与职工签订的劳动合同。

企业与职工签订的劳动合同，不适用本指引。其主要原因是：劳动合同是劳动者与用工单位之间确立劳动关系，明确双方权利和义务的协议。劳动合同按照合同的内容分为劳动合同制范围以内的劳动合同和劳动合同制范围以外的劳动合同；按照合同的形式分为要式劳动合同和非要式劳动合同。劳动合同具有以下特征：

（1）劳动合同主体具有特定性；

（2）劳动合同内容具有劳动权利和义务的统一性和对应性；

（3）劳动客体具有单一性，即劳动行为；

（4）劳动合同具有诺成、有偿、双务合同的特性；

（5）劳动合同往往涉及第三人的物质利益关系。

3. 合同管理的总体要求

企业需要建立一系列制度体系和机制保障，促进合同管理的作用得到有效发挥。加强合同控制的措施主要包括：

（1）建立分级授权管理制度。企业应当根据经济业务性质、组织机构设置和管理层级安排，建立合同分级管理制度。属于上级管理权限的合同，下级单位不得签署。对于重大投资类、融资类、担保类、知识产权类、不动产类合同上级部门应加强管理。下级单位认为确有需要签署涉及上级管理权限的合同，应当提出申请，并经上级合同管理机构批准后办理。上级单位应当加强对下级单位合同订立、履行情况的监督检查。

（2）实行统一归口管理。企业可以根据实际情况指定法律部门等作为合同归口管理部门，对合同实施统一规范管理，具体负责制定合同管理制度，审核合同条款的权利义务对等性，管理合同标准文本，管理合同专用章，定期检查和评价合同管理中的薄弱环节，采取相应控制措施，促进合同的有效履行等。

（3）明确职责分工。企业各业务部门作为合同的承办部门负责在职责范围内承办相关合同，并履行合同调查、谈判、订立、履行和终结责任。企业财会部门侧重于履行对合同的财务监督职责。

4. 健全考核与责任追究制度

企业应当健全合同管理考核与责任追究制度，开展合同后评估，对合同订立、履行过程中出现的违法违规行为，应当追究有关机构或人员的责任。

（二）合同管理的主要风险及关键控制点①

合同管理的具体内容包括：合同调查、合同谈判、合同文本拟定、合同审核、合同签署、合同履行、合同结算与合同登记八个环节。

1. 合同调查

合同订立前进行合同调查，充分了解合同对方的主体资格、信用状况等有关情况，确保对方当事人具备履约能力。

主要风险：

忽视对方当事人的主体资格审查，对方当事人不具有相应民事权利能力和民事行为能力，导致签订的合同无效，或引发潜在风险；在合同签订前错误判断被调查对象的信用状况，或在合同履行过程中没有持续关注对方的资信变化，致使企业蒙受损失。

主要控制措施：

（1）审查对方当事人的身份证件、法人登记证书、资质证明、授权委托书等证明原件，必要时，可通过发证机关查询证书的真实性和合法性，在充分收集相关证据的基础上评价主体资格是否恰当。

（2）获取对方当事人经审计的财务报告、以往交易记录等财务和非财务信息，分析其获利能力、偿债能力和营运能力，评估其财务风险和信用状况，并在合同履行过程中持续关注其资信变化，建立和及时更新合同对方的商业信息档案。

（3）对合同对方进行现场调查，实地了解和全面评估其生产能力、技术水平、产品类别和质量等生产经营情况，分析其合同履约能力。

（4）与对方当事人的主要供应商、客户、开户银行、主管税务机关和工商管理部门沟通，了解其生产经营、商业信誉、履约能力等情况。

2. 合同谈判

初步确定拟签约对象后，企业内部的合同承办部门应当在授权范围内与对方进行合同谈判，按照自愿、公平原则，磋商合同内容和条款，明确双方的权利义务和违约责任。

主要风险：

忽略合同重大问题或在重大问题上作出不恰当让步；谈判经验不足，缺乏技术、

---

① 张玉，邱胜利．企业内部控制规范性操作风险［M］．北京：企业管理出版社，2013.

法律和财务知识的支撑，导致企业利益受损；泄露本企业谈判策略，导致企业在谈判中处于不利地位。

主要控制措施：

（1）收集谈判对手资料，充分熟悉谈判对手情况，做到知己知彼；研究国家相关法律法规、行业监管、产业政策、同类产品或服务价格等与谈判内容相关的信息，正确制定本企业谈判策略。

（2）关注合同核心内容、条款和关键细节。具体包括合同标的的数量、质量或技术标准，合同价格的确定方式与支付方式，履约期限和方式，违约责任和争议的解决方法、合同变更或解除条件等。

（3）对于影响重大、涉及较高专业技术或法律关系复杂的合同，组织法律、技术、财会等专业人员参与谈判，充分发挥团队智慧，及时总结谈判过程中的得失，研究确定下一步谈判策略。

（4）必要时可聘请外部专家参与相关工作，并充分了解外部专家的专业资质、胜任能力和职业道德情况。

（5）加强保密工作，建立严格的责任追究制度。

（6）对谈判过程中的重要事项和参与谈判人员的主要意见，予以记录并妥善保存，作为避免合同舞弊的重要手段和责任追究的依据。

3. 合同文本拟定

企业在合同谈判后，根据协商谈判结果，拟定合同文本。

主要风险：

选择不恰当的合同形式；合同与国家法律法规、行业产业政策、企业总体战略目标或特定业务经营目标发生冲突；合同内容和条款不完整、表述不严谨、不准确，或存在重大疏漏和欺诈，导致企业合法利益受损；有意拆分合同、规避合同管理规定等；对于合同文本须报经国家有关主管部门审查或备案的，未履行相应程序。

主要控制措施：

（1）企业对外发生经济行为，除即时结清方式外，应当订立书面合同。

（2）严格审核合同需求与国家法律法规、产业政策、企业整体战略目标的关系，保证其协调一致；考察合同是否以生产经营计划、项目立项书等为依据，确保完成具体业务经营目标。

（3）合同文本一般由业务承办部门起草，法律部门审核；重大合同或法律关系复杂的特殊合同应当由法律部门参与起草；国家或行业有合同示范文本的，可以优先选用，但对涉及权利义务关系的条款应当进行认真审查，并根据实际情况进行适当修改。各部门应当各司其职，保证合同内容和条款的完整准确。

（4）通过统一归口管理和授权审批制度，严格合同管理，防止通过化整为零等方式故意规避招标的做法和越权行为。

（5）由签约对方起草的合同，企业应当认真审查，确保合同内容准确反映企业诉求和谈判达成的一致意见，特别留意“其他约定事项”等需要补充填写的栏目，如不存在其他约定事项时注明“此处空白”或“无其他约定”，防止合同后续被篡改。

（6）合同文本须报经国家有关主管部门审查或备案的，应当履行相应程序。

4. 合同审核

合同文本拟定完成后，企业应进行严格审核。

主要风险：

合同审核人员因专业素质或工作态度等原因，未能发现合同文本中的不当内容和条款；审核人员虽然通过审核发现问题，但未提出恰当的修订意见；合同起草人员没有根据审核人员的改进意见修改合同，导致合同中的不当内容和条款未被纠正。

主要控制措施：

（1）审核人员应当对合同文本的合法性、经济性、可行性和严密性进行重点审核，关注合同的主体、内容和形式是否合法，合同内容是否符合企业的经济利益，对方当事人是否具有履约能力，合同权利和义务、违约责任和争议解决条款是否明确等。

（2）建立会审制度，对影响重大或法律关系复杂的合同文本，组织财会部门、内部审计部、法律部、业务关联的相关部门进行审核，各相关部门应当认真履行职责。

（3）认真分析研究，慎重对待审核意见，对审核意见准确无误地加以记录，必要时对合同条款作出修改并再次提交审核。

5. 合同签署

企业经审核同意签订的合同，应当与对方当事人正式签署并加盖企业合同专用章。

主要风险：

超越权限签订合同，合同印章管理不当，签署后的合同被篡改，因手续不全导致合同无效等。

主要控制措施：

（1）按照规定的权限和程序与对方当事人签署合同。对外正式订立的合同应当由企业法定代表人或由其授权的代理人签名或加盖有关印章。授权签署合同的，应当签署授权委托书。

（2）严格合同专用章保管制度，合同经编号、审批及企业法定代表人或由其授权的代理人签署后，方可加盖合同专用章。用印后保管人应当立即收回，并按要求妥善保管，以防止他人滥用。保管人应当记录合同专用章使用情况以备查，如果发生合同专用章遗失或被盗现象，应当立即报告公司负责人并采取妥善措施，如向公安机关报案、登报声明作废等，以最大限度消除可能带来的负面影响。

（3）采取恰当措施，防止已签署的合同被篡改，如在合同各页码之间加盖骑缝章、使用防伪印记、使用不可编辑的电子文档格式等。

（4）按照国家有关法律、行政法规规定，需办理批准、登记等手续之后方可生效的合同，企业应当及时按规定办理相关手续。

（5）属于上级管理权限的合同，下级单位不得签署。下级单位认为确有需要签署涉及上级管理权限的合同，应当提出申请，经批准后办理。

6. 合同履行

合同订立后，企业应当与合同对方当事人共同遵循诚实信用原则，根据合同的性质、目的和交易习惯履行通知、协助、保密等义务。

主要风险：

本企业或合同对方当事人没有恰当地履行合同中约定的义务；合同生效后，对合同条款未明确约定的事项没有及时协议补充，导致合同无法正常履行；在合同履行过程中，未能及时发现已经或可能导致企业利益受损情况，或未能采取有效措施；合同纠纷处理不当，导致企业遭受外部处罚、诉讼失败，损害企业利益、信誉和形象等。

主要控制措施：

（1）强化对合同履行情况及效果的检查、分析和验收，全面适当执行本企业义务，敦促对方积极执行合同，确保合同全面有效履行。

（2）对合同对方的合同履行情况实施有效监控，一旦发现有违约可能或违约行为，应当及时提示风险，并立即采取相应措施将合同损失降到最低。

（3）根据需要及时补充、变更甚至解除合同。一是对于合同没有约定或约定不明确的内容，通过双方协商一致对原有合同进行补充；无法达成补充协议的，按照国家相关法律法规、合同有关条款或者交易习惯确定；二是对于显失公平、条款有误或存在欺诈行为的合同，以及因政策调整、市场变化等客观因素已经或可能导致企业利益受损的合同，按规定程序及时报告，并经双方协商一致，按照规定权限和程序办理合同变更或解除事宜；三是对方当事人提出中止、转让、解除合同的，造成企业经济损失的，应向对方当事人书面提出索赔。

（4）加强合同纠纷管理，在履行合同过程中发生纠纷的，应当依据国家相关法律法规，在规定时效内与对方当事人协商并按规定权限和程序及时报告。合同纠纷经协商一致的，双方应当签订书面协议；合同纠纷经协商无法解决的，根据合同约定选择仲裁或诉讼方式解决。

企业内部授权处理合同纠纷，应当签署授权委托书。纠纷处理过程中，未经授权批准，相关经办人员不得向对方当事人作出实质性答复或承诺。

7. 合同结算

合同结算是合同执行的重要环节，既是对合同签订的审查，也是对合同执行的监督，一般由财会部门负责办理。

主要风险：

违反合同条款，未按合同规定期限、金额或方式付款；疏于管理，未能及时催收到期合同款项；在没有合同依据的情况下盲目付款等。

主要控制措施：

（1）财会部门应当在审核合同条款后办理结算业务，按照合同规定付款，及时催收到期欠款。

（2）未按合同条款履约或应签订书面合同而未签订的，财会部门有权拒绝付款，并及时向企业有关负责人报告。

8. 合同登记

合同登记管理制度体现合同的全过程封闭管理，合同的签署、履行、结算、补充或变更、解除等都需要进行合同登记。

主要风险：

合同档案不全，合同泄密，合同滥用等。

主要控制措施：

（1）合同管理部门应当加强合同登记管理，充分利用信息化手段，定期对合同进行统计、分类和归档，详细登记合同的订立、履行和变更、终结等情况，合同终结应及时办理销号和归档手续，以实行合同的全过程封闭管理。

（2）建立合同文本统一分类和连续编号制度，以防止或及早发现合同文本的遗失。

（3）加强合同信息安全保密工作，未经批准，任何人不得以任何形式泄露合同订立与履行过程中涉及的国家或商业秘密。

（4）规范合同管理人员职责，明确合同流转、借阅和归还的职责权限和审批程序等有关要求。实行合同管理责任追究制度，对合同保管情况实施定期和不定期检查。

（三）合同管理业务流程图

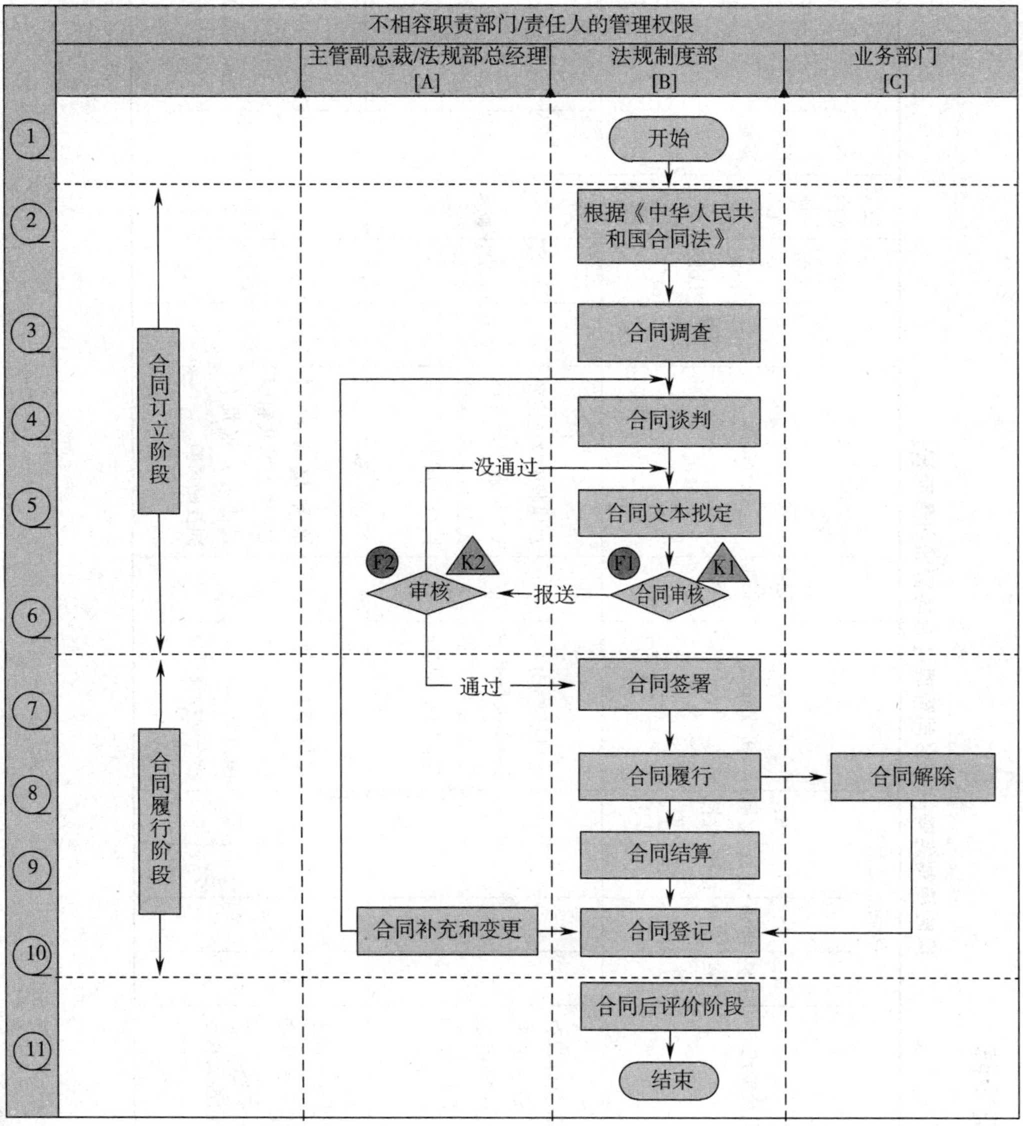

图9－16　合同管理业务流程图

三、合同管理风险控制矩阵

表 9－16　风险控制矩阵——合同管理（合同管理业务流程）

控制点	风险类型					风险描述	控制点类型				控制描述	关键控制点	控制措施	控制方法（自动或手工）	控制类型（发现性或预防性）	控制频率（时、日、周、月、季度、年度）	控制实施证据	控制文件的文号或名称
	经营决策风险	违反法律法规	财务报告失真	资产安全受威胁	营私舞弊风险		C：完整性控制	A：准确性控制	T：有效性控制	R：接触性控制								
F1	√					法规制度部没有按照《中华人民共和国民法典》签订合同造成营运风险		√			法规制度部按照《中华人民共和国民法典》签订合同控制风险	K1	法规制度部应按照《中华人民共和国民法典》签订合同控制风险	手工	预防性	随时	申请书	《中华人民共和国民法典》或文号
F2	√					领导层没有按照《中华人民共和国民法典》审批合同造成营运风险		√			领导层应按照《中华人民共和国民法典》审批合同控制风险	K2	领导层应按照《中华人民共和国民法典》审批合同控制风险	手工	预防性	随时	申请书	《中华人民共和国民法典》或文号

第十七项　企业内部控制应用实例——内部信息传递

一、企业内部控制应用指引第17号——内部信息传递

制度名称	企业内部控制应用指引—第17号			发布日期	2010年
发布部门	财政部	发文号	财会11号	控制措施	内部信息传递

第一章　总　则

第一条　为了促进企业生产经营管理信息在内部各管理层级之间的有效沟通和充分利用，根据《企业内部控制基本规范》，制定本指引。

第二条　本指引所称内部信息传递，是指企业内部各管理层级之间通过内部报告形式传递生产经营管理信息的过程。

第三条　企业内部信息传递至少应当关注下列风险：

（一）内部报告系统缺失、功能不健全、内容不完整，可能影响生产经营有序运行。

（二）内部信息传递不通畅、不及时，可能导致决策失误、相关政策措施难以落实。

（三）内部信息传递中泄露商业秘密，可能削弱企业核心竞争力。

第四条　企业应当加强内部报告管理，全面梳理内部信息传递过程中的薄弱环节，建立科学的内部信息传递机制，明确内部信息传递的内容、保密要求及密级分类、传递方式、传递范围以及各管理层级的职责权限等，促进内部报告的有效利用，充分发挥内部报告的作用。

第二章　内部报告的形成

第五条　企业应当根据发展战略、风险控制和业绩考核要求，科学规范不同级次内部报告的指标体系，采用经营快报等多种形式，全面反映与企业生产经营管理相关的各种内外部信息。

内部报告指标体系的设计应当与全面预算管理相结合，并随着环境和业务的变化不断进行修订和完善。设计内部报告指标体系时，应当关注企业成本费用预算的执行情况。

内部报告应当简洁明了、通俗易懂、传递及时，便于企业各管理层级和全体员工掌握相关信息，正确履行职责。

第六条　企业应当制定严密的内部报告流程，充分利用信息技术，强化内部报告信息集成和共享，将内部报告纳入企业统一信息平台，构建科学的内部报告网络体系。

企业内部各管理层级均应当指定专人负责内部报告工作，重要信息应及时上报，并可以直接报告高级管理人员。

企业应当建立内部报告审核制度，确保内部报告信息质量。

第七条　企业应当关注市场环境、政策变化等外部信息对企业生产经营管理的影响，广泛收集、分析、整理外部信息，并通过内部报告传递到企业内部相关管理层级，以便采取应对策略。

第八条　企业应当拓宽内部报告渠道，通过落实奖励措施等多种有效方式，广泛收集合理化建议。

企业应当重视和加强反舞弊机制建设，通过设立员工信箱、投诉热线等方式，鼓励员工及企业利益相关方举报和投诉企业内部的违法违规、舞弊和其他有损企业形象的行为。

第三章　内部报告的使用

第九条　企业各级管理人员应当充分利用内部报告管理和指导企业的生产经营活动，及时反映全面预算执行情况，协调企业内部相关部门和各单位的运营进度，严格绩效考核和责任追究，确保企业实现发展目标。

第十条　企业应当有效利用内部报告进行风险评估，准确识别和系统分析企业生产经营活动中的内外部风险，确定风险应对策略，实现对风险的有效控制。

企业对于内部报告反映出的问题应当及时解决；涉及突出问题和重大风险的，应当启动应急预案。

第十一条　企业应当制定严格的内部报告保密制度，明确保密内容、保密措施、密级程度和传递范围，防止泄露商业秘密。

第十二条　企业应当建立内部报告的评估制度，定期对内部报告的形成和使用进行全面评估，重点关注内部报告的及时性、安全性和有效性。

实施时间	自2011年1月1日起在境内外同时上市的公司施行，自2012年1月1日起在上海证券交易所、深圳证券交易所主板上市公司施行。

二、内部信息传递业务流程

信息资源是一个企业赖以生存的重要因素之一，企业在制定决策和日常运作中需要各种形式的信息。内部信息传递是企业内部各管理层级之间通过内部报告形式传递生产经营管理信息的过程。企业的内部控制活动离不开信息的沟通和传递。《企业内部控制应用指引第 17 号——内部信息传递》突出强调了内部报告形式、使用和评估，提出了内部信息传递应当关注的主要风险以及相应的控制措施。

（一）内部信息传递控制的意义

信息在企业内部进行有目的的传递，对贯彻落实企业发展战略、执行企业全面预算、识别企业生产经营活动中的内外部风险具有重要作用。

1. 内部信息传递的内涵

内部信息传递是指企业内部各管理层级之间通过内部报告形式传递生产经营管理信息的过程。

第一，信息的特征。

只有知道什么是信息、信息具有哪些特征，才能很好地理解和把握信息收集、组织和传递活动。信息具有以下特征：

（1）共享性。同一内容的信息可以在同一时间为多人所用，还可以在不同时间被多次使用，通过传递可实现信息共享。

（2）可传递性。信息依附于一定的载荷媒体（声、光、电、磁、语言、表情、文字、数字、符号、图形、图像等）进行呈现、传递和扩散。信息技术极大地扩展了信息的扩散范围，提高了信息的传递速度和共享程度。

（3）可编码性。信息可以用标准符号（如数字、字母等）来表示。在信息社会中将有更多的信息以数字形式表示。它的采集、存储、处理、传输都是数字化的，因此极易识别、转换、传递和接收，也更易于处理。

（4）具有价值。信息是一种资源，信息的效用表现为，可能为使用者提供新的知识或创造新的价值，可能为使用者的特定决策减少不正确性。

信息的处理就是将收集到的信息经过专业化的加工，使之成为内部控制需要的信息。信息处理一般需要经过真伪鉴别、排错校验、分类整理和加工分析四个环节。

第二，信息传递的方式。

企业内部控制活动离不开信息的沟通与传递。沟通是指组织成员之间、组织成员与外部公众或社会组织之间旨在完成组织目标而进行的信息发送、接收与反馈的全过程。企业必须按照某种形式在某个时间之内辨别、获取有效的信息，并加以沟通，使企业内部每一员工能够顺利履行其职责。信息传递方式可以自上而下传递，自下而上传递，也可以平行传递。传递的信息以不同形式或载体呈现。其中，内部报告是企业最为重要、最普遍的信息传递形式。

内部报告是指企业在管理控制系统中为企业内部各级管理层以定期或者非定期的形式记录和反映企业内部管理信息的各种图表和文字资料的总称。一方面，内部报告可以为管理层提供更多的企业生产、经营和管理信息，为管理层合理有效地制定各种决策提供支持和服务；另一方面，内部报告还可以检查和反馈管理层决策的执行情况，帮助管理层监控和纠正在政策执行中出现的错误和偏差。

2. 内部信息传递的总体要求

为服务于企业生产经营管理决策，做好各项内部报告工作，企业管理人员需要从各种渠道获取相应的信息。尽管有关信息的来源、内容、提供者、传递方式和渠道等各不相同，但收集和传递相关信息一般应遵循以下原则。

（1）真实准确性。虚假或不准确的信息将严重误导信息使用者，甚至导致决策失误，造成巨大的经济损失。内部报告的信息应当与所要表达的现象和状况保持一致，若不能真实反映所计量的经济事项，就不具有可靠性。

（2）及时有效性。如果信息未能及时提供，或者及时提供的信息不具有相关性，或者未被有效利用，都可能导致企业决策延误，增加经营风险，甚至可能使企业管理层陷入困境，不利于对实际情况进行及时有效的控制和矫正，同时也将大大降低内部报告的决策相关性。只有那些切合具体任务和实际工作，并且能够符合信息使用单位需求的信息才是具有使用价值的。

（3）遵守保密原则。企业内部的运营情况、技术水平、财务状况以及有关重大事项等通常涉及商业秘密，内幕信息知情者（包括董事会成员、监事、高级管理人员及其他涉及信息披露有关部门的涉密人员）都负有保密义务。这些内部信息一旦泄露，极有可能导致企业的商业秘密被竞争对手获知，使企业处于被动境地，甚至造成重大损失。

例如，在原材料采购和商品销售过程中，市场价格的调查资料、对供应商和销售商作出选择的依据、对方企业的资金信用状况等数据资料，不仅是企业以后购销工作的重要参考依据，同时也是实行财务监督的重要依据，但是许多企业对以上资料不做长期保留，致使发生了原材料质量问题或者是应收账款变成坏账等问题以后，找不到企业内部的责任者，分析不出失误的原因，更找不到解决问题的方法。

（二）内部信息传递的主要风险及控制措施[①]

内部信息传递至少包括内部报告形成和内部报告使用两个阶段。内部报告形成

---

① 张玉，邱胜利．企业内部控制规范性操作风险［M］．北京：企业管理出版社，2013.

阶段的主要工作包括：建立内部报告指标体系、收集整理内外部信息、编制及审核内部报告；内部报告使用阶段的主要工作包括：内部报告的传递、内部报告的使用及保密、内部报告的保管和内部报告评估。

1. 建立内部报告指标体系

内部报告指标体系是否科学直接关系到内部报告反映的信息是否完整和有用，这就要求企业应当根据自身的发展战略、风险控制和业绩考核特点，系统、科学地规范不同级次内部报告的指标体系，合理设置关键信息指标和辅助信息指标，并与全面预算管理等相结合，同时应随着环境和业务的变化不断进行修订和完善。在设计内部报告指标体系时，企业应当根据内部各“信息用户”的需求选择信息指标，以满足其经营决策、业绩考核、企业价值与风险评估的需要。

主要风险：

指标体系的设计未能结合企业的发展战略，指标体系级次混乱，与全面预算管理要求相脱节，并且一旦设定后未能根据环境和业务变化有所调整。

主要控制措施：

（1）企业应认真研究企业的发展战略、风险控制要求和业绩考核标准，根据各管理层级对信息的需求和详略程度，建立一套级次分明的内部报告指标体系。

（2）企业内部报告指标确定后，应进行细化，层层分解，使企业中各责任中心及其各相关职能部门都有自己明确的目标，以利于控制风险并进行业绩考核。

（3）内部报告需要依据全面预算的标准进行信息反馈，将预算控制的过程和结果向企业内部管理层报告，以便有效控制预算执行情况、明确相关责任、科学考核业绩，并根据新的环境和业务，调整决策部署，更好地规划企业的资产和收益，实现资源的最有效配置和管理的协同效应。

2. 收集整理内外部信息

为了随时掌握有关市场状况、竞争情况、政策变化及环境的变化，实现企业发展战略和经营目标，企业应当完善内外部重要相关信息的收集机制和传递机制，使重要信息能够及时获得并向上级呈报。

企业可以通过行业协会组织、社会中介机构、业务往来单位、市场调查、来信来访、网络媒体以及有关监管部门等渠道，获取外部信息；通过财务会计资料、经营管理资料、调研报告、专项信息、内部刊物、办公网络等渠道，获取内部信息。企业应当广泛收集、分析、整理内外部信息，并通过内部报告传递到企业内部相关管理层级，以便及时采取应对策略。

主要风险：

收集的内外部信息过于散乱，不能突出重点；内容准确性差，据此信息进行的决策容易误导经营活动；获取内外部信息的成本过高，违反了成本效益原则。

主要控制措施：

（1）根据特定服务对象的需求对信息进行分类汇总，选择信息收集过程中重点关注的信息类型和内容。为特定对象、特定目标服务的信息，具有更高的适用性，对于使用者具有更现实、重要的意义。因此需要根据信息需求者要求按照一定的标准对信息进行分类汇总。

（2）对信息进行审核和鉴别，对已经筛选的资料作进一步的检查，确定其真实性和合理性。企业应当检查信息在事实与时间上有无差错，是否合乎逻辑，其来源单位、资料份数、指标等是否完整。

（3）在收集信息的过程中考虑获取信息的便利性及其获取成本高低，如果需要较大代价获取信息，则应当权衡其成本与信息的使用价值，确保所获取信息符合成本效益原则。

3. 编制及审核内部报告

企业各职能部门应将收集的有关资料进行筛选和抽取，然后，根据各管理层级对内部报告的信息需求和先前制定的内部报告指标，建立各种分析模型，提取有效数据并进行反馈汇总。在此基础上，起草内部报告，形成总结性结论，并提出相应的建议，从而对发展趋势、策略规划、前景预测等提供重要的分析指导，为企业的效益分析、业务拓展提供有力的保障。

企业内部报告因报告类型不同、反映的信息特点不同，内部报告的格式不尽一致。一般情况下，企业内部报告应当包括报告名、文件号、执行范围、内容、起草或制定部门、报送和抄送部门及时效要求等。

主要风险：

内部报告未能根据各内部使用单位的需求进行编制，内容不完整，编制不及时，未经审核即向有关部门传递。

主要控制措施：

（1）内部报告的编制单位应围绕内部报告使用者的信息需求，以内部报告指标体系为基础，编制内容全面、通俗易懂、简洁明了的内部报告，便于各管理层级和员工掌握相关信息，正确履行职责。

（2）合理设计内部报告编制程序，提高编制效率，保证内部报告能在第一时间提供给相关管理部门。对于重大突发事件应以速度优先，尽可能快地编制出内部报告，向董事会报告。

（3）建立内部报告审核制度，设定审核权限，确保内部报告信息质量。企业必须对岗位与职责分工进行控制，内部报告的起草与审核岗位分离，内部报告在传递前必须经签发部门负责人审核。

对于重要信息，企业应当委派专门人员对其传递过程进行复核，确保信息正确地传递给使用者。

4. 内部报告的传递

企业应当制定严密的内部报告传递流程，充分利用信息技术，强化内部报告信息集成和共享，将内部报告纳入企业统一信息平台，构建科学的内部报告网络体系。企业内部各管理层级均应当指定专人负责内部报告工作。

内部报告应当按照职责分工和权限指引中规定的报告关系传递信息。但为保证信息传递的及时性，重要信息应当及时传递给董事会、监事会和经理层。企业应当拓宽内部报告渠道，通过落实奖励措施等多种有效方式，广泛收集合理化建议。

主要风险：

缺乏内部报告传递流程，内部报告未按传递流程进行传递流转，内部报告流转不及时。

主要控制措施：

（1）制定内部报告传递制度。企业可根据信息的重要性、内容等特征，确定不同的流转环节。

（2）严格按设定的传递流程进行流转。企业各管理层对内部报告的流转应做好记录，对于未按照流转制度进行操作的事件应当调查原因，并做相应处理。

（3）及时更新信息系统，确保内部报告有效安全地传递。企业应在实际工作中尝试精简信息系统的处理程序，使信息在企业内部更快地传递。

对于重要紧急的信息，可以越级向董事会、监事会或经理层直接报告，便于相关负责人迅速作出决策。

5. 内部报告的使用及保密

企业各级管理人员应当充分利用内部报告进行有效决策，管理和指导企业的日常生产经营活动，及时反映全面预算执行情况，协调企业内部相关部门和各单位的运营进度，严格绩效考核和责任追究，确保企业实现发展战略和经营目标。

企业应当制定严格的内部报告保密制度，明确保密内容、保密措施、密级程度和传递范围，防止泄露商业秘密。

主要风险：

企业管理层在决策时并没有使用内部报告提供的信息，内部报告未能用于风险识别和控制，商业秘密通过企业内部报告被泄露。

主要控制措施：

（1）企业在预算控制、生产经营管理决策和业绩考核时充分使用内部报告提供的信息。企业应当将预算控制和内部报告接轨，通过内部报告及时反映全面预算的执行情况；利用内部报告的信息对生产、购售、投资、筹资等业务进行分析，发现存在的问题，及时查明原因并加以改进；将绩效考评和责任追究制度与内部报告联系起来，依据及时、准确、按规范流程提供的信息进行透明、客观的定期业绩考核，并对相关责任人进行追究惩罚。

（2）管理层应当通过内部报告提供的信息对企业生产经营管理中存在的风险进行评估，准确识别和系统分析企业生产经营活动的内外部风险，确定风险应对策略，实现对风险有效控制，涉及突出问题和重大风险的，应当启动应急预案。

（3）企业应当从内部信息传递的时间、空间、节点、流程等方面设置控制措施，通过职责分离、授权接触、监督和检查等手段防止商业秘密泄露。

6. 内部报告的保管

在企业的经营管理活动中，会产生大量的数据信息，管理好这些资料，对于分析和解决企业管理中的问题至关重要。但是，有些企业对这些管理中产生的大量数据采取粗放经营的态度，甚至使一些重要数据丢失，造成不可挽回的损失。

主要风险：

企业缺少内部报告的保管制度，内部报告的保管存放杂乱无序，对重要资料的保管期限过短，保密措施不严。

主要控制措施：

（1）企业应当建立内部报告保管制度，各部门应当指定专人按类别保管相应的内部报告。对影响较大的、金额较高的内部报告一般要严格保管，如企业重大重组方案、企业债券发行方案等。

（2）为了便于内部报告的查阅、对比分析，应当改善内部报告的格式，提高内部报告的有用性。

（3）企业对不同类别的报告应按影响程度规定其保管年限，只有超过保管年限的内部报告方可予以销毁。对影响重大的内部报告，应当永久保管，如公司章程及相应的修改、公司股东登记表等。

有条件的企业应当建立电子内部报告保管库，分性质，按照类别、时间、保管年限、影响程序及保密要求等分门别类地储存电子内部报告。

（4）制定严格的内部报告保密制度，明确保密内容、保密措施、密级程度和传递范围，防止泄露商业秘密。有关公司商业秘密的重要文件要由企业较高级别的管理人员负责，具体至少由两人共同管理，放置在专用保险箱内。查阅保密文件，必须经该高层管理人员同意，由两人分别开启相应的锁具方可打开。

7. 内部报告评估

企业应当建立内部报告评估制度，对内部报告是否全面、完整、内部信息传递是否及时、有效，对内部报告的利用是否符合预期做到心中有数。

企业对内部报告的评估应当定期进行，至少每年度对内部报告的及时性、内部信息传递的有效性和安全性进行一次评估。评估内部报告存在缺陷的，企业应当及时进行修订和完善，确保内部报告提供的信息及时、有效。

主要风险：

企业缺乏完善的内部报告评价体系，对各信息传递环节和传递方式控制不严，针对传递不及时、信息不准确的内部报告缺乏相应的惩戒机制。

主要控制措施：

（1）企业应当建立并完善对内部报告的评估制度，严格按照评估制度对内部报告进行合理评估，考核内部报告在企业生产经营活动中所起的真实作用。

（2）企业必须建立并执行奖惩机制，以保证信息传递及时准确。对经常不能及时或准确传递信息的相关人员应当进行批评和教育，并与绩效考核体系挂钩。

（三）内部信息传递业务流程图

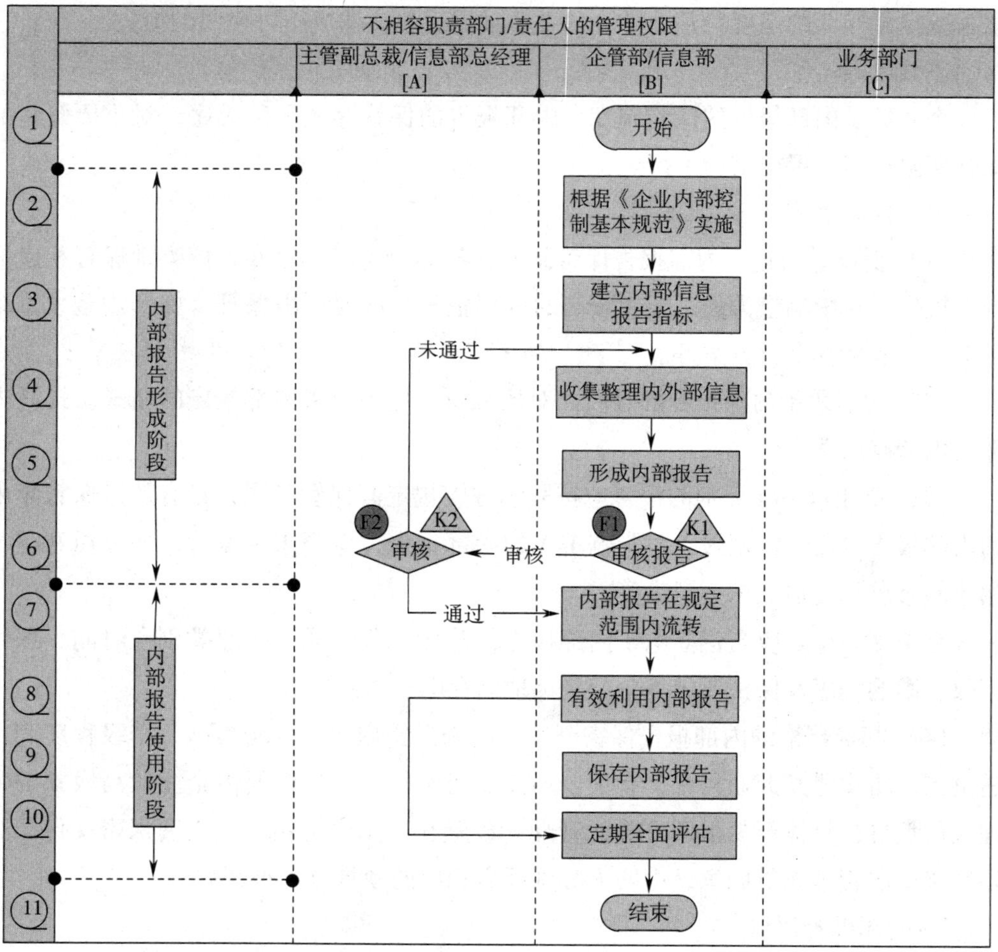

图 9－17　内部信息传递业务流程图

三、内部信息传递风险控制矩阵

表 9－17　　风险控制矩阵——内部信息传递（业务信息传递基本流程）

控制点	风险类型					风险描述	控制点类型				控制描述	关键控制点	控制措施	控制方法（自动或手工）	控制类型（发现性或预防性）	控制频率（时、日、周、月、季度、年度）	控制实施证据	控制文件的文号或名称
	经营决策风险	违反法律法规	财务报告失真	资产安全受威胁	营私舞弊风险		C：完整性控制	A：准确性控制	T：有效性控制	R：接触性控制								
F1	√					企管部没有按照《企业内部控制基本规范》履行信息传递业务，造成风险		√			企管部应按照《企业内部控制基本规范》履行信息传递业务，控制营运风险	K1	企管部应按照《企业内部控制基本规范》制定信息传递业务制度，控制营运风险	手工	预防性	随时	申请书	《企业内部控制基本规范》或文号
F2	√					领导层没按照《企业内部控制基本规范》审批信息传递业务，造成营运风险		√			领导层应按照《企业内部控制基本规范》审批信息传递业务，控制风险	K2	领导层按照《企业内部控制基本规范》审批信息传递业务，控制风险	手工	预防性	随时	申请书	《企业内部控制基本规范》或文号

第十八项　企业内部控制应用实例——信息系统

一、企业内部控制应用指引第18号——信息系统

制度名称	企业内部控制应用指引—第18号			发布日期	2010年
发布部门	财政部	发文号	财会11号	控制措施	信息系统

第一章　总　则

第一条　为了促进企业有效实施内部控制，提高企业现代化管理水平，减少人为因素，根据有关法律法规和《企业内部控制基本规范》，制定本指引。

第二条　本指引所称信息系统，是指企业利用计算机和通信技术，对内部控制进行集成、转化和提升所形成的信息化管理平台。

第三条　企业利用信息系统实施内部控制至少应当关注下列风险：

（一）信息系统缺乏或规划不合理，可能造成信息孤岛或重复建设，导致企业经营管理效率低下。

（二）系统开发不符合内部控制要求，授权管理不当，可能导致无法利用信息技术实施有效控制。

（三）系统运行维护和安全措施不到位，可能导致信息泄露或毁损，系统无法正常运行。

第四条　企业应当重视信息系统在内部控制中的作用，根据内部控制要求，结合组织架构、业务范围、地域分布、技术能力等因素，制定信息系统建设整体规划，加大投入力度，有序组织信息系统开发、运行与维护，优化管理流程，防范经营风险，全面提升企业现代化管理水平。

企业应当指定专门机构对信息系统建设实施归口管理，明确相关单位的职责权限，建立有效工作机制。企业可委托专业机构从事信息系统的开发、运行和维护工作。

企业负责人对信息系统建设工作负责。

第二章　信息系统的开发

第五条　企业应当根据信息系统建设整体规划提出项目建设方案，明确建设目标、人员配备、职责分工、经费保障和进度安排等相关内容，按照规定的权限和程序审批后实施。

企业信息系统归口管理部门应当组织内部各单位提出开发需求和关键控制点，规范开发流程，明确系统设计、编程、安装调试、验收、上线等全过程的管理要求，严格按照建设方案、开发流程和相关要求组织开发工作。

企业开发信息系统，可以采取自行开发、外购调试、业务外包等方式。选定外购调试或业务外包方式的，应当采用公开招标等形式择优确定供应商或开发单位。

第六条　企业开发信息系统，应当将生产经营管理业务流程、关键控制点和处理规则嵌入系统程序，实现手工环境下难以实现的控制功能。

企业在系统开发过程中，应当按照不同业务的控制要求，通过信息系统中的权限管理功能控制用户的操作权限，避免将不相容职责的处理权限授予同一用户。

企业应当针对不同数据的输入方式，考虑对进入系统数据的检查和校验功能。对于必需的后台操作，应当加强管理，建立规范的流程制度，对操作情况进行监控或者审计。

企业应当在信息系统中设置操作日志功能，确保操作的可审计性。对异常的或者违背内部控制要求的交易和数据，应当设计由系统自动报告并设置跟踪处理机制。

第七条　企业信息系统归口管理部门应当加强信息系统开发全过程的跟踪管理，组织开发单位与内部各单位的日常沟通和协调，督促开发单位按照建设方案、计划进度和质量要求完成编程工作，对配备的硬件设备和系统软件进行检查验收，组织系统上线运行等。

第八条　企业应当组织独立于开发单位的专业机构对开发完成的信息系统进行验收测试，确保在功能、性能、控制要求和安全性等方面符合开发需求。

第九条　企业应当切实做好信息系统上线的各项准备工作，培训业务操作和系统管理人员，制定科学的上线计划和新旧系统转换方案，考虑应急预案，确保新旧系统顺利切换和平稳衔接。系统上线涉及数据迁移的，还应制定详细的数据迁移计划。

续表

<table>
<tr><td colspan="2">第三章 信息系统的运行与维护
第十条 企业应当加强信息系统运行与维护的管理，制定信息系统工作程序、信息管理制度以及各模块子系统的具体操作规范，及时跟踪、发现和解决系统运行中存在的问题，确保信息系统按照规定的程序、制度和操作规范持续稳定运行。
企业应当建立信息系统变更管理流程，信息系统变更应当严格遵照管理流程进行操作。信息系统操作人员不得擅自进行系统软件的删除、修改等操作；不得擅自升级、改变系统软件版本；不得擅自改变软件系统环境配置。
第十一条 企业应当根据业务性质、重要性程度、涉密情况等确定信息系统的安全等级，建立不同等级信息的授权使用制度，采用相应技术手段保证信息系统运行安全有序。
企业应当建立信息系统安全保密和泄密责任追究制度。委托专业机构进行系统运行与维护管理的，应当审查该机构的资质，并与其签订服务合同和保密协议。
企业应当采取安装安全软件等措施防范信息系统受到病毒等恶意软件的感染和破坏。
第十二条 企业应当建立用户管理制度，加强对重要业务系统的访问权限管理，定期审阅系统账号，避免授权不当或存在非授权账号，禁止不相容职务用户账号的交叉操作。
第十三条 企业应当综合利用防火墙、路由器等网络设备，漏洞扫描、入侵检测等软件技术以及远程访问安全策略等手段，加强网络安全，防范来自网络的攻击和非法侵入。
企业对于通过网络传输的涉密或关键数据，应当采取加密措施，确保信息传递的保密性、准确性和完整性。
第十四条 企业应当建立系统数据定期备份制度，明确备份范围、频度、方法、责任人、存放地点、有效性检查等内容。
第十五条 企业应当加强服务器等关键信息设备的管理，建立良好的物理环境，指定专人负责检查，及时处理异常情况。未经授权，任何人不得接触关键信息设备。</td></tr>
<tr><td>实施时间</td><td>自 2011 年 1 月 1 日起在境内外同时上市的公司施行，自 2012 年 1 月 1 日起在上海证券交易所、深圳证券交易所主板上市公司施行。</td></tr>
</table>

二、信息系统业务流程

现代企业的运营越来越依赖于信息系统，比如航空公司的网上订票系统，银行的资金实时结算系统，电子商务公司的客户服务系统等，离开了信息系统的支持，各项业务难以开展，经营很可能会陷入瘫痪状态。进入 21 世纪，随着信息技术的发展，信息化浪潮席卷全球，成为时代的主旋律。越来越多的企业利用计算机从事经营管理，推动网络信息化建设成为增强企业市场竞争力的重要手段。

（一）信息系统的重要意义

信息系统是指企业利用计算机和通信技术，对内部控制进行集成、转化和提升所形成的信息化管理平台。信息系统是由计算机硬件、软件、信息输入、信息处理、信息输出、网络、信息流和运行规程等要素组成。信息系统在改变企业传统运营模式的同时，也对传统的内部控制观点和控制方法产生了深远的影响。信息系统的实施触发了企业管理模式、生产方式、交易方式、作业流程的变革，为企业经营管理工作的重心从经营成果的反映向经营过程的控制转移创造了技术条件。

信息系统的要素包括：IT 技术、信息系统输入、信息处理、信息存储、信息输出等。例如，银行信息系统的要素包括：信贷管理系统、资金交易系统、柜面交易系统、核心业务系统、管理会计系统、费用管理系统、信用卡业务系统。企业有综合业务系统、ERP 系统等。

因此，未来信息系统网络化、人工智能、大数据等新型科技技术是发展趋势。有关信息系统应用控制、一般控制的更详细内容可以参照第七章。会计业务信息系统实例如图 9－18 所示。①

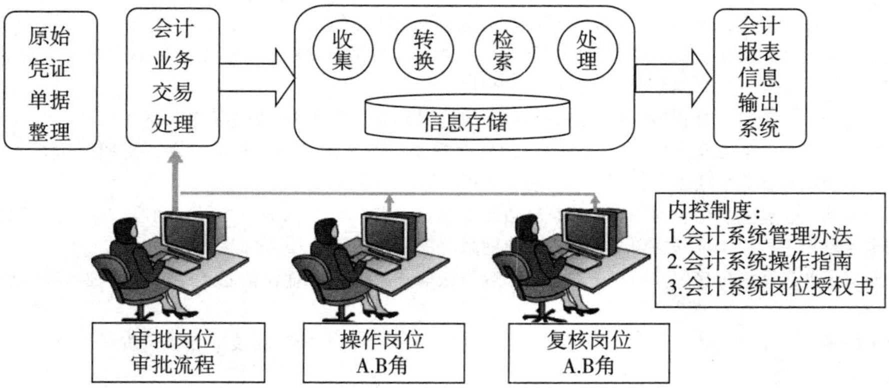

图 9－18　会计业务信息系统（WEB. B/S 结构）实例

1. 信息系统的业务目标

企业内部控制系统建设的一个重要方面就是信息系统的运用，良好有效的信息系统是技术与制度和标准相结合的体系，是企业内部控制过程的有机组成部分，有助于企业提高内部控制的效率和效果。

信息系统的业务目标主要包括以下两个方面：

（1）促进企业有效实施内部控制，提高企业现代化管理水平，减少人为操纵因素；

（2）增强信息系统的安全性、可靠性和合理性以及相关信息的保密性、完整性和可用性，为建立有效的信息与沟通机制提供支持保障。

2. 信息系统的主要风险

企业利用信息系统实施内部控制，至少应当关注下列风险：

（1）缺乏信息系统建设整体规划或规划不当，可能导致重复建设，形成信息孤岛，影响企业发展目标的实现；

（2）开发不合理或不符合内部控制要求，可能导致无法利用信息系统实施有效控制；

（3）授权管理不当，可能导致非法操作和舞弊；

① 张玉，邱胜利．企业内部控制规范性操作风险［M］．北京：企业管理出版社，2013.

（4）安全维护措施不当，可能导致信息泄露或毁损，系统无法正常运行。

（二）信息系统内部控制框架

信息系统内部控制的目标是促进企业有效实施内部控制，提高企业现代化管理水平，减少人为操纵因素；同时，增强信息系统的安全性、可靠性和合理性以及相关信息的保密性、完整性和可用性，为建立有效的信息与沟通机制提供支持保障。信息系统内部控制包括一般控制和应用控制。一般控制是指对企业信息系统开发、运行和维护的控制；应用控制是指利用信息系统对业务处理过程实施的控制。信息系统内部控制框架如图 9－19 所示。

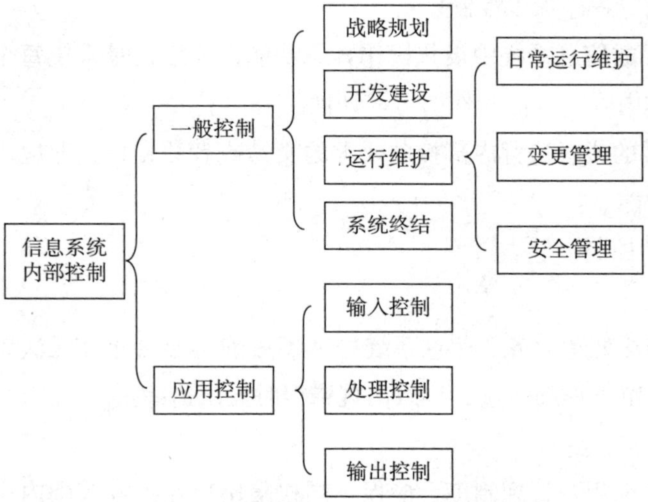

图 9－19 信息系统内部控制框架

信息系统一般控制和应用控制联系紧密，一般控制为应用控制的有效执行提供了可靠环境。应用控制的具体方式、方法在信息系统开发建设的需求分析环节提出，通过系统设计和编程环节实现，由测试环节验证，在信息系统的运行阶段由用户的操作得到体现和落实。

对所有企业而言，信息系统内部控制的一般控制具有相对共性的特征；而信息系统内部控制的应用控制，则因为企业经营模式、业务种类、经营范围和管理架构各不相同，这些因素会导致不同企业的应用控制措施千差万别，和业务处理具有不同的特点和要求，体现的是个性化处理、通常需量身定制的控制。由于信息系统内部控制一般控制内容较多，在此先介绍信息系统内部控制的应用控制的内容及要求。

从技术角度考虑，信息系统应用控制的核心是业务处理程序，这些程序都包含输入、处理、输出等流程。以下从共性角度分析应用控制的主要措施。

1. 数据输入控制

输入控制的风险主要是：进入系统的数据不准确、不完整、不唯一、不及时，导致输出结果错误，甚至造成财产损失。例如，录入的记账凭证借贷不平衡，导致账簿数据错误；再如，通过输入虚假的应付数据多支付货款，进行计算机舞弊。

输入控制的主要控制措施：

（1）针对手工录入、批量导入、接收其他系统数据等不同数据输入方式，分别考虑对进入系统数据的检查和校验功能，确保数据准确性、有效性和完整性。

（2）尽量避免通过后台操作修改和删除数据的情况。对于必需的后台数据操作，企业应当建立规范的操作制度，并对操作情况进行监控或者审计。

（3）对于经常性的数据删除和修改，应当在预先设计系统功能中予以考虑，并通过审批、复核等程序加以控制。

（4）在重要的信息系统中设置操作日志功能，详细记录系统每个账户的登录时间、重要的操作内容，确保操作的可审计性。

（5）对异常的或者违背内部控制要求的交易或者数据，企业应当在系统中设计自动提示报警功能。

2. 数据处理控制

主要风险：

未经授权非法处理业务；信息系统处理不正确，导致业务无法正常运行；信息系统处理过程未留下详细轨迹，导致出现错误时无法追踪。

主要控制措施：

（1）建立健全用户管理制度，确保不同权限用户在授权范围内运用信息系统进行业务处理。

（2）系统自动记载各个用户的操作日志，详细记录各用户执行的操作，留下审计线索。

（3）对信息系统进行定期检测维护，及时发现错误并予以修正。

3. 数据输出控制

主要风险：

敏感信息被非授权用户获取，例如，公司甲部门的奖金发放数据被乙部门查询得到；输出的信息在内容的正确性和完整性、形式的规范性等方面存在质量问题，无法满足用户的需求；输出的信息被篡改，例如发送给供应商的电子订单信息在传输过程中被篡改。

主要控制措施：

（1）使用数据勾稽关系校验、数字指纹，保证有关数据的正确性。数字指纹是采用相应技术手段在输出的信息正文后生成信息摘要附加在正文之后，接收方对接收到的信息用同样的技术手段重新生成信息摘要，检查与接收到的信息摘要是否一致，从而确定信息是否被篡改。

（2）综合采用功能权限和数据权限确保经授权的用户才能得到相关输出信息。功能权限确定用户是否可以执行某项输出功能，通常表现为不同职责的用户所能使用的菜单项、按钮组合不同。数据权限决定用户可访问的数据范围，例如普通员工无法看到别人的工资信息，人力资源经理可看到所有员工的工资信息。

（3）强化输出资料分发控制，确保资料只能分发给具有相应权限的用户。常用的输出资料分发控制措施有：

①打印总数控制，可以在系统中设置各类报表被允许打印的总份数，并记录每次打印的时间和操作人。

②信息接收人控制，具有将输出信息作为电子邮件附件发送的信息系统，应当为不同类型的输出资料分别设置接收人名单，控制电子输出信息的发出范围。

③设置输出报告发送登记簿，记录报告发送份数、时间、接收人等事项。

（三）信息系统一般控制的主要风险与控制措施

企业应当重视信息系统一般控制，主要包括：制定信息系统开发战略规划、选择信息系统开发方式、信息系统运行与维护和信息系统终结。信息系统一般控制框架如图 9－20 所示。

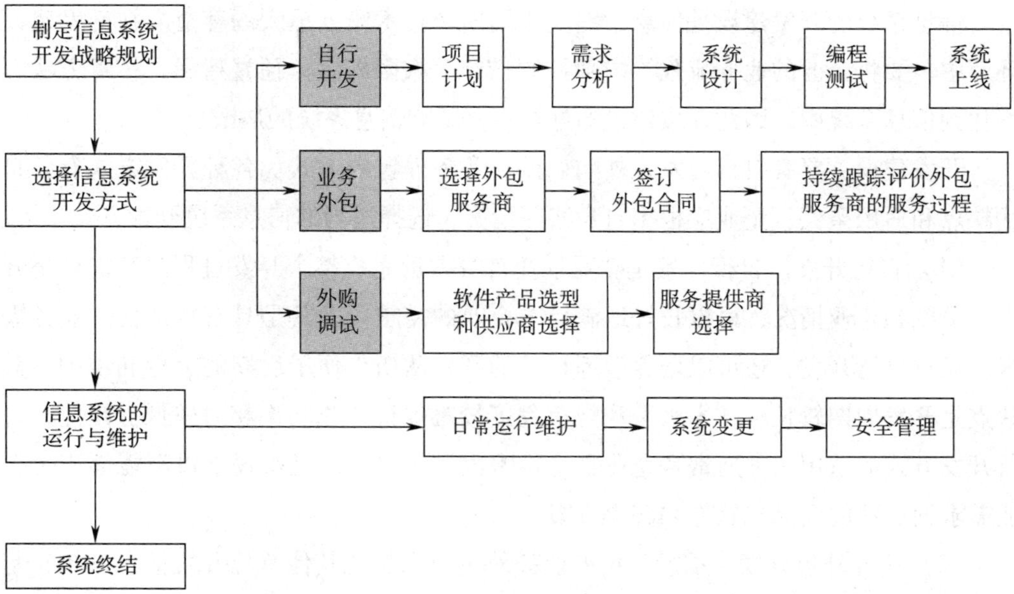

图 9－20　信息系统一般控制框架

1. 制定信息系统开发战略规划

信息系统开发战略规划是信息化建设的起点，战略规划是以企业发展战略为依据制定的企业信息化建设的全局性、长期性规划。忽视战略规划的重要性，缺乏整体观念和整合意识，将会导致财务管理信息系统、销售管理信息系统、生产管理信息系统、人力资源管理系统、办公自动化系统等各自为政、孤立存在的现象，削弱信息系统的协同效用，甚至引发系统冲突。

主要风险：

缺乏战略规划或规划不合理，可能造成信息孤岛或重复建设，导致企业经营管理效率低下；没有将信息化与企业业务需求结合，降低了信息系统的应用价值。

主要控制措施：

（1）企业必须制定信息系统开发的战略规划和中长期发展计划，并在每年制定经营计划的同时制定年度信息系统建设计划，促进经营管理活动与信息系统的协调统一。

（2）企业在制定信息化战略过程中，要充分调动和发挥信息系统归口管理部门与业务部门的积极性，使各部门广泛参与，充分沟通，提高战略规划的科学性、前瞻性和适应性。

（3）信息系统战略规划要与企业的组织架构、业务范围、地域分布、技术能力等相匹配，避免相互脱节。

2. 选择信息系统开发方式

信息系统的开发建设是信息系统生命周期中技术难度最大的环节。在开发建设环节中，要将企业的业务流程、内部控制措施、权限配置、预警指标、核算方法等固化到信息系统中，因此开发建设的好坏直接影响信息系统的成败。

开发建设主要有自行开发、外购调试、业务外包等方式。各种开发方式有各自优缺点和适用条件，企业应根据自身实际情况，选择适当的信息系统开发方式。

（1）自行开发。自行开发是企业依托自身力量完成整个开发过程。其优点是开发人员熟悉企业情况，可以较好地满足本企业的需求，尤其是具有特殊性的业务需求。通过自行开发，还可以培养锻炼自己的开发队伍，便于后期的运行和维护。其缺点是开发周期较长、技术水平和规范程度较难保证，成功率相对较低。因此，自行开发方式的适用条件通常是企业自身技术力量雄厚，而且市场上没有能够满足企业需求的成熟的商品化软件和解决方案。

（2）业务外包开发。信息系统的业务外包是指委托其他单位开发信息系统，基本做法是企业将信息系统开发项目外包出去，由专业公司负责开发、安装实施，企业直接使用。其优点是企业可以充分利用专业公司的专业优势，量体裁衣，构建全面、高效满足企业需求的个性化系统；企业不必培养、维持庞大的开发队伍，相应节约了人力资源成本。其缺点是沟通成本高，系统开发方难以深刻理解企业需求，可能导致开发出的信息系统与企业的期望产生较大偏差；同时，由于外包信息系统与系统开发方的专业技能、职业道德和敬业精神存在密切关系，也要求企业必须加大对外包项目的监督力度。业务外包方式的适用条件通常是市场上没有能够满足企业需求的成熟的商品化软件和解决方案，企业自身技术力量薄弱或出于成本效益原则考虑不愿意维持庞大的开发队伍。

（3）外购调试。外购调试的基本做法是企业购买成熟的商品化软件，通过参数配置和二次开发满足企业需求。其优点是开发建设周期短；成功率较高；成熟的商品化软件质量稳定，可靠性高；专业的软件提供商实施经验丰富。其缺点是难以满足企业的特殊需求；系统的后期升级进度受制于商品化软件供应商产品更新换代的速度，企业自主权不强，较为被动。外购调试方式的适用条件通常是企业的特殊需求较少，市场上已有成熟的商品化软件和系统实施方案。

3. 系统自行开发方式的关键控制点和主要控制措施

信息系统自行开发的基本流程，与外购调试和业务外包等方式大体相似，都包含项目计划、需求分析、系统设计、编程和测试、上线等环节，如图 9 – 20 所示，自行开发的业务内容如图 9 – 21 所示。

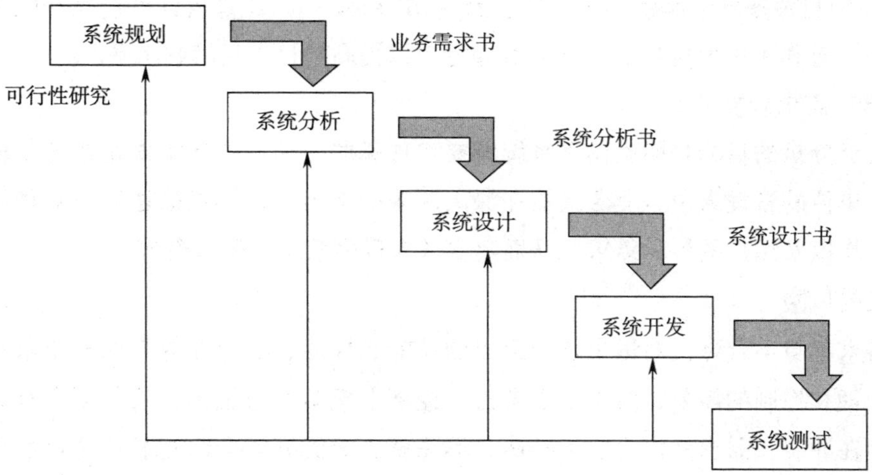

图 9 – 21　信息系统自行开发基本流程

（1）项目计划环节

战略规划通常将完整的信息系统分成若干子系统，并分阶段建设不同的子系统。比如，制造企业可以将信息系统划分为财务管理系统、人力资源管理系统、MRP 系统（销售、采购、库存、生产）、计算机辅助设计和制造系统、客户关系系统、电子商务系统等若干子系统。项目就是指本阶段需要建设的相对独立的一个或多个子系统。

项目计划通常包括项目范围说明、项目进度计划、项目质量计划、项目资源计划、项目沟通计划、风险对策计划、项目采购计划、需求变更控制、配置管理计划等内容。

项目计划不是完全静止、一成不变的，在项目启动阶段，可以先制定一个较为原则的项目计划，确定项目主要内容和重大事项，然后根据项目的大小和性质以及项目进展情况进行调整、充实和完善。

主要风险：

信息系统建设缺乏项目计划或者计划不当，导致项目进度滞后、费用超支、质量低下。

主要控制措施：

① 企业应当根据信息系统建设整体规划提出分阶段项目的建设方案，明确建设目标、人员配备、职责分工、经费保障和进度安排等相关内容，按照规定的权限和程序审批后实施。

② 企业可以采用标准的项目管理软件（如 Office Project）制定项目计划，并加以跟踪。在关键环节进行阶段性评审，以保证过程可控。

③ 项目关键环节编制的文档应参照《GB 8567—88 计算机软件产品开发文件编制指南》等相关国家标准和行业标准进行，以提高项目计划编制水平。

（2）需求分析环节

需求分析的目的是明确信息系统需要实现哪些功能。该项工作是系统分析人员和用户单位的管理人员、业务人员在深入调查的基础上，详细描述业务活动涉及的各项工作以及用户的各种需求，从而建立未来目标系统的逻辑模型。

主要风险：

需求本身不合理，对信息系统提出的功能、性能、安全性等方面的要求不符合业务处理和控制的需要；技术上不可行、经济上成本效益倒挂，或与国家有关法规制度存在冲突；需求文档表述不准确、不完整，未能真实全面地表达企业需求，存在表述缺失、表述不一致甚至表述错误等问题。

主要控制措施：

① 信息系统归口管理部门应当组织企业内部各有关部门提出开发需求，加强系统分析人员和有关部门的管理人员、业务人员的交流，经综合分析提炼后形成合理的需求。

② 编制表述清晰、表达准确的需求文档。需求文档是业务人员和技术人员共同理解信息系统的桥梁，必须准确表述系统建设的目标、功能和要求。

③ 企业应当建立健全需求评审和需求变更控制流程。依据需求文档进行设计（含需求变更设计）前，应当评审其可行性，由需求提出人和编制人签字确认，并经业务部门与信息系统归口管理部门负责人审批。

（3）系统设计环节

系统设计是根据系统需求分析阶段所确定的目标系统逻辑模型，设计出一个能在企业特定的计算机和网络环境中实现的方案，即建立信息系统的物理模型。

系统设计包括总体设计和详细设计。

总体设计的主要任务是：第一，设计系统的模块结构，合理划分子系统边界和接口。第二，选择系统实现的技术路线，确定系统的技术架构，明确系统重要组件的内容和行为特征，以及组件之间、组件与环境之间的接口关系。第三，数据库设计，包括主要的数据库表结构设计、存储设计、数据权限和加密设计等。第四，设计系统的网络拓扑结构、系统部署方式等。详细设计的主要任务包括：程序说明书编制、数据编码规范设计、输入输出界面设计等内容。

主要风险：

设计方案不能完全满足用户需求，不能实现需求文档规定的目标；设计方案未能有效控制建设开发成本，不能保证建设质量和进度；设计方案不全面，导致后续变更频繁；设计方案没有考虑信息系统建成后对企业内部控制的影响，导致系统运行后衍生新的风险。

主要控制措施：

① 系统设计负责部门应当就总体设计方案与业务部门进行沟通和讨论，说明方案对用户需求的覆盖情况；存在备选方案的，应当详细说明各方案在成本、建设时间和用户需求响应上的差异；信息系统归口管理部门和业务部门应当对选定的设计方案予以书面确认。

② 企业应参照《GB 8567—88 计算机软件产品开发文件编制指南》等相关国家标准和行业标准，提高系统设计说明书的编写质量。

③ 企业应建立设计评审制度和设计变更控制流程。

④ 在系统设计时应当充分考虑信息系统建成后的控制环境，将生产经营管理业务流程、关键控制点和处理规程嵌入系统程序，实现手工环境下难以实现的控制功能。

⑤ 企业应充分考虑信息系统环境下的新的控制风险，比如，要通过信息系统中的权限管理功能控制用户的操作权限，避免将不相容职务的处理权限授予同一用户。

⑥ 应当针对不同的数据输入方式，强化对进入系统数据的检查和校验功能。比如，凭证的自动平衡校对。

⑦ 系统设计时应当考虑在信息系统中设置操作日志功能，确保操作的可审计性。对异常的或者违背内部控制要求的交易和数据，应当设计由系统自动报告并设置跟踪处理机制。

⑧ 预留必要的后台操作通道，对于必需的后台操作，应当加强管理，建立规范的操作流程，确保足够的日志记录，保证对后台操作的可监控性。

（4）编程和测试环节

编程阶段是将详细设计方案转换成某种计算机编程语言的过程。编程阶段完成之后，要进行测试，测试主要有以下目的：

一是发现软件开发过程中的错误，分析错误的性质，确定错误的位置并予以纠正。

二是通过某些系统测试，了解系统的响应时间、事务处理吞吐量、载荷能力、失效恢复能力以及系统实用性等指标，以便对整个系统作出综合评价。

主要风险：

编程结果与设计不符；各程序员编程风格差异大，程序可读性差，导致后期维护困难，维护成本高；缺乏有效的程序版本控制，导致重复修改或修改不一致等问题；测试不充分。单个模块正常运行但多个模块集成运行时出错，开发环境下测试正常而生产环境下运行出错，开发人员自测正常而业务部门用户使用时出错，导致系统上线后可能出现严重问题。

主要控制措施：

① 项目组应建立并执行严格的代码复查评审制度。

② 项目组应建立并执行统一的编程规范，在标识符命名、程序注释等方面统一风格。

③ 应使用版本控制软件系统，保证所有开发人员基于相同的组件环境开展项目工作，协调开发人员对程序的修改。

④ 应区分单元测试、组装测试（集成测试）、系统测试、验收测试等不同测试类型，建立严格的测试工作流程，提高最终用户在测试工作中的参与程度，提高测试用例的编写质量，加强测试分析，尽量采用自动测试工具提高测试工作的质量和效率。具备条件的企业，应当组织独立于开发建设项目组的专业机构对开发完成的信息系统进行验收测试，确保在功能、性能、控制要求和安全性等方面符合开发需求。

4. 信息系统的运行与维护

信息系统的运行与维护主要包含三方面的内容：日常运行维护、系统变更和安全管理。

（1）日常运行维护的关键控制点和主要控制措施

日常运行维护的目标是保证系统正常运转，主要工作内容包括系统的日常操作、系统的日常巡检和维修、系统运行状态监控、异常事件的报告和处理等。

主要风险：

没有建立规范的信息系统日常运行管理规范，计算机软硬件的内在隐患易于爆发，可能导致企业信息系统出错；没有执行例行检查，导致一些人为恶意攻击会长期隐藏在系统中，可能造成严重损失；企业信息系统数据未能定期备份，可能导致损坏后无法恢复，从而造成重大损失。

主要控制措施：

① 企业应制定信息系统使用操作程序、信息管理制度以及各模块子系统的具体操作规范，及时跟踪、发现和解决系统运行中存在的问题，确保信息系统按照规定的程序、制度和操作规范持续稳定运行。

② 切实做好系统运行记录，尤其是对于系统运行不正常或无法运行的情况，应将异常现象、发生时间和可能的原因作出详细记录。

③ 要重视系统运行的日常维护，在硬件方面，日常维护主要包括各种设备的保养与安全管理、故障的诊断与排除、易耗品的更换与安装等，这些工作应由专人负责。

④ 配备专业人员负责处理信息系统运行中的突发事件，必要时应会同系统开发人员或软硬件供应商共同解决。

（2）系统变更的关键控制点和主要控制措施

系统变更主要包括硬件的升级扩容、软件的修改与升级等。系统变更是为了更好地满足企业需求，但同时应加强对变更申请、变更成本与进度的控制。

主要风险：

企业没有建立严格的变更申请、审批、执行、测试流程，导致系统随意变更；系统变更后的效果达不到预期目标。

主要控制措施：

① 企业应当建立标准流程来实施和记录系统变更，保证变更过程得到适当的授权与管理层的批准，并对变更进行测试。信息系统变更应当严格遵照管理流程进行操作。信息系统操作人员不得擅自进行软件的删除、修改等操作；不得擅自升级、改变软件版本；不得擅自改变软件系统的环境配置。

② 系统变更程序（如软件升级）需要遵循与新系统开发项目同样的验证和测试程序，必要时还应当进行额外测试。

③ 企业应加强紧急变更的控制管理。

④ 企业应加强对将变更移植到生产环境中的控制管理，包括系统访问授权控制、数据转换控制、用户培训等。

（3）安全管理的关键控制点和主要控制措施

信息系统安全是指信息系统包含的所有硬件、软件和数据受到保护，不因偶然和恶意的原因而遭到破坏、更改和泄露，信息系统能够连续正常运行。

主要风险：

硬件设备分布物理范围广，设备种类繁多，安全管理难度大，可能导致设备生命周期短；业务部门信息安全意识薄弱，对系统和信息安全缺乏有效的监管手段。少数员工可能恶意或非恶意滥用系统资源，造成系统运行效率降低；对系统程序的缺陷或漏洞安全防护不够，导致遭受黑客攻击，造成信息泄露；对计算机病毒防范清理不力，导致系统运行不稳定甚至瘫痪；缺乏对信息系统操作人员的严密监控，可能导致舞弊和利用计算机犯罪。

主要控制措施：

① 建立信息系统相关资产的管理制度，保证电子设备的安全。硬件和网络设备不仅是信息系统运行的基础载体，也是价值昂贵的固定资产。企业应在健全设备管理制度的基础上，建立专门的电子设备管控制度，对于关键信息设备，未经授权，不得接触。

② 企业应成立专门的信息系统安全管理机构，由企业主要领导负总责，对企业的信息安全作出总体规划和全方位严格管理，具体实施工作可由企业的信息主管部门负责。企业应强化全体员工的安全保密意识，特别要对重要岗位员工进行信息系统安全保密培训，并签署安全保密协议。企业应当建立信息系统安全保密制度和泄密责任追究制度。

③ 企业应当按照国家相关法律法规以及信息安全技术标准，制定信息系统安全实施细则。根据业务性质、重要程度、涉密情况等确定信息系统的安全等级，建立不同等级信息的授权使用制度，采用相应技术手段保证信息系统运行安全有序。对于信息系统的使用者和不同安全等级信息之间的授权关系，应在系统开发建设阶段就形成方案并加以设计，在软件系统中预留这种对应关系的设置功能，以便根据使用者岗位职务的变迁进行调整。

④ 企业应当有效利用 IT 技术手段，对硬件配置调整、软件参数修改严加控制。例如，企业可利用操作系统、数据库系统、应用系统提供的安全机制，设置安全参数，保证系统访问安全；对于重要的计算机设备，企业应当利用技术手段防止员工擅自安装、卸载软件或者改变软件系统配置，并定期对上述情况进行检查。

⑤ 企业委托专业机构进行系统运行与维护管理的，应当严格审查其资质条件、市场声誉和信用状况等，并与其签订正式的服务合同和保密协议。

⑥ 企业应当采取安装安全软件等措施防范信息系统受到病毒等恶意软件的感染和破坏。企业应当特别注重加强对服务器等关键部位的防护；对于存在网络应用的企业，应当综合利用防火墙、路由器等网络设备，采用内容过滤、漏洞扫描、入侵

检测等软件技术加强网络安全，严密防范来自互联网的黑客攻击和非法侵入。对于通过互联网传输的涉密或者关键业务数据，企业应当采取必要的技术手段确保信息传递的保密性、准确性、完整性。

⑦ 企业应当建立系统数据定期备份制度，明确备份范围、频度、方法、责任人、存放地点、有效性检查等内容。系统首次上线运行时应当完全备份，然后根据业务频率和数据重要性程度，定期做好增量备份。数据正本与备份应分别存放于不同地点，防止因火灾、水灾、地震等事故产生不利影响。企业可综合采用磁盘、磁带、光盘等备份存储介质。

⑧ 信息系统不相容职务涉及的人员可以分为三类：系统开发建设人员、系统管理和维护人员、系统操作使用人员。对三类人员的要求如下：

◆ 系统开发建设人员在运行阶段不能操作使用信息系统，否则就可能掌握其中的涉密数据，进行非法利用。

◆ 系统管理和维护人员担任密码保管、授权、系统变更等关键任务，如果允许其使用信息系统，就可能较为容易地篡改数据，从而达到侵吞财产或滥用计算机信息的目的。

◆ 信息系统使用人员也需要区分不同岗位，包括业务数据录入、数据检查、业务批准等，在他们之间也应有必要的相互牵制。

⑨ 企业应建立用户管理制度，加强对重要业务系统的访问权限管理，避免将不相容职责授予同一用户。用户管理制度的要求如下：

◆ 可以采用密码控制等技术手段进行用户身份识别。

◆对于重要的业务系统，企业应当采用数字证书、生物识别等可靠性强的技术手段识别用户身份。

◆ 对于发生岗位变化或离岗的用户，用户部门应当及时通知系统管理人员调整其在系统中的访问权限或者关闭账号。

◆ 企业应当定期对系统中的账号进行审阅，避免存在授权不当或非授权账号。

◆ 对于超级用户，企业应当严格规定其使用条件和操作程序，并对其在系统中的操作全程进行监控或审计。

⑩ 企业应积极开展信息系统风险评估工作，定期对信息系统进行安全评估，及时发现系统安全问题并加以整改。

5. 信息系统的终结

系统终结是信息系统生命周期的最后一个阶段，在该阶段信息系统将停止运行。停止运行的原因通常有：企业破产或被兼并、原有信息系统被新的信息系统代替。

（四）信息系统业务流程图

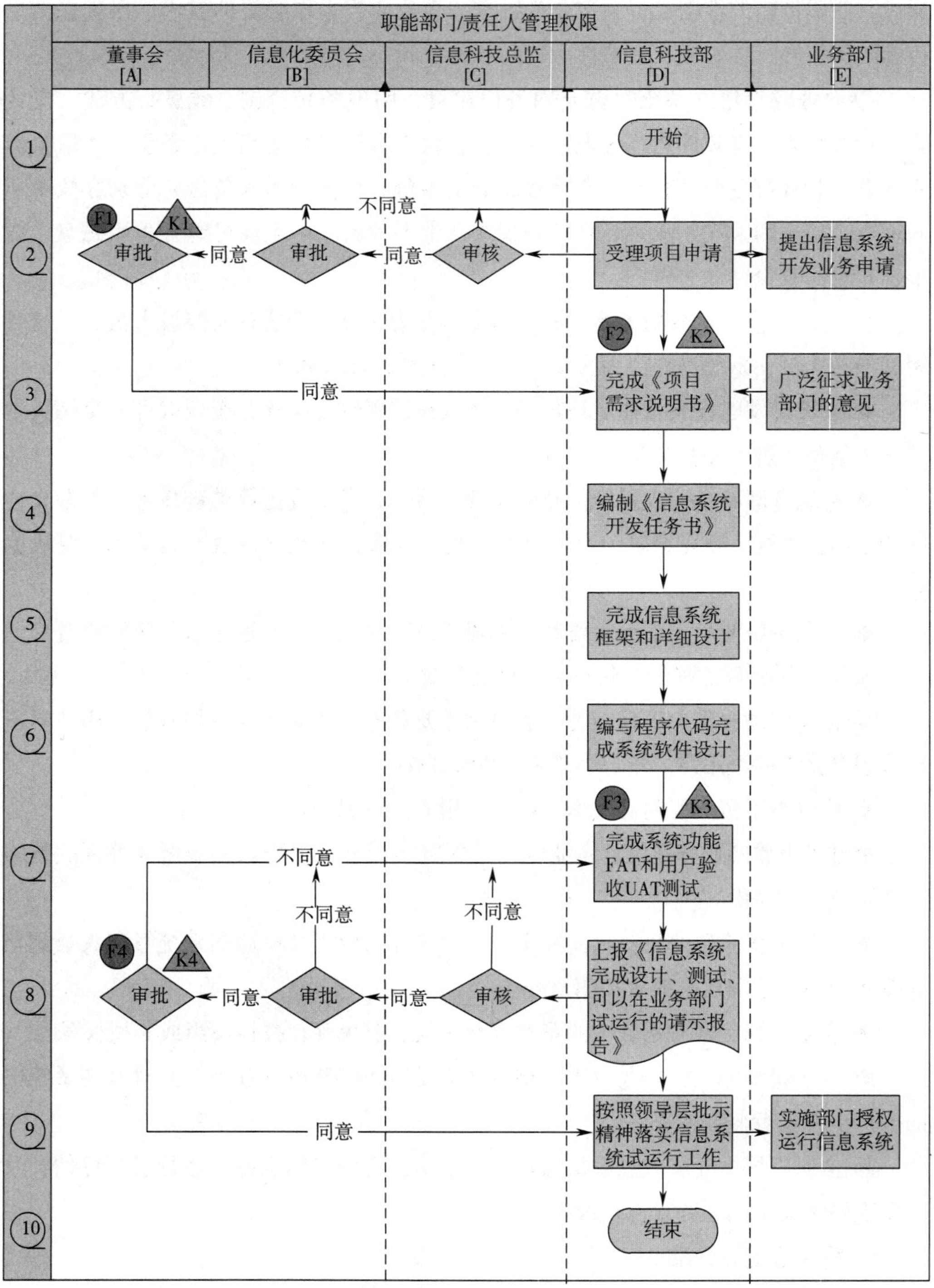

图 9-22　信息系统自行开发及风控流程图

三、信息系统的风险控制矩阵

表 9-18　　风险控制矩阵——信息系统（信息系统自行开发业务流程）

控制点	风险类型					风险描述	控制点类型				控制描述	关键控制点	控制措施	控制方法（自动或手工）	控制类型（发现性或预防性）	控制频率（时、日、周、月、季度、年度）	控制实施证据	控制文件的文号或名称
	经营决策风险	违反法律法规	财务报告失真	资产安全受威胁	营私舞弊风险		C：完整性控制	A：准确性控制	T：有效性控制	R：接触性控制								
F1 F2	√					信息科技部没有严格按照《业务需求说明书》履行项目开发，造成项目风险		√			信息科技部应严格按照《业务需求说明书》履行项目开发，控制项目风险	K1 K2	信息科技部应严格按照《业务需求说明书》规范要求，控制项目开发风险	手工	预防性	随时	申请书	《业务需求说明书规范》或文号
F3 F4	√					主管领导应严格按照《业务需求说明书》审核项目开发流程，控制开发风险		√			主管领导应严格按照《业务需求说明书》审核项目开发流程，控制开发风险	K3 K4	主管领导应严格按照《业务需求说明书》规范，审核项目开发，控制开发风险	手工	预防性	随时	申请书	《业务需求说明书规范》或文号

附录一

财政部、证监会、审计署、银监会、保监会关于印发《企业内部控制基本规范》的通知

中直管理局，铁道部、国管局，总后勤部、武警总部，各省、自治区、直辖市，计划单列市财政厅（局），审计厅（局），新疆生产建设兵团财务局、审计局，中国证监会各省、自治区、直辖区，计划单列市监管局，中国证监会上海、深圳专员办，各保监局、保险公司，各银监局，政策性银行、国有商业银行、股份制商业银行、邮政储蓄银行、资产管理公司，各省级农村信用联社，银监会直接管理的信托公司、财务公司、租赁公司，有关中央管理企业：

为了加强和规范企业内部控制，提高企业经营管理水平和风险防范能力，促进企业可持续发展，维护社会主义市场经济秩序和社会公众利益，根据国家有关法律法规，财政部会同证监会、审计署、银监会、保监会制定了《企业内部控制基本规范》，现予印发，自 2009 年 7 月 1 日起在上市公司范围内施行，鼓励非上市的大中型企业执行。执行本规范的上市公司，应当对本公司内部控制的有效性进行自我评价，披露年度自我评价报告，并可聘请具有证券、期货业务资格的会计师事务所对内部控制的有效性进行审计。

执行中有何问题，请及时反馈我们。

附件：企业内部控制基本规范

财政部　审计署　证监会　银监会　保监会

二〇〇八年五月二十二日

附件

企业内部控制基本规范

（财会〔2008〕7号）

第一章 总 则

第一条 为了加强和规范企业内部控制，提高企业经营管理水平和风险防范能力，促进企业可持续发展，维护社会主义市场经济秩序和社会公众利益，根据《中华人民共和国公司法》、《中华人民共和国证券法》、《中华人民共和国会计法》和其他有关法律法规，制定本规范。

第二条 本规范适用于中华人民共和国境内设立的大中型企业。

小企业和其他单位可以参照本规范建立与实施内部控制。

大中型企业和小企业的划分标准根据国家有关规定执行。

第三条 本规范所称内部控制，是由企业董事会、监事会、经理层和全体员工实施的旨在实现控制目标的过程。

内部控制的目标是合理保证企业经营管理合法合规、资产安全、财务报告及相关信息真实完整，提高经营效率和效果，促进企业实现发展战略。

第四条 企业建立与实施内部控制，应当遵循下列原则：

（一）全面性原则。内部控制应当贯穿决策、执行和监督全过程，覆盖企业及其所属单位的各种业务和事项。

（二）重要性原则。内部控制应当在全面控制的基础上，关注重要业务事项和高风险领域。

（三）制衡性原则。内部控制应当在治理结构、机构设置及权责分配、业务流程等方面形成相互制约、相互监督，同时兼顾运营效率。

（四）适应性原则。内部控制应当与企业经营规模、业务范围、竞争状况和风险水平等相适应，并随着情况的变化及时加以调整。

（五）成本效益原则。内部控制应当权衡实施成本与预期效益，以适当的成本实现有效控制。

第五条 企业建立与实施有效的内部控制，应当包括下列要素：

（一）内部环境。内部环境是企业实施内部控制的基础，一般包括治理结构、机构设置及权责分配、内部审计、人力资源政策、企业文化等。

（二）风险评估。风险评估是企业及时识别、系统分析经营活动中与实现内部控制目标相关的风险，合理确定风险应对策略。

（三）控制活动。控制活动是企业根据风险评估结果，采用相应的控制措施，将风险控制在可承受度之内。

（四）信息与沟通。信息与沟通是企业及时、准确地收集、传递与内部控制相关的信息，确保信息在企业内部、企业与外部之间进行有效沟通。

（五）内部监督。内部监督是企业对内部控制建立与实施情况进行监督检查，评价内部控制的有效性，发现内部控制缺陷，应当及时加以改进。

第六条 企业应当根据有关法律法规、本规范及其配套办法，制定本企业的内部控制制度并组织实施。

第七条 企业应当运用信息技术加强内部控制，建立与经营管理相适应的信息系统，促进内部控制流程与信息系统的有机结合，实现对业务和事项的自动控制，减少或消除人为操纵因素。

第八条 企业应当建立内部控制实施的激励约束机制，将各责任单位和全体员工实施内部控制的情况纳入绩效考评体系，促进内部控制的有效实施。

第九条 国务院有关部门可以根据法律法规、本规范及其配套办法，明确贯彻实施本规范的具体要求，对企业建立与实施内部控制的情况进行监督检查。

第十条 接受企业委托从事内部控制审计的会计师事务所，应当根据本规范及其配套办法和相关执业准则，对企业内部控制的有效性进行审计，出具审计报告。会计师事务所及其签字的从业人员应当对发表的内部控制审计意见负责。

为企业内部控制提供咨询的会计师事务所，不得同时为同一企业提供内部控制审计服务。

第二章 内部环境

第十一条 企业应当根据国家有关法律法规和企业章程，建立规范的公司治理结构和议事规则，明确决策、执行、监督等方面的职责权限，形成科学有效的职责分工和制衡机制。

股东（大）会享有法律法规和企业章程规定的合法权利，依法行使企业经营方针、筹资、投资、利润分配等重大事项的表决权。

董事会对股东（大）会负责，依法行使企业的经营决策权。

监事会对股东（大）会负责，监督企业董事、经理和其他高级管理人员依法履行职责。

经理层负责组织实施股东（大）会、董事会决议事项，主持企业的生产经营管理工作。

第十二条 董事会负责内部控制的建立健全和有效实施。监事会对董事会建立与实施内部控制进行监督。经理层负责组织领导企业内部控制的日常运行。

企业应当成立专门机构或者指定适当的机构具体负责组织协调内部控制的建立实施及日常工作。

第十三条 企业应当在董事会下设立审计委员会。审计委员会负责审查企业内部控制，监督内部控制的有效实施和内部控制自我评价情况，协调内部控制审计及其他相关事宜等。

审计委员会负责人应当具备相应的独立性、良好的职业操守和专业胜任能力。

第十四条 企业应当结合业务特点和内部控制要求设置内部机构，明确职责权限，将权利与责任落实到各责任单位。

企业应当通过编制内部管理手册，使全体员工掌握内部机构设置、岗位职责、业务流程等情况，明确权责分配，正确行使职权。

第十五条 企业应当加强内部审计工作，保证内部审计机构设置、人员配备和工作的独立性。

内部审计机构应当结合内部审计监督，对内部控制的有效性进行监督检查。内部审计机构对监督检查中发现的内部控制缺陷，应当按照企业内部审计工作程序进行报告；对监督检查中发现的内部控制重大缺陷，有权直接向董事会及其审计委员会、监事会报告。

第十六条 企业应当制定和实施有利于企业可持续发展的人力资源政策。人力资源政策应当包括下列内容：

（一）员工的聘用、培训、辞退与辞职。

（二）员工的薪酬、考核、晋升与奖惩。

（三）关键岗位员工的强制休假制度和定期岗位轮换制度。

（四）掌握国家秘密或重要商业秘密的员工离岗的限制性规定。

（五）有关人力资源管理的其他政策。

第十七条 企业应当将职业道德修养和专业胜任能力作为选拔和聘用员工的重要标准，切实加强员工培训和继续教育，不断提升员工素质。

第十八条 企业应当加强文化建设，培育积极向上的价值观和社会责任感，倡导诚实守信、爱岗敬业、开拓创新和团队协作精神，树立现代管理理念，强化风险意识。

董事、监事、经理及其他高级管理人员应当在企业文化建设中发挥主导作用。

企业员工应当遵守员工行为守则，认真履行岗位职责。

第十九条 企业应当加强法制教育，增强董事、监事、经理及其他高级管理人员和员工的法制观念，严格依法决策、依法办事、依法监督，建立健全法律顾问制度和重大法律纠纷案件备案制度。

第三章 风险评估

第二十条 企业应当根据设定的控制目标，全面系统持续地收集相关信息，结合实际情况，及时进行风险评估。

第二十一条 企业开展风险评估，应当准确识别与实现控制目标相关的内部风险和外部风险，确定相应的风险承受度。

风险承受度是企业能够承担的风险限度，包括整体风险承受能力和业务层面的可接受风险水平。

第二十二条 企业识别内部风险，应当关注下列因素：

（一）董事、监事、经理及其他高级管理人员的职业操守、员工专业胜任能力等人力资源因素。

（二）组织机构、经营方式、资产管理、业务流程等管理因素。

（三）研究开发、技术投入、信息技术运用等自主创新因素。

（四）财务状况、经营成果、现金流量等财务因素。

（五）营运安全、员工健康、环境保护等安全环保因素。

（六）其他有关内部风险因素。

第二十三条 企业识别外部风险，应当关注下列因素：

（一）经济形势、产业政策、融资环境、市场竞争、资源供给等经济因素。

（二）法律法规、监管要求等法律因素。

（三）安全稳定、文化传统、社会信用、教育水平、消费者行为等社会因素。

（四）技术进步、工艺改进等科学技术因素。

（五）自然灾害、环境状况等自然环境因素。

（六）其他有关外部风险因素。

第二十四条 企业应当采用定性与定量相结合的方法，按照风险发生的可能性及其影响程度等，对识别的风险进行分析和排序，确定关注重点和优先控制的风险。

企业进行风险分析，应当充分吸收专业人员，组成风险分析团队，按照严格规范的程序开展工作，确保风险分析结果的准确性。

第二十五条 企业应当根据风险分析的结果，结合风险承受度，权衡风险与收益，确定风险应对策略。

企业应当合理分析、准确掌握董事、经理及其他高级管理人员、关键岗位员工的风险偏好，采取适当的控制措施，避免因个人风险偏好给企业经营带来重大损失。

第二十六条 企业应当综合运用风险规避、风险降低、风险分担和风险承受等风险应对策略，实现对风险的有效控制。

风险规避是企业对超出风险承受度的风险，通过放弃或者停止与该风险相关的业务活动以避免和减轻损失的策略。

风险降低是企业在权衡成本效益之后，准备采取适当的控制措施降低风险或者减轻损失，将风险控制在风险承受度之内的策略。

风险分担是企业准备借助他人力量，采取业务分包、购买保险等方式和适当的控制措施，将风险控制在风险承受度之内的策略。

风险承受是企业对风险承受度之内的风险，在权衡成本效益之后，不准备采取控制措施降低风险或者减轻损失的策略。

第二十七条 企业应当结合不同发展阶段和业务拓展情况，持续收集与风险变化相关的信息，进行风险识别和风险分析，及时调整风险应对策略。

第四章 控制活动

第二十八条 企业应当结合风险评估结果，通过手工控制与自动控制、预防性控制与发现性控制相结合的方法，运用相应的控制措施，将风险控制在可承受度之内。

控制措施一般包括：不相容职务分离控制、授权审批控制、会计系统控制、财产保护控制、预算控制、运营分析控制和绩效考评控制等。

第二十九条 不相容职务分离控制要求企业全面系统地分析、梳理业务流程中所涉及的不相容职务，实施相应的分离措施，形成各司其职、各负其责、相互制约的工作机制。

第三十条 授权审批控制要求企业根据常规授权和特别授权的规定，明确各岗位办理业务和事项的权限范围、审批程序和相应责任。

企业应当编制常规授权的权限指引，规范特别授权的范围、权限、程序和责任，严格控制特别授权。常规授权是指企业在日常经营管理活动中按照既定的职责和程序进行的授权。特别授权是指企业在特殊情况、特定条件下进行的授权。

企业各级管理人员应当在授权范围内行使职权和承担责任。

企业对于重大的业务和事项，应当实行集体决策审批或者联签制度，任何个人不得单独进行决策或者擅自改变集体决策。

第三十一条 会计系统控制要求企业严格执行国家统一的会计准则制度，加强会计基础工作，明确会计凭证、会计账簿和财务会计报告的处理程序，保证会计资料真实完整。

企业应当依法设置会计机构，配备会计从业人员。从事会计工作的人员，必须取得会计从业资格证书。会计机构负责人应当具备会计师以上专业技术职务资格。

大中型企业应当设置总会计师。设置总会计师的企业，不得设置与其职权重叠的副职。

第三十二条 财产保护控制要求企业建立财产日常管理制度和定期清查制度，采取财产记录、实物保管、定期盘点、账实核对等措施，确保财产安全。

企业应当严格限制未经授权的人员接触和处置财产。

第三十三条 预算控制要求企业实施全面预算管理制度，明确各责任单位在预算管理中的职责权限，规范预算的编制、审定、下达和执行程序，强化预算约束。

第三十四条 运营分析控制要求企业建立运营情况分析制度，经理层应当综合运用生产、购销、投资、筹资、财务等方面的信息，通过因素分析、对比分析、趋势分析等方法，定期开展运营情况分析，发现存在的问题，及时查明原因并加以改进。

第三十五条 绩效考评控制要求企业建立和实施绩效考评制度，科学设置考核指标体系，对企业内部各责任单位和全体员工的业绩进行定期考核和客观评价，将考评结果作为确定员工薪酬以及职务晋升、评优、降级、调岗、辞退等的依据。

第三十六条 企业应当根据内部控制目标，结合风险应对策略，综合运用控制措施，对各种业务和事项实施有效控制。

第三十七条 企业应当建立重大风险预警机制和突发事件应急处理机制，明确风险预警标准，对可能发生的重大风险或突发事件，制订应急预案、明确责任人员、规范处置程序，确保突发事件得到及时妥善处理。

第五章　信息与沟通

第三十八条 企业应当建立信息与沟通制度，明确内部控制相关信息的收集、处理和传递程序，确保信息及时沟通，促进内部控制有效运行。

第三十九条 企业应当对收集的各种内部信息和外部信息进行合理筛选、核对、整合，提高信息的有用性。

企业可以通过财务会计资料、经营管理资料、调研报告、专项信息、内部刊物、办公网络等渠道，获取内部信息。

企业可以通过行业协会组织、社会中介机构、业务往来单位、市场调查、来信来访、网络媒体以及有关监管部门等渠道，获取外部信息。

第四十条 企业应当将内部控制相关信息在企业内部各管理级次、责任单位、业务环节之间，以及企业与外部投资者、债权人、客户、供应商、中介机构和监管部门等有关方面之间进行沟通和反馈。信息沟通过程中发现的问题，应当及时报告并加以解决。

重要信息应当及时传递给董事会、监事会和经理层。

第四十一条 企业应当利用信息技术促进信息的集成与共享，充分发挥信息技术在信息与沟通中的作用。

企业应当加强对信息系统开发与维护、访问与变更、数据输入与输出、文件储存与保管、网络安全等方面的控制，保证信息系统安全稳定运行。

第四十二条 企业应当建立反舞弊机制，坚持惩防并举、重在预防的原则，明确反舞弊工作的重点领域、关键环节和有关机构在反舞弊工作中的职责权限，规范舞弊案件的举报、调查、处理、报告和补救程序。

企业至少应当将下列情形作为反舞弊工作的重点：

（一）未经授权或者采取其他不法方式侵占、挪用企业资产，牟取不当利益。

（二）在财务会计报告和信息披露等方面存在的虚假记载、误导性陈述或者重大遗漏等。

（三）董事、监事、经理及其他高级管理人员滥用职权。

（四）相关机构或人员串通舞弊。

第四十三条 企业应当建立举报投诉制度和举报人保护制度，设置举报专线，明确举报投诉处理程序、办理时限和办结要求，确保举报、投诉成为企业有效掌握信息的重要途径。

举报投诉制度和举报人保护制度应当及时传达至全体员工。

第六章　内部监督

第四十四条 企业应当根据本规范及其配套办法，制定内部控制监督制度，明确内部审计机构（或经授权的其他监督机构）和其他内部机构在内部监督中的职责权限，规范内部监督的程序、方法和要求。

内部监督分为日常监督和专项监督。日常监督是指企业对建立与实施内部控制的情况进行常规、持续的监督检查；专项监督是指在企业发展战略、组织结构、经营活动、业务流程、关键岗位员工等发生较大调整或变化的情况下，对内部控制的某一或者某些方面进行有针对性的监督检查。

专项监督的范围和频率应当根据风险评估结果以及日常监督的有效性等予以确定。

第四十五条 企业应当制定内部控制缺陷认定标准，对监督过程中发现的内部控制缺陷，应当分析缺陷的性质和产生的原因，提出整改方案，采取适当的形式及时向董事会、监事会或者经理层报告。

内部控制缺陷包括设计缺陷和运行缺陷。企业应当跟踪内部控制缺陷整改情况，并就内部监督中发现的重大缺陷，追究相关责任单位或者责任人的责任。

第四十六条 企业应当结合内部监督情况，定期对内部控制的有效性进行自我评价，出具内部控制自我评价报告。

内部控制自我评价的方式、范围、程序和频率，由企业根据经营业务调整、经营环境变化、业务发展状况、实际风险水平等自行确定。

国家有关法律法规另有规定的，从其规定。

第四十七条 企业应当以书面或者其他适当的形式，妥善保存内部控制建立与实施过程中的相关记录或者资料，确保内部控制建立与实施过程的可验证性。

第七章 附 则

第四十八条 本规范由财政部会同国务院其他有关部门解释。

第四十九条 本规范的配套办法由财政部会同国务院其他有关部门另行制定。

第五十条 本规范自 2009 年 7 月 1 日起实施。

附录二

内部控制评价核心指标与参考标准

核心指标	参考标准
一、内部环境	
（一）组织架构	
董事会、监事会、经理层的相互制衡	董事会及各专门委员会、监事会和经理的职责权限、任职资格和议事规则是否明确并严格履行
董事会、监事会、经理层致力于内部控制建设和执行	1. 是否科学界定了董事会、监事会、经理层在建立与实施内部控制中的职责分工
	2. 董事会是否采取必要的措施促进和推动企业内部控制工作，按照职责分工提出内部控制评价意见，定期听取内部控制报告，督促内部控制整改要求
组织机构设置科学、精简、高效、透明、权责匹配、相互制衡	1. 组织机构设置是否与企业业务特点相一致，能够控制各项业务关键控制环节，各司其职、各尽其责，不存在冗余的部门或多余的控制
	2. 是否明确了权责分配、制定了权责指引并保持权责形式的透明度
组织架构适应性	是否定期梳理、评估企业治理结构和内部机构设置，发现问题及时采取措施加以优化调整，是否定期听取董事、监事、高级管理人员和其他员工的意见，按照规定的权限和程序进行决策审批
组织架构对子公司的控制力	是否通过合法有效的形式履行出资人职责、维护出资人权益，特别关注异地、境外子公司的发展战略、年度财务预决算、重大投融资、重大担保、大额资金使用、主要资产处置、重要人事任免、内部控制体系建设等重要事项
（二）发展战略	
发展战略科学合理，既不缺乏也不激进，且实施到位	1. 企业是否综合考虑宏观经济政策、国内外市场需求变化、技术发展趋势、行业及竞争对手状况、可利用资源水平和自身优势与劣势等影响因素制定科学合理的发展战略
	2. 是否根据发展目标制定战略规划，确定不同发展阶段的具体目标、工作任务和实施路径
	3. 是否设立战略委员会或指定相关机构负责发展战略管理工作，是否明确战略委员会的职责和议事规则并按规定履行职责
	4. 是否对发展战略进行可行性研究和科学论证，并报董事会和股东（大）会审议批准

续表

发展战略有效实施	1. 是否制定年度工作计划，编制全面预算，确保发展战略的有效实施
	2. 是否采取有效方式将发展战略及其分解落实情况传递到内部各管理层级和全体员工
发展战略科学调整	是否及时监控发展战略实施情况，并根据环境变化及风险评估等情况及时对发展战略做出调整
（三）人力资源政策	
人力资源结构合理、能够满足企业需要	1. 人力资源政策是否有利于企业可持续发展和内部控制的有效执行
	2. 是否明确各岗位职责权限、任职条件和工作要求，选拔是否公开、公平、公正，是否因事设岗、以岗选人
人力资源开发机制健全有效	1. 是否制定并实施关于员工聘用、培训、辞退与辞职、薪酬、考核、健康与安全、晋升与奖惩等方面的管理制度
	2. 是否建立员工培训长效机制，培训是否能满足职工和业务岗位需要，是否存在员工知识老化
人力资源激励约束机制健全有效	1. 是否设置科学的业绩考核指标体系，并严格考核评价，以此作为确定员工薪酬、职级调整和解除劳动合同等的重要依据
	2. 是否存在人才流失现象
	3. 是否对关键岗位员工有强制休假制度或定期轮岗制度等方面的安排
	4. 是否对掌握国家秘密或重要商业秘密的员工离岗有限制性的规定
	5. 是否将有效执行内部控制纳入企业绩效考评体系
（四）社会责任	
安全生产体系、机制健全有效	l. 是否建立严格的安全生产管理体系、操作规范和应急预案，切实做到安全生产
	2. 是否落实安全生产责任，对安全生产的投入，包括人力、物力等，是否能保证及时发现、排除生产安全隐患
	3. 发生生产安全事故，是否妥善处理，排除故障，减轻损失，追究责任。是否有延报、谎报、瞒报重大生产安全事故现象
产品质量体系健全有效	是否建立严格的产品质量控制和检验制度并严格执行，是否有良好的售后服务，能够妥善处理消费者提出的投诉和建议
切实履行环境保护和资源节约责任	1. 是否制定环境保护与资源节约制度，采取措施促进环境保护、生态建设和资源节约并实现节能减排目标
	2. 是否实施清洁生产，合理开发利用不可再生资源
促进就业和保护员工权益	1. 是否依法保护员工的合法权益、保持工作岗位相对稳定，积极促进充分就业
	2. 是否实现按劳分配、同工同酬、建立科学的员工薪酬制度和激励机制，是否建立高级管理人员与员工薪酬的正常增长机制
	3. 是否及时办理员工社会保险，足额缴纳社会保险费
	4. 是否维护员工健康，落实休息休假制度
	5. 是否积极开展员工职业教育培训，创造平等发展机会

续表

（五）企业文化	
企业文化具有凝聚力和竞争力，促进企业可持续发展	1. 是否采取切实有效的措施，积极培育具有自身特色的企业文化，打造以主业为核心的企业品牌，促进企业长远发展
	2. 企业董事、监事、经理及其他高级管理人员是否在文化建设和履行社会责任中起到表率作用，是否促进文化建设在内部各层级的有效沟通
	3. 是否做到企业文化建设与发展战略的有机结合，使员工自身价值在企业发展中得到充分体现
	4. 是否重视并购重组后的企业文化建设，平等对待被并购方的员工，促进并购双方的文化融合
企业文化评估具有客观性、实效性	1. 是否建立企业文化评估制度，重点对董事、监事、经理和其他高级管理人员在企业文化建设中的责任履行情况、全体员工对企业核心价值观的认同感、企业经营管理行为与企业文化的一致性、企业品牌的社会影响力、参与企业并购重组各方文化的融合度，以及员工对企业未来发展的信心做出评估
	2. 针对评估结果是否巩固和发扬文化建设成果，进而研究影响企业文化建设的不利因素，分析深层次的原因，及时采取措施加以改进
二、风险评估	
目标设定	1. 企业层面是否有明确的目标、目标是否具有广泛的认识基础、企业战略是否与企业目标相匹配
	2. 业务层面，各业务层面目标是否与企业目标一致、各业务层面目标是否衔接一致、各业务层面目标是否具有操作指导性
	3. 是否结合企业的风险偏好，确定相应的风险承受度
风险识别	1. 目标是否基层分解并确立关键业务或事项
	2. 是否持续性地收集相关信息，内外部风险识别机制是否健全，是否识别影响公司目标实现的风险
	3. 是否根据关键业务或事项分析相关性成功因素
	4. 是否识别影响公司目标实现的风险
风险分析	1. 风险分析技术方法的适用性
	2. 结合风险发生可能性和影响程度标准划分风险等级的准确性
	3. 风险发生后负面影响判断的准确性
风险应对	1. 风险应对策略与公司战略、企业文化的一致性
	2. 风险承受度与风险应对策略的匹配程度
三、控制活动	
（一）控制活动的设计	
控制措施足以覆盖企业重要风险，不存在控制缺失、控制过度	1. 是否针对企业内部环境设立了相应的控制措施
	2. 各项控制措施的设计是否与风险应对策略相适应
	3. 各项主要业务控制措施是否完整、恰当

续表

	4. 是否针对非常规性、非系统性业务事项制定相应的控制措施，并定期对其执行情况进行检查分析
	5. 是否建立重大风险预警机制和突发事件应急处理机制，相关应急预案的处置程序和处理结果是否有效
（二）控制活动的运行	
控制活动运行符合控制措施规定	针对各类业务事项的主要风险和关键环节所制定的各类控制方法和控制措施是否得以有效实施
四、信息与沟通	
信息收集处理和传递及时、准确、适用	是否有透明高效的信息收集、处理、传递程序，合理筛选、核对、整合与经营管理和内部控制相关信息
反舞弊机制健全	1. 是否建立健全并有效实施舞弊防范机制
	2. 举报投诉制度和举报人保护制度是否及时准确传达至企业全体员工
	3. 对舞弊事件和举报所涉及的问题是否及时、妥善地作出处理
沟通顺畅	1. 信息在企业内部各层级之间、企业与外部有关方面之间的沟通是否有效
	2. 董事会、监事会和经理层是否能够及时掌握经营管理和内部控制的重要信息并进行应对
	3. 员工诉求是否有顺畅的反映渠道
利用信息化程度	1. 企业是否建立与经营管理相适应的信息系统，利用信息技术提高对业务事项的自动控制水平
	2. 在信息系统的开发过程中，是否对信息技术风险进行识别、评估和防范
	3. 信息系统的一般控制是否涵盖信息系统开发与维护、访问与变更、数据输入与输出、文件储存与保管、网络安全、硬件设备、操作人员等方面，确保信息系统安全稳定运行
	4. 信息系统的应用控制是否紧密结合业务事项进行，利用信息技术固化流程、提高效率、减少或消除人为操纵因素
	5. 信息系统是否建立并保持相关信息交流与沟通的记录
五、内部监督	
内部监督能够覆盖并监控企业日常业务活动	1. 管理层是否定期与内部控制机构沟通评价结果，并积极整改
	2. 是否落实职能部门和所属单位在日常监督中的责任，及时识别环境和业务变化
	3. 日常监督的内容是否为经过分析确认的关键控制并有效控制，是否按重要程度将发现问题如实反馈给内部控制机构，是否积极采取整改措施
	4. 日常监督用以注明内部控制有效性的信息是否适当和充分，监督人员是否具有胜任能力和客观性

续表

内部监督能够覆盖并监控企业日常业务活动	5. 内部审计的独立性是否得以保障，审计委员会和内部审计机构是否独立、充分地履行监督职责，审计监督与内部控制沟通是否顺畅
	6. 是否开展了必要的专项监督
	7. 内部控制机构是否追踪重大风险和重要业务，是否制定内部控制自我评价办法和考核奖惩办法，明确评价主体、职责权限、工作程序和有关要求，定期组织开展内部控制自我评价，报送自我评价报告，合理认定内部控制缺陷并分析原因，提出整改方案建议
内部控制缺陷认定科学、客观、合理，且报送机制健全	1. 内部控制机构是否制定科学的内部控制缺陷认定标准并予以一贯的执行
	2. 是否对控制缺陷进行全面、深入的研究分析，提出并实施整改方案，采取适当的形式及时向董事会、监事会或者经理层报告，督促业务部门整改，重大缺陷并按规定予以披露
	3. 对发现的内部控制重大缺陷，是否追究相关责任单位和责任人的责任
	4. 是否建立内部控制缺陷信息数据库，并对历年发现的内部控制缺陷及其整改情况进行跟踪检查
内部控制建设与评价文档妥善保管	1. 是否采取书面或其他适当方式对内部控制的建立与实施情况进行记录
	2. 是否妥善保存内部控制相关记录和资料，确保内部控制建立与实施过程的可验证性
	3. 对暂未建立健全的有关内部控制文档或记录，是否有证据表明确已实施了有效控制或者替代控制措施

资料来源：财政部会计司．企业内部控制规范讲解 2010［M］．北京：经济科学出版社，2010。引用：张玉，邱胜利．企业内部控制规范性操作实务［M］．北京：企业管理出版社，2013。

附录三

国资委关于印发《关于加强中央企业内部控制体系建设与监督工作的实施意见》的通知

国资发监督规〔2019〕101 号

各中央企业：

《关于加强中央企业内部控制体系建设与监督工作的实施意见》已经国资委第 14 次委务会议审议通过，现印发给你们，请遵照执行。

国务院国有资产监督管理委员会
2019 年 10 月 19 日

关于加强中央企业内部控制体系建设与监督工作的实施意见

为深入贯彻习近平新时代中国特色社会主义思想和党的十九大精神，认真落实党中央、国务院关于防范化解重大风险和推动高质量发展的决策部署，充分发挥内部控制（以下简称内控）体系对中央企业强基固本作用，进一步提升中央企业防范化解重大风险能力，加快培育具有全球竞争力的世界一流企业，根据《中共中央 国务院关于深化国有企业改革的指导意见》、《国务院关于印发改革国有资本授权经营体制方案的通知》、《国务院办公厅关于加强和改进企业国有资产监督防止国有资产流失的意见》，制定本实施意见。

一、建立健全内控体系，进一步提升管控效能

（一）优化内控体系。建立健全以风险管理为导向、合规管理监督为重点，严

格、规范、全面、有效的内控体系。进一步树立和强化管理制度化、制度流程化、流程信息化的内控理念，通过“强监管、严问责”和加强信息化管理，严格落实各项规章制度，将风险管理和合规管理要求嵌入业务流程，促使企业依法合规开展各项经营活动，实现“强内控、防风险、促合规”的管控目标，形成全面、全员、全过程、全体系的风险防控机制，切实全面提升内控体系有效性，加快实现高质量发展。

（二）强化集团管控。进一步完善企业内部管控体制机制，中央企业主要领导人员是内控体系监管工作第一责任人，负责组织领导建立健全覆盖各业务领域、部门、岗位，涵盖各级子企业全面有效的内控体系。中央企业应明确专门职能部门或机构统筹内控体系工作职责；落实各业务部门内控体系有效运行责任；企业审计部门要加强内控体系监督检查工作，准确揭示风险隐患和内控缺陷，进一步发挥查错纠弊作用，促进企业不断优化内控体系。

（三）完善管理制度。全面梳理内控、风险和合规管理相关制度，及时将法律法规等外部监管要求转化为企业内部规章制度，持续完善企业内部管理制度体系。在具体业务制度的制定、审核和修订中嵌入统一的内控体系管控要求，明确重要业务领域和关键环节的控制要求和风险应对措施。将违规经营投资责任追究内容纳入企业内部管理制度中，强化制度执行刚性约束。

（四）健全监督评价体系。统筹推进内控、风险和合规管理的监督评价工作，将风险、合规管理制度建设及实施情况纳入内控体系监督评价范畴，制定定性与定量相结合的内控缺陷认定标准、风险评估标准和合规评价标准，不断规范监督评价工作程序、标准和方式方法。

二、强化内控体系执行，提高重大风险防控能力

（五）加强重点领域日常管控。聚焦关键业务、改革重点领域、国有资本运营重要环节以及境外国有资产监管，定期梳理分析相关内控体系执行情况，认真查找制度缺失或流程缺陷，及时研究制定改进措施，确保体系完整、全面控制、执行有效。要在投资并购、改革改制重组等重大经营事项决策前开展专项风险评估，并将风险评估报告（含风险应对措施和处置预案）作为重大经营事项决策的必备支撑材料，对超出企业风险承受能力或风险应对措施不到位的决策事项不得组织实施。

（六）加强重要岗位授权管理和权力制衡。不断深化内控体系管控与各项业务工作的有机结合，以保障各项经营业务规范有序开展。按照不相容职务分离控制、授权审批控制等内控体系管控要求，严格规范重要岗位和关键人员在授权、审批、执行、报告等方面的权责，实现可行性研究与决策审批、决策审批与执行、执行与监督检查等岗位职责的分离。不断优化完善管理要求，重点强化采购、销售、投资

管理、资金管理和工程项目、产权（资产）交易流转等业务领域各岗位的职责权限和审批程序，形成相互衔接、相互制衡、相互监督的内控体系工作机制。

（七）健全重大风险防控机制。积极采取措施强化企业防范化解重大风险全过程管控，加强经济运行动态、大宗商品价格以及资本市场指标变化监测，提高对经营环境变化、发展趋势的预判能力，同时结合内控体系监督评价工作中发现的经营管理缺陷和问题，综合评估企业内外部风险水平，有针对性地制定风险应对方案，并根据原有风险的变化情况及应对方案的执行效果，有效做好企业间风险隔离，防止风险由“点”扩“面”，避免发生系统性、颠覆性重大经营风险。

三、加强信息化管控，强化内控体系刚性约束

（八）提升内控体系信息化水平。各中央企业要结合国资监管信息化建设要求，加强内控信息化建设力度，进一步提升集团管控能力。内控体系建设部门要与业务部门、审计部门、信息化建设部门协同配合，推动企业“三重一大”、投资和项目管理、财务和资产、物资采购、全面风险管理、人力资源等集团管控信息系统的集成应用，逐步实现内控体系与业务信息系统互联互通、有机融合。要进一步梳理和规范业务系统的审批流程及各层级管理人员权限设置，将内控体系管控措施嵌入各类业务信息系统，确保自动识别并终止超越权限、逾越程序和审核材料不健全等行为，促使各项经营管理决策和执行活动可控制、可追溯、可检查，有效减少人为违规操纵因素。集团管控能力和信息化基础较好的企业要逐步探索利用大数据、云计算、人工智能等技术，实现内控体系实时监测、自动预警、监督评价等在线监管功能，进一步提升信息化和智能化水平。

四、加大企业监督评价力度，促进内控体系持续优化

（九）全面实施企业自评。督促所属企业每年以规范流程、消除盲区、有效运行为重点，对内控体系的有效性进行全面自评，客观、真实、准确揭示经营管理中存在的内控缺陷、风险和合规问题，形成自评报告，并经董事会或类似决策机构批准后按规定报送上级单位。

（十）加强集团监督评价。要在子企业全面自评的基础上，制定年度监督评价方案，围绕重点业务、关键环节和重要岗位，组织对所属企业内控体系有效性进行监督评价，确保每 3 年覆盖全部子企业。要将海外资产纳入监督评价范围，重点对海外项目的重大决策、重大项目安排、大额资金运作以及境外子企业公司治理等进行监督评价。

（十一）强化外部审计监督。要根据监督评价工作结果，结合自身实际情况，

充分发挥外部审计的专业性和独立性，委托外部审计机构对部分子企业内控体系有效性开展专项审计，并出具内控体系审计报告。内控体系监管不到位、风险事件和合规问题频发的中央企业，必须聘请具有相应资质的社会中介机构进行审计评价，切实提升内控体系管控水平。

（十二）充分运用监督评价结果。要加大督促整改工作力度，指导所属企业明确整改责任部门、责任人和完成时限，对整改效果进行检查评价，按照内控体系一体化工作要求编制内控体系年度工作报告并及时报国资委，同时抄送企业纪委（纪检监察组）、组织人事部门等。指导所属企业建立健全与内控体系监督评价结果挂钩的考核机制，对内控制度不健全、内控体系执行不力、瞒报漏报谎报自评结果、整改落实不到位的单位或个人，应给予考核扣分、薪酬扣减或岗位调整等处理。

五、加强出资人监督，全面提升内控体系有效性

（十三）建立出资人监督检查工作机制。加强对中央企业国有资产监管政策制度执行情况的综合检查工作，建立内控体系定期抽查评价工作制度，每年组织专门力量对中央企业经营管理重要领域和关键环节开展内控体系有效性抽查评价，发现和堵塞管理漏洞，完善相关政策制度，并加大监督检查工作结果在各项国有资产监管及干部管理工作中的运用力度。

（十四）充分发挥企业内部监督力量。通过完善公司治理，健全相关制度，整合企业内部监督力量，发挥企业董事会或委派董事决策、审核和监督职责，有效利用企业监事会、内部审计、企业内部巡视巡察等监督检查工作成果，以及出资人监管和外部审计、纪检监察、巡视反馈问题情况，不断完善企业内控体系建设。

（十五）强化整改落实工作。进一步强化对企业重大风险隐患和内控缺陷整改工作跟踪检查力度，将企业整改落实情况纳入每年内控体系抽查评价范围，完善对中央企业提示函和通报工作制度，对整改不力的印发提示函和通报，进一步落实整改责任，避免出现重复整改、形式整改等问题。

（十六）加大责任追究力度。严格按照《中央企业违规经营投资责任追究实施办法（试行）》（国资委令第 37 号）等有关规定，及时发现并移交违规违纪违法经营投资问题线索，强化监督警示震慑作用。对中央企业存在重大风险隐患、内控缺陷和合规管理等问题失察，或虽发现但没有及时报告、处理，造成重大资产损失或其他严重不良后果的，要严肃追究企业集团的管控责任；对各级子企业未按规定履行内控体系建设职责、未执行或执行不力，以及瞒报、漏报、谎报或迟报重大风险及内控缺陷事件的，坚决追责问责，层层落实内控体系监督责任，有效防止国有资产流失。

参考文献

［1］陈元．美国银行监管［M］．北京：中国金融出版社，1998.

［2］张玉，邱胜利．企业内部控制规范性操作风险［M］．北京：企业管理出版社，2013.

［3］邱胜利．内部控制与操作风险管理——操作实务指南［M］．北京：中国金融出版社，2009.

［4］国际内部控制协会（ICI）．国际注册内部控制师（CICS）资格认证考试指定用书——内部控制管理技能［M］．张玉编译，北京：企业管理出版社，2017.

［5］中国人民银行．巴塞尔银行监管委员会文献汇编［M］．北京：中国金融出版社，2001.

［6］巴塞尔银行监管委员会．巴塞尔新资本协议．中国人民银行监管一司编译，北京：2001.

［7］刘华．内部控制案例研究［M］．上海：上海财经大学出版社，2012.

［8］邱胜利．网上审计［M］．北京：中国金融出版社，2003.

［9］NIMBUS 中国 – Control 系统．北京悬创科技有限公司，2008.

［10］肖泽忠．计算机审计［M］．北京：中国商业出版社，1990.

［11］车迎新，阎庆民．商业银行内部控制评价办法实施指南［M］．北京：中国金融出版社，2006.

［12］国际内部控制协会（ICI）．内部控制管理技能［M］．张玉编译，北京：企业管理出版社，2017.

［13］邱健庭，徐莉莉．国际注册内部控制师通用知识与技能指南［M］．张玉审校，北京：中国财政经济出版社，2009.

［14］编写组．商业银行非现场监管工作手册［M］．北京：中国金融出版社，1999.

［15］［美］G. 杰克·波罗格纳，［加］罗伯特·J. 林德奎斯特．美加两国查处舞

弊技巧与案例［M］. 张玉译，北京：中国审计出版社，1999.
［16］张玉. 诚信经济呼唤舞弊审计［J］. 中国审计，2002（6）.
［17］薛华成，汪授泓. 管理信息系统［M］. 北京：清华大学出版社，1990.

郑重声明：本书在编写过程中，参考采纳了有关书籍的内容、资料，网上信息，在此表示衷心的感谢。如有没联系到或遗漏注明被采纳稿件的本人，请与作者或出版社联系，我们将按照规定支付稿酬。